서울대학교 라틴아메리카 연구총서 4

라틴아메리카의 형성: 교환과 혼종(하)

서울대학교 라틴아메리카연구소 엮음

한울
아카데미

이 저서는 2008년도 정부(교육부)의 재원으로 한국연구재단의 지원을 받아 연구되었음(NRF-2008-362-B00015).

이 도서의 국립중앙도서관 출판시도서목록(CIP)은 e-CIP홈페이지(http://www.nl.go.kr/ecip)와 국가자료공동목록시스템(http://www.nl.go.kr/kolisnet)에서 이용하실 수 있습니다.(CIP 제어번호: CIP2014015907)

근대/식민 세계체제의 기원

룰라가 아직 집권하고 있던 불과 2년 전까지만 해도 브라질의 미래는 장밋빛이었다. 세계열강의 반열에 오를 날이 멀지 않았다는 대내외적 찬사 속에서 다가오는 월드컵과 올림픽 개최는 이를 확인해주는 순간이 될 것 같았다. 그런데 브라질 월드컵이 얼마 안 남았는데 반갑지 않은 소식이 들려온다. 인플레, 교육, 교통 문제 등 경제적·사회적 불평등에 따른 불만이 표출되고, 심지어 세계 최고의 축구광이라는 브라질 국민들 사이에서 월드컵 개최 반대시위까지 일어났다. 이제 호사가들이 입을 놀릴 차례다. 라틴아메리카는 결국 영원한 위기의 대륙임을 브라질이 다시 입증했다고, 비슷한 시기에 독립한 미국, 심지어 훨씬 나중에 독립한 아시아 국가들 중에서도 발전가도를 달린 나라들이 있는데 라틴아메리카가 제자리를 맴돌고 있는 것은 무능력이나 부패의 소치라고.

그러나 '영원한 위기'의 책임을 라틴아메리카에 전적으로 돌리는 일은 진실을 도외시하는 것이다. 브라질의 작금의 혼란은 가깝게는 2008년 미국 발 세계금융위기가 시차를 두고 상륙한 것이고, 크게 보아서는 지난 수십 년 동안 전 세계를 황폐화시킨 신자유주의적 세계화의 후유증이다. 그래서 '영원한 위기'를 라틴아메리카 내부만의 탓으로 돌리는 일은 무지의 소치 내지 전 지구적 자본주의 전략의 유지를 위한 책임 떠넘기기이다. 또한 멕시코의 사파티스타 민족해방군(Ejército Zapatista de Liberación Nacional: EZLN), 아르헨티나의 피케테로스운동(piqueteros), 브라질의 무토지농민운동(Movimento dos Trabalhadores Rurais Sem Terra: MST), 볼리비아와 에콰도르의 원주민운동, 세계사회포럼(World Social Forum: WSF), 라틴아메리카를 위한 볼리바르 대안(Alternativa Bolivariana para los Pueblos de Nuestra America: ALBA) 등등 다양한 전선에서 신자유주의에 맞서, 또 인간의 얼굴을 상실한 시장에 맞서 대항헤게모니를 구축해 온 역사도 간과되고 있다.

우리에게 라틴아메리카는 기회의 땅 아니면 반면교사 정도로만 여겨졌다. 우리나라가 수출이나 자원 확보에 빨간불이 켜질 때 혹은 라틴아메리카 경제가 호조를 보일 때 이 대륙은 오로지 우리의 국익을 위한 기회의 땅으로 각광받았다. 반대로 라틴아메리카가 정치적·경제적으로 혹은 사회적으로 위기를 맞으면 절대 따라하지 말아야 할 대상이었다. 그도 아니면 라틴 러버(Latin lover)와 팜므 파탈, 에메랄드 빛 바다와 고운 모래사장, 열정에 불타는 혁명가, 농염한 춤사위가 있는 매력적인 땅이라는 오리엔탈리즘적 시선으로 라틴아메리카에 접근했다. 그러나 우리가 라틴아메리카를 눈여겨보아야 하는 이유는 신자유주의의 무차별 공세 속에서도 살아남았고, 이론적 대안을 제시했고, 대항헤게모니를 구축하는 실천적 노력을 병행했고, 이를 통해 신자유주의 헤게모니에 균열을 냈다는 점이다. 이런 행보가 가능했던 이유는 아이러니하게도 라틴아메리카가 신자유주의의 첫 번째 실험장이었고, 따라서 신자유주의의 전 지구적 확산을 위한 모범 사례가 되어야만 했기에 강도 높은 희생을 강요받았고, 1980년대 대륙을 강타한 경제위기로 신자유주의의 침입이

용이했기 때문이다. 이러한 현실을 몸으로 또 피눈물로 체험했기에 라틴
아메리카로부터의 성찰은 결코 공허한 것이 아니었다. 또한 신자유주의
의 파상적인 공세에도 불구하고 이에 맞서 창출된 대항헤게모니 전선은
쓰레기통에서 피어난 장미꽃처럼 소중한 것이다. 그리고 무엇보다도 중
요한 점은 "대안은 없다"라는 어이없을 정도로 무책임한 구호하에 신자
유주의가 전 세계를 휩쓸 때, 오직 라틴아메리카만이 이론과 실천이
병행되는 투쟁이 이루어진 곳이고, 그 역동성으로 인해 사파티스타 봉기,
베네수엘라의 미션, 칠레 교육투쟁, 그리고 언론에서 혼란으로 부르는
최근의 브라질 시위까지 신자유주의 해체를 위한 지속적인 시도가 가능
했다.

이에 대해 아마 동음이어적 질문이 쏟아질 것이다. 그런데도 여전히
라틴아메리카가 '영원한 위기'의 악순환을 벗어나지 못하는 이유가 무엇
인지. 그들의 경험과 성과가 인류의 소중한 자산이라면 라틴아메리카
외부로 잘 확산되지 않는 이유가 무엇인지. 궁극적으로는 이런 목소리들
을 바탕으로 새로운 미래를 열어갈 수 있는지.

우리는 라틴아메리카가 쌓아놓은 자산이 경시되고 그들이 열어가는
미래가 불순하거나 무의미한 노력으로 보이는 원인이 자본주의의 전
지구적 설계가 대단히 치밀하고 오랜 역사를 지니고 있어서 하루아침에
극복하기 힘들기 때문이라고 진단한다. 그리고 그 설계 속에서 라틴아메
리카 같은 주변부는 실험장이나 희생양이 되기를 강요받아왔다. 신자유
주의가 라틴아메리카를 해일처럼 덮치는 것을 가능하게 해준 경제위기
의 원인만 해도 그렇다. 석유 무기화로 발생한 막대한 오일 달러가 서방
선진국 금융기관으로 몰려들고, 이 기관들이 투자처를 찾아 라틴아메리
카로 대거 흘러들었다가 그 후 레이건(Ronald Reagan)과 대처(Margaret
Thatcher)가 주도한 재정긴축 정책 때문에 급격히 다시 철수한 것이 라틴

아메리카 경제위기의 기폭제였다. 칠레가 피노체트(Augusto Pinochet) 정권하에서 신자유주의 최초의 실험장이 된 것도 자본주의의 전 지구적 설계와 무관하지 않다. 1970년 칠레에 선거를 통한 사회주의 정권이 들어선 일은 냉전구도 속에서 서방 자본주의 진영에 충격적인 일이었다. 특히 오랜 세월 라틴아메리카의 대주주였으며, 특정 지역에서 공산화가 일어나면 그 주변지역까지 차례로 공산화된다는 도미노 이론을 신봉하던 미국 입장에서 이는 용인할 수 없는 일이었다. 미국은 칠레에 다각도의 압력과 개입을 서슴지 않았고 마침내 사회주의 정권이 무너졌을 때, 칠레는 가장 모범적인 자본주의 국가로 재탄생할 것을 요구받았다. 그 덕분에 밀턴 프리드먼(Milton Friedman)은 처음으로 자신의 이론을 실험해 볼 기회를 잡을 수 있었다. 그런데 전 지구적 자본주의 설계는 신자유주의 이전에도 라틴아메리카에 특정 역할을 강요했다. 가령, 1929년 경제 대공황이 일어나 커피 수요가 크게 줄자 브라질은 커피 가격 안정을 위해 1930년대 내내 7,800만 포대의 커피를 불에 태우거나 바다에 내버려야 했다. 이 과정에서 입은 막대한 손실로 공산품을 수입할 수 없었고, 이는 고스란히 민생에 전가되었다. 그런데 브라질이 커피에 특화된 나라가 된 것은 리카도(David Ricardo)의 비교우위론에 따라 중심부는 공업, 주변부는 농업이나 원자재 생산기지로 특화시키는 자본주의 설계에 따른 것이었다.

이런 전례들은 세계가 국민국가 단위가 아니라 자본주의를 중심으로 한 하나의 경제 단위로 움직이며, 이 단위의 역사가 대단히 오래되었다는 명확한 증거이다. 신자유주의만이 극복의 대상이 아니라 신자유주의에 이르게 된 역사가 극복이 대상이 될 때 이는 그 기원에 대한 성찰을 요구한다. 중대한 전환의 기로에 서서 새로운 역사를 설계 중인 21세기 라틴아메리카를 위해서도 그렇고, 라틴아메리카의 역사적 경험이 우리와 결코 무관하지 않고, 따라서 오늘날과 같은 전 지구적 시대에 우리가 라틴아메리카에서 배워야 할 점이 적지 않다는 인식을 획득하기 위해서도 그렇다.

"21세기 라틴아메리카와 트랜스모더니티"라는 제목으로 인문한국사업을 통해 21세기 인류 역사에서 라틴아메리카가 차지하는 위치와 역할을 성찰하려는 연구 목표를 지닌 서울대학교 라틴아메리카연구소가 1단계에서 『라틴아메리카의 전환: 변화와 갈등』이라는 어젠다로 라틴아메리카의 현재를 진단한 다음, 2단계에서는 미래가 아닌 과거로 돌아가고 있는 이유가 바로 그 때문이다. 우리는 그 자본주의를 중심으로 한 전 지구적인 하나의 경제 단위를 월러스틴과 마찬가지로 세계체제로 인식하고, 그 기원을 16세기로 보고 있다. 그러나 월러스틴(Immanuel Wallerstein)과 달리 우리가 정립하고자 하는 중범위적 이론 틀에서는 이 체제가 장기 16세기에 유럽에서 자생적으로 태동한 것이 아니라 아르헨티나의 철학자 엔리케 두셀(Enrique Dussel)과 근대성/식민성 연구그룹이 주장하는 것처럼 1492년 콜럼버스의 아메리카 '발견'과 함께 탄생했으며, 이를 근대 세계체제가 아니라 근대/식민 세계체제로 규정할 것을 제안하고 있다.

콜럼버스(Christopher Columbus)가 바하마 제도의 어느 섬에 도달해 최초로 뭍에 올랐을 때 근처에는 원주민들이 몇 사람 있었다. 인도로 가는 신항로 개척이라는 원대한 포부로 미지의 바다, 미지의 땅에 뛰어든 그였으니 의당 자신이 도착한 곳이 어디인지 그곳 사람들에게 먼저 물어보는 것이 정상이었을 것이다. 그런데 콜럼버스는 우리로서는 선뜻 이해하기 힘든 일을 먼저 했다. 자신이 그 섬을 점유했노라 하는 내용이 담긴 공증 서류를 만든 것이었다.

이 일화는 그 후 아메리카 대륙과 카리브에 어떤 일이 일어날지 말해주는 예고편 같은 것이었다. 아주 오랫동안 우리는 콜럼버스가 아메리카에 도달한 사건을 '발견'이라고 불렀다. 그 땅에 버젓이 사람들이 살고 있었고, 그 땅의 주인이 그들이라는 사실은 무시되었다. 그래서 엔리케 두셀은 그 사건이 '발견'이 아니라 '은폐'였다고 규정한다. 아메리카 대륙이 존재했다는 사실을 은폐하고, 원주민들의 존재를 은폐하고, 이들이 아메리카의 주인이었다는 사실을 은폐했다. 이 모든 사실이 은폐되자 아메리카의 토지와 자연자원은 속칭 보는 놈이 임자였다. 물론 이를 재산으로 만들기 위해서는 개발이 필요했고, 그 일을 해야만 했던 이들은 처음에는 원주민들이었다. 서구인의 눈에 그들은 인간도 아니었기 때문에 소모품처럼 부담 없이 사용할 수 있었다. 소모품들이 빠르게 소진되자 그다음은 아프리카 흑인들을 대규모로 투입했다. 정복자들의 개발이 타자의 재산 강탈과 유노동 무임금으로 진행되었으니 부의 축적은 땅 짚고 헤엄치기였다. 소위 본원적 자본축적의 정체는 그런 것이었다. 유럽 - 아프리카 - 아메리카를 잇는 삼각 무역으로 북대서양 기축이 무역의 중심 루트로 떠오르기 시작했고, 중세 때는 귀금속 부족으로 과거 우리나라의 IMF사태 같은 유동성 위기를 만성적으로 겪던 유럽은 교역과 공업화에서 도약의 기회를 마련했고, 유럽을 통해 흘러나간 은이 오스만튀르크 제국의 화폐가치를 폭락시켜 유럽이 이슬람권을 누르는 계기가 되었고, 구매력 부족으로 그림의 떡이던 중국 상품들도 마음대로 수입할 수 있었다. 이처럼 아메리카 '발견' 이후 일련의 역사적·경제적 흐름이 고립된 경제 단위들을 묶어나가면서 세계체제가 탄생했다.

유럽 입장에서 볼 때 이는 유럽의 승리, 자본주의의 승리, 자본주의를 낳은 근대성의 승리였다. 그러나 라틴아메리카의 입장에서 볼 때 이는 제노사이드(genocide)의 발생, 식민주의의 팽배, 식민성의 기원이었다. 따라서 근대 세계체제는 승자의 관점을 일방적으로 대변하고 동시에 자본주의의 야만적 속성을 은폐한 개념일 뿐이다. 근대성과 식민성은 동전의 양면처럼 처음부터 함께했고, 아메리카 '발견'과 함께 탄생한 세계체제는 근대/식민 세계체제였던 것이다. 그리고 문명화 사명을 앞세운 제국주의, 근대화 논리를 앞세운 발전주의, 그리고 최근의 신자유주의까지 이어졌다. 식민지시대와 제국주의 시대에는 어쩔 수 없었다 해도 그 이후까지 근대/식민 세계체제가 지속된 이유는 페루 사회학자 아니발 키하노(Aníbal Quijano)가 말하는 식민적 권력 매트릭스(colonial matrix of power)가 식민주의 종식 이후에도 권력, 지식, 존재 등등 제반 영역 구석구석 침투해 있고 여전히 힘을 발휘하기 때문이다.

문제는 라틴아메리카에서 이런 기원을 더듬는 일이 결코 쉽지 않다는 점이다. 무엇보다도 라틴아메리카가 지배 식민지가 아니라 이주 식민지였다는 점이 크게 작용했다. 더구나 3세기나 식민지배가 지속되면서 지배자와 피지배자 사이의 부단한 상호영향으로 복합적이고 중층적인 사회가 탄생했다. 우리나라의 피식민지배 경험과 달리 지배 - 피지배 관계가 선명하지 않은 경우가 많은 것이다. '라틴아메리카의 형성'을 '교환과 혼종'이라는 핵심어로 접근해야 한다고 제안하는 것도 그 때문이다. 아메리카 '발견' 이후 '구세계'와 '신세계'가 서로 영향을 주고받은 것은 객관적인 사실이기 때문에 소위 '콜럼버스의 교환(Columbian exchange)' 관점에서 접근할 필요성이 분명 있고, 현대 라틴아메리카는 정복 이전의 아메리카가 아니라 유럽과 아메리카와 아프리카의 사람들과 문화가 뒤섞여 새로 탄생한 대륙이라는 점 역시 부정할 수 없는 사실이다. 이를테면 라틴아메리카가 발생 초기부터 복합적이고 중층적인 구조를 지닌 사회로 태동했으며, 여기에 역사적 지층들이 가미되면 근대/식민 세계체제의 작동방식은 쉽게 포착이 어려워진다. 가령, '교환'은 '구세계'와 '신세계'의 상호영향을 설명하는 데에는 적합한 용어이기는 하지만 그 영향 과정에서 벌어지는 권력관계는 놓치기 쉽다. '혼종'이라는 용어 역시 주의가 필요하다. 브라질 문인 마리오 지 안드라지(Mário de Andrade)는 "나는 류트를 연주하는 투피족"이라고 말했고, 페루 학자 루이스 미요네스(Luis Millones)는 "우리 페루인은 아타왈파이자 피사로이다"라고 말한 바 있다. 서구에서 전래된 악기인 류트를 연주하는 남미의 대표적인 원주민 부족이 자신이라고 정의하는 안드라지나, 페루인이 잉카 왕조의 마지막 왕과 그를 처형한 잉카 정복자 프란시스코 피사로의 후손이라고 규정하는 미요네스나 다 혼종적 현실을 받아들이고 있다. 하지만 발언의 맥락을 들여다보면 안드라지가 혼종적 현실을 예찬한 반면, 미요네스는 페루가 나아가야 할 목표로 이를 제시한 것이었다. 이를테면 미요네스는 인종 간 권력관계를 도외시하는 안드라지 식의 혼종 예찬론을 식민성의 한 징후로 파악한다고 볼 수 있다. 이러한 단순 예찬론이야말로 라틴아메리카를 '영원한 위기'의 악순환에서 벗어나지 못하게 한 주범이었으며, 따라서 중대한 전환점에 선 오늘의 라틴아메리카가 새로운 역사를 써내려 갈 수 있는가는 식민성을 똑똑히 인식하고 여기에서 탈피할 식민적 전환(giro decolonial)을 마련할 수 있는가에 달려 있다.

2단계 연구가 다루는 또 다른 주요한 시대는 독립시기와 19세기이다. 유감스럽게도 독립도 탈식민적 전환이 되지 못했다. 이는 독립의 성격에서 비롯되었다. 계몽주의와 미국 독립의 사상적 영향이 있었다지만 1808년 나폴레옹의 스페인 점령이 가져온 식민지 권력 공백이 결정적인 계기가 되어 준비되지 않은 상태에서 독립을 얻음으로써 그 이후 극도의 혼란이 있었다. 그러나 더 큰 문제는 이 독립이 본토 백인을 상대로 한 식민지 백인의 투쟁이었다는 점이다. 그래서 백인 사이의 지배자 교체만 일어난 이 사건을 두고 독립이라고 지칭할 수 있는 것인지 논란이 있기도 했다. 또한 라틴아메리카의 독립은 본국과 식민지 사이의 문제가 아니라 세계체제의 장기적인 변화라는 더 큰 맥락에서 보아야 마땅하다. 라틴아메리카 독립은 19세기에 영국에게 제일 큰 경제적 이익을 가져다 주었고, 미국의 국익에 가장 큰 이익이 되었다. 따라서 라틴아메리카 독립은 근대/식민 세계체제의 패권자가 스페인과 포르투갈에서 영국과 미국으로 완전히 바뀌었음을 입증한 사건이었지 세계체제에 균열을 가져다준 사건이 결코 아니었던 것이다.

2단계 연구를 종합하는 이 책은 나름대로의 중범위 이론 틀에 입각해 사례연구를 시도했다. 이론 틀을 나름대로 정립하려고 애썼다는 점에서는 일말의 성취감을 느끼지만, 과연 사례연구들이 충분히 설득력 있는 작업이 되었는지 걱정도 크다. 무엇보다도 서울대학교 라틴아메리카연구소는 물론, 국내 라틴아메리카연구 전반적으로 16~19세기 연구자가 별로 없다는 점이 커다란 걸림돌이었다. 그럼에도 라틴아메리카의 어제를 조명하려는 시도를 한 것은 라틴아메리카의 형성 과정이 현재까지 지속적으로 영향을 끼치고 있다는 판단에서였다. 설혹 이 책의 연구 결과물이 독자들의 마음에 차지 않더라도 라틴아메리카의 현재에 식민성의 그림자가 아직도 길게 드리워져 있고, 그 그림자의 실체를 제대로 인식하고 바로잡으려는 노력이 필요하다는 사실을 일깨워주는 데 자그마한 밑거름이 되기를 바란다.

2014년 5월
서울대학교 라틴아메리카연구소

차 례

제3부 문화적 혼종성

제 **1** 부

교환과 토착화:
원주민 문명과 식민체제의 형성

제1장

아스테카 인신공희의 최근 연구 동향*

박병규 서울대학교 라틴아메리카연구소 HK교수

1. 머리말

고대 아메리카 원주민 문화(culturas prehispánicas) 가운데 아스테카의 인신공희는 정복 직후부터 지금까지 꾸준하게 관심을 받고 있는 의례이다. 적어도 아스테카 외부 사람들의 눈에는 불유쾌한 정도를 넘어서 섬뜩하다고 말할 수밖에 없는 이 의례가 이토록 인구에 회자되는 이유는, 아스테카 정도의 사회 규모, 정치 제도, 문화 수준을 이룩한 곳에서는 유례를 찾아보기 어려울 뿐만 아니라, 20세기 중반까지 제시된 그 어떤 설명도 인신공희에 대한 의문을 완전히 해소하지는 못했기 때문이다. 이를테면, 언제부터 인신공희가 시작되었는지, 인신공희가 어디서 유래했는지, 인신공희를 행한 이유와 목적은 무엇인지 등에 대해 현재 우리가

---

* 이 글은 ≪스페인라틴아메리카연구≫ 6권 2호(2013)에 발표된 필자의 기존 논문을 총서의 취지에 맞게 수정·보완한 것이다.

아는 정보로는 잠정적인 추론 정도로 대답할 수 있을 뿐이므로 인신공희 연구는 기존 논의의 한계를 벗어나지 못했다.[1]

이런 상황은 20세기 후반에 전기를 맞이하게 되었다. 특히, 1978년 2월 25일 멕시코시티 중심부의 헌법광장 바로 옆에서 전기 공사를 하던 인부가 아스테카의 테노츠티틀란 대신전(Templo Mayor en Tenochtitlán)을 발견한 이후, 십 수 년에 걸쳐 정밀한 발굴과 연구를 병행함으로써 아스테카의 인신공희에 대한 연구는 기존의 문헌 연구에서 벗어나 고고학 자료에 의거한 실증적 연구가 가능해졌다. 아울러 1980년대부터 시작된 멕시코시티 인근의 테오티우아칸(Teotihuacán) 발굴, 마야(Maya) 문화가 남긴 도상에 대한 해석은 아스테카 인신공희를 시간적으로나 공간적으로 훨씬 확장된 맥락에 위치시킬 수 있게 되었다. 또한 아스테카의 인신공희에 대한 해석도 신화나 종교, 정치라는 단일한 요소에 한정하기보다는 사회의 전반적인 맥락을 고려하여 조망하려고 한다.

국내의 연구 상황은, 라틴아메리카 역사와 문화를 전반적으로 다룬

---

1) 이러한 사정을 반영하듯, 인신공희만을 다룬 단행본은 1970년대 말부터 출판되기 시작했다(Olivier & López Luján, 2010: 21). 주요 단행본을 연대순으로 소개하면 다음과 같다. Christian Duverger, *La fleur létale. Économie du sacrifice aztèque* (1979); Elizabeth H. Boone, *Ritual Human Sacrifice in Mesoamerica*(1984); Mary Ellen Miller, *The Blood of Kings. Dynasty and Ritual in Maya Art*(1986); Yolotl González Torres, *El sacrificio humano entre los mexicas*(1985); Davíd Carrasco, *City of Sacrifice. The Aztec Empire and the Role of Violence in Civilization*(1999); Michel Graulich, *Le sacrifice humain chez les Aztèques*(2005); Saburo Sugiyama, *Human Sacrifice, Militarism, and Rulership. Materialization of State Ideology at the Feathered Serpent Pyramid, Teotihuacan*(2005); Vera Tiesler y Andrea Cucina, *New Perspectives on Human Sacrifice and Ritual Body Treatments in Ancient Maya Society*(2007); López Luján Leonardo y Guilhem Olivier(coord.), *El sacrificio humano en la tradición religiosa mesoamericana*(2010).

책자에서 인신공희를 부분적으로 언급하고 있는 것이 대부분이며, 인신공희만을 논한 연구 논문은 단 한 편에 불과하다.[2] 이와 같은 양적 빈곤에 더하여 질적인 면에서 대부분 논의가 20세기 중반까지의 연구에 의존하여 인신공희를 논하고 있는 실정이므로,[3] 최근 자료와 연구에 기초하여 아스테카의 인신공희를 조명해보는 것은 고대 아메리카 원주민 문화에 대한 이해를 심화시키는 작업일 것이다. 이 글에서는 먼저 아스테카의 인신공희를 메소아메리카의 전통에 위치시키고, 이어 인신공희 희생자 수의 과장설을 살펴볼 것이다. 마지막으로 인신공희에 대한 기존의 해석을 비판적인 관점에서 살펴보려고 한다.

2. 인신공희, 메소아메리카의 전통 의례

인신공희에 대한 통념 가운데 하나는 이 의례가 메소아메리카(Meso-américa)의 다른 지역에서 행해지지 않았으며 오직 아스테카에서만 볼 수 있었다는 것이다. 이러한 견해가 널리 퍼지게 된 이유는 무엇보다도 1519년 에르난 코르테스(Hernán Cortés)가 아메리카 대륙에 첫발을 내디딜 당시의 메소아메리카 상황과 관련이 있다. 당시 마야는 이미 정치적으로 쇠락한 상태였고,[4] 아스테카는 1428년 삼각동맹(excan tlatoloyan)을 맺은 이후 꾸준한 전쟁을 통해 멕시코 중부 지역의 패권을 장악하고, 1521년에는 스페인군에 맞서 싸웠다. 이 시기 스페인 출신의 연대기

---

2) 필자가 아는 한, 아스테카의 인신공희만을 다룬 논문은 이종득(2003)이 유일하다.
3) 이에 해당하는 예로 박병규(2005)를 들 수 있다.
4) 마야는, 유카탄 반도를 정치적·문화적·군사적으로 지배하던 치첸이사(Chichén Itzá)가 1250년경에 몰락한 후, 유력한 정치 집단이 등장하지 않은 상태였다.

작가들은 아스테카의 호전성과 야만성을 증명하는 사례로 인신공희를 집중적으로 부각시켰다. 인신공희는 스페인 왕실이 아스테카를 비롯하여 아메리카 대륙의 원주민을 무력으로 정복하는 것이 정당한 전쟁(guerra justa)임을 뒷받침하는 유력한 근거 가운데 하나였다.

그러나 인신공희는 전 세계의 고대 사회에서 행해졌을 뿐만 아니라,[5] 아메리카 대륙에서도 안데스 지역의 치무(Chimú) 문화나 잉카(Inca)는 물론이고 메소아메리카의 광범위한 지역에서 고래로부터 실시된 의례이다. 메소아메리카의 경우, 가장 오래된 문화라고 일컫는 올메카(Olmeca, 기원전 1200년~기원전 400년) 문화의 중심지 벤타(La Venta)에서 출토된 조각상 '라스 리마스의 남자(Señor de Las Limas)'는 성인 남자가 공물을 드리듯이 두 손으로 재규어 얼굴을 한 어린아이를 들고 있는데, 대부분의 인류학자는 인신공희의 희생물로 어린이를 바치는 모습을 표현한 것이라고 추정한다.

멕시코시티 북쪽에 위치한 테오티우아칸(기원전 150년~기원후 750년)의 경우, 1988년에서 1989년까지 일본인 고고학자 사부로 스기야마(Saburo Sugiyama)가 루벤 카브레라(Ruben Cabrera), 조지 카우길(George Cowgill)과 함께 '깃털 달린 뱀 피라미드(Pirámide de la Serpiente Emplumada)'를 발굴하여, 의례적으로 희생된 137구의 유골과 부장품을 수습했다(Sugiyama, 2005: 7). 희생자는 기원후 약 200~250년에 희생되었으며, 대부분이 전사(gurrero)이고, 메소아메리카의 다양한 지역에서 출생했으나 희생당하기 전에 테오티우아칸에서 거주한 것으로 나타났다.[6] 또 스기야마는 1998

---

5) 고대 이집트, 메소포타미아, 인도, 중국, 태평양지역, 아프리카, 유럽에서도 인신공희를 행했다(González Torres, 2006: 39~60). 물론 시대와 지역에 따라서 희생의 규모, 빈도, 방식은 큰 편차가 있다.

6) 스기야마는 '깃털 달린 뱀'이 전쟁을 주관하는 신이므로, 이 신에게 바친 인신공희

년부터 2004년까지 진행된 테오티우아칸의 달 피라미드(Pirámide de la Luna) 발굴에서 신분과 출신 지역이 다양한 37구의 유골을 수습했다.[7] 이로써 거의 1세기 전인 1906년에 테오티우아칸의 태양 피라미드 (Pirámide del Sol) 모퉁이에서 어린이 유골을 발견했을 때, 인신공희로 희생되었을 가능성과 테오티우칸이 봉헌 매장(dedicatory burial)과 관련이 있을 것이라는 추정이 고고학적으로 확인되었다(Sugiyama & López Luján, 2007). 인신공희의 실증적 확인으로 인해 테오티우아칸에 대한 기존의 관념, 즉 사제가 정치적 임무를 담당하고, 교역을 통한 부의 분배를 추구했으며, 군사적 정복이나 인신공희는 없었다는 목가적 관념은 이제 수정될 수밖에 없다.

테오티우아칸에서 아스테카(1350~1521년)에 이르기까지 메소아메리카 중부 지역의 곳곳에서 여러 문화가 흥망성쇠를 거듭했는데, 이들 문화에도 인신공희의 흔적이 남아 있다. 예를 들어, 오아하카 지방의 미스테카(Mixteca) 문화와 사포테카(Zapoteca) 문화에서도 유물과 고문서를 통하여 인신공희를 확인할 수 있을 뿐만 아니라, 20세기 초반 몬테 알반(Monte Albán)의 발굴에서도 인신공희로 추정되는 다수의 유골이 출토되었다. 그리고 아스테카 문화에 많은 영향을 주었다고 얘기하는 톨테카(Tolteca, 900~1100년) 문화의 착몰(Chac Mool)이나 심장을 쪼아 먹는 독수리 부조, 중심 도시 툴라(Tula)에서 발굴된 유골은 인신공희를 행했다는 증거이다.[8] 2007년에는 툴라에서 69구의 유골을 발굴했는데, 이 가운데 24구

는 종교적 의례의 성격을 넘어 전성기 테오티우아칸의 정치적 영향력을 보여주는 것이라고 진단한다(Sugiyama, 2005).

7) 이 가운데 9구는 마야 지역 출신으로 확인되어 테오티우아칸과 마야(특히 동시대 의 과테말라 티칼이나 온두라스의 코판) 사이의 관계에 대한 해묵은 논쟁이 해결될 수 있는 단초가 될 수도 있다(Sugiyama & López Luján, 2007: 143).

는 어린이(23구는 남자, 1구는 여자)이며, 시기는 기원후 950~1150년으로 밝혀졌다(Mónica Rodríguez, 2007). 톨테카 문화에서 어린이 유골을 발굴되기는 이번이 처음으로, 이곳에서도 메소아메리카의 전통에 따라 물의 신 틀락록(Tláloc)에게 어린이를 희생 제물로 바쳤다는 것이 실체적 사실로 드러난 것이다.[9]

메소아메리카의 인신공희와 관련하여 최근에 주목을 받는 곳은 마야이다. 그동안 마야는 호전적인 아스테카에 비해 평화적이었다는 견해가 우세했다. 그러나 마야에서도 고전기(150년 또는 200년~900년)에서 후고전(900~1521년)기에 이르는 기간에 세운 비석(estela), 채색화 도자기, 벽화와 같은 도상 연구를 통해서 인신공희가 확인되었다.[10] 고전기에 해당하는 과테말라의 피에드라스 네그라스(Piedras Negras)에 있는 '11 비석'에 인신공희 부조가 있고, 멕시코 치아파스의 보남팍(Bonampak) 벽화에도 포로의 손가락을 절단하여 고문하는 장면을 생생하게 묘사하고 있다. 무엇보

---

8) 툴라에서 촘판틀리(tzompantli, 희생자의 두개골을 막대에 꿰어 사다리 모양으로 차곡차곡 진열해놓은 제단)는 발견되지 않았으나 이 문화의 강력한 영향 아래 건설된 유카탄 반도의 마야 유적지 치첸이사에 촘판틀리가 있는 것으로 보아 학자들은 톨테카 문화에서도 촘판틀리를 만들었을 것이라고 추정한다.

9) 멕시코 지역은 건기와 우기가 교차되므로, 비는 농사를 좌우하는 가장 중요한 요소로 신앙의 대상이었다. 어린이를 비의 신 틀락록에게 바친 이유는 이 신이 '몸집이 작은 시동(tlaloque)'의 도움을 받아서 비를 내린다고 믿었고, 어린이와 이 시동이 유사하기에 어린이를 희생물로 바쳐 시동의 기분을 맞추려고 했다(Román Berrelleza, 2010: 353).

10) 16세기 정복기에 유카탄 반도의 코수멜(Cozumel) 섬에서 목격한 인신공희에 대한 증언도 없지는 않다. 후안 디아스(Juan Díaz)가 "그 탑에서 어떤 일을 하느냐고 묻자 원주민은 인신공희를 한다고 대답했다. 넓은 돌칼로 그 사람들의 목을 잘라 피를 양동이에 쏟고, 가슴에서 꺼낸 심장을 불에 태워 우상에게 바친다는 것이었다"(Díaz, 1858: 297~298).

다도 멕시코 치아파스 주 오코싱고 지방의 약스칠란(Yaxchilán) '33 건물'에는 인신공희 장면의 묘사와 함께 인신공희와 우주 창조를 연관시킨 마야 문자가 기록되어 있어 눈길을 끌고 있다. 이 밖에도 치첸이사에서는 사람과 동물을 우물(cenote)에 빠뜨려 희생시키기도 했다.

이처럼 인신공희는 아스테카 이전에도 메소아메리카에서 수천 년에 걸쳐 행해진 의식이었으며, 희생 방식도 매우 다양했다. 가장 일반적인 방식은 단두(decapitación)와 심장 적출이었으며, 멱따기(degollamiento), 화살 쏘기, 신전 계단에서 아래로 밀어뜨리는 추락사(墜落死), 못이나 호수에 빠뜨리는 익사, 불에 태우는 소사(燒死) 방식이 있었다.[11] 아스테카의 경우, 어린이를 틀랄록에게 바칠 때는 단두 방식을 사용했으나 가장 일반적인 방식은 심장 적출이었다.[12] 또 인신공희에서 희생된 사람은 저항할 힘이 미약하고 사회적으로 큰 파장을 일으키지 않을 어린이, 전쟁 포로, 범죄자, 부녀자 등이었으며, 유골을 볼 때 희생 의식은 숙련된 전문가가 해부학적 지식에 근거하여 정확하게 시행했다는 사실이 밝혀졌다.[13]

3. 아스테카 인신공희의 빈도와 규모

아스테카의 인신공희에 대한 문헌과 비문헌 자료는 양적으로 매우

---

11) 희생 방식에 대한 상세한 묘사는 Matos Moctezuma(2010) 참조.
12) 고고학적 증거에 따르면 이런 희생 방식은 톨테카 문화에서 가장 중요하게 여겨졌고 또 널리 시행되었는데, 이 방식이 이전의 다른 방식보다 우월하며 향상된 방식이라고 여겼기 때문이다(González Torres, 2006: 304).
13) 인신공희의 해부학적 기술에 대해서는 Chávez Balderas(2010) 참조.

풍부하다. 문헌자료는 에르난 코르테스와 베르날 디아스 델 카스티요 (Bernal Díaz del Castillo)와 같은 정복자가 스페인어로 남긴 기록, 원주민 정보제공자의 구술을 로마자로 음차한 베르나르디노 데 사아군(Bernardino de Sahagún) 등의 기록, 『멘도사 고문서(Códice Mendocino)』처럼 아스테카 정복 직후 원주민이 그림 문자로 남긴 고문서가 있으며, 비문헌 자료로는 신전의 조형물, 비교적 최근에 멕시코시티에서 발굴된 대신전 (Templo Mayor) 등의 고고학 유물이 있다. 이 가운데 양적으로 가장 많은 자료는 16세기 스페인 정복자나 역사가가 기록한 연대기(crónica)로, 이런 문헌자료에 근거하여 19세기 말에서 20세기 중반까지 인신공희에 대한 연구가 이루어졌는데, 이때는 스페인 정복자가 남긴 기록을 상호 비교하고 검토하기보다는 무비판적으로 신뢰하는 경향이 두드러졌다.

그러나 연구가 진행되면서 연대기 기록의 관점과 객관성에 대한 의문이 제기되었는데, 그 가운데 하나가 인신공희의 과장설이다. 아스테카 인신공희의 빈도와 규모를 둘러싼 최근의 논란은 1977년 마이클 하너 (Michael Harner)가 인신공희에 대한 생태학적 해석을 내놓으면서 시작되었다. 하너는 인신공희와 식인 풍습에 대한 주장을 뒷받침하는 근거 가운데 하나로 코르테스의 아스테카 원정에 참여한 안드레스 데 타피아 (Andrés de Tapia)의 「보고서(Relación hecha por el señor Andrés de Tapia)」를 인용했다(Harner, 1977: 122; 해리스, 1995: 175~176). 타피아는 테노츠티틀란 대신전에서 목격한 촘판틀리에 대해 이렇게 기술하고 있다.

앞뒤 진열대(vigas)의 간격은 1바라(vara: 약 0.8미터)가 조금 못 되었으며, 진열대마다 위에서 아래까지 촘촘하게 막대가 걸쳐 있었는데, 막대 하나 하나가 다섯 개의 두개골의 관자놀이를 꿰고 있었다. 이 글의 필자[안드레스 데 타피아]와 곤살로 데 움브리아라는 사람이 진열대를 세어보고, 앞에서 얘기했듯이, 막대 하나에 꿰인 두개골 다섯 개를 곱해보니 13만 6,000 개의 두개골이 있었다. 이 숫자는 신전 위의 탑에 있는 두개골을 제외한 것이다(Tapia, 1866: 554).

타피아의 증언은 매우 인상적이지만 촘판틀리의 전체 규모에 대한 기술이 누락되었으므로 어떻게 '13만 6,000'이라는 숫자가 도출될 수 있었는지 불명확하다. 따라서 오르티스 데 몬테야노스(Ortiz de Montellano) 는 타피아와 동시대의 또 다른 연대기 작가 디에고 두란(Diego Durán)의 기술을 참고하여,[14] 타피아의 계산은 물리적으로 불가능하며 "테노츠티 틀란의 주 촘판틀리의 두개골 수는 최대로 잡아서 6만 개 또는 그 이하로 보는 것이 합리적이다"라는 견해를 밝히고 있다(Ortiz de Montellano, 1983: 404). 그러나 13만 6,000이든 6만이든 연대기 작가의 기록에 의하면, 아스테카의 인신공희 규모는 결코 소규모가 아니다.

최근 연구는 연대기 기록의 과장설을 실증적으로 뒷받침하고 있다. 모톨리니아(Motolinía)라는 별명으로 더 널리 알려진 토리비오 데 베나벤 테(Toribio de Benavente) 수사와 디에고 두란은 이구동성으로 1487년 대신 전의 증축 공사 기념으로 3~4일간 진행된 축제 때만 8만 400명이 희생되 었다고 기록하고 있다(Benavente, 1858: 254; Durán, 1867: 357). 그런데 1978

---

14) 오르티스 데 몬테야노스는 디에고 두란의 『뭍 연안의 섬과 누에바 에스파냐 인디아스의 역사(Historia de las Indias de la Nueva Espana e Islas de la Tierra Firme)』 제80장에 나타난 '우이칠로포츠틀리 신전'(다시 말해, 대신전) 기술에 의거하여 촘판틀리의 최대 크기를 다음과 같이 산정하고 있다. "촘판틀리의 길이 는 30브라사(50.16미터)이며, 넓이는 30피에(8.4미터)이다. 그리고 진열대 사이 의 간격은 1브라사(1.67미터)이고, 각 막대 사이의 간격은 1/2바라(0.42미터)이 다"(Ortiz de Montellano, 1983: 404).

년부터 2007년까지 진행된 대신전과 주변의 13개 건물 발굴에서는 오로지 126구의 유골만이 출토되었다(López Austin & López Luján, 2008: 140). 생명은 그 자체로 존귀하며, 한 생명의 스러짐은 전 우주의 소멸과 맞먹기 때문에 희생의 경중을 숫자로만 따질 일은 아니라고 할지라도 126명과 8만 400명 사이의 격차는 결코 무시할 수 없다.[15]

연대기에서 인신공희가 과장된 이유로 흔히 스페인의 아스테카 정복을 정당화하기 위한 구실을 꼽는다. 실제로 16세기에 세풀베다(Juan Ginés de Sepúlveda)는 연대기 기록에 의거하여 만약 스페인이 정복하지 않았더라면 매년 2만 명의 무고한 원주민이 희생되었을 것이므로 아스테카 정복 이후 30년 동안 무려 60만 명의 목숨을 구했다고 스페인의 무력 정복을 적극 옹호했다(Keen, 1984: 92). 그렇지만 무력 정복에 극력 반대한 라스 카사스(Bartolomé de las Casas)나 중도적 입장을 취한 모톨리니아 수사의 기록은 물론이고 무력 정복을 찬성한 디에고 두란의 기술을 찬찬히 들여다보면, 8만 400명이라는 숫자는 아스테카의 역사에 근거를 두고 있다는 사실을 확인할 수 있다. 다시 말해, 연대기 작가의 고의적인 과장에 혐의를 둘 수도 있지만 다른 한편으로는 욜로틀 곤살레스 토레스(Yólotl González Torres)의 말처럼 원주민 정보제공자들이 아스테카의 힘을 과시하기 위해 희생자의 숫자를 의도적으로 과장한 측면도 없지는 않았다(González Torres, 2006: 15).

일부에서는 아스테카에서 인신공희는 시행된 적이 없다고 주장하기도 한다.[16] 그러나 문헌이나 고고학적 증거에 비춰 볼 때 인신공희는 실제

---

15) 아스테카의 희생 방식(1명의 희생자에 5명의 사제가 동원되었다)과 희생 도구(철기가 없었으므로 돌로 만든 칼을 사용했다)를 고려할 때, 단일 축제에서 8만 400명을 희생시켰다는 것은 물리적으로도 불가능하므로 적어도 이 경우 연대기 기록이 과장되었다는 점은 의심할 여지가 없다.

로 행해졌다. 그리고 비록 정확한 희생자의 숫자를 규명하는 것은 불가능하다고 할지라도 연대기 작가의 기록처럼 그렇게 대규모로 자주 치러졌던 것은 아니다. 이 말은 연대기에 기록된 인신공희가 과장되었으므로 문헌을 취급할 때 각별히 유의할 필요가 있다는 뜻일 뿐, 아스테카에서 행한 인신공희의 빈도와 규모의 절대치가 적었다는 말은 결코 아니다.

4. 아스테카 인신공희에 대한 현대의 해석

1) 신화종교적 해석: 보답론과 정죄론

아스테카 인신공희에 대한 해석은 정복 직후부터 현재에 이르기까지 지속적으로 전개되어왔다. 16세기 식민지배자들은 아스테카인을 야만인이거나 열등한 존재로 규정하고 인신공희에 접근했지만 점차 아스테카인은 그 나름대로 수준 높은 정치사회를 이룩한 지적인 사람들이라는 견해가 설득력을 얻게 됨에 따라 20세기 초부터 아스테카 내부의 논리에 따라 인신공희를 해석하거나 이해하려고 시도했다. 이러한 경향은, 굳이 꼬집어 말한다면, 프레이저의 『황금가지』로부터 시작되었다고 할 수

---

16) 스페인 정복 이전의 아스테카 부활을 꿈꾸는 국수주의 성향의 단체들은, 1955년 등장한 이후 현재는 미국에 거주하는 멕시코인에게도 인기를 얻고 있는데, 이들은 아스테카의 식인 풍습은 물론이고, 인신공희가 있었다는 사실 자체를 부정한다(Matos Moctezuma, 2008: 209~210). 또 베르날 디아스 델 카스티요의 연대기나 에르난 코르테스의 보고서 기록은 신빙성이 없으며, 고문서나 유적에 구체적으로 표현된 심장과 피는 아스테카 사람들이 애호하던 카카오 음료수의 상징이나 은유라고 주장하는데, 이러한 주장은 추정적인 가설로도 수용하기 어렵다.

있다. 프레이저는 1913년에 출판된『황금가지』제9권의 '멕시코의 신 죽이기'에서 호세 데 아코스타(José de Acosta)의 기록과 베르나르디노 데 사아군 등의 기록에 의거하여 아스테카 인신공희 축제를 설명한 다음 희생자는 '인간-신'이라고 정의한다. 그리고 사제가 희생자의 장식물을 착용하고 춤을 추는 것은 "방금 살해된 인간-신을 부활시키는 것일 뿐만 아니라 소진되고 쇠약해지는 신에게 젊은 에너지와 활기를 불어넣은 것이다"라고(Frazer, 1913: 305) 하면서, 이른바 에너지론을 제시함으로써 인신공희 연구의 새 장을 열었다.

이러한 접근은 미르치아 엘리아데(Mircea Eliade)가『종교형태론』(1948) 에서 "〔인신공희처럼〕 '힘'의 재생을 꾀하는 어떤 의례나 드라마는 그 자체로서는 태초에 이루어진 창조적인 행위, 원초적 행위의 반복이다. 재생을 위한 공희는 천지창조에 대한 의례적인 '반복'이다"(엘리아데, 1996: 451~452)라는 명제로 정식화한 이래, 독일 인류학자 에두아르트 셀러(Eduard Seler), 멕시코의 저명한 인류학자 알폰소 카소(Alfonso Caso), 미겔 레온 포르티야(Miguel León-Portilla) 등에 의해 확산되어 현재까지도 아스테카 인신공희에 대한 대표적인 설명으로 자리를 굳히고 있다.

먼저, 알폰소 카소는『태양의 민족(El pueblo del Sol)』에서 메소아메리카 의 여러 신 중에서 아스테카 고유의 신 우이칠로포츠틀리(Huitzilopochtli) 의 탄생 신화에 주목한다. 이 신화에 따르면, 늙은 대지의 여신 코아틀리 쿠에(Coatlicue)가 임신을 하자 딸 코욜사우키(Coyolxauhqui)는 형제들과 공모하여 어머니를 죽이려고 한다. 그러나 살해를 하려고 다가서는 순간 뱃속에서 우이칠로포츠틀리가 불꽃 모양의 뱀을 들고 나타나, 코욜사우 키와 형제들을 죽여 달과 별로 만들어버린다. 여기서 우이칠로포츠틀리 는 태양의 화염을 상징하는 불꽃 모양의 뱀에서 짐작할 수 있듯이, 태양 신이다. 날마다 해가 뜨고, 달과 별이 뜨는 것은 곧 태양신이 매일 형제들과 전투를 벌인다는 의미이다. 이처럼 매일 달과 별과 싸워야 하는 태양에게는 강력한 힘이 필요하기 때문에 인간은 태양을 먹여 살려야만 한다. 그러나 그는 신이기 때문에 인간이 먹는 거친 음식은 거들떠보지도 않으며, 오로지 '귀중한 액체(chalchíuatl)', 다시 말해 인간의 피에 깃든 마술적 요소로만 생명을 유지한다. 따라서 아스테카인이 희생제의에 바칠 포로를 잡으려고 시시때때로 '꽃의 전쟁(Xochiyaóyotl)'을 벌이고, 희생자를 제단에 바친 행위는 매일 적과 싸우고 저녁이면 지평선 너머로 사라지는 태양신 우이칠로포츠틀리의 힘을 북돋아주고, 내일 아침의 일출이라는 찬란한 재생을 위한 종교 의식이었다는 것이다(Caso, 1993: 23~24).

이처럼 인신공희를 우주창조론에 따른 종교의식으로 설명하는 것은 세속의 인간사를 초월성의 맥락에 위치시키는 것으로, 인신공희에 대한 지적 의문을 어느 정도 충족시켜준다. 아울러 정복 이후 수백 년 동안 지속된, 아스테카의 부정적 이미지를 씻어내는 부수적인 효과도 있다.

그런데 이 신화를 자세히 보면 인간이 개입할 필연적인 이유는 없다. 왜 인간이 태양을 먹여 살려야 하는가? 신화는 말이 없다. 그러나 알폰소 카소는 「독수리와 백년초(El águila y el nopal)」라는 글에서 이렇게 주장한다.

〔아스테카인은〕 사명을 지닌 민족이다. 선택받은 민족이다. 우주적 투쟁에서 태양의 편을 드는 것이, 선의 편에 서는 것이, 선이 악을 이기도록 하는 것이, 밤의 어두운 권력에 맞서 빛의 권력이 승리하고 그 혜택을 모든 인간에게 베푸는 것이 자신들의 사명이라고 믿었다. …… 아스테카인은 자신들이 신들의 협력자이고, 초월적 의무를 완수해야 하며, 세계의 지속은 자신들의 행동에 달렸다고 생각했기에 유랑의 고통을 견뎠으며, 교양 있고 부유한 종족들이 거들떠보지도 않는 땅에 정착했으며, 끊임없이 주변으로 영역을 확장하고자 노력한 결과, 아스테카 전사들은 테노츠티틀

란에서 태평양과 대서양 해안까지 수중에 넣었다(Caso, 1946: 12).

유려하고 명쾌한 문장으로 신화의 침묵을 메우고 있기는 하나, 아스테카인이 '모든' 인간에게 혜택을 주고자 노력했다는 진술은, 아스테카가 메소아메리카에서 분란과 전쟁의 주인공이었다는 사실을 고려할 때 과도한 해석이고 주장이다. 아울러 아스테카의 선민의식, 불굴의 정신, 진취적 기상, 영토적 제국주의에 대한 강조는 현대 멕시코의 민족주의에 부응하려는 의도로 보인다. 알폰소 카소뿐만 아니라 위의 글을 인용한 미겔 레온 포르티야도 "아스테카인은 태양의 협력자"라는 알폰소 카소의 견해에 전적으로 동의하고, 그래서 아스테카인은 "태양의 생명을 유지할 수 있는 유일한 음식, '희생자의 귀중한 물'을 바쳤다"라고 쓰고 있다(León-Portilla, 1993: 99~100).

지금 우리가 하려는 말은 인신공희에 대한 신화종교적 해석이 오류라는 뜻이 아니라, 이러한 해석이 20세기 멕시코의 메스티소 민족주의 담론과 결코 무관하지 않다는 것이다. 20세기에 들어와 멕시코인은 이제까지 망각하고 지내던 아스테카를 현대 멕시코인의 정체성을 구성하는 중요한 역사로 간주했고, 이에 따라 아스테카를 긍정적으로 재평가하려고 했다. 이러한 멕시코 인류학계의 강력한 민족주의 경향, 다시 말해서 "문화유산을 강조하고자 하는 열망, 특히 아득한 고대의 위대한 전통에 대한 긍지로서 메히카(mexica)[17] 문화의 정당화"라는(Keen, 1984: 474) 시

---

17) 아스테카(azteca)와 메히카(mexica)는 동일한 종족을 가리킨다. 아스테카는 아스틀란(Aztlán) 출신 종족이라는 뜻이며, 메히카는 우이칠로포츠틀리(일명 Mexi) 신을 섬기는 종족이라는 뜻이다. 참고로, 스페인어 'x'는 여러 음가를 가지므로 'mexica'의 우리말 표기도 사람에 따라 차이가 있을 수 있다. 다만, 'mexica'를 외래어표기법에 따라 '멕시카'로 표기하면 국명 멕시코와 혼동할 우려가 있고,

대적 맥락을 고려하면 멕시코 민족의 '영광스러운 과거(pasado glorioso)'에서 흠결로 보일 수 있는 섬뜩한 의례를 종교신화적으로 해석하여 잔혹성과 비인간성을 중화시켰을 뿐만 아니라, 인신공희를 주도한 아스테카인을 '신들의 협력자'로서 규정하고, 인신공희를 역사적·인류애적 사명감의 소산으로 해석함으로써 20세기 멕시코가 요구하는 국민적 자긍심의 고양에 기여한 것이다.

아스테카에는 우이칠로포츠틀리 탄생 신화 외에 또 다른 태양신화도 있다. 이른바 '다섯 번째 태양' 신화, 일명 '태양과 달의 창조' 신화이다. 아스테카의 모든 신화가 그러하듯, 이 신화 또한 판본에 따라 차이가 있지만 베르나르디노 데 사아군의 주도로 작성된 『피렌체 고문서(Códice Florentino)』에 따르면 다음과 같다. 어느 날, 네 번째 태양이 사라지자 신들은 테오티우아칸에 모여 다시 태양을 살릴 방안을 의논했다. 유일한 방법은 신이 희생하여 태양이 되는 것인데, 멋쟁이 신 테쿠시스테카틀(Tecuciztécatl)이 "내가 세상을 밝히겠노라"며 선뜻 자원자로 나섰다. 또 다른 지원자는 없느냐고 묻자 모두들 두려워서 머뭇거렸다. 저쪽에서 누군가 종기투성이 신 나나우아친(Nanahuatzin)을 들먹거렸다. 이렇게 지명된 두 신은 4일 밤을 참회하고, 모닥불에 뛰어들었고, 하늘에 떠오른 순서대로 나나우아친은 태양, 테쿠시스테카틀은 달이 되었다. 그런데 둘 다 밝기가 똑같았다. 큰일 났다고 여긴 신들은 토끼로 테쿠시스테카틀의 얼굴을 가격하여 밝기가 지금처럼 줄어들었다. 그런데 더 큰 문제는 태양이 움직이지 않는다는 것이었다. 신들은 "우리들 죽음으로 태양을 되살리자"며, 바람의 신 에카틀(Ehecatl)에게 살해 임무를 맡긴다. 그러나

또 국명 멕시코의 현지 발음은 '메히코'라는 점을 참작하여 이 글에서는 'mexica'를 '메히카'로 표기한다.

신들이 모두 죽었는데도 태양은 움직이지 않았다. 바람의 신은 하는 수 없이 바람을 불어서 태양을 움직이게 했다(Sahagún, 1953: 4~8).

이렇듯 다섯 번째 태양, 운행(運行)의 태양은 신들이 남김없이 살해된 대가로 탄생했다. 여기서 태양은 하늘에 떠 있는 물체만을 가리키지 않는다. 아스테카인에게 '태양'이란 말은 '날(日)', '시간'이라는 의미도 있었으므로, 다섯 번째 태양의 탄생은 곧 현세상이 시작된 개벽이기도 하다. 다시 말해, 현재의 세상은 신들의 희생으로 가능했다는 뜻이다. 또 이 세상이 다섯 번째라는 것은 이 세상이 종말을 맞을 수도 있다는 것을 함축하고 있다. 이런 맥락에서 보면, 자크 수스텔(Jacques Soustelle)의 말처럼 아스테카의 인신공희는 신들의 희생에 보답하고, 현 세계를 유지하려는 아스테카인의 심오한 우주관의 표현이다.

> 메히카인에게 인신공희는 잔혹한 것도 아니었고, 혐오스러운 것도 아니었다. 인신공희는 지속적으로 위협받는 세계의 불안정성에 대한 메히카인의 응답이었다. 그들이 생각할 수 있는 유일한 응답이었다. 피는 이런 세계와 그 세계 속에서 살고 있는 인간을 구원하기 위해 필수적이었다. 희생자는 더 이상 적이 아니라 신에게 보내는 사자(使者), 신과 같은 반열에 오른 사자였다(Soustelle, 1961: 99).

그러나 이런 설명에도 의문이 따른다. 무엇보다도 인신공희가 신들의 희생에 대한 보답이고, 희생자가 신들에게 보내는 사자(使者)라면 희생자의 신분이나 육체적 조건 또한 그에 상응해야 한다. 일반적으로 신에게는 귀하고 정결한 제물을 바친다. 그렇다면 아스테카인은 지체 높은 왕이라든가 다른 희생제의에서 흔히 보듯 순결한 처녀를 희생물로 삼아야 했을 터인데, 이와는 정반대로 대부분 전쟁에서 패배하여 포로가 된 사람들이나 돈을 주고 구입한 노예였으며, 때로는 범죄자도 동원되었다. 물론 아스테카인이 희생자를 아무렇게 끌고 간 것은 아니다. 정해진 절차에 따라 희생자에게 참회 기간을 부여했으며, 제단에 끌려가기 전에는 신처럼 대우했다. 그러나 이와 같은 예비 과정은 희생자의 신분과 조건에 관계없이 모든 의례에 선행되기 때문에, 아스테카인이 왜 전쟁에서 패배했다는 불명예를 떠안은 포로나 비천한 신분의 노예나 살인과 비행을 저지른 범죄자를 희생물로 선택했는지는 여전히 의문으로 남는다.

이와 관련하여, 미셸 그라울리흐(Michel Graulich)는 인신공희가 정죄(淨罪)라는 견해를 제시한다. 그라울리흐에 따르면, 인간 탄생 신화에서 최초의 인간 미믹스코아스(Mimixcoas) 400명이 사냥감을 바치라는 태양신의 의무를 이행하지 않자 죽이라는 명령을 내렸는데, 인신공희에 바칠 포로들은 미믹스코아스처럼 풀케(pulque) 술을 마시고 여자와 동침했으며, 가끔은 이 포로들을 '참회자'라고 불렀다는 것, 그리고 통제 불능의 노예나 사형수를 희생물로 삼은 것으로 보아 인신공희는 단순히 신의 희생에 보답하고 기력을 북돋기 위한 목적만이 아니라 "가치 있는 사후의 삶을 위해서 현세에 저지른 위반이나 죄를 정죄하려는 목적도 있었다"(Graulich, 2000: 355). 이처럼 인신공희가 정죄의 의미를 지니고 있기 때문에, 희생물이 동물에서 인간으로 바뀌었으며, 또 불경이라는 허물을 지닌 적을 제물로 삼았다는 것이다(Graulich, 2003: 20). 그라울리흐의 정죄론은 적어도 아스테카 인신공희에서 왜 미천한 신분의 사람들을 희생시켰는가에 대한 해묵은 의문을 해소해준다.

아스테카의 인신공희를 태양신화에 근거하여 보답론이나 정죄론으로 해석하는 것은 매우 논리적이고, 그 자체로 완벽하다. 다른 한편으로 보면, 이러한 신화종교적인 해석은 아스테카 지배자의 논리에 대한 현대판 주석처럼 보인다. 에르난 코르테스와 함께 아스테카 제국 정복에 참여한 베르날 디아스 델 카스티요의 기록에 따르면, 어느 날 아스테카의 목테수마(Motecuhzoma) 2세가 코르테스 일행에게 대신전을 공개했을 때, 코르테스는 우이칠로포츠틀리와 테스카틀리포카 대신에 성모마리아 상을 안치하자고 했다. 그러자 목테수마 2세는 이렇게 대답했다.

이 신들은 우리에게는 선신(善神)입니다. 우리를 건강하게 보살피고, 물을 주고, 비옥한 경작지와 좋은 날씨를 선사하며, 우리가 원할 때는 승리를 안겨줍니다. 따라서 신을 숭배하고 희생을 바쳐야만 합니다(Díaz del Castillo, 1991: 261).

이와 마찬가지로 인신공희에 대한 현대의 신화종교적인 해석은 우이칠로포츠틀리와 테스카틀리포가가 왜 선신이고, 왜 그들을 숭배해야 하고 희생을 바쳐야 하는지를 설명할 따름이다. 이런 해석은 인신공희에 근거한 스페인의 식민지배 담론을 무너뜨렸다는 점에서는 의의가 없지는 않지만, 아스테카 사회에서 신화와 종교가 어떠한 기능을 담당했는지를 전혀 고려하고 있지 않다. 콘래드(Geoffrey Conrad)와 데마레스트(Arthur Demarest)의 말처럼, 아스테카의 신화와 종교는 물론이고 정치와 철학까지도 초자연적인 질서에 대한 믿음에 통합되어 있기 때문에 신화와 종교는 곧 정치 이데올로기였다(Conrad & Demarest, 2002: 5).

게다가 아스테카의 인신공희와 신화에 대한 연구에서 신화종교적 해석은 몇 가지 난관에 부딪혔다. 이미 위에서 살펴보았듯이, 아스테카 사회에서 인신공희는 태양신에게만 바친 것이 아니라 물의 신 틀락록(Tláloc)에게도 바쳤으며, 이 경우 희생자는 어린이였고, 희생 방식도 메소아메리카에 널리 시행하던 단두였다. 다시 말해, 태양신화만으로는 아스테카의 인신공희를 모두 설명할 수 없다. 둘째, 왜 천체 중에서 태양만이 인간의 피를 요구하는가라는 의문이다. 달이나 별은 인간의 피를 바치지 않아도 운행한다. 게다가 현전하는 태양신화 가운데 「태양 전설(Leyenda de los soles)」에서는 이츨로틀리(Itzlotli) 신이 새로 솟아난 다섯 번째 태양에게 운행하지 않느냐고 묻자 "당신의 피와 당신의 왕국을 달라"고 (Leyenda de los Soles, 1975: 122) 대답한 반면에, 앞에서 언급한 사아군 판본의 태양신화에서는 모든 신이 죽었는데도 태양이 움직이지 않자 에카틀이 바람을 불어 움직이게 했다. 또 「그림을 통해 본 메히카인의 역사」에서는 인신공희를 요구하고 있지만, 그 주체는 태양이 아니라 땅이며, "전쟁을 일으키면 심장과 피를 얻을 수 있으리라"고 언급하고 있다(Historia de los mexicanos por sus pinturas, 1985: 34). 따라서 태양이 운행하기 위한 에너지를 제공하기 위해 인간을 희생했다는 신화종교적인 해석은 판본 의존적이며, 제한적인 설명력만을 가지므로 신화종교의 영역에서 눈을 돌려 사회정치의 맥락을 고려할 필요가 있다.

2) 사회정치적 해석: 아스테카의 지배이데올로기

메소아메리카 역사에서 아스테카인은 가장 늦게 등장한 종족이다. 수 세기에 걸쳐 정착지를 찾아 유랑하던 아스테카인이 멕시코 고원지대에 도착했을 때는 선주민이 경작이 용이한 지역을 점유하고 있었으므로 아스테카인은 황무지나 다름없는 테스코코 호수의 섬 테노츠티틀란 (Tenochtitlán)에 정착했으며, 테파네카(Tepaneca)인의 도시 아스카포찰코 (Azcapotzalco)의 지배를 받았다. 그러나 1428년에 이르면, 테노츠티틀란의 틀라토아니[18] 이츠코아틀(Itzcóatl)은 인근의 테스코코(Texcoco), 틀라

---

18) 틀라토아니(tlatoani)는 '말하는 사람' 또는 '기도하는 사람'이라는 뜻으로 아스테

코판(Tlacopán)과 정치적 연합체를 결성하여 당시까지 가장 강력한 세력을 구축하고 있던 아스카포찰코를 무너뜨림으로서 메소아메리카의 패자(覇者)로 등장했고, 이어 전쟁을 통해 차례차례 인근 도시를 지배함으로써 세력을 확장해나갔다.

이처럼 삼각동맹을 맺어 메소아메리카의 패자로 등장했을 때, 아스테카의 틀라토아니 이츠코아틀과 최고위 자문역을 맡은 틀라카엘렐(Tlacaélel)은 전래의 역사책을 소각하라고 명하고, 아스테카 중심으로 역사를 다시 썼다.[19] 역사 재편찬의 방향은 아스테카의 우월성을 과시하는 것이었고, 이는 미겔 레온 포르티야의 용어를 빌리면 '신비적·전사적 우주관(cosmovisión místico-guerrera)'으로 구체화되었다(León-Portilla, 1993: 249~257). 틀라카엘렐은 아스테카인에게 이제 승리를 쟁취했으니, 지금까지의 굴종적인 태도를 버리고 "우리를 방어하고 명예를 지킬 수 있는 수단을 강구해야 하며, 적이 감히 넘보지 못하도록 해야 한다"고 역설했다(Durán, 1867: 70). 이에 따라 현실적으로는 전쟁에서 승리한 전사를 우대했고, 역사서에서는 아스테카 고유의 신 우이칠로포츠틀리(Huitzilopochtli)를 아스테카 이전 신화의 케찰코아틀(Quetzalcóatl)과 동일한 위상을 지닌 태양신의 반열에 올려놓았으며, 대신전을 증축하여 우이칠로포츠틀리에게 봉헌했다.[20]

카에서 최고 지배자를 가리키던 용어이다. 흔히 번역하듯이 '왕' 또는 '황제'로 옮기면 제사장이라는 의미가 사라지므로, 낯설지만 나우아 원어를 음차하여 표기한다.

19) 물론 그런다고 전래의 역사책이 모두 사라진 것은 아니다. 아스테카를 제외한 도시, 즉 테스코코나 틀라코판이나 틀락스칼라에서는 보존이 되었고 또 구전을 통해서 자자손손 전해지기도 했다. 태양신화가 판본에 따라 차이를 보이는 이유도 여기에 있다.

20) 레온 포르티야는 태양신 우이칠로포츠틀리의 지속적인 운행을 위해 인간의 피를 바쳐야 한다고 처음 주장한 사람도 틀랄카엘렐이고, 희생자를 잡아오기 위한

이처럼 아스테카 사회가 전쟁 중심으로 재편됨에 따라 끊임없이 치러야 하는 전쟁에 전사를 차질 없이 동원하고, 복속된 부족으로부터 공물을 제때로 바치도록 할 필요성이 대두되었고, 이러한 목적을 효과적으로 달성하기 위한 수단이 인신공희였다는 것이 로레트 세주르(Laurette Séjourné)의 주장이다. 즉, "우주적 필요에 따른 인신공희라는 이상적인 슬로건"을 내세워 아스테카인은 물론이고 주변 부족에게도 공포를 심어 주려는 데 있었다는 것이다(Séjourné, 1957: 37~38). 이런 관점에서 보면, 1487년 대신전이 증축되었을 때, 3일에 걸쳐 축제를 열고 대규모의 인신공희를 거행한 것도 아스테카의 힘을 대내외적으로 과시함으로써 피지배자의 충성심을 유도하고, 혹시 있을지도 모르는 반역을 미연에 차단하려는 목적에서 행한 일이다. 그러므로 "전쟁에 대한 종교적 해석을 진지하게 받아들이는 것은 아스테카의 조야한 선전선동에 빠지는 것이다"(Séjourné, 1957: 43).

이처럼 세주르가 처음으로 정치적 요인에 주목한 이후, 인신공희 연구는 아스테카의 국내 통치 및 인근 지역의 정복과 지배라는 메커니즘에 주목하게 되었다. 이를테면, 이그나시오 베르날(Ignacio Bernal)은 우이칠로포치틀리의 명령이 언제나 소수 제사장들의 엄숙하고 단호한 목소리를 통해 일반인들에게 전달되었다는 기록에 근거하여 단지 서너 명에 불과한 제사장들이 신의 목소리를 빌려 정치적 야망을 달성하려고 수많은 사람들을 끊임없는 전쟁에 몰아넣고, 약탈과 인신공희의 제물로 삼았다고 비판했다(Bernal, 1983: 112). 르네 지라르(Rene Girard)는 아스테카의 인신공희에서 전형적인 희생양 이데올로기를 보았다. 인신공희와 같은

'꽃의 전쟁'을 기획한 사람도 틀라카엘렐이었다고 추정한다(León-Portilla, 1993: 253~255).

희생제의는 "어떤 한 사회가 동물이나 인간과 같은 희생물을 바쳐서 신의 노여움을 풀고 신의 은혜를 기대하는 의식"이 아니라 집단 내부에 존재하는 원초적 폭력을 특정 개인이나 집단으로 돌림으로써 사회 안정을 유지하는 제도라는 것이다(지라르, 1998: 111).

이러한 정치적 해석은 아스테카의 사회에 대한 연구, 특히 전쟁 연구를 추동하는 계기로 작용했다. 아스테카의 전쟁은 인신공희에 필요한 포로를 공급하려는 목적뿐만 아니라, 헤게모니 장악이라는 정치적 목적 및 공물이라는 경제적 목적도 있었기 때문이다. 따라서 인신공희를 아스테카의 정치, 경제, 사회의 맥락에서 조망하려고 시도했는데, 그 가운데 하나가 마이클 하너의 생태학적 해석이다. 하너의 요지는 아스테카 사회의 인구 압력으로 단백질이 부족하게 되었고, 이러한 영양소를 일반인들에게 간편하고 값싸게 공급하기 위해 전쟁을 하고 포로를 잡아와 인신공희와 식인을 행했다는 것이다(Harner, 1977: 130). 그러나 현재 대부분의 학자들은 이러한 생태학적 해석을 배격하고 있다. 하너 주장의 기초는 16세기 아스테카 인구가 2,500만 명이고, 인신공희 희생자 수는 연간 2만~8만 명이었다는 것인데(Harner: 1972, 119), 이러한 통계 자료는 객관성이 없으므로 신뢰도가 매우 낮다. 또한 식인 풍습은 식량 대용으로 인육을 취했다기보다는 희생자의 힘을 얻는다는 뜻으로 상징적으로 섭취했고, 단백질도 칠면조(guajolote)나 콩으로 얼마든지 보충할 수 있었다.

사실, 학문적인 관점에서 냉정하게 평가하자면 하너의 주장은 특이하기는 하지만 갑론을박의 대상이 될 만한 가치는 없다. 그런데도 하너를 꾸준히 언급하는 이유는 미국의 인류학자 마빈 해리스(Marvin Harris)가 1977년에 출판한 『식인과 제왕』에서 소개함으로써 대중적으로 널리 유포되었기 때문에 이를 바로잡을 필요성이 대두되었기 때문이다. 아이러니는, 이러한 논란에서 아스테카의 인신공희의 경제적 측면이 부각되었

고, 이로써 기존 논의보다 더욱 확장된 사회, 정치, 경제 영역에서 인신공
희를 조명할 수 있게 되었다는 것이다.

앞에서 얘기했듯이, 아스테카는 인근 도시국가를 정복하고, 공물을
받음으로써 성장했다. 정복을 통해서 아스테카의 제방이나 사원 증축에
필요한 노동력을 공급받았고, 가뭄이나 병해로 흉작이 들 때 공물은
경제적으로 도움이 되었다. 그러나 차츰 치남파(chinampa)와 같은 경작지
가 확대되고, 식량 생산이 증대했기 때문에 아스테카 경제가 공물 의존적
이었다고 말하기는 어렵다. 그러나 전쟁을 통해 일반인은 전사로서 명예
와 부를 얻을 수 있었고, 틀라토아니는 신흥 전사 집단을 통제함으로써
전통적인 지배 세력 칼푸이(calpulli)의 영향력에서 벗어나 지배력을 과시
할 수 있었으며, 상인 또한 정복지를 돌아다니며 귀족이 필요한 사치품을
교역했기 때문에 아스테카의 지배 영역이 확장되면 될수록 경제적으로
이득이었다. 이제 아스테카는 정치적·경제적·사회적으로 전쟁과 정복이
라는 쌍두마차에 올라탄 것이다. 문제는, 아스테카의 정복전쟁이 언제나
성공적이지는 않았을 뿐만 아니라,[21] 기존 정복지에서도 끊임없이 반란
이 일어났다는 사실이다. 이에 따라 아스테카는 항시적인 전쟁 상태였고,
이에 필요한 물품을 공급하기 위한 수공업자, 즉 비생산 인구가 증가했
고, 아울러 경제에서 공물이 차지하는 비중도 커졌다(Conrad & Demarest,
2002: 49). 전쟁은 비생산 그룹의 증가를 가져왔고, 이로써 이들의 사치품
을 충당할 공물의 양이 증가함과 동시에 복속지의 불만은 고조되었으므
로, 아스테카는 정치적·경제적 안정을 확보하기 위해 또 다시 전쟁을
벌이는 악순환에 빠졌다.

---

21) 이를테면 찰코(Chalco), 타라스코(Tarasco), 틀락스칼라는 수차례 원정에도 불구
하고 정복에 실패했다.

그런데 대규모 전쟁을 하려면 정치경제적으로 많은 비용이 소모되기 때문에 불복종의 기미가 보이는 복속지에 소규모 군대를 파견하여 군사력을 과시하는 '꽃의 전쟁'을 수행했다. 로스 해시그(Ross Hassig)의 주장에 따르면, 초기 꽃의 전쟁은 단지 무력시위에 불과했기 때문에 의도적인 사상자나 도시 파괴는 없었고, 포로를 잡아오는 일 또한 없었다. 그러나 꽃의 전쟁에도 불구하고 복속지가 순응하지 않자 거듭되는 꽃의 전쟁은 점차 격렬해지면서 포로를 송환하는 대신에 희생시키고 무차별적으로 살상을 하게 됨으로써, 결국 꽃의 전쟁은 일반 전쟁과 흡사하게 되었다 (Hassig, 1990: 24). 한마디로 말해, 꽃의 전쟁은 병사를 훈련시키거나, 희생으로 바칠 포로를 잡아오거나 군사 기술을 연마하려는 목적도 없지 않았으나 진짜 목적은 복속된 종족을 통제하려는 전략이라는 것이다.

이제 인신공희에 초점을 맞춰보면, 꽃의 전쟁에서 잡아온 포로를 희생시킴으로써 아스테카의 인신공희의 규모와 빈도가 증가했다고 할 수 있다. 그러므로 만약 아스테카가 계속 새로운 정복지를 계속 획득했더라면, 꽃의 전쟁도 격렬해지지 않을 것이고 포로를 희생시키는 인신공희도 감소했을 것이라는 욜로틀 곤살레스 토레스의 가정도 수긍할 만하다 (González Torres, 2006: 305). 그러나 일반적으로 인신공희는 사회가 진화하면서 감소하거나 사라졌고, 실제 의례에서는 짚이나 목화로 속을 채운 모형, 흙으로 만든 인형, 동물(잉카에서 자주 사용한 야마)로 대체되었다는 점에 주목하면, 아스테카의 인신공희는 강도의 관점에서만 접근할 수는 없다. 게다가 아스테카에서는 전쟁에서 잡아온 포로만 희생 제단에 올린 것이 아니라 죄인, 부녀자, 어린이까지 희생물로 바쳤으므로, 공포 조성을 통한 통치 수단이 인신공희였다는 해석은 부분적인 설득력만을 지닌다.

5. 맺음말

　지금까지 살펴보았듯이, 아스테카의 인신공희는 매우 복잡한 성격의 의례로, 어느 한 측면만으로는 설명하기 어렵다. 먼저 신화종교적인 접근은 아스테카의 인신공희에 대해 가장 완벽한 논리를 제공하고 있지만, 이러한 해석의 근거를 제공하고 있는 신화라는 것이 아스테카가 정치적 패권을 장악한 뒤 지배 종족으로서 역사적 정당성을 확보하고, 종족적 자긍심을 고양하기 위한 역사 다시 쓰기의 일환으로 만들어진 것임을 간과하고 있다. 이 말은, 인신공희를 정당화하기 위해서 신화가 만들어졌다는 뜻도 아니고, 반대로 신화를 정당화하기 위해서 인신공희를 행했다는 뜻도 아니다. 그보다는 아스테카 신화의 정치적 성격을 드러내고자 하는 데 있다. 아스테카 사회에서 신화는 종교이자 역사이고 정치 이데올로기였다.

　다른 한편으로, 인신공희에 대한 정치사회적 접근은 아스테카 사회에서 신화와 종교가 지니는 현실적인 힘을 간과하고 있다. 비록 인신공희가 고대부터 메소아메리카에 널리 시행된 의례였고, 아스테카는 이러한 낡은 재료를 활용하여 새로운 전통을 발명했다고 하더라도 아스테카인의 세계관은 기본적으로 초월적인(또는 종교적인) 믿음에 근거하고 있었기 때문이다. 아스테카인도 현대인처럼 합리적이고 현실적으로 사유했으나, 이러한 사유의 기저를 형성하는 틀은 합리적 사유를 넘어선 신화이고 종교였다. 그렇다면 아스테카에서는 "권력 집단이 종교(fe)를 통해, 농업과 종교 의식에 대한 지식을 통해, 경전을 조작하고 신화를 해석함으로써 국민들의 의지를 장악했다"(López Austin, 1995: 29)는 주장은 권력 집단 또한 그러한 종교에 함몰되어 있었다는 설명으로 보완할 필요가 있다.

　현대에 들어와 멕시코의 인신공희 연구자들은 아스테카의 인신공희를 은연중에 정당화하려고 한다. 우리가 살고 있는 지금도 세계 곳곳에서 인종 청소가 이루어지고 있고, 대량 학살 무기를 사용한 전쟁은 아스테카의 인신공희와는 비교할 수 없을 정도로 많은 희생자를 양산하고 있다는 것이 정당화의 숨은 맥락 가운데 하나이다. 그렇지만 현대의 야만적인 일면이 아스테카의 야만적인 일면을 정당화하지는 못한다는 점을 결코 망각해서는 안 된다. 다만, 아스테카는 세계로부터 고립되어 독자적인 문화를 이룩했기 때문에 외부인의 눈에 인신공희와 같은 독특한 면모가 더욱 확연하게 드러났으며, 이것이 결코 유쾌하지 않은 아스테카의 인신공희에 대한 연구를 추동하는 원동력일 것이다.

참고문헌

박병규. 2005. 「태양신화와 인신공양」. http://www.latin21.com/board3/view.php?
    table=research_uh&bd_idx=6&page=1&key=&searchword=
엘리아데, 미르치아. 1996. 『종교형태론』. 이은봉 옮김. 한길사.
이종득. 2003. 「아즈텍제국의 인신공양」. ≪인문과학연구≫, 제8호, 19~34쪽.
지라르, 르네. 1998. 『희생양』. 김진식 옮김. 민음사.
해리스, 마빈. 1995. 『식인과 제왕』. 정도영 옮김. 한길사.

Benavente, Toribio de. 1858. "Carta de fray Toribio de Motolinía al emperador
    Carlos V." en Joaquín García Icazbalceta. *Colección de documentos para
    la historia de México*. Tomo I. México: Libreria de J. M. Andrade, pp.
    251~277.
Bernal, Ignacio. 1983. "Interpretación de la Fundación de Tenochtitlan." en Miguel
    León Portilla(ed.). *De Teotihuacán a los aztecas: antología de fuentes e
    interpretaciones históricas*. México: Universidad Nacional Autónoma de
    México.
Caso, Alfonso. 1946. "El águila y el nopal." http://www.acadmexhistoria.org.
    mx/PDF/sillon_1_ALFONSO_CASO.pdf
Caso, Alfonso. 1993. *El pueblo del Sol*. México: Fondo de Cultura Económica.
Chávez Balderas, Ximena. 2010. "Decapitación ritual en el Templo Mayor de
    Tenochtitlan: estudio tafonómico." en López Luján Leonardo y Guilhem
    Olivier(coord.). *El sacrificio humano en la tradición religiosa meso-
    americana*. México: Instituto Nacional de Antropología e Historia; Fondo
    de Cultura Económica, pp. 317~344.
Conrad, Geoffrey and Arthur Demarest. 2002. *Religion and Empire: The Dynamics
    of Aztec and Inca Expansionism*. Cambridge: Cambridge University Press.
Díaz del Castillo, Bernal. 1991. *Historia verdadera de la conquista de la Nueva
    España*. México: Alianza Editorial.

Díaz, Juan. 1858. "Itinerario de la armada del Rey Católico á la Isla de Yucatán, en la India, el año de 1518, en la que fué por comandante y capitan general Juan de Grijalva." en Joaquín García Icazbalceta. *Colección de documentos para la historia de México*. Tomo I. México: Libreria de J. M. Andrade, pp. 281~308.

Durán, Diego. 1867. *Historia de las Indias de Nueva España y islas de Tierra Firme*. Tomo I. México: Imprenta de J. M. Andrade y F. Escalante.

Frazer, James George. 1913. *The golden bough*. Volume 9. London: Macmillan and co. limited.

González Torres, Yólotl. 2006. *El sacrificio humano entre los mexicas*. México: Instituto Nacional de Antropología e Historia; Fondo de Cultura Económica.

Graulich, Michel. 2000. "Aztec Human Sacrifice as Expiation." *History of Religions*, 39(4), pp. 352~371.

_____. 2003. "El sacrificio humano en Mesoamérica." *Arqueología Mexicana*, XI(63), pp. 18~23.

Harner, Michael. 1977. "Ecological Basis for Aztec Sacrifice." *American Ethnologist*, 4(1), pp. 117~135.

Hassig, Ross. 1990. "Aztec Warfare." *History Today*, 40(2), pp. 17~24.

Historia de los mexicanos por sus pinturas. 1985. en Angel Maria Garibay(ed.). *Teogonía e historia de los mexicanos*. México: Porrua.

Keen, Benjamin. 1984. *La imegen azteca en el pensamiento occidental*. México: Fondo de Cultura Económica.

León-Portilla, Miguel. 1993. *La filosofía náhuatl*. México: Universidad Nacional Autónoma de México.

Leyenda de los Soles. 1975. *En Códice Chimalpopoca*. México: Universidad Nacional Autónoma de México; Instituto de Investigaciones Históricas.

López Austin, Alfredo. 1995. "Los mexicas y su cosmos." en Eduardo Matos Moctezuma et al. *Dioses del México antiguo*. México: El equilibrista, pp. 21~29.

López Luján, Leonardo and Alfredo López Austin. 2008. "Aztec Human Sacrifice" in Elizabeth M. Brumfiel y Gary M. Feinman(eds.). *The Aztec World*. New York: Abrams; The Field Museum, pp. 137~152.

Matos Moctezuma, Eduardo. 2008. "The Aztec World's Presence in Colonial and Modern Mexico." in Elizabeth M. Brumfiel and Gary M. Feinman. *The Aztec world*. New York: Abrams, pp. 209~224.

_____. 2010. "La muerte del hombre por el hombre: el sacrificio humano." en López Luján Leonardo y Guilhem Olivier(coord.). *El sacrificio humano en la tradición religiosa mesoamericana*. México: Instituto Nacional de Antropología e Historia; Fondo de Cultura Económica.

Mónica Rodríguez, Ana. 2007. "Tula se inscribiría en la tradición prehispánica de sacrificar niños." *La Jornada*. 21 de abril. http://www.jornada.unam.mx/2007/04/21/index.php?section=cultura&article=a02n1cul

Olivier, Guilhem y Leonardo López Luján. 2010. "El sacrificio humano en Mesoamérica: ayer, hoy y mañana." en López Luján Leonardo y Guilhem Olivier(coord.). *El sacrificio humano en la tradición religiosa meso-americana*. México: Instituto Nacional de Antropología e Historia; Fondo de Cultura Económica, pp. 19~42.

Ortiz de Montellano, Bernard R. 1983. "Counting Skulls: Comment on the Aztec Cannibalism Theory of Harner-Harris." *American Anthropologist*, New Series, 85(2), pp. 403~406.

Román Berrelleza, Juan Alberto. 2010. "El papel de los infantes en las prácticas sacrificiales mexicas." en López Luján Leonardo y Guilhem Olivier (coord.). *El sacrificio humano en la tradición religiosa mesoamericana*. México: Instituto Nacional de Antropología e Historia; Fondo de Cultura Económica, pp. 345~366.

Sahagún, Bernardino de. 1953. *Florentine Codex: General History of the Things of New Spain*, Vol.7, translated and edited by Arthur J. O. Anderson and Charles E. Dibble. Santa Fe(New Mexico): The School of American Research and The University of Utah. 태양신화의 번역본은 ≪트랜스라틴≫, 24호(2013년 6월), pp. 104~111. http://translatin.snu.ac.kr/translatin/1306/pdf/Trans13062412. pdf

Séjourné, Laurette. 1957. *Pensamiento y Religión en el México Antiguo*. México: Fondo de Cultura Económica.

Soustelle, Jacques. 1961. *Daily Life of the Aztecs. On the Eve of the Spanish Conquest*. Stanford: Stanford University Press.

Sugiyama, Saburo. 2005. *Militarism, and Rulership: Materialization of State Ideology at the Feathered Serpent Pyramid, Teotihuacan*. Cambridge, UK & New York: Cambridge University Press.

Sugiyama, Saburo and Leonardo López Luján. 2007. "Dedicatory Burial/Offering Complexes at the Moon Pyramid." *Ancient Mesoamerica*, Vol. 18, pp. 127~ 146.

Tapia, Andrés de. 1866. "Relación hecha por el señor Andrés de Tapia." en Joaquín García Icazbalceta. *Colección de documentos para la historia de México*. Tomo II. México: Librería de J. M. Andrade, pp. 554~594.

제2장

호혜의 관점에서 본 잉카의 팽창과 멸망*

우석균 서울대학교 라틴아메리카연구소 HK교수

1. 머리말

대략 1200년경 혹은 그보다 조금 먼저 창건되었다고 하는 잉카는 오랫동안 그저 쿠스코(Cusco) 일대의 지배자였을 뿐이다. 그러다가 9대 군주로 알려져 있는 파차쿠텍(Pachacútec) 혹은 파차쿠티(Pachacuti)가 1438년경 즉위하면서 급격히 팽창하기 시작했다. 그리하여 전성기 때에는 오늘날의 페루, 볼리비아, 에콰도르, 콜롬비아, 칠레, 아르헨티나 북부에 걸쳐한반도의 7.5배에 달하는 약 170만km² 이상의 영토를 지배했다. 이 팽창은 주로 파차쿠텍과 다음 군주인 투팍 유팡키(Túpac Yupanqui, 1471~1493년경 재위)의 2대 55년 사이에 걸쳐 이루어진 것이었으니 대단히 놀라운일이었다.

---

* 이 글은 ≪스페인라틴아메리카연구≫ 6권 2호(2013)에 발표된 필자의 기존 논문을 총서의 취지에 맞게 수정·보완한 것이다.

더욱 놀라운 일은 이런 강력한 국가가 소수의 스페인 정복자들에게 힘없이 무너졌다는 점이다. 잉카의 정복자 프란시스코 피사로(Francisco Pizarro)는 불과 180명의 원정대와 함께 1532년 5월 중순 오늘날의 페루 북부 국경도시 툼베스(Tumbes)에 상륙하여, 그해 11월 16일 페루 북부 카하마르카(Cajamarca)에서 벌어진 최초의 전투에서 잉카의 마지막 군주 아타왈파(Atahualpa)[1]를 생포했다. 1533년 7월에는 아타왈파를 처형하고, 그해 11월 15일에는 잉카의 수도 쿠스코에 입성했다. 아타왈파 생포 1년 만에 잉카 정복이 일단락된 셈이다. 물론 정복전쟁이 종지부를 찍은 것은 1572년으로 보아야 한다는 주장도 있다. 정복자들이 꼭두각시 군주로 옹립한 망코 잉카(Manco Inca)가 탈출하여 세운 소위 빌카밤바(Vilcabamba) 왕조가 4대를 이어오다가 멸망한 것이 그 해이기 때문이다. 그렇다 해도 1539년 이후에는 원주민들 때문에 실질적인 위기를 겪지는 않았다. 즉, 정복자들은 7년 만에 어느 정도 확고한 지배권을 구축한 셈이니 이것만 해도 엄청난 성과였던 것이다.

비교적 용이했던 잉카 정복의 원인에 대해서는 이미 많은 연구가 있고, 국내에도 어느 정도 소개되었다. 그러나 스페인인들의 잉카 정복을 안데스 내부의 시각으로 고찰한 해석에 대한 소개는 미흡하다. 또한 잉카의

---

1) 이 글의 인명과 지명은 통상적인 스페인어 표기법과 다소 차이가 난다. 가령 'Atahualpa'를 '아타우알파'로 적지 않고 '아타왈파'로 표기했다. 단순히 '우루과이' 등의 예를 좇은 것이 아니라 케추아어의 흔적을 남기고자 하는 이유에서이다. 원주민들의 표기대로 쿠스코(Cusco) 대신 코스코(Qosqo)로 적는 등 모든 인명과 지명에 케추아어 표기를 고수한다면 너무 지나칠 것 같지만, 스페인어식 표기에 충실하기보다 독자적 표기를 원하는 원주민들의 식민 유산 극복 노력의 일단이나마 소개하는 것이 바람직하다고 생각했기 때문이다. 안데스인들은 자신의 상징으로 삼은 깃발을 'huiphala'가 아니라 'wiphala'로 표기한다. 이에 따라 이 글에서도 '우이-'나 '우아-' 대신 '위-'나 '와-'로 표기했다.

팽창과 멸망이 별개의 사건이 아니라 동일 요인이 작용한 사건이라는 해석도 전혀 소개되지 않았다. 이에 이 글은 '호혜(reciprocidad)'라는 요인이 잉카의 팽창과 멸망에 공히 결정적인 역할을 했다는 마리아 로스트워로우스키(María Rostworowski)[2]의 해석을 소개하고자 한다.

2. 안데스 사유와 호혜

'호혜'는 단순히 서로 혜택을 준다는 사전적 의미나 잉카인들의 풍습쯤으로 치부하고 말 개념이 아니다. 호혜는 안데스 사유에서 중요한 원칙 중 하나이다.『안데스 철학: 안데스의 토착적 지혜에 대한 상호문화적 연구』의 저자 에스테르만(Josef Estermann)은 안데스 사유의 핵심 중 하나로 관계의 원칙(principio de relacionalidad)을 꼽고, 이에 대해 다음과 같이 설명한다.

우리는 이미 안데스의 관계성의 근본적인 측면으로 만물의 관계성을 부각

---

[2] 마리아 로스트워로우스키 또는 마리아 로스트워로우스키 데 디에스 칸세코(María Rostworowski de Diez Canseco)라는 이름으로 활동한 그녀는 폴란드인 아버지와 페루 어머니 사이에서 1915년 리마에서 태어났다. 고등학교까지는 폴란드, 프랑스, 벨기에, 영국 등에서 교육을 받았으나, 19세 때에 여행을 왔다가 페루에 매료되어 리마의 산마르코스 대학에 진학했다. 당시 산마르코스에는 페루 현대 역사학의 태두였던 라울 포라스 바레네체아(Raúl Porras Barrenechea, 1897~1960)가 있어서 가르침도 많이 받았다지만, 로스트워로우스키는 거의 독학으로 현대 잉카 연구 대열에 합류했다. 그리고 존 H. 로우(John H. Rowe, 미국, 1918~2004), R. 톰 쥬데머(R. Tom Zuidema, 네덜란드, 1927~), 존 무라(John Murra, 우크라이나, 1916~2006) 등과 더불어 현대 잉카 연구의 기틀을 마련한 학자로 평가받는다.

시켰다. 이 특징은 '관계의 원칙' 혹은 '전체론적 원칙(principio holístico)'으로 표현된다. 이 원칙은 만물이 이런저런 방식으로 만물과 관계를 맺고 있다는 점을 단언한다. 우리가 이미 말했듯이, 기본 개체(entidad básica)는 실체적 '개체(ente)'가 아니라 관계(relación)이다(Estermann, 1998: 114).

관계의 원칙이 표출되는 3대 방식 중 하나가 바로 호혜이며, 또 다른 두 가지는 상보성(complementariedad)과 조응(correspondencia)이다(Estermann, 1998: 115). '조응'이란 "'현실'의 상이한 측면들, 지역들 혹은 장(場)들이 서로 조화롭게 조응하는 것"을 말한다(Estermann, 1998: 123). 가령, 잉카인들은 우주가 아낙 파차(hanaq pacha, 천상), 카이 파차(kay pacha, 지상), 우쿠 파차(ukhu pacha, 지하) 세 영역으로 구성되어 있다고 믿었는데, 아낙 파차의 현실이 카이 파차는 물론 우쿠 파차의 현실과 밀접한 관계에 있다고 생각했다. 또한 우주와 인간, 인간과 비인간, 삶과 죽음, 신과 인간, 유기적인 것과 비유기적인 것도 서로 조응한다고 생각했다(Estermann, 1998: 125). '상보성'이란 서로 대립되는 것처럼 보이는 요소들이 한 차원 더 높은(superior) 혹은 완전한(integral) 개체를 형성하기 위해 서로 필요하다는 사유에서 비롯되었다. 이를테면 하늘과 대지, 태양과 달, 명암, 진실과 거짓, 낮과 밤, 선과 악, 남성과 여성 등이 서로 보완적인 요소라는 것이다. 상보성에 대한 이해를 돕기 위해 에스테르만은 서구 및 동양의 사유와 비교한다. 개체를 단자(monad)로 이해하는 서구 사유와는 다르며 동양의 음양과 유사한 사유라는 것이다(Estermann, 1998: 126~131). 호혜의 원칙은 상보성 원칙, 그리고 조응의 원칙과 긴밀한 관계를 지닌다. 이에 대해서 에스테르만은 다음과 같이 설명한다.

조응의 원칙은 실용적이고 윤리적인 차원에서 '호혜의 원칙'으로 표출된다. 각각의 행위에는 호혜적 행위가 상보적 기여로 수반되어야 한다. 호혜의 원칙은 (개인들 간의 관계 혹은 집단 간 관계 같은) 인간관계뿐만 아니라 모든 형태의 상호행위(interacción)에 적용된다. 즉, 인간과 인간, 인간과 자연, 인간과 신 사이에 상호행위가 있어야 하는 것이다. 호혜의 원칙은 보편적으로 유효한 것이고 안데스 철학에서 대단히 중요한 특징을 보여준다. 윤리가 인간과 인간 행위에만 국한된 사안이 아니라 우주적 차원들을 지니고 있다는 것이다. 윤리성과 자유가 상호 연루(implicación mutua)되는 서구 이성의 관점에서 보자면 황당무계하겠지만, '우주적 윤리(ética cósmica)'라고 말할 충분한 이유가 있는 것이다. 안데스의 호혜는〔서구 사유에서처럼〕 자유롭고 의지에 따른 상호행위 관계를 반드시 상정하지는 않는다. 인간도 그 일부인 보편적 질서를 반영하는 '우주적 의무'인 것이다(Estermann, 1998: 131~132).

실제 삶에서 호혜의 원칙은 주로 교환(trueque)으로 나타난다. 좀 더 쉽게 이야기하자면, 가는 것이 있으면 오는 것이 있어야 한다는 원칙에 입각한 주고받기이다. 주고받기의 대상은 재산, 인간의 감정, 노동력, 심지어 종교적 가치에 이르기까지 다양하다. 그리고 주목할 점은 이 주고받기가 단순한 인지상정의 문제가 아니라 우주적 원칙으로 격상되고 있다는 점이다. 교환에 성실히 응하는 것이 "우주적 의무(deber cósmico)"요, 호혜의 원칙이 제대로 작동되는 것이 "우주적 정의(justicia cósmica)"가 구현되는 길이다(Estermann, 1998: 132~133). '우주적'이라는 형이상학적인 수사가 사용되지만, 이는 사회가 제대로 작동하기 위한 대단히 중요한 사회 규약이 '호혜'라는 사실을 강조하기 위한 수사로 보면 될 것이다.

3. 잉카의 팽창과 호혜

로스트워로우스키는 『안데스의 권력 구조: 종교적·정치적 이념』에서 안데스 사회, 특히 잉카에서는 종교, 정치, 군사, 행정, 신화 등 여러 분야에 걸쳐 이원주의가 핵심 특징이라고 주장한다. 가령, 잉카의 통치 체계에 대해서도 서구처럼 군주가 1인이 아니라 2인인 양두통치(兩頭統治, diarquía)가 일반적이라고 말한다. 부부 혹은 형제 혹은 부자가 공동으로 통치하는 구조라는 것이다(Rostworowski, 1988: 130~179).[3] 이는 통치 구조에서 상보성을 대원칙으로 삼았다는 것이고, 2인 지배체제에도 불구하고 불협화음 없는 통치가 이루어지려면 두 통치자 사이의 조응이 중요하며, 조응 관계가 형성되려면 실천적인 층위에서, 즉 실재 현실에서 호혜의 원칙이 제대로 작동해야 했다.

로스트워로우스키는 『타완틴수유[4]의 역사』에서는 이 호혜의 원칙을

---

3) 2인이 권력을 대등하게 행사했다는 양두통치설은 서구는 물론 아시아의 1인 중심의 군주제(monarquía) 경험을 한 지역에서는 받아들이기 힘들 수밖에 없다. 현대 잉카 연구에서 양두통치를 강력하게 주장한 최초의 연구자는 구조주의 인류학자 쥬데머이다. 그를 잉카 연구의 대가 반열에 올려놓은 『쿠스코의 세케 시스템((*The Ceque System of Cuzco*)』(1964)에서 그런 주장을 펼쳤다. 식민 시대 초기의 여러 문헌에서 공통적으로 잉카의 중요한 사회 조직의 원칙으로 아난(hanan)과 우린(hurin)의 이원주의를 꼽고 있기 때문에 그의 연구를 그저 구조주의 방법론의 소산으로 단정할 수는 없다. 가령, 잉카 시대에 쿠스코는 아난과 우린 두 지역으로 구분되었고, 파나카(panaca)로 불리는 모든 왕족 집단이 아난 혹은 우린 둘 중 하나에 속했다. 따라서 설사 2인이 권력을 대등하게 나누는 일이 실제로는 불가능했다 하더라도, 적어도 그런 모양새의 권력 구조를 취했을 가능성은 충분하다. 그래서 로스트워로우스키뿐만 아니라 상당히 많은 이가 양두체제설을 지지한다. 쥬데머의 주장이 오히려 잉카 사회와 권력 구조를 설명하는 데 적합하다는 논지에 대해서는 Duviols(1979)를 참조하라.

중점적으로 거론하며 잉카의 팽창과 멸망을 설명한다. 그녀는 호혜를 다음과 같이 규정한다.

호혜는 여러 층위의 봉사들의 공여를 조율하는 사회경제적 조직 체계였으며, 재화의 생산과 분배에서 톱니바퀴 역할을 했다. 그것은 화폐 경제가 아닌 사회의 구성원들의 관계들을 결정하는 규율이기도 했다. 안데스의 모든 영역에 존재했으며, 광활한 영토에 존재하는 상이한 경제 모델들 사이의 고리로 작용했다. ······

무라의 1972년 연구에 따르면 두 층위의 호혜가 존재한다. 한편으로는 혈연으로 맺어져 있으면서 호혜의 원칙으로 제어되는 농촌 공동체〔아이유(ayllu)〕들의 층위가 있다. 또 한편으로는 신민들이(súbditos) 제공하는 봉사의 수혜자이며 남아도는 것을 분배하는 국가의 층위가 존재한다(Rostworowski, 1992: 61).

그러나 호혜는 단지 화폐가 없었기 때문에 고안된 장치만은 아닌 듯하다. 맥완(Gordon F. McEwan)은 안데스의 고도, 해안 지대의 사막 기후, 전반적인 용수 부족이라는 척박한 자연환경 때문에 인간의 생존과 사회 유지를 위해서는 호혜의 원칙이 대단히 강력히 요구되었으리라고 설명한다(McEwan, 2006: 25~27). 어쩌면 이런 절실한 요구 때문에 호혜의 원칙

---

4) '타완틴수유(Tawantinsuyu)'는 우리가 통상적으로 '잉카'라고 부르는 문명 혹은 국가를 지칭하는 말이다. '잉카'는 문명이나 국가의 이름이 아니라 타완틴수유의 군주 혹은 그 일가를 가리키던 단어였을 뿐이다. '타완틴수유'는 '네 개의 지방(suyu)'이라는 뜻으로 잉카가 수도 쿠스코를 중심으로 나라를 코야수유(Collasuyu), 친차수유(Chinchasuyu), 쿤티수유(Cuntisuyu), 안티수유(Antisuyu) 네 지역으로 나눈 데서 비롯된 이름이다.

에 우주적 의미까지 부여되었을지도 모른다.

로스트워로우스키는 특히 군주와 신하 혹은 군주와 백성 사이에서 작동한 호혜의 원칙이 파차쿠텍 때부터의 잉카의 팽창에서 훗날 잉카의 멸망에 이르기까지 중요하게 작용했다고 본다. 잉카 군주들은 전쟁이나 사회 인프라 구축을 위해(가령 도로나 곡식 창고 공사) 당연히 인력을 필요로 했다. 또한 동원된 이들을 위한 식량이나 병참 혹은 제천의식 등을 위한 물자도 필요로 했다. 로스트워로우스키에 따르면, 필요가 생길 때마다 잉카 군주들은 신하들에게 선물을 주고 잔치를 베풀어주는 등의 절차를 거친 다음에야 비로소 인력과 물자를 제공받을 수 있었다. 여기서 신하는 파나카[5]의 장(長)일 수도 있고, 상당히 넓은 지역을 독립적으로 다스리는 제후(señor)일 수도 있고, 그보다 작은 단위의 지역을 다스리는 쿠라카(curaca)일 수도 있었다.

군주가 호혜의 원칙을 준수하지 않았을 때 발생할 수 있는 극단적인 예로 로스트워로우스키는 잉카의 11대 군주로 가장 강력한 왕권을 행사했다고 전해지는 와이나 카팍이 겪은 일을 언급한다. 와이나 카팍이 북쪽 변방에서 벌어진 카얌비인(los cayambis)과의 전투에서 고전할 때, 쿠스코에서 막 도착한 병력을 전투에 바로 투입하라는 명을 내렸다고

---

5) 파나카는 잉카의 독특한 제도이다. 잉카의 기본 촌락 단위는 아이유(씨족 공동체 혹은 생산 공동체)인데, 잉카의 각 군주는 저마다 새로운 아이유의 장이 되는데, 이를 파나카라고 불렀다. 파나카에서 또다시 군주가 배출되면, 그 군주는 출신 파나카를 떠나야 했다. 이는 사후 숭배와 관계있는 제도라고 한다. 잉카는 군주가 죽으면 미라로 만들어 살아 있을 때와 똑같이 모셨다. 이를 위해 각 파나카는 죽은 군주의 재산을 그대로 물려받을 수 있는 권리를 향유했다. 대신 미라를 모시는 것은 물론, 죽은 군주에 대한 기억을 보존하는 책임을 졌다(McEwan, 2006: 99~100).

한다. 선물과 음식을 베풀면서 도움을 청하는 절차를 생략한 결정이었다. 그러자 그 부대의 지휘관은 분노하여 쿠스코로 회군을 명했다. 이에 와이나 카팍은 부랴부랴 급히 사신을 보내 수많은 선물을 전달하고 나서 야 이 부대를 되돌아오게 할 수 있었다고 한다(Rostworowski, 1992: 69).

와이나 카팍은 잉카가 이미 전성기에 들어섰을 때의 군주였기 때문에 즉시 선물과 음식을 마련할 재정적 여력이 있었지만 파차쿠텍 이전에는 그렇지 못했다. 앞에서 말한 것처럼 파차쿠텍 이전의 잉카는 지배력이 쿠스코 일대 정도에 국한되어 있어서 국가라고 정의하기도 어려울 정도 였다. 그 시절의 잉카 군주는 재정적으로 여력이 없었으니 신하들에게 너그러울 수 없었고, 따라서 이들의 협조를 얻어 물자와 인력을 동원하기 힘들었다. 그리고 물자와 인력을 대거 동원하지 못하니 생산성 향상을 위한 대대적인 국가사업을 도모하거나 전리품을 얻을 목적으로 전쟁을 일으켜 부를 창출하기도 힘들었다. 이런 악순환 속에서도 잉카인들의 생존이 그럭저럭 가능했던 것은 페루 중남부 안데스에 해당하는 아야쿠 초에서 페루 남부 안데스와 볼리비아에 해당하는 티티카카 호수에 이르 는 광활한 지역 전체에 와리(Wari) 문명과 티와나쿠(Tiwanaku) 문명이 멸망한 후 강력한 국가가 존재하지 않은 덕분이었다.6) 그러다가 잉카는 창카인(los chancas)7)이 쿠스코에 쳐들어오면서 위기를 맞았다. 이때 8대

---

6) 티와나쿠나 와리가 정확히 언제 멸망했는지는 정확하게 말하기 힘들다. 각 문명에 대한 정통한 연구서를 보면 티와나쿠는 12세기 말에(Ponce Sanginés, 2002: 49), 와리는 서기 1,100년경에(González Carré et al., 1997: 90) 멸망한 것으로 보인다.
7) 창카인들은 보통 아야쿠초와 쿠스코의 중간쯤에 위치한 안다와일라스(Andahuaylas) 를 근거지로 하고 있었다고 전해진다. 그러나 잉카인들이 지칭하는 창카인들은 아야쿠추와 안다와일라스는 물론 아야쿠초보다 더 북쪽에 있는 우안카벨리카 (Huancavelica)까지 걸쳐서 살던 여러 부족의 통칭이라는 주장도 있다(González

군주로 전해지는 비라코차는 도주하고, 그 아들인 파차쿠텍이 잉카인들을 진두지휘하여 이를 격퇴했다고 한다. 그리고 비라코차의 또 다른 아들로 왕위 계승자 혹은 비라코차와의 공동 통치자였던 우르코(Urco)를 밀어내고 9대 군주로 즉위했다고 한다. 심지어 로스트워로우스키처럼 파차쿠텍이 부왕인 비라코차를 폐위시키고 즉위했다고 보는 이도 있다.8)

파차쿠텍은 창카인들의 격퇴 이후에도 군사적 명성은 얻었지만, 그때부터 신하들과의 호혜 관계에서 주도권을 행사할 수 있었던 것 같지는 않다. 그렇지만 창카인들과의 두 번째 전쟁에서 이들을 궤멸시키고 본거지까지 약탈하여 막대한 전리품을 얻으면서는 확실히 예전과는 다른 위상을 지니고 호혜 관계를 주도할 수 있었다.

잉카 군주가 유지들(vecinos)9)을 기쁘게 하고 마음을 사로잡기 위해서는

Carré et al., 1997: 91~92).

8) 창카인의 침입에서 파차쿠텍의 즉위에 이르기까지는 Rostworowski(2006: 63~119)를 참조. 다만 비라코차와 우르코의 양두통치 여부에 대해서도, 또 파차쿠텍의 선왕 폐위설에 대해서도 이견이 많다는 점을 거론해야겠다. 오늘날의 공식적 잉카 역사는 아타왈파 포함 여부에 따라 잉카 시대에 12인 혹은 13인의 군주가 있었다고 말한다. 하지만 정설로 굳어진 이 계보 자체가 문제가 많다. 식민 시대 초기의 각종 기록들을 비교하여 군주 계보를 검토한 연구들을 보면(Martín Rubio, 1999: LIX~LXXV; Julien, 2000: 49~90) 얼마나 많은 문제가 있는지 알 수 있을 것이다. 로스트워로우스키는 16개의 파나카가 있었으리라고 추정한다(Rostworowski, 1992: 39). 앞에서 말한 대로 파나카는 사망한 군주를 모시는 공동체인데, 와스카르와 아타왈파의 경우는 왕위계승전쟁과 스페인인들의 침입으로 파나카가 만들어지지 못했다. 아타왈파와 와스카르 이전에 11명의 군주가 있었다면 11개의 파나카만 존재해야 하는데, 원래는 16개였으리라고 추정한다는 것은 5인의 군주가 사후에 잉카인들에 의해서 잉카 역사에서 아예 지워졌다는 뜻이다.

9) 식민지 아메리카에서 'vecino'는 지역 협의회(junta)에 참여하여 발언할 수 있는

어쩔 수 없이 그들에게 '너그러워야' 했다. 그들에게 여인, 의복, 사치품, 코카 등을 주어야 했던 것이다. 이런 상황이기에 잉카 군주들은 상당한 양의 선물거리를 소유하고 있어야만 했다. 다시 말해, 선물용으로 남아도는 재물이 있어야 하는 것이 필수적이었다. 선물을 주어야만 꼭 필요한 노동력을 제공받을 수 있기 때문이다. 당시 일개 시골 촌장(curaca)은 귀중품을 소유하기에는 상당히 가난하고 투박한 삶을 영위했을 것이다. 그래서 창카인들이 패배한 후 잉카인들이 획득한 전리품은 대단히 중요했다. 우리가 보기에 막대한 노획물은 잉카 군주들에게 '선심을 베풀 수 있게(dadivoso)' 해주었고, 이로써 호혜라는 톱니바퀴의 작동이 안착되었다. 선물을 통해 잉카 군주들은 인근 촌장들의 조력을 이끌어낼 수 있었고, 이는 곧 잉카 군주들이 유지들이 소유하고 있는 노동력에 접근 가능해졌다는 것을 의미한다. 이 노동력이 없었다면 성장의 시작을 위해 필요한 인프라 구축 착수는 불가능했을 것이다(Rostworowski, 1992: 63).

파차쿠텍 재위 시절 잉카의 발전은 실로 눈부셨다. 서남쪽으로는 해안지대까지 진출했고, 동남쪽으로는 티티카카 일대를 장악했고, 서북쪽으로는 오늘날의 페루 북부에 위치했던 치무(Chimú) 문명을 제압했다. 영토만을 놓고 보면 잉카가 명실상부한 국가가 되었다고 보기에 충분하다. 쿠스코도 대국의 수도다운 위용을 갖춘 도시로 탈바꿈했다. 농업 분야에서도 새로운 농경지 개간, 치수, 대대적인 곡식 창고 증설로 비약적인 발전을 이루었다. 국가 도로망도 대대적으로 구축되고 보수되었다. 오늘

유지들을 가리킨다. 이 유지들은 스페인의 향반인 이달고(hidalgo)에 준하는 권리를 펠리페 2세에게 부여받았다. 로스트워로우스키는 파차쿠텍 이전의 잉카 군주를 진정한 군주가 아닌 호족이나 촌장 정도로 보는 입장이라서 그의 신하들을 '유지' 정도로 지칭하고 있다.

날 '잉카의 길'이라고 불리지만 와리 문명 시대부터 존재하던 도로망을 정비하고 신축하여 곳곳에 탐보(tambo)를 두었다. 탐보는 관리, 군대, 파발꾼(chasqui) 등이 숙박하는 일종의 객사(客舍)이면서 창고와 축사의 기능도 겸했다. 코리칸차(Coricancha)라는 신전도 대대적으로 증축하고, 군주를 태양신의 지위로 격상시키는 등 일종의 신정 체제도 확립했다. 이를테면 광개토대왕과 세종대왕의 치적을 합친 것 같은 엄청난 발전이 파차쿠텍 시대에 벌어진 것이다.[10] 이쯤 되면 '파차쿠텍'이라는 칭호가

---

10) 파차쿠텍의 업적에 대해서는 우석균(2008: 127~137)을 참조. 주로 Espinoza Soriano(1990: 77~92)와 Rostworowski(1992: 71~100)에 의거하여 쓴 부분이다. 그런데 파차쿠텍의 업적이 지나치게 과장되어 오늘에 이르렀을 가능성도 있다는 점을 밝히고 싶다. 로스트워로우스키가 파차쿠텍 연구에서 가장 염두에 둔 식민 시대 기록은 후안 데 베탄소스의 『잉카 군주들에 대한 모든 이야기(*Suma y narración de los Incas*)』(1551)였다. 스페인인인 베탄소스는 쿡시리마이 오크요(Cuxirimay Ocllo)라는 잉카 왕실 여성과 결혼했을 뿐만 아니라 당대에 스페인인들 중에서 가장 권위 있는 케추아어 구사자이면서 연구자였다. 베탄소스에 따르면, 쿡시리마이 오크요는 와이나 카팍과 사촌지간인 얌케 유팡키(Yanque Yupanqui)와 톡토 오크요(Tocto Ocllo)의 딸이고, 태어나자마자 아타왈파의 정비로 지명되었다고 한다(Betanzos, 1999: 181~182). 쿡시리마이 오크요는 또한 프란시스코 피사로와의 사이에 아들을 둘 낳은 여인으로, 피사로가 암살된 후 베탄소스의 부인이 되었다. 아무튼 베탄소스는 케추아어에 능통하고 원주민 상류층과 친족관계였기 때문에 빌카밤바의 2·3대 군주인 사이리 투팍(Sayri Túpac)과 티투 쿠시 유팡키(Titu Cusi Yupanqui) 회유 임무를 식민 당국으로부터 부여받아 여러 차례 빌카밤바에 가기도 했다. 베탄소스의 이런 이력은 정보 출처의 질적인 면이나 신뢰도 부분에서 잉카 가르실라소(Inca Garcilaso de la Vega)에 비견된다. 아니 어쩌면 잉카 가르실라소보다 더 우위에 있었다고 볼 수도 있다. 잉카 가르실라소보다 앞선 시대, 즉 잉카 시대에 대한 기억이 더 생생한 시대를 살았기 때문이다. 다만 쿡시리마이 오크가 모계 쪽으로 파차쿠텍 파나카의 일원이었던 탓에 『잉카 군주들에 대한 모든 이야기』는 잉카 관련 기록 중에서 파차쿠텍에 관한 것을 가장 상세히 다루고 또한 가장 그를 예찬하는 텍스트라는 점에서 파차쿠텍

더없이 어울린다. 그의 즉위 전 이름은 쿠시 유팡키(Cusi Yuoanqui)였는데 후에 '파차쿠텍'이라는 존칭이 더해졌다. '파차쿠텍'에는 '대재앙'이라는 뜻도 있지만 '세상을 뒤바꾼 사람'이라는 의미도 있기 때문이다.

로스트워로우스키는 이 무렵에 호혜 체제의 성격 자체가 변했다고 말한다. 그 이전에는 제후들끼리의 호혜 관계는 물론이고 왕과 신하의 호혜 관계에서조차도 그 어느 쪽도 주도권을 행사하지 못하는 대등한 주고받기였다면, 이제 호혜 체제는 "국가의 여러 요구에 부응하기 위해" 작동하게 되는 변화를 겪었다(Rostworowski, 1992: 62). 로스트워로우스키는 친차수유의 주요 중심지 중 하나로 잉카의 유적이 남아 있는 와누코팜파(Huánuco Pampa)가 큰 광장을 지니고 있었던 것이 군주와 신민 사이의 호혜 관계를 재확인하기 위한 용도였다고 말한다(Rostworowski, 1992: 67). 즉, 신하와 백성들이 국가와의 호혜 관계에 충실히 임하겠다는 맹세의 의식이 행해지던 곳이라는 것이다. 또한 쿠스코를 대대적으로 정비하면서 아우카이파타(Aucaypata)라는 큰 광장11)을 조성한 이유 중 하나도 호혜 의식을 염두에 둔 것이었다고 말한다(Rostworowski, 1992: 74~75). 창카에게 승리를 거두고 얻은 막대한 전리품으로 호혜 관계에서 주도권을 잡게 된 군주의 힘이 뒤이은 정복전쟁들의 성과로 점점 막강해지면서

의 업적이 부풀려졌을 가능성이 상당히 크다. 로스트워로우스키의 지적처럼 (Rostworowski, 1992: 13), 잉카의 역사 기억 방식은 오늘날 우리가 역사서술에 대해 지니는 통념과 달랐다. 새로운 군주가 들어서면 그를 예찬하기 위해 역사를 '조작'했다. 따라서 파차쿠텍 파나카에서 파차쿠텍은 최고의 군주였을 수밖에 없다. 그렇다 해도 잉카가 파차쿠텍 때 비약적인 발전을 한 것은 틀림없다. 가령 가장 반잉카적인 시각의 텍스트인 페드로 사르미엔토 데 감보아의 『잉카 역사 (Historia de los Incas)』(1572) 역시 파차쿠텍 시대를 가장 비중 있게 다루고 있다(Sarmiento de Gamboa, 1990: 84~127).

11) 대체로 오늘날의 쿠스코 중앙광장에 해당한다.

대등함을 원칙으로 하던 호혜 체제가 군주에게 충성을 바치는 체제로 변질된 것이다. 이로써 군주의 힘은 점점 막강해지게 되었다. '재정 부족 — 신하들의 미지근한 협조 — 국책 사업의 부진 — 부의 창출 실패 — 재정 부족'의 악순환 구조도 '재정 잉여 — 신하들의 충성 — 대대적인 국책 사업 — 부의 창출 — 재정 잉여'의 선순환 구조로 변환되었다.

잉카 팽창 과정에서 최대 승리는 페루 북부 해안을 거점으로 하던 치무 문명에 대해 거둔 승리였다. 해안 지대는 물론 북부 안데스까지 세력을 떨치던 치무는 와리 문명 와해 이후의 일종의 춘추전국 시대에서 가장 강력한 국가였고, 부와 문화적인 수준에서 잉카보다 훨씬 우위를 점하고 있었다. 치무 정복에 결정적인 공을 세운 이가 바로 파차쿠텍의 대를 이은 투팍 유팡키였고, 이때 그가 얻은 전리품은 양적, 질적으로 잉카인들의 기대치와 상상력을 뛰어넘는 것이어서(Rostworowski, 1992: 112) 후대까지 회자될 정도의 개선 잔치가 벌어졌고, 그 덕분에 젊은 투팍 유팡키가 여러 경쟁자들을 물리치고 10대 군주가 될 수 있었다고 한다. 치무 정복의 성과가 가져온 가장 큰 변화 중 하나는 왕권 강화였다. 로스트워로우스키는 15세기 초까지 안데스 산악 지대와 해안 지대의 두드러진 차이 중 하나로 왕권 집중의 정도 차이를 드는데, 잉카가 치무 정복 이후 치무 식의 전제주의를 지향했다고 한다(Rostworowski, 1992: 200~201). 이로써 잉카는 서구인들이 '제국'이라고 인정할 만큼 군주의 권한이 강화된 국가로 탈바꿈했다.

4. 잉카 정복에 대한 다양한 분석

잉카 정복 때 프란시스코 피사로 원정대는 180명, 그나마 아타왈파를 생포한 장소인 카하마르카까지 간 이들은 168명에 불과했다. 반면, 아타왈파가 거느린 병력 규모는 정확히 알 수는 없지만, 카하마르카 인근 온천에 있던 아타왈파에게 사신으로 간 에르난도 데 소토(Hernando de Soto)와 에르난도 피사로(Hernando Pizarro)는 돌아와서 잉카군이 4만 명에 달한다고 말했다. 그것도 동료들의 사기를 감안해 반으로 줄여 말한 것이라고 한다(Hemming, 2004: 33). 병력 규모에서 잉카가 압도적인 우위에 있었던 것이다. 물론 정복 초기에는 이러한 병력 차이가 별 의미 없었다. 정복자들이 전격적인 기습 작전으로 아타왈파를 생포했기 때문에 잉카군이 손발이 묶였기 때문이다. 그렇지만 아타왈파 처형 이후 쿠스코 입성 전후해서 열린 전투들에서도 정복자들은 무난히 승리했다. 또 1536년 5월 망코 잉카의 대대적인 쿠스코 공격 때도 정복자들은 고전하기는 했지만 결국 쿠스코를 지켜냈다. 이때는 프란시스코 피사로 원정대가 얻은 막대한 전리품에 대한 이야기 때문에 더 많은 스페인인이 안데스 여러 곳과 1535년 1월 창건된 리마에 거주 혹은 주둔하고 있었다지만, 쿠스코를 지키던 스페인인들은 고작 190명뿐이었다. 반면 잉카군의 수는 최소 5만, 최대 40만으로 추정된다(Hemming, 2004: 224~225).

정복 초기의 승리들이 놀라운 것은 병력 차이도 차이지만 정복자들이 정규군이 아니었다는 점 때문이다. 가령, 카하마르카에 간 168명 중에서 아메리카로 건너오기 전의 직업이 확인이 된 이들은 47명인데, 군 경력을 지닌 이는 포병 출신의 두 사람뿐이고 나머지는 성직자, 공증인, 재단사, 편자공, 목수 등등이었다(Lockhart, 2012: 38). 일확천금의 꿈 때문에 아메리카로 건너간 보통 사람들에 불과했던 것이다. 반면 잉카군은 대략 1438년부터 근 1세기에 달하는 정복전쟁과 왕위계승전쟁으로 전쟁 경험이 풍부했고, 병력에서도 압도적인 우위를 차지하고 있었는데도[12] 이런 이들을 상대로 정복자들이 무난히 승리를 거둔 것이다.

이러한 악조건에도 불구하고 손쉽게 잉카 정복에 성공할 수 있었던 요인에 대해서는 이미 다채로운 선행 연구들이 있다. 무기를 비롯한 전반적인 기술 수준의 우위, 전염병, 잉카의 정정 불안 등이 주요 요인으로 꼽힌다. 이런 분석은 국내에도 소개되었다. 가령 재레드 다이아몬드(Jared Diamond)는 『총, 균, 쇠』에서 스페인이 잉카에 비해 금속, 군사기술, 기계를 움직이는 동력 공급원(소, 말, 당나귀), 바퀴(물레바퀴와 톱니바퀴 등도 포함), 해상 운송 능력 등에서 우위를 보였다고 말한다(다이아몬드, 1998: 531~ 533). 전염병 요인에 대해서도 오래 전에 번역, 출간된 윌리엄 H. 맥닐(William H. McNeill)의 『전염병과 인류의 역사』를 비롯해 재레드 다이아몬드의 『총, 균, 쇠』와 앨프리드 W. 크로스비(Alfred W. Crosby)의 『콜럼버스가 바꾼 세계』에서 천연두, 홍역, 인플루엔자, 페스트, 결핵, 발진 티푸스, 콜레라, 말라리아 등이 정복 과정에서 아메리카 원주민에게 치명적인 영향을 끼쳤다는 사실을 소개하고 있다. 또한 11대 군주 와이나 카팍이 갑자기 구대륙에서 건너온 전염병으로 사망함으로써 왕위계승전쟁이 촉발되어 정복자들에게 유리하게 작용했다는 점도 더불어 언급하고 있다(맥닐, 1992: 227~49; 다이아몬드, 1998: 529~30; 크로스비, 2006: 109~12).

이 연구들은 정복 과정에 복합적인 요인이 작용했음을 알려주기에는 충분한 것이지만 맥닐의 연구를 제외하고는 사실 피상적인 수준의 분석에 그치고 있다. 특히 기술 수준의 차이나 전염병 같은 외부 요인에

---

12) 정복자들의 대다수가 군인 출신은 아니었다 하더라도 카리브, 멕시코, 중앙아메리카에서의 숱한 전투 경험 덕분에 잉카 정복을 수행하는 데 별 어려움이 없었다는 견해도 있다(Guilmartin Jr., 1991: 59~60). 그러나 전투 경험은 잉카군도 많았기 때문에 과연 그 요인이 압도적인 전력 차이를 가져왔다고 보기는 어렵다는 것이 필자의 판단이다.

대한 설명은 어느 정도 만족스럽지만, 왕위계승전쟁 같은 내부 요인에 대해서는 이해도가 많이 떨어진다. 그저 전염병에 따른 권력 공백과 왕자들의 권력욕이 합쳐진 전쟁쯤으로 보고 있기 때문이다. 이 부분에서 로스트워로우스키의 분석은 빛을 발한다. 잉카가 스페인 정복자들의 침입에 무기력했던 이유 중 하나가 왕위계승전쟁이었다는 데는 동의하지만, 이 전쟁이 아니더라도 잉카는 국가 통합에 문제가 있었고, 여기에는 잉카 팽창의 원동력이었던 호혜 체제의 변질이 작용했다는 것이다.

5. 국가통합의 걸림돌이 된 호혜 체제

로스트워로우스키가 호혜 체제나 국가통합 문제가 잉카 정복의 유일한 요인이었다고 주장하는 것은 아니다. 로스트워로우스키는 비교적 손쉬운 잉카 정복이 가능했던 요인을 가시적인 요인들과 비가시적인 요인들로 나눈다. 가시적 요인들로는 왕위계승전쟁, 정복 초기에 아타왈파가 포로로 잡힌 일, 정복자들의 무기의 우위 등을 꼽았다. 그러나 로스트워로우스키는 가시적 요인들이 비중 있게 작용했지만 원주민들의 비가시적 요인도 중요한 변수였음을 다음과 같이 덧붙인다.

이 모든 원인들이〔가시적 요인들〕비중 있게 작용했지만, 스페인인들의 승리를 결정지은 유일한 요소는 아니다. 원주민의 패배에 결정적으로 작용한 다른 요소들이 있었다. 다음과 같은 요소들이다. 토착민들이 외래인들의 위협에 대한 일치된 의식이 없었던 데 따른 국가통합의 결여, 종족들 간의 응집력 부족, 쿠스코의 군주들에 대한 '지방' 대제후들의 고조되어가던 불만들이었다. 여기에다가 전쟁을 위한 미타(mita), 미트막(mitmaq)과 야나(yana)의 증가도 작용했다(Rostworowski, 1992: 286).

잉카의 국가통합에 문제가 있었다는 것은 익히 알려져 있는 사실이다. 잉카가 정복 국가였기 때문에 잉카에 대한 피정복민들의 감정은 당연히 좋지 않았다. 게다가 워낙 급속도로 팽창한 잉카가 충분히 이들을 국가에 통합시키기 전에 스페인 정복자들이 출현했다. 잉카에 정복된 부족들 중에서는 정복자들을 오히려 해방자로 여긴 종족들이 있어서 기꺼이 정복자들에게 협조했다. 페루 중부 안데스의 왕카인들(los huancas)과 에콰도르의 카냐리인들(los cañaris)이 대표적인 경우였다. 망코 잉카의 예에서 볼 수 있듯이, 아타왈파에게 패해 몰살당하다시피 한 와스카르 일족도 처음에는 정복자들에게 협조했다.[13) 하지만 잉카에 대한 저항은 단순히 지배-피지배의 문제가 아니라 경제 문제이기도 했다. 호혜 체제가 변질되어 군주에게만 유리하게 돌아가는 데 대한 저항감이 존재했고, 아예 호혜 체제 자체가 존재하지 않아서 낯선 제도에 대한 생소함 때문에 이에 반발하는 경우도 있었다. 전쟁이나 대규모 역사(役事)에 인력을 동원하는 제도인 미타, 주로 경제적인 목적으로 동원하여 특정 지역으로 이주한 사람들을 일컫는 미트막,[14) 왕실 직속 일꾼을 일컫는 야나 등의 운용 방식을 로스트워로우스키가 언급한 이유도 군주에게 유리하게 변한 호혜 체제와 관련 있다.

호혜 체제의 변질과 이에 대한 저항을 설명하기 전에 잉카가 어째서 정복전쟁에 혈안이 되었는지 고찰해볼 필요가 있다. 각 군주의 업적을

---

13) 망코 잉카가 1536년 쿠스코를 포위, 공격했을 때도 잉카 지배층 일부는 여전히 스페인인들을 도왔다. 약 4,000명의 원주민 부대가 스페인인들과 함께 싸웠다고 한다(Restall, 2003: 49).

14) 미트마에(mitmae)라고도 함.

상세히 기술한 『잉카 왕실사』를 보면 잉카 군주들은 즉위 후에 순행(巡幸)에 나서 영토 전체를 돌아보는 것이 관행이었다. 그런데 투팍 유팡키의 순행은 무려 4년이 걸렸다고 한다(Garcilaso de la Vega, 1995: 491). 잉카가 너무 급격히 팽창하여 광대한 영토가 부담으로 작용하기 시작했음을 짐작할 수 있는 대목이다. 이런 급격한 팽창의 원인이 단순히 잉카 군주들의 권력욕이나 정복욕 때문만은 아니었다. 잉카 사회에는 군주들이 끊임없이 정복전쟁을 일으킬 수밖에 없었던 구조적인 요인이 존재했다. 이는 파나카라는 독특한 제도에서 비롯되었다. 앞에서 언급했듯이, 파나카는 군주 사후에도 그를 생전과 똑같이 모셨다. 이를 위해 사망한 군주의 모든 재산은 심지어 궁전까지도 다음 군주에게 세습되지 않고 죽은 군주를 모실 파나카에 귀속되었다(McEwan, 2006: 100). 왕위 계승자는 즉위와 동시에 출신 파나카를 떠나야 했으므로, 새로 즉위한 군주는 이론적으로는 가난했고, 따라서 원만한 호혜 관계를 주도할 만한 물질적 여유가 없었다. 물론 새 군주를 배출한 파나카가 자파 영향력 확대를 위해 어떤 식으로든 그를 지원했을 것이다. 하지만 선왕을 모시는 파나카를 비롯해 10여 개의 파나카가 존재하는 현실, 즉 막강한 부를 지닌 두터운 귀족 집단들이 존재하는 현실은 새 군주에게는 커다란 위협이었다. 모든 파나카가 군주를 배출한 집단이라는 자부심과 막대한 부를 바탕으로 정치적으로도 상당한 영향력을 행사했기 때문이다.[15] 새 군주

---

15) 잉카의 왕위 계승은 장자상속제가 아니었다. 왕자들은 물론 군주의 동생들도 왕위를 이어받을 자격이 있었고, 이들 중에서 가장 유능한(hábil) 이가 군주가 될 수 있었다. 이런 모호한 왕위 계승 원칙 때문에 로스트워로우스키는 왕위계승전쟁이 필연적으로 빈번하게 일어날 수밖에 없었다고 말한다(Rostworowski, 1992: 137). 또 왕위 계승 문제는 파나카들끼리의 갈등으로 종종 비화되었다. 로스트워로우스키는 아타왈파가 왕위계승전쟁에서 승리한 후 쿠스코에 있던 와

가 왕권을 제대로 행사하려면 그들을 뛰어넘는 부의 축적이 필요했다. 그 때문에 막대한 전리품을 얻을 수 있는 전쟁의 유혹에서 자유로울 수 없는 사회·정치 구조였던 것이다. 특히 창카와 치무 정복으로 얻은 막대한 전리품이 왕권 강화에 크게 도움이 된 기억 때문에 잉카 후기 군주들은 끊임없이 전쟁에 대한 유혹을 받았을 것이다.

물론 잉카 군주가 부를 증식시키는 수단은 전쟁 외에도 여러 가지가 있었다. 군주 소유 토지의 추가, 계단식 경작지와 관개를 통한 생산성

스카르의 혈육들에 대한 대학살을 자행했을 뿐만 아니라 조부인 투팍 유팡키(Tupac Yupanqui)의 미라까지 불태워버린 사실을 주목한다(Rostworowski, 1992: 167). 미라를 불태운 이유는 와스카르가 카팍 아이유(Capac Ayllu)라고 불리던 투팍 유팡키 파나카 출신이었고, 아타왈파가 승리 후에 이 파나카 자체를 아예 없애버리고자 했기 때문이다. 반면, 아타왈파는 아툰 아이유(Hatun Ayllu)라고 불리던 파차쿠텍의 파나카 출신이었다. 그래서 로스트워로우스키는 와스카르와 아타왈파의 왕위계승전쟁이 각각 쿠스코와 키토를 기반으로 한 지역 갈등이었다는 일부 연구자들의 시각을 단호히 부정하고, 이 전쟁이 쿠스코 내부의 정쟁, 구체적으로는 파나카 간 갈등이었다고 규정한다(Rostworowski, 1992: 164). 연대기 작가들 중에서 잉카 가르실라소는 아타왈파를 적통으로 인정하지 않으려 하는 반면, 베탄소스는 와스카르 이전에 아타왈파가 와이나 카팍의 지명을 받았다고 말한다. 이 차이는 잉카 가르실라소의 모친이 투팍 유팡키 파나카 출신인 데 반해, 쿡시리마이 오크가 모계 쪽으로 파차쿠텍 파나카였다는 사실에 기인한다. 아타왈파와 와스카르의 왕위계승전쟁으로 스페인 정복 이후까지도 두 파나카 사이의 감정의 골이 깊었으며, 일종의 적통 다툼이 계속되었음을 알 수 있다. 사실 아타왈파와 와스카르 중에서 누가 적법한 후계자인지 혹은 구대륙에서 건너온 전염병으로 와이나 카팍과 비슷한 시기에 사망한 원래 후계자가 따로 있었는지는 기록마다 엇갈린다[가령 Martín Rubio(1999: LXXI~LXXII)를 보라]. 아타왈파 포함 여부에 따라 잉카 군주가 12 혹은 13인이었다고 말들을 하고 있지만, 와스카르가 적법한 후계자였다는 근거가 대단히 설득력 있는 것은 아니다.

향상, 황무지나 인구 희소 지역 개척 등이었다(Rostworowski, 1992: 70~71). 그러나 대규모 인력을 동원할 수 없다면 이 모두가 불가능한 일이었고, 인력 동원을 위해서는 또다시 호혜 체제의 틀 속에서 신하들의 협조를 이끌어낼 방안을 강구해야 했다. 경제적 측면에서 볼 때 가장 확실한 수익이 보장되는 것은 군주 개인의 토지를 늘리는 일이었다. 잉카 시대에는 국유지 외에 군주 개인의 대농장들이 있었다. 그런데 잉카 경제에 정통한 에스피노사 소리아노에 따르면, 군주 개인 토지가 갑자기 늘어난 시점이 바로 파차쿠텍 때였다(Espinoza Soriano, 1999: 194). 이는 파차쿠텍 때부터 왕권이 강화된 분명한 징후였다. 그리고 군주 개인 토지의 경작을 주요 임무로 하던 이들이 바로 야나였고, 군주 토지가 증가할수록 더 많은 야나가 필요해진 것은 당연했으며, 더 많은 야나의 확보를 위해서도 전쟁은 중요한 정책 수단 중 하나였다. 그래서 정복전쟁은 1차적으로는 영토욕 때문이라기보다 경제적인 문제였던 것이다.

잉카 특유의 정복 방식은 잉카 군주의 이러한 재산 증대 욕구와 긴밀한 관계가 있었다. 잉카 가르실라소의 『잉카 왕실사』는 잉카의 모든 군주가 다른 부족의 교화를 위해 원정에 나섰고, 평화를 숭상하기 때문에 타 부족에게 항상 먼저 평화로운 복속을 권유하고, 이에 응하지 않아도 섬멸적인 공격 대신 포위 전술을 구사해 시간이 걸리더라도 항복을 받아내는 방식을 선호하고, 아무리 완강히 저항을 했다 하더라도 항복한 적에게는 넉넉한 선물을 했다고 적고 있다. 정복 군주들을 평화주의자로 포장하는 데서 잉카 예찬론자로서의 잉카 가르실라소의 면모가 여지없이 드러난다. 하지만 그의 서술은 완전히 날조된 것이 아니라 잉카가 선호하던 정복 방식에 대한 설명이었다. 다만 어떤 목적으로 그와 같은 방식을 선호했는지 말하지 않고 있을 뿐이다.

로스트워로우스키는 위와 같은 정복 방식을 '평화로운 정복(conquista

pacífica)'으로 규정하고, 친차 정복을 대표적인 사례로 꼽는다(Rostworowski, 1992: 100). '친차'에서 '친차 수유'라는 말이 나올 만큼 잉카 팽창 과정에서 상당히 중요한 정복전쟁이 파차쿠텍 때의 친차 정복이었다. 『잉카 왕실사』에서 이 정복에 대한 서술을 보면, 친차의 저항이 완강하여 정복 때까지 시간도 오래 걸리고 사상자도 많이 난 것으로 되어 있다(Garcilaso de la Vega, 1995: 365~367). 그런데도 잉카는 친차인들에게 보복 조치를 취하지 않았다. 로스트워로우스키에 따르면 잉카인들이 정복 후 친차인에게 요구한 것은 세 가지였다. 일종의 행정 기관인 아툰칸차(hatuncancha)를 현지에 설립할 것과, 잉카를 위해 일할 노동력인 마마코나(mamacona)와 야나의 배당이었다. 마마코나는 직물과 음료 제조에 종사하는 여성을 말하고, 야나는 농업과 수공업에 종사할 인력이었다. 음료는 국가적인 의식 거행을 위해 중요한 품목이었다. 직물은 잉카 시대에 왕실, 군, 각종 의식 등을 위해 다용도로 필요한 것이었지만, 그 제조를 위해 특별 인력까지 둔 이유에 대한 단서가 『잉카 왕실사』에 있다. 가령 친차인들이 완강하게 저항하다가 항복하자, 잉카 군주는 이들에게 의복과 보석을 하사했다(Garcilaso de la Vega, 1995: 367). 그런데 『잉카 왕실사』에서 의복은 잉카 군주가 내리는 하사품 중에서 항상 언급되는 품목이다. 직물 제조 인력을 확보하고자 한 이유가 바로 하사품 마련을 위해서였던 것이다. 그리고 친차인에게 베풀었다는 하사품들은 피정복민의 위무를 위한 것이 아니었다. 앞에서 언급한 세 가지 요구를 하기 위해 먼저 베푼 것이다. 즉, 잉카인들이 선호한 평화로운 정복 방식이란 호혜 관계의 수립을 목표로 한 것이었다. 친차 정복을 통해 잉카인들은 왕권 강화를 위한 종교 의식 혹은 호혜 관계의 재확인을 위한 의식 등 각종 국가적인 의식을 더 대대적으로 거행할 수 있는 자원들을 확보했을 뿐만 아니라, 향후 정복 과정에서 호혜 관계 수립에 사용될 자원도 확보한 셈이다.

똑같은 노동력 요구인데도 마마코나와 야나를 굳이 구분하는 것은 야나가 바로 군주 개인의 재산 증식과 직결되어 있기 때문이다. 즉, 마마코나가 국가적 사업을 위한 물품을 대는 업무를 주로 했다면, 야나는 잉카 군주 개인의 이익을 위해 요구한 측면이 더 크다. 잉카가 다른 부족에게 야나를 요구한다는 것은, 이 노동력을 투입할 토지까지도 배당하라는 요구였고, 야나가 경작하는 토지는 국가 재산이 아니라 군주 개인의 재산으로 귀속되곤 했다. 정복전쟁은 호혜 관계의 범위를 다른 부족에게까지 넓혀 향후 국가 발전의 토대를 닦는 일이기도 하지만, 즉위와 동시에 '가난해지는' 잉카 군주들이 사적인 호혜 관계를 맺어 재산을 증식시킬 수 있는 수단이기도 한 것이다. 따라서 잉카 군주에게는 정복전쟁을 계속할 절실한 동기가 있었다.

로스트워로우스키는 새로운 호혜 관계 정립을 위한 빈번한 정복전쟁이 종국에는 기존 호혜 체제의 틀을 뒤흔드는 요소가 되었다고 지적한다. 이미 파차쿠텍 때부터 군주가 호혜 관계의 주도권을 잡고 있었기 때문에 잦은 정복전쟁에 따라 증대되는 여러 가지 부담이 신하들에게 전가되기 일쑤였다. 가령, 전쟁을 위한 미타는 큰 문제가 되었다. 농경이 가장 중요했던 시대였기에 잉카는 정복전쟁 중에도 여름이 되면 전쟁을 중단하고 병사들을 고향으로 돌려보내 농업에 종사하게 했다(Rostworowski, 1992: 107~108). 그러나 영토가 너무 넓어지면서 병사를 제때 돌려보내는 것이 불가능해졌다(Rostworowski, 1992: 134). 따라서 이에 대한 불만이 고조될 수밖에 없었다. 또한 모든 부족이 잉카의 호혜 관계 수립 요청을 순순히 받아들인 것이 아니다. 치무인들은 너무도 완강히 저항해서 잉카는 이들을 여러 곳에 미트막으로 보내야 했다(Rostworowski, 1992: 126). 또한 북쪽 변방이나 안데스 동쪽 밀림 지대 혹은 칠레 등에는 호혜 체제라는 관습 자체가 존재하지 않아서 호혜 관계 수립을 통한 순탄한 정복과 통치가 아예 불가능했다(Rostworowski, 1992: 116). 이 경우 섬멸적 방식의 전쟁이 불가피했고, 이런 방식의 전쟁은 피정복민의 증오심을 증폭시켰다. 파차쿠텍 때부터 호혜 체제가 선순환 구조로 돌아서면서 잉카의 급격한 팽창을 견인했다면, 이제는 너무나 넓어진 영토와 다양한 부족의 존재 때문에 호혜 체제의 작동이 비정상화되고 국가통합마저 위태로워진 것이다. 설사 아타왈파와 와스카르 사이의 왕위계승전쟁이 없었다 하더라도 정복자들이 출현했을 때 잉카가 일사불란하게 대항할 수 있는 상황이 아니었던 셈이다.

6. 맺음말

로스트워로우스키는 '타완틴수유'라는 용어 혹은 개념이 과연 정복 이전에 존재했는지에 대해서 의구심을 표한다. 프란시스코 데 아빌라(Francisco de Ávila)의 『와로치리의 신들과 사람들(Dioses y hombres de Huarochirí)』(1598)과 펠리페 와만 포마 데 아얄라(Felipe Guaman Poma de Ayala)의 『새로운 연대기와 선정(善政)(Nueva corónica y el buen gobierno)』(1613)에서 비로소 '타완틴수유'라는 단어가 쓰인 것으로 본다(Rostworowski, 1992: 286). 그럼에도 불구하고 이 논문의 바탕이 된 잉카에 대한 책을 쓰면서 로스트워로우스키가 '타완틴수유의 역사'라는 제목을 사용한 것은 이 이름이 안데스의 세계관에 더 부합된다고 보기 때문이다. 로스트워로우스키는 '타완틴수유'의 의미를 통상적인 의미보다 확장하여 "서로 통일된 네 개의 지역(cuatro regiones unidas entre sí)"으로 정의하고 있다. 그리고 '타완틴수유'는 잉카가 완전한 통일 국가여서가 아니라 고원(puna), 협곡, 사막, 밀림 등 다양한 자연환경 속에 거주하던 원주민들의 통합의 염원이 반영된 이름이라고 말한다(Rostworowski, 1992: 16~17). 따라서 잉카를 가리킬 때 빈번히 따라붙던 '제국(imperio)'이라는 서구적 표현보다 안데스 현실을 올바로 투영하고 있다는 것이 로스트워로우스키의 주장이다.

이처럼 잉카를 '제국'이 아니라 '타완틴수유', 즉 통합의 염원이 담긴 어휘로 지칭하는 데서 로스트워로우스키가 잉카를 국가로 보지 않고 있다는 점을 추론할 수 있다. 물론 이는 잉카 문명을 국가에도 이르지 못한 수준의 문명이라고 비하하려는 의도에서가 아니었다. 잉카가 하나의 국가로 충분히 통합될 만한 여건이 되기 전에 스페인 정복자들이 나타남으로써 이들이 쉽게 승리하는 행운을 잡았다는 주장을 하기 위함이다. 그렇다면 로스트워로우스키가 잉카가 확고한 지배체제를 구축한 뒤에 스페인이 침입했다면 어떻게 되었을까 하는 부질없는 역사적 가정을 하고 있는 것일까? 이 역시 아니다. 그보다는 로스트워로우스키가 잉카 정복에 대한 기존 연구가 미흡하다고 보았기 때문이다. 가령, 기존 연구들은 전술적 성공, 무기를 비롯한 전반적인 기술 수준의 우위, 전염병 등 주로 외부 변수에서 잉카 정복이 비교적 용이하게 이루어진 이유를 찾았을 뿐이다. 기존 연구들이 잉카 내부적 요인으로 왕위계승전쟁에 따른 잉카의 내분도 주요 요인으로 지목하기는 했지만 이 역시 이복형제끼리의 권력 다툼으로 이해했지 그 배경인 파나카 간 갈등, 즉 잉카 사회 체제의 근간이었던 왕족 집단끼리의 문제였다는 점을 통찰하는 데는 이르지 못했다.

잉카 연구에서 로스트워로우스키의 기여는 바로 안데스 내부 요인들에 의거한 역사서술로 서구 시각이 다분히 배어 있는 기존 역사서술을 극복하고자 했다는 점이다. 잉카 연구에서 그녀의 시도는 적어도 두 가지 기여가 있다. 첫째, 잉카의 급격한 팽창과 멸망이 별개의 사건이 아니라 동일한 요인이 작용한 연속선상의 일이었다는 사실을 밝혔다는 점이다. 그 동일한 요인이 바로 호혜 체제였다. 로스트워로우스키는 호혜의 원칙이 선순환되는 체제가 구축되었을 때 잉카의 급격한 성장이 가능했고, 이 체제가 변질되어 군주에게 수혜가 집중되고 이에 따른 불만이 고조되는 악순환이 발생하면서 잉카의 국가적 통합에 문제가 생기고, 결국 멸망에 이르는 주요 요인이 되었다고 보았다. 두 번째 기여는 호혜 체제의 비정상화가 잉카의 멸망에 주요 요인으로 작용했음을 지적하는 데 그치지 않고 안데스 사유에 대해 깊이 있는 설명을 깃들이고, 이 사유에 입각한 안데스 사회 체제의 주요 원칙과 작동 방식을 재조명했다는 점이다. 다시 한 번 요약하자면 호혜란 에스테르만이 지적하듯이 상보성, 조응과 더불어 안데스 사유의 핵심인 관계의 원칙이 표출되는 3대 방식 중 하나로 잉카를 넘어 잉카 이전의 여러 문명에서 사회의 중요한 작동 원리였다. 실제 삶에서 호혜의 원칙은 교환을 통해 표출된다. 교환의 대상은 재산, 인간의 감정, 노동력, 심지어 종교적 가치 등 다양했고, 대등한 교환 관계가 이루어지는 것을 우주적 의무요 정의라고 보았다. 안데스에서 이원주의가 사회의 주요 구성 원칙이 된 것도 관계의 원칙이나 호혜와 긴밀한 관계가 있었다.

참고문헌

다이아몬드, 재레드. 1998. 『총, 균, 쇠』. 김진준 옮김. 문학사상사.

맥닐, 윌리엄 H. 1992. 『전염병과 인류의 역사』. 허정 옮김. 한울.

우석균. 2008. 『잉카 in 안데스』. 랜덤하우스.

크로스비, 앨프리드 W. 2006. 『콜럼버스가 바꾼 세계』. 김기윤 옮김. 지식의숲.

Betanzos, Juan de. 1999. *Suma y narración de los Incas, re-edición*. Cusco: Editorial de la Universidad Nacional de San Antonio Abad del Cusco.

Duviols, Pierre. 1979. "La dinastía de los Incas, monarquía o diarquía? Argumentos heurísticos a favor de una tesis estructuralista." *Journal de la Société des Américanistes*, Vol. 66, pp. 67~83.

Espinoza Soriano, Waldemar. 1990. *Los incas: economía, sociedad y estado en la era del Tahuantinsuyo*, 2a ed. Lima: Amaru Editores.

Estermann, Josef. 1998. *Filosofía andina: estudio intercultural de la sabiduría autóctona andina*. Cusco: Ediciones Abya-Yala.

Garcilaso de la Vega, Inca. 1995. *Comentarios Reales de los Incas, 2 tomos, reimpresión*. edición, índice analítico y glosario de Carlos Araníbar. México D.F.: Fondo de Cultura Económica.

González Carré, Enrique et al. 1997. *Ayacucho: San Juan de la Frontera de Humanga*. Lima: Banco de Crédito del Perú.

Guilmartin Jr., John F. 1991. "The Cutting Edge: An Analysis of the Spanish Invasion and Overthrow of the Inca Empire, 1532~1539." in Kenneth J. Andrien and Rolena Adorno(eds.). 1991. *Transatlantic Encounters: Europeans and Andeans in the Sixteenth Century*. Berkeley and Los Angeles: University of California Press, pp. 40~69.

Hemming, John. 2004. *La conquista de los incas, 1a reimpresión*. traducción de Stella Mastrangelo. México, D.F.: Fondo de Cultura Económica.

Julien, Catherine. 2000. *Reading Inca History*. Iowa City: University of Iowa Press.

Lockhart, James. 2012. *The Men of Cajamarca: A Social and Biographical Study of the First Conquerors of Peru*. Austin: University of Texas Press.

Martín Rubio, María del Carmen. 1999. "La genealogía incaica de Betanzos, comparada con la de otros cronistas." en Juan de Betanzos, *Suma y narración de los Incas, re-edición*. Cusco: Editorial de la Universidad Nacional de San Antonio Abad del Cusco, LIX~LXXV.

McEwan, Gordon F. 2006. *The Incas: New Perspectives*. New York & London: W. W. Norton.

Ponce Sanginés, Carlos. 2002. *Tiwanaku y su fascinante desarrollo cultural*. La Paz: CIMA.

Restall, Matthew. 2003. *Seven Myths of the Spanish Conquest*. New York: Oxford University Press.

Rostworowski de Diez Canseco, María. 1988. *Estructuras andinas del poder: ideología religiosa y política*, 3a ed. Lima: Instituto de Estudios Peruanos.

_____. 1992. *Historia del Tahuantinsuyu*, 4a ed. Lima: Instituto de Estudios Peruanos.

_____. 2006. *Pachacutec*. 1a reimp., Lima: Instituto de Estudios Peruanos.

Sarmiento de Gamboa, Pedro. 2001. *Historia de los Incas*. Madrid: Miraguano/ Ediciones Polifemo.

제3장

코르테스의 통역사, 말린체*

'민족의 반역자'인가 '건국의 어머니'인가?

김윤경 서울대학교 라틴아메리카연구소 HK연구교수

1. 머리말

1492년 콜럼버스의 아메리카 대륙 발견은 유럽의 팽창이 시작되었음을 알리는 신호탄이었다. 그것은 아메리카가 유럽의 식민지로 전락하기 시작했음을 의미하는 것이기도 했다. 동전의 양면인 유럽의 팽창과 라틴 아메리카의 식민화가 시작되는 역사적인 순간에 한 여성이 있었다. 바로 말린체(Malinche)였다.

멕시코시티 소칼로 광장에 있는 옛 대통령궁에는 멕시코의 대표적인 화가 디에고 리베라(Diego Rivera)의 거대한 벽화가 있다. 멕시코 혁명의 포화가 채 가시지 않은 1920년대에 멕시코에서는 국민주의의 일환으로 벽화 운동이 시작되었다. 이 운동의 주역이었던 디에고 리베라는 고대

---

* 이 글은 ≪이베로아메리카 연구≫ 21권 2호(2010)에 발표된 필자의 기존 논문을 총서의 취지에 맞게 수정·보완한 것이다.

원주민 문명에서 현대에 이르기까지 멕시코의 전 역사를 대통령궁에다 거대한 벽화로 그려놓았다. 그림 속에서 말린체는 정복자들, 신부들, 혁명 전사들 사이에 당당하게 끼여 있다.

까만 머리에 원주민 복장을 한 말린체는 작은 아이를 안고 있다. 그 아이는 코르테스와의 사이에 낳은 '최초의 메스티소' 마르틴이다.

말린체는 정복자 코르테스의 통역사이자 정부였다. 통역사로서 말린체는 두 세계가 만났던 지점 한가운데에 있었다. 말린체의 통역과 원주민 사회에 관한 정보가 없었다면 유럽인들의 정복의 역사는 어느 정도 달라졌을 것이다. 그만큼 말린체는 멕시코 정복의 역사에서 빼놓을 수 없는 인물이다. 말린체는 17세기 멕시코의 위대한 바로크 시인 소르 후아나 이네스 델 라 크루스(Sor Juana Inés de la Cruz)와 20세기 아르헨티나의 영원한 국모인 에바 페론(Eva Perón)과 더불어 "라틴아메리카의 주목할 만한 여성 10인" 중 한 명으로 꼽힌다(Henderson and Henderson, 1978).

'부재하면서도 항상 현존하는 사람(El personaje austente siempre presente)'. 이 말은 현재 멕시코에서 말린체의 의미를 가장 잘 표현해주는 말이다. 말린체가 멕시코의 역사에서 유명한 인물이기는 하지만, 멕시코인들 사이에서는 말린체를 부정적으로 바라보는 경향이 강하다. "멕시코 역사에서 악인이 한 명 있다면 그는 바로 말린친(Malintzin)이다"라고 말할 정도로 오늘날까지 말린체는 멕시코 역사에서 지울 수 없는 과오를 저지른 인물로 인식되고 있다. 그리하여 말린체는 국민의 '배신자', '변절자', '매춘부'를 상징하는 아주 부정적인 인물을 대표하게 되었다. 말린치스타(Malinchistas)라고 하면 이러한 부류의 사람들을 일컫는 말로서 아주 모욕적인 표현이다.

하지만 말린체가 애초부터 이처럼 부정적인 이미지를 가졌던 것은 아니다. 16세기 정복 당시의 원주민들만 해도 말린체를 긍정적으로 생각했다. 플로렌스 필사본(Florentine Codex)[1]을 쓴 나우아 원주민 저자들은 말린체를 언급할 때 항상 존경을 표시하는 '-tzin'을 붙여서 말린친이라고 불렀다. 원주민 저자들은 말린체를 악녀로 그리지 않고 아주 강력한 힘을 지닌 여성으로 그렸다. 리엔소(lienzo)[2]에 그려진 말린체를 보면 우아한 옷을 입고 머리는 나우아 원주민 기혼 여성이 하는 독특한 뿔 모양으로 말려 있다. 그리고 오늘날에도 멕시코 중부 고지대, 특히 틀락스칼라와 푸에블라의 원주민에게는 말린체가 배신자나 악의 이미지보다는 풍요의 상징인 어머니, 즉 보호자의 이미지를 가지고 있다. 이 지역 원주민들은 이 지역에 물을 공급해주는 원천인 눈 덮인 화산을 말린체라고 부른다(Karttunen, 1997: 295).

이러한 이미지는 정복에 직접 참여하여 당시의 상황을 생생하게 기록해놓은 유럽인들의 기록에도 나타난다. 멕시코 정복 당시 코르테스와 동행했던 베르날디아스는 자신의 책『누에바 스페인 정복의 진정한 역사(Historia Verdadera de la Conquista de La Nueva España)』에서 말린체의 세례명 마리나(Marina)에 존경을 나타내는 도냐(Doña)를 붙여서 도냐 마리나(Doña Marina)라고 부르면서 그를 아름답고 지적이며 능력 있고 존경스러운 인물로 묘사했다(Díaz del Castillo, 1944).

그러나 1821년 멕시코가 스페인에서 독립하면서 말린체가 코르테스와 동등하게 누렸던 '위대한 정복자(conquistador)'의 이미지는 사라졌다. 멕시코인들은 3세기 동안 식민지배를 당한 것에 대한 속죄양이 필요했는데, 그것을 원주민 여성, 말린체에서 찾았다. 정복 이후 멕시코 사회가

---

1) 이 필사본은 대략 1540~1585년에 베르나르도 데 사아군(Bernardo de Sahagún)의 주관하에 나우아 원주민 학생들이 나우아어로 쓴 것으로, 스페인 정복 이전 아스텍 사회의 생활상을 보여주는 가장 중요한 자료이다.
2) 천에 그린 그림을 뜻한다.

겪고 있는 문제들을 오랜 식민지의 경험에서 비롯되는 것으로 보았고, 또 그 모든 잘못을 말린체 탓으로 돌렸다. 그리하여 말린체는 통역사, 조언자에서 코르테스의 정부, 자신의 민족에 대한 배신자로 전락했다.

이때부터 말린체는 본격적으로 신화가 되었다. 멕시코인들은 국민적 정체성을 세우는 데도 말린체가 필요했다. 멕시코인은 좋든 싫든 메스티소가 자신의 정체성임을 인정해야 했다. 독립 후 백인 크리오요가 지배 집단이 되었지만 원주민과 그들과의 사이에서 낳은 메스티소의 존재를 부정할 수 없었다. 그러한 메스티소적 정체성을 형성하는 데 말린체는 더없이 좋은 인물이었다. 말린체는 실제로 코르테스와의 사이에서 마르틴이라는 '최초의 메스티소'를 낳았다.

'최초의 메스티소'의 어머니, 말린체의 이미지는 '겁탈당한 여성(La Chingada)'의 이미지였다. 말린체는 백인 남성에게 겁탈당한 여성으로서, "규율을 어겼을 뿐만 아니라 기만당하고 겁탈당한 어머니"이며 순결을 잃은 수치스러운 인물이 되었다. 옥타비오 파스(Octavio Paz)는 『고독의 미로』에서 겁탈당한 말린체를 "스페인인의 꼬임에 넘어가 원주민의 규율을 어긴, 타락한 원주민 여성을 상징하는 인물이자 고통 받는 어머니의 표상"으로 묘사했다. 카를로스 푸엔테스(Carlos Fuentes)는 자신의 소설 『아르테미오 크루스의 죽음』에서 겁탈당한 여성을 멕시코인의 부도덕하고 부정직한 기원을 상징하는 것으로 설명했다(김윤경, 2004: 144~145; Paz, 1961: 81; Fuentes, 1963: 145).

최근에 치카나(Chicana) 연구자들이 멕시코의 역사와 정복 과정에서 말린체가 수행한 역할을 재평가하기 시작하면서 말린체의 이미지도 달라지고 있다. 미국 사회에서 자신들의 정체성을 고민하는 치카노들, 특히 치카나들에게 말린체는 새로운 관심의 대상이 되었다. 말린체는 스페인적인 것에 불안정하게 적응했던 인물을 상징하기 때문이다. 말린체의 상황은 바로 치카노들의 상황을 대변해주는 것이었다. 치카노들은 주로 미국 사회의 주변부에서 혼혈적인 멕시코의 전통을 갖고 살아간다. 말린체는 치카노들이 얼마나 미국 사회에 잘 적응해 주체적으로 살아가는가라는 문제에 대한 하나의 모델이 되었다. 말린체는 치카노들의 어머니였다.

치카나 연구자들은 말린체를 배신자가 아니라 가부장적 문화에 희생된 한 여성으로 보았다. 치카나 연구자들에게 말린체는 언어적 재능을 가지고 운명을 적극적으로 개척한 지적이고 강인한 여성이었다. 이러한 입장은 말린체에 대한 기존의 남성 중심적인 해석을 수정하는 것이었다. 더 나아가 치카나들은 말린체가 원주민적인 것과 스페인적인 것으로 대변되는 두 세계가 만나는 지점에 있는 존재로서, 다인종적이고 다문화적인 문명 형성의 중심이라고 평가했다. 따라서 말린체는 멕시코인의 '배신자'가 아니라, 다인종적인 멕시코 건국의 어머니라는 것이다.

이처럼 말린체에 대한 평가는 필요에 따라 멕시코 민족주의와 페미니즘과 인종 문제와 밀접한 연관을 맺으면서 변화해왔다. 이 글에서는 말린체에게 덧씌워진, 어쩌면 과도하게 씌워진 민족주의의 신화를 벗겨내고, 새로운 문명과 충돌했던 한 시대를 살다 간 한 인간으로서의 삶이 어떠했는지를 살펴보고자 한다. 말린체를 신화로부터 역사로 끌어냄으로써 오랫동안 말린체를 옭아매왔던 여러 가지 굴레를 벗겨내고자 한다. 말린체가 직접 남긴 기록이 없기 때문에 말린체 자신의 생각을 직접 알 수 있는 방법은 거의 없다. 하지만 당대인의 기록과 당시 원주민 사회에 대한 여러 가지 연구 결과들은 말린체의 삶의 궤적을 추적하는 데 좋은 자료가 될 수 있다. 이러한 자료들을 토대로, 이 글에서는 말린체의 성장 과정, 당시 아스텍 제국 내 원주민 부족 사회의 상황과 원주민의 생각, 그리고 정복자와 원주민 여성의 관계를 중심으로, 말린체가 왜 스페인 정복자들에게 통역사로서 적극 협력했는지, 말린체가 '배신자',

'겁탈당한 여인'이라는 평가를 받게 되었는지에 대해 살펴보고자 한다.

2. 상처받은 영혼, 말리날리

말린체의 원래 이름은 말리날리 테네팔(Malinali Tenepal)이다. 테네팔은 성이고, 말리날리는 이름인데, 말리날리가 유럽인에게 기독교의 세례를 받으면서 마리나/말린친(Marina/Malintzin) 테네팔이 되었다(Orozco y Berra, 1880: 112). 말린체라는 이름은 원주민이 말린친이라고 부르는 것을 스페인인이 말린체로 잘못 들은 것에서 비롯된 것이다.

말린체에 관한 기록 중에서도 어린 시절을 알 수 있는 기록은 더 찾기 힘들다. 베르날디아스 같은 당대의 저술가들이 몇 줄로 언급한 것이 고작이다. 그래서 말리날리의 출생과 성장 과정을 자세히 알 수 없다. 말리날리의 출생과 관련하여 현재 공식적으로 인정하는 것은 말리날리가 대략 1501년에 멕시코만에 있는 코아찰코알코스(Coatzalcoalcos)라는 도시로부터 대략 24마일 정도 떨어진 파이날라(Painala)[3]라는 소읍에서 태어났다는 것과, 아아스아스텍의 나우아족 귀족 가문의 딸로 태어났다는 것이다.

당시 아스텍 원주민 사회의 제도와 생활양식 등을 통해서 말리날리의 성장 과정을 추적해볼 수 있다. 원주민 사회의 생활상을 알 수 있는 가장 좋은 자료는 당시 프란시스코파 신부들의 기록이다. 우선, 원주민

---

3) 파이날라는 테우안테펙 지협에 있는, 아스텍 제국의 새로운 전초 기지들 중의 하나였다. 이 소읍은 코아찰코알코스라 불리는 강의 두 지류가 만나는 지점에 있었기 때문에 상업의 중심지였다.

사회는 부족 공동체(calpulli)로서 철저한 계서제사회였다. 주요 두 계급은 가장 부유하고 힘 있는 귀족(pipiltin)과 아스텍 사회를 유지하는 데 필요한 노동을 수행하는 평민들(macehualtin)이었다.

그러나 아스텍 사회에서 교육의 기회는 귀족과 평민 모두에게 있었다.[4] 교육은 아주 어린 나이인 다섯 살부터 이루어졌다. 학교는 상인이나 농민 같은 평민의 아들을 위한 학교, 텔포치카이(Telpochcalli)와 귀족의 아들을 위한 학교 칼메칵(Calmecac) 두 종류가 있었다. 남아는 모두 이 두 학교 중에 어느 한 학교에 반드시 다녀야 했다. 교육의 목적은 아스텍 사회가 필요로 하는 신민을 키워내는 것이었다. 두 학교는 모두 '복종'과 '순응'이라는 가치를 장려했다. 구체적으로 살펴보면, 텔포치카이에서는 아스텍 제국의 역사와 종교, 음악, 춤, 노래를 가르칠 뿐만 아니라, 무기를 다루는 법과 벽돌을 만드는 법, 도랑과 운하를 수리하는 법, 학교 토지를 경작하는 법 등 힘겨운 육체노동을 하는 법도 가르쳤다. 반면, 칼메칵에서는 엘리트 교육이 이루어졌다. 사제나 군사 지도자, 재판관, 고급 관리를 양성하는 교육이었다. 이 학교는 사원에 부속되어 있었다. 교사 대부분이 고등교육을 받은 사제였으며, 학교 분위기도 수도원의 분위기를 더 풍겼다. 평민 학교의 학생은 수업이 끝나면 집으로 가는데, 이 귀족 학교의 학생은 학교에서 숙식하며 교사의 감독을 받았다. 이 학교 학생은 평민 학교에서 가르치는 것 외에도, 의약, 행정, 법, 천문, 건축, 종교, 수학 등을 더 배웠다.

여기서 한 가지 흥미로운 것은 여아도 남아와 별도의 학교에서 따로 교육을 받았다는 점이다. 그러나 남아처럼 모두 학교에 다녔던 것은

---

4) 아스텍 사회의 교육에 관한 자료는 Codex Mendoza가 대표적이다. 아스텍 사회의 교육에 관해서는 Bray(1968)와 Carrasco & Sessions(1998) 참조.

아니다. 결혼할 때까지 학교에 가지 않고 집에서만 생활하는 여아도 있었다. 그러나 특히 귀족 가문의 딸은 여학생을 위한 칼메칵에서 엄격한 교육을 받았다. 학교 건물은 높은 벽으로 둘러싸여 있었으며, 교사는 나이든 여성 사제였다. 여아가 외출할 때는 항상 유모가 따라다녔으며, 남아와 말하면 안 되었다. 식사를 할 때도 말없이 먹어야 했고, 낮 동안에는 의무적으로 침묵해야 하는 시간이 있었다. 여아에게는 정숙과 예의, 순결, 복종의 가치뿐만 아니라 결혼 생활에 필요한 여러 가지 것들도 가르쳤다. 예를 들면, 5~7살의 여아는 물레를 자아 실을 만드는 법을 배우고, 10대 초반에 이르면 요리를 배우고, 14세에 이르면 옷감 짜는 법을 배웠다(Bray, 1968: 59).

이렇게 볼 때, 말린체가 코르테스의 통역사로 일할 수 있도록 해주었던 언어 능력은 말린체가 가지고 있는 천부적인 재능 외에도, 귀족 가문의 딸로 태어나서 엄격하게 받은 공식 교육의 영향이 컸다. 특히 귀족의 딸들이 다녔던 여자 칼메칵에서는 남자 칼메칵에서와 마찬가지로 기하, 역사, 지리, 신화, 법, 예술 등도 가르쳤다. 이러한 교육 과정을 통해 말린체는 여성으로뿐만 아니라 능력을 지닌 한 인간, 즉 아스텍 사회의 지리와 역사를 잘 알고, 원주민 사회의 관습에도 정통한 여성으로 성장했다.

엄격하면서도 부유한 귀족 가문에서 태어난 말린체에게 비운의 그림자가 드리우기 시작한 것은 아버지가 죽고 어머니가 다른 귀족에게 재가하면서였다. 재가한 어머니는 아들을 낳았는데, 유산 상속 문제 때문에 아들을 위해 말린체를 버렸다.[5] 아스텍 사회에서는 모계 쪽으로 소유권이 상속되었기 때문에 어머니가 사망할 경우 재산이 말린체에게 돌아가

---

5) 베르날디아스는 이 사실을 말린체에게서 직접 들었다고 말했다(Díaz del Castillo, 1944: 123).

게 되었다. 어머니는 재가한 남편 사이에서 낳은 아들에게 재산을 물려주고 싶었다. 그래서 말린체를 히칼랑고(Xicalango) 원주민에게 팔아버리고는 죽었다고 헛소문을 퍼뜨렸다. 성대하게 치른 말린체의 장례식 이면에는 비정한 엄마의 헛된 욕심이 숨어 있었다. 사람들이 말린체의 죽음을 슬퍼하고 있을 때 말린체는 어머니에게 버림받은 채 히칼랑고로 가고 있었다. 이 일은 말린체의 영혼에 평생 씻을 수 없는 상처를 남겼다. 비록 당시에 노예나 인신공희의 제물로 어린아이들을 파는 것이 일상적인 일이기는 했지만 말이다. 결국 말린체는 유카탄 반도에 있는 타바스코 지방의 토호(cacique)에게 노예로 팔려갔다. 부유한 나우아 귀족의 딸이 마야 귀족의 노예가 된 것이다.

당시 아스텍 사회에는 노예와 노예시장이 있었다. 아스텍 사회에서 가장 유명한 노예시장은 아스카포찰코(Azcapotzalco)에 있었다. 이곳은 교통의 요충지로, 상업이 아주 발달했다. 이곳을 드나드는 상인 중에서 가장 부유한 사람들이 노예 무역을 했다. 노예상들은 이 도시에 건물을 몇 채나 갖고 있었는데, 노예들을 그 건물에 숙식시키면서 노예시장에 내다팔았다. 시장에 내놓은 노예 대부분은 먼 곳에서 온 사람들로, 전쟁에 패해서 공물로 바쳐진 사람들이거나 상인들이 멕시코 만 연안의 도시나 남쪽 테우안테펙에서 사들여 온 사람들이었다. 당시 아스텍 사회에서는 아이들을 유괴해서 노예상에게 파는 일이 빈번했다. 어머니에게 버림받은 말린체도 바로 이 노예시장으로 끌려갔다가 거기에서 타바스코 귀족의 손에 넘겨졌을 가능성이 크다.

3. 코르테스의 통역사 말린체

　말린체는 그의 짧은 생애에서 가장 힘든 시기를 타바스코에서 보냈다. 귀족의 딸로 태어나 큰 어려움 없이 자랐던 말린체에게 노예로 산다는 것은 너무나 힘겨운 일이었다. 말린체는 매일 주인을 위해 옥수수를 갈고 토르티야를 만들고 아이들을 돌보아야 했다. 빈번하게 열리는 온갖 종교 축제에 필요한 특별 음식과 옷을 만드는 일도 노예가 해야 할 일이었다. 새벽에 일어나서 늦은 밤까지 말린체에게는 늘 해야 할 일들이 끊이지 않았다.

　타바스코에서 말린체는 다른 새로운 언어를 익혀야 했다. 말린체는 나우아족 출신으로서 나우아어(Nahuatl)를 사용했지만, 타바스코 원주민의 언어는 마야어였기 때문이다. 말린체는 귀족의 딸로 어렸을 때 엄격한 교육을 받았을 뿐만 아니라, 언어적 재능까지 가지고 있었다. 그 덕분에 말린체는 마야어를 배우는 데 큰 어려움이 없었다. 말린체가 마야어를 자유자재로 구사할 수 있는 능력은 후일 말린체가 노예의 신분을 벗어나 새로운 인생을 사는 데 중요한 역할을 했다.

　1519년 3월 말린체가 스무 살이 채 안 된 어느 날 그녀의 운명은 뒤바뀌게 된다. 코르테스 등 스페인인들이 탄 낯선 배들이 타바스코 연안의 한 마을인 포톤찬(Potonchan)에 모습을 드러냈다. 그전에 이미 스페인인들이 이 마을에 와서 전염병을 퍼뜨리고 간 상태여서 촌탈마야족이 사는 이 마을의 원주민들은 낯선 사람들이 반갑지 않았다. 그래서 타바스코인들은 이 스페인인들에게 대항하려고 서둘러 전사들을 불러 모았다. 코르테스 일행은 화살, 칼, 총 그리고 말을 갖고 있었다. 타바스코인들은 총에도 놀랐지만 가장 놀란 것은 말이었다. 타바스코인들에게 말은 한 번도 본 적이 없는 아주 신기하면서도 무서운 동물이었다. 반은 사람 같고 반은 괴물 같으면서 키도 사람보다 훨씬 큰 말 앞에서 타바스코 원주민 전사들은 놀라 달아났다(Henderson and Henderson, 1978: 6). 타바스코 원주민들은 수적으로는 훨씬 많았지만 이들의 강철 검과 총 앞에서 무력하게 쓰러질 수밖에 없었다.6)

타바스코인들이 택한 것은 평화였다. 타바스코인들은 선물로 호의를 표시함으로써 스페인인들과 평화를 찾으려고 했다. 많은 사람들이 갖가지 선물을 가지고 스페인인들이 있는 곳으로 왔다. 옥수수로 만든 케이크, 그 지역에서 나는 온갖 종류의 물고기와 과일, 금 장신구, 오리, 면화 등 아주 다양했다. 그중에서 유독 눈에 띄는 것은 노예였다. 정복자들에게 음식을 만들어주고 시중을 들어줄 여자 노예 20명을 따로 선물로 바친 것이다. 적에게 여성들을 바치는 풍습은 아메리카 원주민의 오래된 관습이었다. 그것은 원주민이 적에게 취하는 화해와 평화의 제스처였다.

스페인인들은 이 전리품에 적잖이 놀랐다. 당시 코르테스와 동행했던 베르날디아스는 자신들이 원주민에게서 받은 그 어떤 선물도 이 스무 명의 여성 노예와 비교할 수 없다고 말했다(Díaz del Castillo, 1944: 119). 이 스무 명의 여성 노예 중에 말린체가 끼여 있었다. 말린체는 이때 정복자들에게 바쳐진 스무 명의 노예 중에서 유일하게 그 이름과 행적을 역사에 남긴 인물이다. 말린체와 코르테스의 운명적인 만남은 이렇게 시작되었다.

이처럼 말린체와 코르테스의 만남은 노예와 정복자의 만남이었다. 지금까지 봐왔던 원주민 남성과는 너무나 다르게 생긴 낯선 남자들 앞에 바쳐진 여성 노예! 어머니에게 버림받아 노예로 낯선 땅에 팔려 와서

---

6) 타바스코 전사들의 수는 추정컨대 1만 명이 좀 넘은 반면 스페인인들은 300명가량 밖에 되지 않았던 것으로 알려져 있다.

살아온 말린체는 두려울 것이 없었다. 말린체에게는 정복자들 앞에 가서도 자세를 꼿꼿하게 하고 정복자들을 똑똑히 쳐다볼 용기가 있었다. 베르날디아스는 자신의 책에서 말린체의 첫인상을 "아주 뛰어나고 말을 잘하는 여성"이라고 묘사했다(Díaz del Castillo, 1944: 123). 말린체는 스무명의 노예 중에서 단연 돋보였던 것으로 보인다.

하지만 코르테스가 처음부터 말린체에게 특별한 호감을 느끼거나 말린체의 능력을 높이 샀던 것은 아니다. 코르테스는 말린체에게 자신의 친한 친구인 알론소 에르난데스 데 푸에르토카레로(Alonso Hernández de Puertocarrero)의 시중을 들도록 했다.7) 그리고 처음부터 말린체가 통역을 했던 것도 아니었다. 스페인인 아길라르(Aguilar)가 통역을 담당했다. 일찍이 타바스코 인근 해안에서 배가 난파당해 거기에 정착해 살았던 아길라르는 마야어를 구사할 줄 알았다. 여성 노예들과 정복자들이 처음 만난 날 아길라르는 이 여성 노예들에게 코르테스를 소개하고 여성 노예 각자가 정복자들 한 명씩 맡아서 시중들라고 말했다. 다음날 코르테스가 여성 노예들을 모두 불러 모아 신부 올메도(Olmedo)에게 소개했을 때도 아길라르가 통역했다. 아길라르의 통역으로 여성 노예들은 이 신부로부터 아메리카인 최초로 세례를 받았다. 1519년 부활절 1주일 전 일요일이었다. 그때부터 말린체는 도냐 마리나(Doña Marina)라 불렸다. 스페인인들은 말린체를 부를 때 항상 기독교도 여성이나 원주민 귀족(caciques)의 부인에게 존경의 표시로 붙였던 이 '도냐'라는 호칭을 사용했다.

이처럼 말린체가 처음부터 코르테스의 눈에 든 것은 아니었지만, 스무명 중 나머지 여성 노예들과는 다른 취급을 받았음이 분명하다. 그것은

---

7) 나머지 다른 여성 노예들에 대한 기록은 전혀 남아 있지 않아서 그 여성 노예들이 어떻게 되었는지 전혀 알 길이 없다.

무엇보다도 말린체의 마야어 구사 능력 덕분이었다. 말린체는 이후 정복 과정에서 코르테스와 계속 동행했다. 코르테스와 그의 부하들은 타바스코 지방을 거쳐 아스텍 제국 내륙으로 들어갔다. 내륙 지방은 마야 원주민과는 다른 언어, 즉 나우아어를 쓰는 나우아족이 살고 있었다. 나우아어는 바로 말린체가 나고 자란 고향의 언어로서 말린체에게 친숙한 언어였다. 원주민의 말을 말린체가 아길라르에게 마야어로 전했고, 아길라르는 그것을 스페인어로 정복자들에게 전했다. 코르테스는 말린체에게 가능한 한 정직하게 통역할 것을 요구하면서, 그렇게 해주면 말린체를 보호해주고 좋은 예우를 해주겠다고 말했다. 이에 말린체는 통역을 정직하고 충실하게 하겠다고 맹세했다(Henderson and Henderson, 1978: 8).

코르테스는 원주민 통역사가 정직하게 통역을 하지 않을 경우에 재앙을 당할 수 있다고 생각했다. 말린체가 특별히 의심을 살 행동을 하지 않았음에도 불구하고 코르테스는 이 통역사를 여전히 의심의 눈초리로 바라보았다.

한편 말린체는 자신이 노예에서 벗어날 기회가 왔음을 직감했다. 말린체는 코르테스의 통역사 일이 선택이 아니라 필수임을 깨닫고, 통역 일에 기꺼이 나섰다. 말린체는 코르테스가 가는 곳이면 어디에나 따라다녔다. 통역을 위해서 말린체는 없어서는 안 될 존재가 되었다. 1519년 부활절에 목테수마의 사절로 텐딜레(Tendile)가 코르테스를 만나러 산 후안 데 울루아(San Juan de Ulúa)로 왔을 때도 말린체는 아길라르와 함께 통역했다. 스페인어로 환영한다는 인사말을 한 것을 아길라르가 말린체에게 마야어로 통역하면 말린체가 그것을 다시 나우아어로 텐딜레에게에게 통역했다.

말린체는 통역만 한 것이 아니라 정복에 유용한 여러 가지 정보도 제공했다. 특히 아스텍 제국 내에서 여러 원주민 부족이 목테수마에게 불만을 가지고 있고 분열되어 있다는 정보는 코르테스 일행이 아스텍 제국을 정복하는 데 큰 도움이 되었다. 예를 들어, 말린체는 테노치티틀란으로 가는 도중에 만난 토토낙(Totonac) 사람들이 점점 늘어나는 세금과 인신공희에 바칠 노예 요구의 증가 때문에 목테수마에게 불만이 많다는 것을 알고 그것을 코르테스에게 전해주었다. 말린체는 특히 이 지방 셈포알라(Cempoala)의 원주민들과 쉽게 친해졌다. 토토낙 지방은 멕시코만에서 내륙으로 들어가는 첫 지점으로 나우아어를 쓰는 원주민들이 주로 거주하는 지역이었기 때문이다. 이곳 원주민들은 언어가 통하는 말린체에게 목테수마에 대한 불만들을 조목조목 털어놓았다. 말린체는 이것을 그대로 코르테스에게 통역해주었다. 코르테스는 이 사실을 알고 스페인 왕 카를 5세의 이름으로 토토낙 사람들에게 목테수마의 세금 징수원들을 붙잡아서 감옥에 처넣으라고 했다. 그리고 목테수마에게 인신공희로 사람을 바치는 것도 금지했다. 토토낙 사람들은 두려우면서도 목테수마에게서 자신들을 보호해주리라는 희망을 가지고 코르테스 일행과 긴밀한 동맹을 맺었다. 코르테스로서는 중요한 원군을 얻은 셈이었다. 테노치티틀란에서 목테수마는 토토낙 사람들의 반란 소식을 듣고 코르테스와의 일전을 준비했다. 하지만 목테수마는 곧 전투 계획을 수정하여 코르테스에게 사절단을 보내고 지켜보기로 했다.

내륙으로 들어갈수록 말린체의 존재가 더 중요해졌다. 코르테스 일행 중에 나우아어를 할 줄 아는 사람이 말린체뿐이었기 때문이다. 1519년 여름, 코르테스는 목테수마가 사절단을 통해 보낸 온갖 금과 은, 귀금속, 옷감 등을 스페인 왕에게 보내기로 했다. 말린체가 시중드는 알론소 에르난데스 데 푸에르토카레로에게 임무를 맡기고 알론소를 대표로 보냈다. 그러나 말린체는 제외했다. 말린체가 통역사로서 너무나 중요했기 때문에 같이 보낼 수 없었던 것이다. 말린체가 없으면 누구도 원주민이

〈그림 3-1〉 촐룰라 대학살

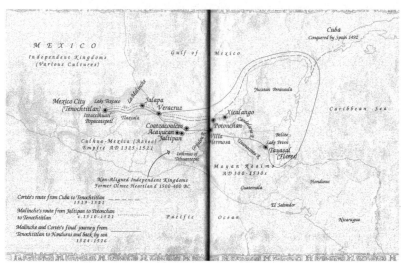

자료: 코르테스(2009: 126).

하는 말을 정확하게 이해할 수 없었다. 이제 말린체는 단순히 한 남자의 시중을 드는 노예가 아니라 코르테스의 확실한 통역사가 되었다(Fuentes, 1963: 24). 말린체는 코르테스와 한 몸이나 다를 바 없었다. 실제로 원주민들은 코르테스와 말린체를 '말린친'이라는 하나의 이름으로 불렀다(Díaz del Castillo, 1944: 218~219).[8]

코르테스가 말린체를 온전히 신뢰하게 된 것은 그해 여름에 촐룰라(Cholula)인들의 음모[9]를 말린체가 밀고하면서부터였다. 촐룰라는 테노치티틀란을 목전에 두고 있는 곳으로 전략적 요충지였다. 이미 여러 원주민 부족이 코르테스와 동맹을 맺은 터라, 목테수마는 촐룰라만큼은 코르테스 일행을 무찔러주기를 바랐다. 촐룰라가 패배하면 당장 제국의 수도가 위험에 처할 것이기 때문이다. 그래서 목테수마는 촐룰라의 서쪽으로 전사들을 보내 매복시켰다. 그와 동시에 촐룰라의 토호들에게는 스페인인들에게 환영의 표시를 하라는 지시를 내렸다. 위장 전술을 써서 스페인인들을 패퇴시키려고 했던 것이다. 그러나 그 음모는 금방 발각되었다. 촐룰라의 고위 사제 두 명이 말린체에게 매복 사실을 비밀리에 알려주었다. 그리고 촐룰라 귀족의 부인인 한 원주민 여성이 말린체에게

---

8) 디아스는 이것을 "마리나의 대령(Marina' Captain)"에서 '대령'이란 말이 생략된 것으로 보았다. 하지만 아스텍의 종교적 전통을 생각해볼 때 단순히 그렇게만 보기는 힘든 측면이 있다. 아스텍의 종교 관행에서는 선택된 인간이 일시적인 신의 구현체 역할을 하면서 인간 세계에서 신 대신에 말하고 행동한다. 아스텍 원주민들은 나우아어로 말하는 말린체를 말린체와 코르테스 뒤에 숨겨진 그 무엇을 '대변하는 존재'로 생각했을 가능성이 있다(Karttunen, 1997).

9) 촐룰라인들의 음모가 실제로 있었는지 아니면 코르테스가 자신의 정복을 정당화하려고 지어낸 이야기인지를 문제 삼는 학자들도 있지만, 대부분의 문헌들은 음모가 있었으며, 이 음모가 발각되면서 촐룰라인에 대한 대학살이 벌어졌다고 말하고 있다(Karttunen, 1997: 304).

몰래 와서 스페인인들과 있으면 위험하게 될 테니까 자기 집에 와 있으면서 자기 아들과 결혼하라고까지 했다(Díaz del Castillo, 1994: 238~248; Pagden, 1986: 72~76). 말린체는 고맙다는 인사와 함께 나중에 보자고 하고는 바로 이 사실을 코르테스에게 알렸다. 코르테스는 아스텍 제국과 오랜 갈등 관계에 있었던 틀락스칼라인들[10]과 동맹을 맺고 촐룰라인들을 무찔렀다. 목테수마의 전사들은 허겁지겁 테노치티틀란으로 도망갔다.

촐룰라 사건을 계기로 코르테스는 말린체를 더욱 가까이 두게 되었고, 마침내 말린체를 정부로 삼게 되었다. 스페인에 부인을 두고 온 코르테스는 말린체와 비공식적인 결혼 관계를 맺은 것이다. 사실 말린체는 마음만 먹으면 코르테스에게서 도망쳐서 촐룰라 귀족의 며느리로 살아갈 수도 있었다. 그러나 말린체는 코르테스의 통역사로 남기로 했다. 더 나아가서 그 원주민 귀족 부인의 호의를 무시하고 원주민의 음모를 코르테스에게 알려줌으로써 아스텍 제국의 정복에 도움을 주었다. 코르테스와 스페인인들에게 말린체가 가지고 있었던 호의와 신뢰를 이보다 더 확실하게 보여줄 수 있는 사실은 없다.

이 사건은 후일 사람들이 말린체에게 '배신자'라는 낙인을 찍게 한 결정적인 사건이기도 하다. 말린체가 촐룰라인의 음모를 '이방인'인 코르테스에게 밀고함으로써 동족을 배신하고 스페인인들이 아스텍 제국을 정복하는 데 결정적인 도움을 주었다는 것이다. 그러나 당시 아스텍 제국의 상황을 고려해볼 때 종족적 정체성 운운하면서 말린체를 '배신

---

10) 코르테스는 틀락스칼라인들이 아스텍 제국에 불만을 가지고 있으며 적대적이라는 사실을 알고 몹시 기뻐했다. 그러한 불화가 코르테스의 목적, 즉 아스텍 제국의 정복을 달성하는 데 큰 도움을 줄 것이라고 생각했다. 코르테스는 스페인 왕에게 보낸 편지에서 드물게 "분열시킨 다음 정복하라"라는 속담까지 들먹이면서 원주민들의 분열상에 진심으로 즐거워했다(코르테스, 2009: 117~118).

자'라고 부르는 것은 현재의 관점에서 과거를 재단하는 것이다. 당시 메소아메리카의 원주민들은 '원주민'이라는 하나의 집단적 정체성을 가지고 있지 않았다. 원주민들은 스스로를 멕시카인, 틀락스칼라인, 촐룰라인 정도로만 인식하고 있었다(김윤경, 2004: 97~98). 말린체 역시 나우아족의 일원이라고 생각했을 뿐이지 '원주민'이라는 생각도, 아스텍 제국의 신민이라는 생각도 없었다. '원주민'은 유럽인들이 만든 범주이다. 말린체는 아스텍 제국의 '원주민'으로서가 아니라, 마야족에게 노예로 팔려간 나우아족의 한 여성으로서 행동했던 것이다. 여성 노예 말린체는 코르테스와 그 일행에게서 살아갈 희망, 즉 자유를 보았다. 말린체가 그렇게 행동한 데는 종교적인 이유도 있었다. 말린체는 원주민의 종교의식 중 하나인 인신공희에 상당한 반감을 가지고 있었다. 말린체는 제단에 인간을 희생 제물로 바치지 않아도 되는 스페인인의 신이 진정한 신이라고 생각했다. 스페인인들이 촐룰라인들을 잔인하게 학살하는 것을 보면서 두려움과 인간적인 죄의식에 사로잡히기도 했다. 하지만 말린체에게는 촐룰라인의 수호신이었던 케찰코아틀이 아무런 방패막이도 되어주지 못하는 것에 대한 실망감과, 잘못하면 스페인인들에게 버림받을지도 모른다는 불안감이 더 컸던 것으로 보인다(Esquivel, 2006: 95~96). 그래서 말린체는 기꺼이 코르테스의 충실한 통역사 역할을 담당했다. 말린체는 늘 코르테스 옆에서 코르테스의 혀가 되어주었다.

따라서 말린체에게 '배신자'라는 오명을 씌우기보다는, 자신의 능력으로 코르테스의 신임을 얻은 말린체가 정복 과정에서 보여준 태도나 역할에 더 주목할 필요가 있다. 코르테스가 테노치티틀란에 가서 목테수마를 만날 때 말린체가 보여준 태도는 매우 흥미롭다. 말린체는 아스텍 제국의 왕 목테수마를 만난 자리에서 목테수마의 눈을 직접 응시하며 코르테스가 말한 것을 나우아어로 통역했다. 아스텍 제국의 남쪽 끝 변방에서

온 일개 노예가 이러한 행동을 한다는 것은 당시 사회에서는 흔치 않은 일이었다. 더군다나 아스텍 사회에서 여성은 계급이나 신분에 관계없이 국가와 종교에 관한 중대사를 논할 자격이 없었다(Lanyon, 1999: 118). 고작해야 여성들이 집단적으로 틀라토아니 앞에 나아가 의견을 제시하는 정도였다. 결정권은 전적으로 틀라토아니에게 있었다. 그런데 말린체는 테노치티틀란으로 이어지는 둑길에서서 코르테스 일행을 보러 온 수많은 사람들 앞에서 틀라토아니(tlatoani),[11] 목테수마에게 직접 말했다. 말린체의 이러한 행동은 아스텍 사회의 여성에게는 용납되지 않는 태도였다. 이처럼 말린체가 과감하게 행동할 수 있었던 이유는 무엇일까? 말린체는 원주민으로 행동한 것이 아니라 스페인인의 대변인으로 행동했던 것이다.

말린체는 어떤 이유에서건 자신을 인정해준 스페인인과 그 문명을 위해 아주 적극적으로 활동했다. 말린체는 코르테스를 비롯한 스페인인을 위해서 말해야 할 때가 오면 어김없이 그렇게 했다. 틀락스칼라인들이 정복의 역사를 천에 기록해놓은 그림인 리엔소 데 틀락스칼라(Lienzo de Tlaxcala)에 보면, 말린체가 방패를 들고 싸우는 모습이 나온다(Lanyon, 1999: 130). 말린체는 종종 스페인인과 아스텍 원주민의 전투에 직접 참여하기도 했다. 목테수마를 만난 자리에서도 코르테스를 대신해서 목테수마에게 우상을 버리고 십자가를 세우라고 말했다. 어떤 경우에는 테노치티틀란에 있는 한 궁전 지붕에 올라가서 아스텍 제국의 귀족과 전사에게 스페인인들이 먹을 음식과 물을 가져오라고 소리쳤다. 말린체는 생존을 위해서 그렇게 했다.

말린체가 죽기 전 마지막 3년 동안은 공식적인 활동이 별로 없었다.

---

11) 나우아족의 언어로 '말하는 사람'이라는 뜻으로 최고의 통치자를 의미한다.

〈그림 3-2〉 방패를 든 말린체

자료: Lienzo de Tlaxcala(1550).

말린체의 가치가 떨어진 것이다. 1521년 무더운 여름날 테노치티틀란이 함락되고 코르테스가 아스텍 제국의 유일한 통치자가 되면서 말린체는 점점 무대에서 사라지기 시작했다. 그리고 그다음 해 말린체는 코르테스의 아들을 낳았다. 그 이름은 마르틴(Martín)이었다.[12] 말린체가 코르테스의 아이를 낳고 나서 둘의 관계는 더욱 소원해졌다. 1524년 코르테스는 말린체를 온두라스 정복전쟁에 통역사로 보냈다. 게다가 코르테스는 말린체에게 엔코미엔다를 물려주면서 부하인 후안 데 하라미요(Juan de Jaramillo)와 결혼하게 했다. 그 원정에서 돌아와서 말린체는 하라미요의 딸, 마리아(María)를 낳았다.

코르테스가 왜 이렇게 했는지에 대해서는 정확히 알 수 없다. 아마도

---

12) 마르틴은 코르테스가 인정한 아들이다. 마르틴은 6살 때 아버지를 따라 스페인으로 건너가 그곳에서 산티아고의 기사가 되었다. 결국 마르틴은 그라나다 전쟁에서 무어족과 싸우다가 생을 마감했다(Somonte, 1971: 169).

코르테스에게 말린체는 통역사로서의 가치 외에 별다른 의미가 없었던 모양이다. 코르테스는 정복이라는 자신의 목적을 이루기 위해서 언어적 재능이 뛰어난 원주민 여성 말린체를 이용했다. 그래서 말린체를 정부로 두며 한동안 자기 옆에 있게 했다. 코르테스가 말린체를 사랑하고 자신의 부인으로 인정했다면 자기의 부하와 결혼하게 하지 않았을 것이다. 정복이 어느 정도 마무리되고 정착되면서 말린체의 비중도 작

〈그림 3-3〉 코르테스와 말린체

자료: 오로스코의 그림.

아졌다. 말린체는 더 이상 코르테스에게 필요한 존재가 아니었다.

말린체는 죽기 전에 친척에게 자신이 살아온 삶에 만족한다고 고백했다. 기독교도가 되고 코르테스의 아들을 낳고 하라미요의 정식 부인이 된 것이 행운이라고 말이다. 설사 그 고백이 자신을 위로하기 위한 자구책에서 나온 말이라 하더라도, 귀족 집안의 딸로 태어났지만 어린 시절 어머니에게 버림받고 노예로 팔려가 힘겹게 살았던 말린체에게 정복자들과 일했던 경험은 새 삶을 사는 것과 다름없었을 것이다. 더구나 유럽인들은 그 의도야 어찌 되었든 간에 말린체의 재능을 인정해주고 그 능력을 발휘하게까지 해주지 않았는가.

말린체는 코르테스에게 '겁탈당한 여인'이 아니었다. 힘을 가진 자는 코르테스가 분명했고 두 사람의 관계가 동등한 것은 아니었지만, 말린체는 기꺼이 코르테스의 통역사 역할을 했고 정부가 되었다. 말린체를

'겁탈당한 여인'으로 보는 시각은 말린체를 성적(sexual) 대상으로 보고, 말린체를 도덕적으로 심판한다. 역사적인 기록 어디에도 말린체가 성적으로 문란했음을 보여주는 증거가 없음에도 불구하고, 말린체가 성적으로 아주 방종해서 백인 남성에게 겁탈당했으며, 어머니로서도 정숙하지 못했다는 식의 낙인을 찍고 있다. 따라서 말린체에게 씌워진 잘못된 굴레를 벗겨내고 '코르테스의 통역사'라는 지위를 온당하게 부여해야 한다.

4. '최초의 메스티소'의 어머니

그렇다면 말린체가 행운으로 생각했던 마르틴의 출산은 말린체가 생각한 대로 행운이었을까? 말린체는 코르테스의 아들을 낳음으로써 실제로 그렇든 아니든 '최초의 메스티소'의 어머니가 되었다. 그리고 이는 말린체에게 '겁탈당한 여인'이라는 부정적인 이미지와 '건국의 어머니'라는 긍정적인 이미지를 동시에 가져다주었다. 하지만 부정적인 이미지가 더 크게 작용했다.

'최초의 메스티소'의 어머니 말린체의 이미지는 자연히 메스티소의 이미지에도 영향을 미쳤다. 정복 이후 줄곧 부정적인 이미지가 메스티소의 이미지를 지배했다. 이러한 이미지에 따르면, 메스티소는 백인 남성의 강제적인 성폭력 앞에 굴복하여 '겁탈당한' 원주민 여성의 자식들이며, 더 나아가 유럽 세계에 침탈당하고 유럽인들의 지배를 받아온 사람들을 의미했다(김윤경, 2004: 143).

그러나 멕시코 혁명 이후 메스티소의 이미지는 급격하게 긍정적으로 바뀌었다. 혁명 정부는 메스티소를 통합된 국가의 전형적인 국민상으로 제시하면서 새로운 혁명 체제의 이데올로기적 상징으로 부각시켰다. 당시 교육부 장관을 지낸 호세 바스콘셀로스(José Vasconcelos)가 메스티소를 미래 국민 문화의 담지자이며 '우주적 인종'이라고 추켜세웠던 것도 이러한 맥락에서였다. 혁명 정부의 지도자들은 "원주민의 육체"와 "백인의 지성"이 생물학적으로 결합하여 원주민의 적자생존의 힘과 백인의 적절한 진보 성향이 조화를 이룬 것이 메스티소라고 극찬하기도 했다.

그러나 말린체는 '최초의 메스티소'의 어머니가 아니었다. 말린체가 코르테스의 아이를 낳아서 메스티소의 어머니가 된 것만은 사실이다. 하지만 최초의 메스티소는 코르테스보다 먼저 유카탄 반도에 도착한 곤살로 게레로(Gonzalo Guerrero)가 그곳 마야 원주민 여성과 결혼하여 낳은 자식들이었다. 이들은 역사에서 잊혀져오다가 1970년대 후반에 이르러서야 알려지기 시작했다.[13] 따라서 백인 남성과 원주민 여성의 최초 커플은 곤살로 게레로와 마야 원주민 여성이다.

곤살로 게레로는 유카탄 반도에 온 스페인인 정복자였다. 하지만 배가 난파당하는 바람에 게레로는 마야 원주민들의 포로로 붙잡혔다. 나중에 코르테스가 이 사실을 알고 게레로를 구해주려고 했으나 게레로는 스페인으로 돌아가기를 거부했다. 게레로는 그곳에서 마야 원주민 여성과 결혼하여 자식을 낳고 계속 거기에서 살았다. 게레로의 의지는 확고했다. 게레로는 자식들을 무척 사랑하며 자신이 처한 사회적 상황을 즐기고 있으며 그것을 포기할 수 없다고 말했다. 곤살로는 원주민처럼 문신한 자신의 모습과 자신의 메스티소 자식들을 스페인인들에게 보여주면서 얼마나 사랑스러운지 모르겠다고 말했다(Cypess, 2005: 21).

사실 이 아이들이 멕시코의 최초 메스티소였을 가능성이 높다. 왜냐하

---

13) 대표적인 연구로는 Aguirre Rosas(1975), Aguirre(1986) 등이 있다.

면 게레로가 코르테스보다 앞선 시기에 유카탄 반도에 도착했기 때문이다. 하지만 지금까지 코르테스와 말린체 사이에서 태어난 마르틴이 최초의 메스티소라고 알려져 있다. 그러면 왜 마르틴을 '최초의 메스티소'로 보고 말린체를 '최초의 메스티소'의 어머니라고 하는 것일까? 코르테스와 말린체보다 시기적으로 앞선 커플이 있음에도 불구하고, 코르테스와 말린체를 멕시코 최초의 커플로, 마르틴을 최초의 메스티소로 선정한 데는 이데올로기가 작용한 것으로 보인다.

우선 코르테스를 보면, 코르테스는 아메리카 정복의 대표적인 인물이다. 게다가 코르테스가 처음으로 아들로 인정한 마르틴은 아버지를 따라 스페인으로 가서 기사 작위를 받았다. 더욱이 마르틴은 무어인들과 싸우다가 장렬하게 전사하지 않았던가? 따라서 코르테스는 메스티소의 형성에서 유럽적인 것을 상징하는 인물이었으며, 마르틴은 유럽적인 것이 지배적인 메스티소임을 보여주기에 적당한 인물이었다.

말린체는 어떠한가? 우선, 말린체는 유럽인이 아메리카를 정복하는 데 중요한 역할을 한 원주민 여성이다. 그 역할을 어떻게 평가하느냐, 와는 별개로 말린체의 통역과 정보 제공이 없었다면 코르테스가 아스텍 제국을 정복하는 데 난관이 더 많았을 것이고 시간도 훨씬 더 걸렸을 것이다. 둘째, 말린체는 유럽인 정복자에게 바쳐진 원주민 여성 노예였다. 정복자와 노예라는 동등할 수 없는 신분에서 코르테스와 말린체의 관계가 시작된 것이다. 코르테스와 관계를 맺었던 원주민 여성은 말린체만이 아니었다. 코르테스는 목테수마의 세 딸과도 관계를 갖고 그중 한 명에게서는 딸까지 두었다.[14] 그리고 또 다른 두 명의 원주민 여성과

---

14) 목테수마는 코르테스에게 자신의 딸과 정략결혼 해줄 것을 제안했다. 그러나 코르테스는 스페인에 두고 온 부인과 정식결혼을 한 상태로 결혼은 하지 못한다

도 관계를 맺어 두 딸을 더 낳았다. 그런데도 말린체가 '최초의 메스티소'의 어머니로 주목받는 것은 원주민이면서 노예라는 신분 때문이다. 일반적으로 메스티소를 형성하고 있는 요소에서 유럽적인 것은 우월해서 지향해야 하는 것으로, 원주민적인 것은 열등해서 극복해야 하는 것으로 여겨진다. 따라서 원주민 노예 말린체는 메스티소의 열등한 원주민 피를 상징하는 데 아주 적합한 인물인 것이다. 마지막으로 말린체는 생존을 위해서이긴 했지만 유럽적인 것을 거부하지 않고 그것을 적극적으로 수용하려 했던 인물이다. 무엇보다도 말린체는 아메리카에서 세례를 받은 최초의 여성들 중 한 명이다. 말린체는 코르테스를 만난 다음 날 다른 원주민 여성 노예와 함께 세례를 받았다. 말린체는 신부를 신기한 눈으로 바라보며 세례를 기꺼운 마음으로 받고 기독교도가 된 것을 행운이라고 생각했다. 말린체는 스페인어도 익혀서 스페인어를 할 줄 아는 최초의 멕시코 여성이었다(Figueroa Torres, 1975: 75).

독립 후 국민국가를 형성하는 과정에서 주도적인 역할을 했던 크리오요들은 여전히 원주민을 '열등한 타자'로 생각했으며, '우월한 백인'이 중심이 되는 국민적 정체성을 형성하려고 했다. 백인과 원주민의 혼혈인 메스티소의 중요성을 인정한다 하더라도 거기에서 중요한 것은 백인이고 백인의 우월함이었다. 그러므로 다른 어떤 경우보다도 백인 대장 코르테스와 원주민 노예 말린체의 관계가 상징적인 커플로 선정되기에 아주 적합했다. 둘의 관계는 원주민 여성을 유럽 백인 남성이 지배하는 것을 의미했으며, 문화적으로도 유럽 문화가 아메리카 원주민의 문화보다 우월하다는 것을 의미했다. 그러기에 백인 코르테스와 원주민 말린체 사이에서 태어난 마르틴이 '최초의 메스티소'를 상징하게 되었던 것이다.

고 하고 결국 세 딸을 정부로 받아들였다.

반면, 게레로와 마야 원주민 여성의 관계는 그렇지 않았다. 게레로는 아메리카 원주민의 생활방식을 더 좋아해서 스페인으로 돌아가는 것도 거부했다. 원주민 문화를 즐기고 거기에 완전히 동화되기를 주저하지 않았다. 그리고 게레로는 마야 원주민 여성과 그 사이에서 낳은 자식들에게도 남다른 애정을 가지고 있었다. 이러한 게레로의 성향은 아메리카 원주민과 문화를 열등하게 생각하고 유럽 문화가 그것을 지배하는 것이 당연하다고 생각하는 당시 스페인인들의 생각과 반대되는 것이었다. 다시 말해, 유럽적인 것을 중심으로 메스티소적 정체성을 형성하려고 했던 지배 계급의 의도에 맞지 않았던 것이다.

5. 맺음말

말린체는 온두라스 정복전쟁에서 돌아온 후 1527년 혹은 1528년 초에 천연두에 걸려 사망했다. 1519년 에타바스코 해안에서 정복자 코르테스를 만난 지 10년도 채 안 돼 말린체는 20대 꽃다운 나이에 짧은 생을 마감했다.

말린체가 죽자 남편인 하라미요는 얼마 후 바로 재혼하고 나중에 재산을 말린체와의 사이에 낳은 딸 마리아에게 주지 않고 새 부인에게 주었다. 코르테스도 카를 5세에게 보낸 편지에서 말린체를 단지 '원주민 소녀'라고만 표현하면서 두 번 언급했을 뿐이다. 이는 말린체가 코르테스의 아들을 낳고 하라미요의 정식 부인이 된 것에 기뻐하고 행복해했던 것과는 아주 대조적이다. 이처럼 유럽인 정복자들에게 말린체는 아무리 아름답고 재능 있고 충성스러워도 정복자들이 열심히 찾았던 금붙이만큼의 가치도 없었던 것이다. 자신의 목적을 위해서는 수단과 방법을 가리지 않았던 정복자들에게 말린체는 정복에 필요한 수단일 뿐이었다.

하지만 말린체는 달랐다. 정복자들은 필요에 의해 말린체를 이용한 것이었지만, 평생 노예로 살아가야 했던 말린체에게 정복자들은 자신의 능력을 발휘하여 자신의 운명을 스스로 개척해나갈 수 있는 기회를 제공해준 사람이었다. 말린체는 자신에게 주어진 기회를 놓치지 않았다. 말린체는 새로운 유럽 문화를 적극적으로 수용하면서 자신도 그 문화에 동화되려고 했다.

코르테스에게 단지 말을 통역해주는 데 그치지 않고, 원주민 사회에 관한 정보뿐만 아니라 촐룰라 음모처럼 코르테스가 테노치티틀란 정복에 결정적으로 중요한 정보까지 제공한 것을 보면, 말린체가 유럽인에게 걸었던 기대를 짐작해볼 수 있다. 말린체는 코르테스의 노예이자 통역사로서 어쩔 수 없이 정복 과정에 참여했던 것이 아니다.

그렇다고 말린체를 '배신자'라고 비난할 수 있는가? 아니면 반대로 메스티소 나라를 세우는 데 중요한 역할을 한 '건국의 어머니'라고 추켜세워야 하는가? 말린체는 어린 시절 어머니로부터 버림받은, 마야 원주민 사회의 노예였다. 그러한 말린체에게 정복자들은 희망이었을 것이다. 생존을 위해 무엇을 두려워했겠는가? 더구나 당시 말린체에게는 다른 원주민과 마찬가지로 '원주민'이라는 정체성도 아스텍 제국의 신민이라는 의식도 없었다. 말린체 앞에는 단지 한 원주민 여성으로서 자신의 운명을 자력만으로는 바꾸기 힘든 상황이 놓여 있었을 뿐이다. 그런 만큼 말린체는 자신에게 주어진 기회를 적극적으로 활용하려고 했다.

여기서 한 가지 지적해야 할 것은 이러한 말린체의 운명이 말린체 한 개인에게만 한정된 일이 아니었다는 점이다. 유럽 제국주의 세력에 이용당하고 그로 인해 동족에게 경멸당했던 말린체의 운명은 많은 식민지 여성의 운명이기도 했다. 말린체를 비롯한 식민지 여성들은 이 슬픈 운명에 굴하지 않고 자신에게 주어진 기회를 적극 활용하여 운명을 개척해나가려고 했다. 이제 말린체에게서 신화를 벗겨내고 슬픈 한 시대를 치열하게 살다간 한 원주민 여성에 관한 이야기를 해야 하는 이유가 바로 여기에 있다. 신화적 존재로서의 말린체가 아니라 역사적 인물로서 말린체를 복원해야 한다.

참고문헌

김윤경. 2004. 「멕시코의 '혁명적인 디헤니스모'의 성격」. 서울대학교 서양사학과
   박사학위논문.
코르테스, 에르난. 2009. 『코르테스의 멕시코 제국 정복기 1』. 앙헬 고메스 엮음.
   김원중 옮김. 나남.

Aguirre, Eugenio. 1986. *Gonzálo Guerrero*. Mexico: UNAM.
Aguirre Rosas, Mario. 1975. *Gonzálo de Guerrero, Padre del Mestizaje Ibero-americano*. Mexico: Editorial Jus.
Bray, Warwick. 1968. *Every Life of The Aztecs*. New York: Dorset Pr.
Cypess, Sandra Messinger. 2005. "'other' Malinche and Allegories of Gender, Ethnicity and National Identity in Mexico." in Rolando Romero and Amanda Nolacea Harris(eds.). *Feminism, Nation and Myth: La Malinche*. Houston: Arte Público.
Carrasco, Davíd and Scott Sessions. 1998. *Daily Life of The Aztecs: People of The Sun and Earth*. Westport: Greenwood Pr.
Díaz del Castillo, Bernal. 1944(1960). *Historia Verdadera de la Conquista de La Nueva España*. México: Editorial Porrua, S. A.
Durán, Diego. 1984. *Historia de las Indías de Nueva España e Islas de la Tierra Firme*. México: Editorial Porrúa, segunda edición.
Esquivel, Laura. 2006. *Malinche*. New York: ATRIA Books.
Figueroa Torres, Jesús. 1975. *Doña Marina: Una India Exemplar. Qunice Cuadros Históricos que son un homenaje a la mujer mexicana*. México: B. Costa Amic.
Fuentes, Patricia de(ed.). 1963. *The Conquistadors: First-Person Accounts of the Conquest of Mexico*. New York: Orion Pr.
Glantz, Margo(Coord.). 2001. *La Malinche, sus padres y sus hijos*. México: Taurus.
Henderson, James D. and Linda Roddy Henderson. 1978. *Ten Notable Women*

of Latin America. Chicago: Nelson-Hall.

Karttunen, Frances. 1997. "Ethinking Malinche." en Susan Shcroeder, Stephanie Wood, and Robert Haskett(eds.). *Indian Women of Early Mexico*. Norman and London: Univ. of Oklahoma Pr.

Lanyon, Anna. 1999. *Malinche's Conquest*. Australia: Allen & Unwin.

León Portillla, Miguel(ed.). 1962. *The Broken Spears: The Aztec Account of the Conquest of Mexico*. translated by Lysander Kemp. Boston: Beacon Press.

Lockart, James(ed.). 1993. *We People Here: Nahuatl Accounts of the Conquest of Mexico*. Berkeley: Univ. of California.

Orozco y Berra, Manuel. 1880. *Historia Antigua de la conquista de México IV*. México: Tipografía de Gonzalo A. Esteva.

Pagden, Anthony(ed.). 1986. *Hernán Cortés: Letters from Mexico*. translated by Anthony Pagden. New Haven: Yale Univ. Pr.

Paz, Octavio. 1961. *The Labyrinth of Solicitude: Life and Thought in Mexico*. translated by Lysander Kemp. New York: Grove Pr.

Sahagún, Bernardino de. 1999. *Historia General de las cosas de la Nueva España*. México: Editorial Porrúa, décima edición.

Schwartz, Stuart B(ed.). 2000. *Victors and Vanquished: Spanish and Nahua Views of the Conquest of Mexico*. Boston: Bedford/ST. Martin's.

Somonte, Mariano G. 1971. *Doña Marina, "a Malinche"*. México: Taurus.

제4장

식민체제와 안데스의 원주민 지배층*

잉카 군주의 외교 게임과 반식민주의 담론

우석균 서울대학교 라틴아메리카연구소 HK교수

1. 머리말

라틴아메리카 식민 시대 연구의 딜레마는 오늘날 전해지는 대다수 텍스트가 승자의 기록이라는 점이다. 이에 따라 기존 텍스트를 비판적으로 검토하고, 승자의 시각으로 점철되지 않은 텍스트들을 찾아야 한다는 주장이 20세기 중반부터 대두되었다. 패자의 시각 연구는 이런 노력의 일환이다. '패자의 시각(visión de los vencidos)'이라는 용어를 처음 사용한 이는 미겔 레온-포르티야로 1959년 발간된 『패자의 시각: 정복에 대한 원주민들의 보고서』라는 책을 통해서였다. 레온-포르티야는 에르난 코르테스(Hernán Cortés)를 필두로 멕시코 정복에 관해 기록을 남긴 사람들이 원주민들을 야만인, 식인종, 남색자로 규정함으로써 정복을 합리화시

---

* 이 글은 ≪스페인어문학≫ 63호(2012)에 발표된 필자의 기존 논문을 총서의 취지에 맞게 수정·보완한 것이다.

키고 있을 뿐만 아니라, 그들의 기록이 후대에 지속적으로 인용, 언급되면서 원주민에 대한 왜곡된 시각을 재생산하고 있다고 비판했다 (León-Portilla, 1992: IX~XI). 특히 나우아나 마야의 예에서 알 수 있듯이 메소아메리카 원주민들이 전통적으로 역사를 기록하는 일에 비상한 관심을 보였을 뿐만 아니라 실제로 정복에 대한 많은 기록을 남겼는데도 불구하고(León-Portilla, 1992: VII~XIII), 이들의 기록에 대한 심도 깊은 검토가 결여되어왔다는 점을 지적했다. 이러한 인식하에 레온-포르티야는 그의 저서에서 정복과 정복자에 대한 메소아메리카 원주민들의 기록을 발췌, 소개했다. 레온-포르티야 이래 패자의 관점에서 역사를 다시 기술하려는 시도는 라틴아메리카 원주민 연구의 주요 동향 중 하나였다.

안데스에 대한 최초의 패자의 시각 연구는 1970년 옥스퍼드 대학 인류학 연구소에 제출된 후안 M. 오시오(Juan M. Ossio)의 박사학위 논문「와만 포마 데 아얄라의 역사 사상(The Idea of History in Guaman Poma de Ayala)」을 꼽는다. 오시오는 패자의 관점에서 안데스 문제를 연구한 여러 학자들의 글과 패자의 시각이 담긴 원주민 신화 및 민담을 묶어서『안데스의 메시아적 이데올로기』를 1973년 편찬한다. 이 책에서 오시오는 페루에서 이미 19세기 말부터 잉카에 대한 역사서술이 잘못되었다는 문제 제기가 계속 있었음에도 불구하고 오류가 수정되지 않았다고 말한다. 기존 역사서술에는 원주민의 시각이 결여되어 있다는 것이 오시오의 진단이었다(Ossio, 1973: 155). 패자의 시각에 입각한 안데스 연구에서 오시오와 더불어 선구자로 꼽히는 나탕 바흐텔(Nathan Wachtel)도 비슷한 시기인 1971년에『패자들: 스페인 정복에 직면한 페루 인디오들(1530~1570)』을 저술했다.

국내에서 패자의 시각 연구는 안데스와 관련해서 필자의「안데스 유토피아: 잉카 메시아를 기다리며」(2000)와「안데스 유토피아」(2005)가 있고,

강성식의 「잉카리 신화, 안데스의 염원」(2008)과 「안데스 구전에 담긴 '정복'과 식민통치」(2011)가 있다. 또 메소아메리카와 관련해서는 이종수의 「멕시코 정복에 대한 원주민들의 보고서: 자료 출처와 현재 연구에 대한 재평가」(2003)가 있다. 그러나 이는 패자의 시각 연구의 극히 일부분을 소개한 것일 뿐이다. 사실 국내에서는 식민 시대 연구 자체가 별로 이루어지지 않다 보니, 잉카 군주 티투 쿠시 유팡키의 『스페인인은 어떻게 페루에 들어왔는가』 같은 특이한 텍스트의 존재조차 알려지지 않았다. 아메리카를 통틀어 원주민 군주가 남긴 유일한 텍스트이고, 16세기 초반까지 안데스에서 원주민이 남긴 단 세 개의 텍스트 중 하나라는 점에서 실로 귀중한 자료인데도 말이다. 더구나 이 텍스트는 1570년에 기록된 것으로 다른 원주민 텍스트인 후안 데 산타 크루스 파차쿠티 얌키 살카마이와(Juan de Santa Cruz Pachacuti Yamqui Salcamayhua)의 『페루 왕국의 고대에 대한 보고서(Relación de antigüedades deste reyno del Piru)』 (1613)[1]와 펠리페 와만 포마 데 아얄라(Felipe Guamán Poma de Ayala)의 『새로운 연대기와 선정』(1615/1616)보다 40년 이상 앞선 최초의 원주민 텍스트이다.

　　그러나 『스페인인은 어떻게 페루에 들어왔는가』의 가장 중요한 점은 이런 텍스트들이 지닌 반식민주의적 담론을 선취하고 있다는 점이다. 이 글에서는 티투 쿠시 유팡키와 텍스트의 역사를 살펴보고, 『스페인인은 어떻게 페루에 들어왔는가』의 집필 목적과 의미를 추적하고자 한다.

---

1) 이 텍스트는 1630년 전후에 쓴 것이라는 설도 있다.

2. 잉카의 저항과 티투 쿠시 유팡키

『스페인인은 어떻게 페루에 들어왔는가』가 다루는 시기는 스페인인들의 침입에서 1560년대이다. 1532년 11월 16일 카하마르카에서 프란시스코 피사로가 아타왈파를 생포한 일은[2] 페루 역사에서 너무도 중요한 사건이다. 이 사건 이전과 이후 페루라고 불리는 땅, 그리고 이 땅의 원래 주인들의 운명이 완전히 뒤바뀌었기 때문이다. 그래서 이 사건은 수많은 식민 시대 연대기, 구전문학, 각종 역사서, 심지어 페루 초등학교 교과서에 빈번하게 언급되었다.[3] 이런 집중조명은 일찌감치 착시 현상을 불러일으켰다. 그래서 페루의 공식 역사에서는 아타왈파를 생포한 그 순간 스페인 정복자들이 페루를 비롯한 전 안데스를 장악한 듯한 서술로 일관한다(Julien, 2006: viii). 그러나 만일 그렇게 손쉬운 일이었다면 1533년 7월 26일 아타왈파를 처형한 직후 8월 초에 바로 아타왈파와 형제간인 투팍 왈파를, 그가 10월에 병사하자 역시 아타왈파와 형제지간인 망코 잉카를 12월에 연달아 꼭두각시 군주로 즉위시켜 잉카 군주의 권위를 이용하는 조심스러운 통치 전략을 스페인인들이 세웠을 리가 없다. 실제로 아타왈파의 죽음 후에도 잉카인들의 조직적인 저항이 있었고 그 중심에는 티투 쿠시 유팡키의 부왕(父王)인 망코 잉카가 있었다.

키토를 근거지로 하던 아타왈파군이 와스카르를 생포하고 잉카 수도 쿠스코를 공격해 쿠스코의 왕족들을 학살했을 때, 망코 잉카는 가까스로 목숨을 건졌다. 그는 처음에는 정복자들을 해방자로 생각하여 아타왈파

---

2) 잉카 정복 과정에서 일어난 수많은 사건들 중에는 연대가 불분명한 경우도 많다. 이 글에서는 페루 정복에 대한 권위 있는 저서인 존 헤밍의 『잉카 정복』의 연표를 (Hemming, 2004: 609~614) 주로 따랐음을 밝혀둔다.

3) 이에 대해서는 Reyna(2010)를 참조.

사망 후 스페인인들을 공격한 아타왈파군 격퇴에 협력했다. 그러나 그후 정복자들의 학대와 무리한 요구에 시달리고, 그들의 영구지배 야욕을 간파한 후 쿠스코 탈출을 시도한다. 1535년 10월에서 11월 사이의 1차 탈출 시도는 실패하지만, 이듬해 4월 18일 마침내 쿠스코를 빠져나온다. 망코 잉카가 꼭두각시 군주로 있던 시절 이미 여러 곳에서 잉카인들의 자발적인 저항이 시작되었고, 탈출한 그가 쿠스코 탈환을 명하자 1536년 5월 6일부터 그달 말까지 잉카의 대군이 쿠스코를 포위, 공격했다. 이때 잉카의 병력 규모는 존 헤밍에 따르면 줄잡아 10만에서 20만 명 (Hemming, 2004: 224), 티투 쿠시 유팡키에 따르면 40만 명(Yupanqui, 2006: 96)에 달했다고 한다. 그러나 이 작전이 실패하자, 망코 잉카는 안전을 위해 오얀타이탐보(Ollantaytambo), 비트코스(Vitcos), 빌카밤바(Vilcabamba)로 쿠스코에서 점점 더 멀리 근거지를 옮기며 저항을 계속하다가 1544년 중반 비트코스에서 암살당한다. 암살자들은 망코 잉카가 보호하던 알마그로(Diego de Almagro)파 잔당이었다. 프란시스코 피사로와 동업자였던 알마그로는 논공행상과 전리품 분배에 불만을 품고 있던 중 1537년 4월 18일 쿠스코를 장악하지만 이듬해 4월 26일 결정적인 패배를 당하고 포로가 되어 동년 7월 8일 처형된다. 하지만 알마그로파 잔당들은 3년 뒤 1541년 7월 프란시스코 피사로를 암살했고, 그 일부가 도주하여 망코 잉카에게 몸을 의탁했다가 공을 세워 사면을 받고자 그를 암살한 것이다.

망코 잉카 사후에도 소위 빌카밤바 왕조는 1572년까지 유지된다. 공식 역사에 따르면 사이리-투팍(Sayri-Túpac), 티투 쿠시 유팡키, 투팍 아마루 (Túpac Amaru) 순으로 대통을 이어받았다. 세 사람 다 망코 잉카의 아들이다. 사이리-투팍은 스페인인들과의 협상에 응해 1557년 10월 7일 스스로 빌카밤바에서 나와, 이듬해 1월 5일 리마에서 당시 페루 부왕인 카녜테 후작(marqués de Cañete)을 만나고, 쿠스코 인근인 유카이(Yucay)에서 살다가 1560년 의문의 죽음을 맞는다. 그 후 빌카밤바에서 티투 쿠시 유팡키가 즉위하여 통치하다가 1571년 5월경 사망한다. 투팍 아마루가 즉시 대를 이었지만, 스페인의 대대적인 공격에 1572년 6월 24일 빌카밤바가 함락되면서 포로로 쿠스코로 이송되었다가, 동년 9월 24일 처형된다. 그러나 티투 쿠시 유팡키의 『스페인인은 어떻게 페루에 들어왔는가』는 전혀 다른 이야기를 하고 있다. 부왕이 임종 시에 자신을 후계자로 지목했으며(Yupanqui, 2006: 140), 사이리 투팍은 스페인이 협상안을 준수하는지 시험하기 위해 자신이 빌카밤바에서 내보낸 것이라고 말한다(Yupanqui, 2006: 146). 더 혼란스러운 일은 티투 쿠시 유팡키가 부왕 카녜테 후작에게 보낸 1559년 6월 20일 서한에서는 부왕이 왕위를 물려준 아들은 투팍 아마루이며, 사이리-투팍은 투팍 아마루가 장성할 때까지 섭정을 맡았을 뿐이라고 적고 있다는 점이다(Guillén Guillén, 1994: 134에서 재인용).

하지만 설사 티투 쿠시 유팡키가 군주가 아니었다 해도 당대 그가 중요한 역할을 하고 있었다는 점은 틀림없다. 스페인 측에서 볼 때 잉카 군주라고 믿었던 사이리-투팍을 빌카밤바에서 끌어냈다는 점은 커다란 성과이지만 그 이전과 그 이후에 본질적인 차이가 없었다는 점을 주목해야 한다. 빌카밤바는 여전히 스페인의 통치가 닿지 않는 지역, 여전히 잉카 저항의 구심점으로 남아 있었던 것이다. 더구나 사이리-투팍은 얼마 안 가 사망했고, 그것도 의문의 죽음이었기 때문에 스페인과 빌카밤바 왕조 사이에는 한편으로는 전운이 감돌게 되었고, 또 한편으로는 협상을 다시 할 필요가 생겼다. 이때 빌카밤바를 이끌던 이가 바로 티투 쿠시 유팡키였던 것이다.

3. 텍스트의 역사

『스페인인은 어떻게 페루에 들어왔는가』는 4부로 구성되어 있다. 1부에서 티투 쿠시 유팡키는 1564년에서 1569년 사이의 페루 지사(governador)인 로페 가르시아 데 카스트로(Lope García de Castro)에게 자신의 이야기를 펠리페 2세에게 잘 전해주고 협상을 맡아 달라는 당부의 말을 하고 있다. 가르시아 데 카스트로는 부왕(virrey) 공석 시기에 부임하여 페루의 최고위 인사였고, 펠리페 2세에게 빌카밤바 왕조와의 협상 권한도 부여받은 인물이었다. 2부와 3부는 각각 망코 잉카와 티투 쿠시 유팡키의 통치 시대에 대해 서술하고 있어서『스페인인은 어떻게 페루에 들어왔는가』의 핵심 부분이라고 할 수 있다. 4부는 가르시아 데 카스트로에게 부여한 위임장이다.

『스페인인은 어떻게 페루에 들어왔는가』는 티투 쿠시 유팡키가 친히 쓴 텍스트는 아니다. 그가 구술하고 메스티소 마르틴 판도(Martín Pando)가 기록한 것이다. 그러나 마르틴 판도는 단순한 서기가 아니다. 3부 말미에는 일종의 별첨 같은 것이 존재한다. 이 부분은 공증서류에 해당한다. 1부의 당부 부분을 요약하고 있으며, 이 텍스트가 완성되자 1570년 2월 6일 공증을 했다. 티투 쿠시 유팡키 자신, 아우구스투스 수도회 수사들인 마르코스 가르시아(Marcos García)와 디에고 오르티스(Diego Ortiz), 마르틴 판도가 서명을 했고, 티투 쿠시 유팡키 휘하의 장군 세 명도 증인으로 입회했다. 특기할 만한 일은 마르코스 가르시아 수사가 집필 과정에 참여했다는 내용이다. 그의 역할은 티투 쿠시 유팡키가 전하고자 하는 내용을 마르틴 판도에게 "가다듬어 말해주는 것(lo reelato y ordeno)"이었다(Yupanqui, 2006: 160). 이를테면 편집자 역할을 한 셈이다.

가르시아 데 카스트로는 1569년 11월 30일 프란시스코 데 톨레도

(Francisco de Toledo)가 부왕으로 부임한 후에도 몇 달 동안 페루에 남아 있었고, 『스페인인은 어떻게 페루에 들어왔는가』를 전달 받아 귀국 길에 가져간 것이 거의 확실하다. 스페인 엘 에스코리알 궁(El Escorial) 도서관에 소장된 사본에 가르시아 데 카스트로가 원본을 지니고 있었다는 기록이 남아 있다. 이 사본에는 텍스트 외에 세 쪽(folio)이 추가되어 있는데, 첫 쪽은 백지장이고, 두 번째 쪽에 "잉카 군주들의 역사. 잉카 돈 디에고 데 카스트로 티투 쿠시 유팡키가 학사 로페 가르시아 데 카스트로에게 한 당부임. 학사 카스트로 씨 소유의 원고로 되돌려주어야 함(Historia de los yngas. Es la instruccion que el Inga. D. Diego de Castro Titu Cussi Yupangui dio al licenciado Lope García de Castro. Es del señor licenciado Castro y ase de uoluer a su Señoria)"이라고 적혀 있다(Julien, 2006: xxviii). '디에고 데 카스트로'는 티투 쿠시 유팡키의 가톨릭 세례명이고, 가르시아 데 카스트로를 학사라고 부르는 것은 그가 법학 학사이기 때문이다. 마지막으로 추가된 세 번째 쪽에는 그다음 장을 보면 엘 에스코리알 궁 도서관이 로페 가르시아 데 카스트로에게 원본을 제공받은 것이 1574년이며, 필사본을 만든 후에 원본을 돌려주었다고 되어 있다(Julien, 2006: xxviii).

『스페인인은 어떻게 페루에 들어왔는가』는 1877년에야 마르코스 히메네스 데 라 에스파다(Marcos Jiménez de la Espada)에 의해 아주 일부분이 출간되었다. 그리고 1916년 오라시오 H. 우르테아가(Horacio H. Urteaga)가 『페루 정복 보고서와 잉카 망코 2세의 업적(Relación de la conquista del Perú y hechos del Inca Manco Ⅱ)』이라는 제목으로 전체를 최초로 책으로 출판했다(Bauer, 2005: 48~50). '보고서(relación)'라는 단어가 제목에 등장한 것은 티투 쿠시 유팡키가 1부에서 이 텍스트를 그렇게 불렀기 때문이다. 티투 쿠시 유팡키의 부친 망코 잉카를 망코 잉카 2세라고 칭한 이유는 잉카의 창건자 이름이 망코 잉카였다는 설도 있기 때문이다.4)

그리고 망코 잉카가 책 제목에서 부각된 것은 그의 시대를 다루는 2부가 가장 길기 때문이다. 그다음 출간은 무려 1973년에 이르러서였다. 프란시스코 카리요(Francisco Carrillo)가 편찬한 책으로 『페루 정복 보고서 (Relación de la conquista del Perú)』로 제목이 간결해졌다.

4. 『스페인인은 어떻게 페루에 들어왔는가』를 위한 변론

서문에서 언급한 것처럼 『스페인인은 어떻게 페루에 들어왔는가』는 잉카 군주가 남긴 유일한 텍스트, 나아가 아메리카 전체를 통틀어 군주가 남긴 유일한 텍스트, 안데스 원주민이 남긴 최초의 텍스트, 아직 식민통치의 사슬에 얽매이지 않은 독립된 공간에서 탄생한 유일한 텍스트이다. 그런데도 불구하고 1877년까지 망각의 늪에 빠져 있었으니 단단히 홀대를 받았음을 알 수 있다. 물론 와만 포마의 텍스트가 1908년에 발견될 때까지 누구도 그 존재를 몰랐다는 것을 감안하면, 또 스페인도 아닌 덴마크 코펜하겐 왕립도서관에서 발견되었다는 점을 감안하면 『스페인인은 어떻게 페루에 들어왔는가』는 최악의 홀대는 면했다고 할 수 있을지도 모른다. 하지만 와만 포마의 텍스트는 적어도 패자의 시각 연구의 필요성이 페루에서 제기되자, 이미 식민 시대부터 정전 중의 정전으로 꼽혀온 『잉카 왕실사』의 지위를 빼앗는 영광을 누렸다. 반면 『스페인인은 어떻게 페루에 들어왔는가』는 그 정도의 중요성을 인정받은 적이 없다. 물론 텍스트의 규모 면에서 『스페인인은 어떻게 페루에 들어왔는가』는 『잉카 왕실사』나 『새로운 연대기와 선정』에 한참 못 미친다. 전자

---

4) 잉카를 창건한 군주는 보통은 망코 카팍(Manco Cápac)이라는 이름으로 통용된다.

가 스페인인들이 침입한 때부터 1570년까지 40년가량의 역사를 다루는 반면, 『잉카 왕실사』와 『새로운 연대기와 선정』은 각각 잉카의 전체 역사와 안데스의 전체 역사를 다룬다. 또한 스페인의 르네상스 지식인 못지않은 잉카 가르실라소의 필력이나, 근 400컷에 달하는 삽화를 텍스트에 담은 와만 포마의 억척스러움은 티투 쿠시 유팡키의 텍스트에서는 분명 찾아보기 힘든 위대함이다. 하지만 티투 쿠시 유팡키의 『잉카 군주들의 역사』도 『잉카 왕실사』나 『새로운 연대기와 선정』에는 없는 미덕이 분명 있다. 잉카의 영광스러운 과거에 대한 향수로 역사 미화로 일관한 『잉카 왕실사』나 안데스 자치라는 대의를 위해서 역사를 '발명'하다 보니 보통 독자들에게는 사실성이 너무 떨어져 보이는 『새로운 연대기와 선정』에는 존재하지 않는 치열함이나 긴장감이 바로 그것이다. 이는 티투 쿠시 유팡키가 처한 현실의 산물이었다. 뒤에서 자세히 다루겠지만, 티투 쿠시 유팡키는 형성 중이던 식민질서에 맞서는 치열한 저항을 진두지휘해야 했고, 또 한편으로는 세(勢) 부족 때문에 새로운 질서와 벼랑 끝 협상을 시도해야 했다. 티투 쿠시 유팡키는 시대의 향방을 놓고 일전을 겨루던 당대의 주역이었던 것이다. 원주민도 아닌 메스티소 연대기 작가일 뿐이며, 모친이 잉카 공주라지만 새로 태동한 식민질서 속에서는 서자에 불과한 잉카 가르실라소와는 비길 바가 아니었다. 그나마 잉카 가르실라소는 적어도 젊은 시절에는 쿠스코, 즉 잉카의 옛 수도에서 한편으로는 신흥 스페인 지배층, 또 한편으로는 구(舊) 잉카 왕족과 더불어 살면서 시대의 흐름을 관전이라도 할 수 있었다. 그러나 와만 포마는 물론 산타 크루스 파차쿠티는 기껏해야 지방 엘리트였을 뿐이다. 잉카 가르실라소보다도 권력의 중심에서 훨씬 더 멀리 있었고, 식민질서의 향방에 개입할 수 있을 가능성은 거의 없다시피 했다. 결론적으로 『잉카 군주들의 역사』는 새로 태동하는 식민질서의 향방이 걸린 일련의 날카로운 대립과 숨 가쁜 교섭을 대단히 선명하게 느낄 수 있는 텍스트라는 점에서 결코 평가절하 할 수 없는 미덕을 지니고 있다.

그럼에도 티투 쿠시 유팡키와 그의 텍스트는 너무도 일찍, 그리고 너무도 오래 망각의 늪에 빠져버렸다. 와만 포마의 『새로운 연대기와 선정』은 빌카밤바 왕조 이야기를 하고 다른 세 군주를 언급하지만 티투 쿠시 유팡키의 이름은 언급하지 않았다. 『잉카 왕실사』는 아타왈파군이 와스카르를 패퇴시키고 쿠스코를 유린하는 사건까지 다루기 때문에 그렇다 치자. 하지만 『잉카 왕실사』의 제2부로 잉카 가르실라소 사후인 1617년 『페루 일반사』(Historia general del Perú)라는 제목으로 출판되었으며, 티투 쿠시 유팡키의 『스페인인은 어떻게 페루에 들어왔는가』가 다루는 시기와 비슷하게 스페인인들의 침입에서 빌카밤바 왕조의 멸망까지 다루는 책에서도 티투 쿠시 유팡키의 이름은 언급되지 않는다. 당대에 이미 티투 쿠시 유팡키는 철저히 '망각된 군주'였던 것이다. 아우구스투스 수도회의 업적을 예찬한 동 수도회 수사 안토니오 데 라 칼란차(Antonio de la Calancha)의 『성 아우구스투스 수도회의 페루 활동에서 도덕적인 연대기(Crónica moralizada del orden de San Agustín en el Perú con sucesos egemplares vistos en esta monarquia)』(1638)만이 티투 쿠시 유팡키를 자세히 언급하고, 이를 읽은 스페인 역사가 안드레스 곤살레스 데 바르시아 이 카르바이도 이 수니가(Andrés González de Barcía y Carballido y Zúñiga)가 1723년 잉카 가르실라소의 『잉카 왕실사』를 편찬하면서 티투 쿠시 유팡키에 대한 기록을 추가했을 뿐이다(Julien, 2006: xxv~xxvii).

티투 쿠시 유팡키와 『스페인인은 어떻게 페루에 들어왔는가』가 망각된 원인으로는 몇 가지 가설을 들 수 있다. 첫째, 본인이 직접 쓰지 않고 구술했다는 점에서 '안데스 최초의 원주민 기록'이라고 못 박기 애매한 점이 있다. 텍스트가 티투 쿠시 유팡키의 목소리를 그대로 전달하지 못하고, 사제나 서기의 개입에 의해 오염되었을 가능성이 있기 때문이다. 더구나 티투 쿠시 유팡키의 스페인어 능력이 의문시되기 때문에 더욱 그렇다. 티투 쿠시 유팡키는 7세 무렵인 1537년 스페인인들이 비트코스를 공격했을 때 포로가 되어 쿠스코에서 페드로 데 오냐테(Pedro de Oñate)의 보호하에 5년 정도 양육되었다. 그러나 바우어는 망코 잉카가 포로로 잡혀 있던 1540년대 전후하여 원주민이 스페인어를 정식으로 배운 예는 별로 없었다고 지적하면서, 티투 쿠시 유팡키가 스페인어를 제대로 배웠을 가능성을 낮게 본다(Bauer, 2005: 12~14). 설사 티투 쿠시 유팡키가 스페인어를 배웠다 해도 대략 12세 때 구출되어 그 후 계속 빌카밤바에 머문 그가 근 30년 뒤에 『스페인인은 어떻게 페루에 들어왔는가』를 구술했을 때까지 유창한 스페인어를 구사했으리라고 기대하기도 힘들다.

둘째, 『스페인인은 어떻게 페루에 들어왔는가』가 역사적 진실에 충실했다고 보기는 힘들다는 점을 들 수 있다. 티투 쿠시 유팡키는 2부 서두부터, 즉 본문 서두부터 와이나 카팍이 자신의 부왕 망코 잉카에게 쿠스코를 맡겼으며 아타왈파를 서자(bastardo)라고 부른다(Yupanqui, 2006: 8). 또한 스페인인들이 아타왈파를 생포한 후 심문에서 아타왈파가 왕이라고 자처하자 또 다른 왕인 망코 잉카에 대해서 물었다는 이야기도 한다(Yupanqui, 2006: 14, 16). 이는 와스카스로 아타왈파도 와이나 카팍의 적통이 아니라는 뜻으로 엄청난 역사왜곡이라고 할 수 있다. 그리고 스페인인들이 쿠스코에 올 수 있었던 것도 그들의 의지 덕분이 아니라 스페인인들을 안데스에서 일종의 조물주로 숭상되는 비라코차(viracocha)의 자손으로 오인한 망코 잉카가 그들을 초대한 덕분이고, 아타왈파가 스페인인들에게 준 금은도 망코 잉카의 선물이었다고 말한다(Yupanqui, 2006: 20, 22). 스페인인들에 대한 저항을 묘사할 때도 망코 잉카, 때로는 티투 쿠시 유팡키 자신을 불세출의 영웅처럼 그리기 일쑤이다. 가령, 잉카인들이 스페인을 섬멸한 오롱코이(Oroncoy) 전투에서 망코 잉카는 뛰어난 승마술과 창술을 바탕으로 부대 선두에 서서 대승을 이끈 영웅호걸로 묘사된다(Yupanqui, 2006: 124, 126). 또한 인간적인 면모도 지닌 영웅호걸로 그려져서, 부득이하게 오얀타이탐보에서 더 방어가 용이한 곳으로 근거지를 옮기면서 한 연설을 듣고 신하와 백성들이 감읍하는 장면도 있다(Yupanqui, 2006: 112, 114).

셋째, 티투 쿠시 유팡키의 과장과 왜곡에도 불구하고 『스페인인은 어떻게 페루에 들어왔는가』 속의 그의 모습은 잉카 저항의 주체가 아니라 식민화된 주체(sujeto colonializado)로 비쳐진다. 특히, 제1부 당부의 말에 이런 징후가 너무도 적나라하게 표출된다. 서두부터 펠리페 2세를 '폐하(magestad)'라고 칭하면서(Yupanqui, 2006: 2), 펠리페 2세와 자신의 관계가 군주 대 군주가 아니라 군주 대 신하의 관계임을 인정하고 있으며, 침입자들의 총수인 페루 지사에게 원만한 협상 타결을 애원하는 듯한 모습을 보이고 있다. 또한 티투 쿠시 유팡키는 이 텍스트의 작성을 결심하기 전인 1568년 8월 12일 이미 개종을 했다는 사실을 재천명하고, 개종 이후 백성들에게 가톨릭을 포교하려는 노력까지 기울였음을 밝히고 있다(Yupanqui, 2006: 156). 심지어 왕조나 백성의 운명은 아랑곳하지 않고 일신의 안위만을 생각한다는 의혹까지 살 만한 대목들이 있다. 가령, 티투 쿠시 유팡키는 사이리 투팍이 빌카밤바를 떠나 쿠스코에서 거주하게 된 일을 언급할 때, 카녜테 후작이 당시 스페인 국왕 카를로스 5세의 명을 받아 자신에게 준 언질을 환기시킨다. 개종을 하고 빌카밤바에서 나오면 잉카 군주의 품위를 유지하며 살아갈 수 있게 해주겠다는 내용이었다. 그래서 자신은 사이리-투팍을 시험 삼아 내보냈고, 사이리-투팍이 유카이(Yucay) 계곡5)의 레파르티미엔토(repartimiento)를 인정받아 살았다는 것이다(Yupanqui, 2006: 144, 146).

이런 가설들은 표면적으로는 그럴듯해 보이지만, 필자가 보기에는 그다지 설득력이 없다. 스페인어 구사 능력이 떨어졌으리라는 추측이나 직접 집필이 아니라 구술이라는 점은 분명『스페인인은 어떻게 페루에 들어왔는가』의 위상을 다소 떨어뜨리는 요인일 수는 있겠지만 결정적인 하자는 아니다. 고대 그리스의 수많은 텍스트들은 그리스어 원전은 소실되고 아랍어 번역을 통해 유럽에 전해졌다는 하자에도 불구하고 오늘날에도 고전의 대접을 받는다. 애초에 잉카 텍스트에만 엄격한 기준을 적용할 일이 아닌 것이다. 이런 문제에 대해 줄리엔(Catherine Julien)은 더 구체적인 반론을 제시한다(Julien, 2006: xvii~xxi). 먼저 스페인의 고위 인사들도 영을 내리고, 편지를 쓰고, 문서를 작성할 때 직접 쓰지 않고 구술한 예가 많다는 점을 지적한다. 그리고『스페인인은 어떻게 페루에 들어왔는가』는 티투 쿠시 유팡키가 상당히 세심하게 챙긴 문건임을 주장한다. 줄리엔은 그 증거로 우선『스페인인은 어떻게 페루에 들어왔는가』의 유명한 대목을 인용한다. 1부 앞부분에 나온 인간의 기억이 허약하고 나약해지기 때문에 기록에 의존할 수밖에 없다는 내용이다(Yupanqui, 2006: 4). 그리고 티투 쿠시 유팡키는『스페인인은 어떻게 페루에 들어왔는가』의 공증까지 신경을 썼다. 또한 줄리엔이 보기에『스페인인은 어떻게 페루에 들어왔는가』에 빈번하게 등장하는 연설(speech)이라는 형식은 르네상스 일부 텍스트의 대화 형식에서 유래했다기보다는 잉카 시대의 연설 형식에서 비롯된 것이다. 문자의 중요성에 대한 인식, 공증, 잉카 장르의 흔적 등에서 미루어 판단하건대『스페인인은 어떻게 페루에

---

5) 유카이 계곡에는 스페인의 침입 전에 잉카 왕실의 직영 농장이 있었기 때문에 잉카 군주의 대우를 받을 수 있느냐 없느냐의 상징적인 재산으로 여겨졌다.

들어왔는가』가 대단히 세심하게 신경 쓴 텍스트라는 것이 줄리엔의 주장이다.

두 번째 가설인 역사 날조 문제 역시 티투 쿠시 유팡키만 문제 삼을 일이 결코 아니다. 그렇다고 해서 티투 쿠시 유팡키가 역사서술의 객관성 부분에서 문제가 없었다는 것은 아니다. 애당초 잉카인들의 역사서술 방식 자체가 역사적 객관성과는 거리가 멀었다. 군주 중심의 서술이었기 때문이다. 새로운 군주에게 불리한 내용은 삭제되고 유리한 내용은 과장 되거나 첨가되는 일이 보통이었기 때문이다(Rostworowski de Diez Canseco, 1992: 13). 그러나 '객관적 역사서술'이라는 개념 자체가 존재하지 않던 시절이라는 점을 생각해볼 필요가 있다. 실제로 당대 스페인인들이 남긴 기록도 잉카인들의 서술 못지않게 문제가 많았다. 서문에서 언급한 승자 의 시각이 작동한 때문이지만, 『스페인인은 어떻게 페루에 들어왔는 가』가 집필된 무렵의 스페인인들의 기록은 특히 문제가 많았다. 페루 역사학자 라울 포라스 바레네체아(Raúl Porras Barrenechea)는 일찍이 이를 지적했다. 그는 1550년에서 1650년 사이, 즉 잉카 역사를 다룬 연대기들 이 많이 나온 시기에 잉카에 대해 쓴 이들을 '잉카 연대기 작가들(cronistas del Incario)'로 부르고, 이들을 톨레도 시대 이전 연대기 작가, 톨레도 시대의 연대기 작가, 톨레도 시대 이후의 연대기 작가로 나눈다. 그런데 톨레도 시대의 연대기 작가들은 대체로 잉카가 스페인인들이 페루에 오기 얼마 전에 탄생한 국가이고, 잉카 군주들이 피정복 부족들을 탄압했 으며, 잉카인들의 풍습이나 형벌이 야만적이었다고 기술했다(Porras Barrenechea, 1962: 19~20). 이는 프란시스코 데 톨레도의 대 잉카 정책과 일맥상통하는 것이었다. 그는 처음에는 본국의 훈령대로 빌카밤바 왕조 와 협상하는 듯했다. 그러나 빌카밤바 왕조의 존재가 페루 부왕령의 안정에 도움이 되지 않는다고 판단하면서 강경노선으로 선회했고, 다른 원주민 부족들을 대상으로 잉카의 도덕성에 관한 일종의 여론조사를 수행했다(Hemming, 2004: 497~498). 톨레도 시대의 연대기 작가들이 공통적으로 잉카 역사를 폄하한 것은 톨레도의 뜻을 알아서 헤아린 결과이거나, 혹은 미리 결론을 내리고 그 결론에 꿰어 맞춘 예의 여론조사 결과를 사실이라고 믿고 이를 자신의 글에 반영했기 때문이다.

세 번째 가설, 즉 티투 쿠시 유팡키가 식민화된 주체이기 때문에 『스페인인은 어떻게 페루에 들어왔는가』를 높이 평가하기 힘들다는 가설에 대해서도 생각해볼 점이 많다. 티투 쿠시 유팡키의 개종이나 대농장에 대한 집착이 오점으로 비치겠지만, 그렇게 따지자면 잉카 가르실라소나 와만 포마 역시 흠결이 없는 것은 아니다. 잉카 가르실라소는 『잉카 왕실사』에서 정복자 1세대와의 친분을 여러 차례 과시하고, 와만 포마는 가톨릭교회가 우상숭배 척결에 나섰을 때 통역으로 참여한 전력이 있다. 두 사람 모두 스페인인들에게 직접 저항한 적도 없을 뿐만 아니라, 사적인 이익에 민감하기까지 했다. 잉카 가르실라소가 스페인에 간 중요한 목적은 부친의 공을 인정받아 국가의 혜택을 받기 위함이었고, 와만 포마는 재산권 문제로 자주 소송을 벌인 이력이 있다. 그 누구도 식민질서에서 자유롭기 힘들었던 상황이었던 것이다.

필자의 반론이 『스페인인은 어떻게 페루에 들어왔는가』가 아주 중요한 가치가 있다는 결정적인 논거는 못 될 것이다. 하지만 티투 쿠시 유팡키와 『스페인인은 어떻게 페루에 들어왔는가』가 곧바로 망각에 빠진 근본적인 이유가 무엇인지 재고찰할 필요성에 대한 논거로는 충분할 것이다. 줄리엔은 기억의 정치가 티투 쿠시 유팡키에게 불리하게 돌아갔기 때문에 그가 망각된 군주가 되었다고 말한다(Julien, 2006: xxv). 그러면서 앞에서 언급한, 잉카 가르실라소와 와만 포마가 그의 이름조차 누락시켰다는 점 등을 거론한다. 그러나 필자가 보기에 티투 쿠시 유팡키에게 불리하게 작용했던 가장 결정적인 기억의 정치는 투팍 아마루의 처형이었다. 투팍 아마루의 존재가 식민통치에 장애가 된다고 확신한 톨레도 부왕은, 그가 쿠스코에 이송되자 요식적인 재판 절차만 밟고 투팍 아마루의 처형을 사흘 만인 1572년 9월 24일 집행했다. 이에 상당수 스페인들조차 처형의 당위성이나 절차의 부당함을 지적할 정도였고, 공개적으로 진행된 투팍 아마루의 처형이 그들의 뇌리에 깊이 각인되었다(Hemming, 2004: 535~545). 그리고 원주민들에게는 너무도 깊은 역사적인 트라우마로 남았다. 아타왈파의 생포와 죽음으로 시작된 정복전쟁이 원주민들의 완전한 패배로 끝났음을 말해주는 상징적 사건이었기 때문이다. 여기서 와만 포마의 『새로운 연대기와 선정』의 삽화들이 두 군주의 처형을 어떻게 묘사했는지를 주목할 필요가 있다. 두 군주 모두 참수형을 당한 것으로 묘사되어 있는데, 아타왈파의 경우는 오류이다. 그는 교살형(pena de muerte al garrote)을 당했기 때문이다. 이는 와만 포마가 아타왈파와 투팍 아마루의 죽음에 얽힌 역사적 사실을 혼동했기 때문인데, 문제는 동일한 혼동이 안데스의 수많은 기록, 식민 시대 신화, 민담에서도 되풀이된다는 점이다.6) 아타왈파의 죽음이 페루 역사의 트라우마인 것처럼 투팍 아마루의 죽음 역시 커다란 트라우마이기에 빚어진 동일시 현상이다. 카하마르카 회동의 역사적 중요성이 아타왈파를 생포한 그 순간 스페인 정복자들이 페루를 비롯한 전 안데스를 장악한 것으로 역사를 서술하는 착시 현상을 야기했다면, 아타왈파와 투팍 아마루의 죽음은 모두 한 시대의 끝을 알리는 상징적인 사건으로 합쳐지는 착시 현상을 불러일으킨 것이

---

6) 아타왈파와 투팍 아마루를 혼동하는 경향에 대해서는 두 사람의 처형을 묘사한 와만 포마 데 아얄라의 두 삽화(Guamán Poma de Ayala, 1980: 362, 418)와 우석균(2000: 106~107), 강성식(2008: 147)을 참조.

다. 티투 쿠시 유팡키도 『스페인인은 어떻게 페루에 들어왔는가』도 일거에 망각으로 빠뜨릴 만큼 강렬한 사건인 것이었다. 잉카 가르실라소도 와만 포마도 투팍 아마루만 기억한 것도 그 때문일 것이다.

5. 외교 게임과 반식민주의 담론

티투 쿠시 유팡키와 『스페인인은 어떻게 페루에 들어왔는가』가 폄하되어서는 안 되는 이유는 앞의 장에서 충분히 다루었다. 이 장에서는 티투 쿠시 유팡키와 그의 텍스트의 진가를 고찰해보고자 한다. 잉카 가르실라소의 『잉카 왕실사』는 식민 시대 쿠스코의 원주민 엘리트들을 열렬한 독자로 지니고 있었다. 1780년 식민체제를 뿌리째 뒤흔든 봉기를 일으킨 투팍 아마루 2세도 『잉카 왕실사』를 항상 가지고 다녔을 정도이다(Flores Galindo, 1994: 43). 잉카의 과거를 극도로 미화시켜 그 과거를 다시 복원하고픈 공동의 꿈을 꿀 수 있게 해준 덕분이다. 와만 포마의 『새로운 연대기와 선정』은 식민 시대 내내 망각된 텍스트여서 그런 영광을 누리지는 못했지만 엔코미엔다와 코레히미엔토(corregimiento) 제도의 문제점, 토지 문제, 가톨릭교회의 종교적 비관용 등 식민체제 전반에 걸쳐 신랄한 비판을 가함으로써(Adorno, 1989: 33~42) 가장 선명한 반식민주의 텍스트라는 가치를 지니고 있다. 비록 이 두 텍스트의 성취에 미치지 못할지 모르지만 『스페인인은 어떻게 페루에 들어왔는가』 역시 나름대로의 가치가 있다. 결론적으로 말하자면 식민체제에 대한 안데스 엘리트들의 논리적 반격의 기원이라는 점에서 의미가 있다. 가톨릭을 매개로한 티투 쿠시 유팡키의 대응논리는 잉카 가르실라소, 와만 포마, 산타 크루스 파차쿠티에게도 반복되고 있으니, 티투 쿠시 유팡키는 이를테면 반식민주의 담론을 창출한 셈이다.

　이를 이해하기 위해서는 우선 티투 쿠시 유팡키가 협상에 나선 배경을 알아야 한다. 1549년 당시 페루의 최고위 관료였던 가스카(Pedro de la Gasca)가 협상과 전쟁 중에서 택하라고 통고했을 때만 해도 빌카밤바는 협상에 응하지 않았다. 그러나 1555년의 카녜테 후작의 협상 제안에는 진지하게 응했고, 그 결과가 사이리-투팍의 쿠스코 행이었다. 빌카밤바가 저항이 아닌 다른 방식의 생존을 모색할 수밖에 없었음을 보여준 일이었다. 사실 잉카인들의 저항이 스페인인들에게 대단히 심각한 위협이 된 기간은 그리 길지 않았다. 망코 잉카가 1536년 5월 초 봉기하여 쿠스코 탈환 일보직전까지 가고, 이에 실패한 이후에도 약 3개월가량 쿠스코 인근을 장악하고 리마에서 쿠스코로 파견된 원군들을 여러 차례 격퇴하고, 8월에는 거꾸로 원정대를 파견해 리마를 노렸을 때까지는 정말로 심각한 위협이었다. 하지만 이 전투에서도 저항군이 패하면서 1536년에 벌써 전세가 역전되었다. 쿠스코에서 비교적 가까운 오얀타이탐보에서 스페인인들의 공격을 막아내고도 더 멀리 비트코스로, 또 빌카밤바로 근거지를 옮긴 것도 그 때문이다. 1537년에 망코 잉카는 다시 잉카 전역에 봉기를 촉구하며 중부 안데스, 코야수유 지방, 와누코와 그 인근 등에서 동시다발적으로 스페인인들에게 압박을 가할 계획을 착착 진행시켰다(Guillén Guillén, 1994: 112~118). 그러나 망코 잉카의 이 제2차 봉기 역시 1539년에는 결국 수포로 돌아가면서 대규모 봉기의 가능성은 사라졌다(Hemming, 2004: 300). 즉, 잉카 왕조의 영광을 재현하려는 꿈은 이미 1539년에 좌절된 셈이다. 그래도 망코 잉카는 일종의 게릴라 전술을 구사하면서 스페인인들에게 골칫거리가 되었지만(Guillén Guillén, 1994: 121~122), 그의 사망 후에는 그마저도 여의치 않았다. 빌카밤바가 처음에는 가스카의 제안을 거부했지만, 카녜테 후작의 제의를 받자 현실적인 선택을 할 수밖에 없었던 것이다. 그러나 협상 결과 빌카밤바를 떠난 사이리-투팍이 의문의 죽음이 회담을 교착상태에 빠뜨렸지만, 결국 협상이 재개되어 1565년 3월에서 5월 사이에 양측의 회담이 진행되었다. 그리고 이듬해 8월 24일 티투 쿠시 유팡키는 아콤밤바 협정(Capitulación de Acombamba)이라고 불리는 영구평화 협정에 서명했다.

아콤밤바 협정 결과 티투 쿠시 유팡키는 펠리페 2세의 신하가 되고, 가톨릭으로 개종하고, 빌카밤바에서 나오고, 스페인인 코레히도르(corregidor) 1인과 가톨릭 선교사들을 빌카밤바에 받아들이고, 그곳에 피신한 원주민, 흑인, 일부 스페인인을 인도하기로 했다. 대신 빌카밤바 영토를 계속 자신의 소유로 하고, 자신의 아들과 사이리-투팍의 딸을 혼인시켜 사이리-투팍이 스페인에게 받은 레파르티미엔토를 획득하고, 매년 5,000페소의 연금을 받고 사후에도 티투 쿠시 유팡키의 장남이 그 권리를 물려받으며, 게릴라전을 통해 와망가와 쿠스코에서 해방시킨 원주민들을 자신의 백성으로 계속 둘 수 있게 되었다. 협상 최고 책임자인 카녜테 후작마저 만족 못한 타결안이었다. 게다가 협정 후에 티투 쿠시 유팡키는 다른 사안들은 준수했지만 이런저런 구실을 대며 빌카밤바에서 나오지 않았으니 스페인인들은 거의 얻은 것이 없었다. 티투 쿠시 유팡키가 명분은 내주었지만 실리는 톡톡히 챙긴 셈이었으니 아콤밤바 협정은 티투 쿠시 유팡키 외교의 완벽한 승리였다(Guillén Guillén, 1994: 143~144).

빌카밤바보다 확고하게 유리한 위치에 있던 스페인인들이 협상에 나선 것도 협상 결과를 수용한 것도 뜻밖이었다. 협상 결과를 순순히 수용한 것은 스페인인들도 나름대로 노림수가 있었기 때문이다. 티투 쿠시 유팡키만 끌어내면, 차츰차츰 그를 마음대로 휘어잡을 수 있으리라고 생각했던 것이다. 전쟁보다 협상을 택한 1차적 이유는 빌카밤바의 전력

(戰力)을 과대평가했기 때문이 아닌가 싶다. 훗날 톨레도가 빌카밤바의 병력이 500명밖에 되지 않는다는 논리로 스페인인들을 상대로 빌카밤바 정벌을 설득한 것을 보면(Guillén Guillén, 1994: 145) 이를 짐작할 수 있다. 스페인이 쉽사리 빌카밤바 정벌을 하지 못한 또 다른 이유는 빌카밤바의 입지조건 때문이다. 수풀이 울창한 저지대에 두 개의 강을 끼고 있고, 그곳에 도달하려면 험준한 산을 넘어야 했다. 스페인인들 사이의 내부사정이 복잡했다는 점도 아마도 빌카밤바에 대한 강경론 대신 회유책이 힘을 얻게 된 원인 중 하나였을 것이다. 페루의 스페인인들은 내전으로 치달은 첨예한 내부 갈등을 두 차례 맞았다. 첫 번째는 앞에서 언급한 피사로파와 알마그로파의 갈등이었다. 이 갈등이 1537년의 알마그로 처형과 1541년의 프란시스코 피사로 암살로 마무리되자마자 이듬해인 1542년에 또 다른 갈등이 발생했다. 스페인 왕실이 정복자들의 권한을 축소하는 신법(Leyes Nuevas)을 공표하면서 본국과 1세대 정복자들 간의 갈등이 본격화된 것이다. 1세대 정복자들은 결집하여 그들의 기득권을 지키려 했고, 1544년에는 곤살로 피사로(Gonzalo Pizarro) 주도로 리마를 점령하면서 페루 부왕령은 내전에 돌입했다. 이 사태는 1548년 전세가 역전되고 곤살로 피사로가 처형되면서 일단락되었다. 자크 라파예(Jacques Rafaye)가 지적하는 것처럼 정복자에서 본국 파견 관리로의 권력 이양은 식민지 전역에 걸쳐 일어난 공통적인 현상이었고(Rafaye, 1999: 111), 신법에서 곤살로 피사로의 처형에 이르는 일련의 사건이 바로 이런 현상의 소산이었다. 그러나 곤살로 피사로가 처형되었다고 해서 권력 이양이 완전히 마무리된 것은 아니다. 대체로 그 과정이 완전히 끝난 시점은 1569년 톨레도 부왕의 부임 이후로 본다. 가스카의 협상 제안과 사이리-투팍을 빌카밤바에서 끌어낸 협상 때까지 몇 년의 간극이 있었던 것도 스페인인들이 내부반란으로 빌카밤바에 대해서 신경을 쓸 겨를이

없었기 때문이다.

　사이리-투팍의 의문사 이후 스페인인들이 다시 협상에 나선 것은 1560
년대에 안데스의 광범위한 지역에서 대규모 봉기의 조짐이 보였기 때문
이다. 이는 빌카밤바와는 무관하게, 안데스의 여러 원주민 부족이 스페인
식민통치에 저항한 것이었다(Hemming, 2004: 366). 1564년 12월에는 대규
모 무기가 발견되기도 했고, 특히 1564년 발생한 타키 옹코이(Taqui
Oncoy) 운동은 여러 부족을 관통하는 강력한 저항이었다. '타키 옹코이'
는 '질병의 춤' 혹은 '질병의 노래'를 뜻하며(Wachtel, 1976: 283), 이 운동
은 반가톨릭적이고 반스페인적 성격의 봉기였다. 그렇다고 잉카 시대의
질서를 복원하고자 한 것도 아니었다. 타키 옹코이는 조상신 혹은 마을의
수호신인 와카(huaca)의 부활을 염원했다(Flores Galindo, 1994: 36). 이를테
면 반스페인·비잉카의 성격을 지닌 밑으로부터의 저항이었던 셈이다.
타키 옹코이는 빌카밤바 왕조의 존재보다 훨씬 더 심각한 위협이었다.
아이러니하게도 스페인인들이 1565년부터 적극적으로 협상에 나선 것
은 원주민들의 대규모 무기 준비와 타키 옹코이 운동의 배후가 빌카밤바
라고 여겼기 때문이다(Guillén Guillén, 1994: 135~139). 하지만 이 두 사건은
티투 쿠시 유팡키의 협상 태도도 적극적으로 만들었다. 그로서는 스페인
인들이 자신을 배후로 지목한 것도 몹시 불안했고 1565년 대대적인 우상
숭배 근절 정책을 시행하는 것도 우려스러운 일이었다. 티투 쿠시 유팡키
가 1568년 드디어 세례를 받고 개종한 것도 이런 불안과 무관하지 않을
것이다(Guillén Guillén, 1994: 139~140). 그런데 노성일의 지적처럼 『스페인
인은 어떻게 페루에 들어왔는가』에는 이 두 사건이 전혀 언급되지 않고
있다(No, 2005: 88). 이는 티투 쿠시 유팡키의 교섭이 백성들의 뜻에 입각
한 것이라기보다는 식민 시대 원주민 지배층의 입장에 의거한 것임을
시사하는 것이다.

티투 쿠시 유팡키가 개종을 선택했다지만, 잉카 군주의 개종이 소위 '영혼의 정복'을 의미하지는 않는다. 티투 쿠시 유팡키는 가톨릭을 받아 들였으면서도, 다른 한편으로는 부왕의 유지임을 내세워 "우리의 종교의 식을 결코 잊지 않겠다"(Yupanqui, 2006)고 선언했다. 라켈 창-로드리게스 가 『스페인인은 어떻게 페루에 들어왔는가』를 펠리페 2세에게 구걸을 하는 텍스트, 즉 식민화된 텍스트로 규정하기보다는 외교게임의 일환에 서 탄생한 텍스트로 파악하는 이유도(Chang-Rodríguez, 1991: 16) 그 때문이 다. 그러나 개종 여부는 단순히 외교 게임의 차원에 국한시킬 일이 아니 다. 그것은 누가 안데스를 통치할 자격이 있는지에 대한 담론 전쟁의 서막이었다. 스페인이 포교를 명분으로 안데스 정복을 정당화하고, 가톨 릭이 당시 형성 중인 식민질서의 토대였기 때문에 피정복자들로서도 가톨릭과의 관계 설정은 중요한 문제였다. 타키 옹코이 운동은 가톨릭에 맞서 토착신앙 담론으로 맞불을 놓는 선택을 했다. 그러나 정복 이전의 질서로 회귀하는 것이 현실적으로 불가능다고 인식한 티투 쿠시 유팡키 는 개종을 선택했고, 기독교도라는 명분을 내세워 『스페인인은 어떻게 페루에 들어왔는가』를 통해 자신도 새로 형성 중인 식민질서의 한 축이 될 자격이 있음을 주장한다.

티투 쿠시 유팡키의 선택은 전혀 황당무계한 것이 아니었다. 아니 오히 려 선구적인 것이었다. 1613년 산타크루스 파차쿠티도 『페루 왕국의 고대 이야기』를 통해 유사한 주장을 되풀이한다. 산타크루스 파차쿠티는 잉카 왕조의 기원과 안데스 역사를 다음과 같이 재구성한다. 예수의 죽음과 부활 이후 토나파라는 사람이 안데스에 나타난다. 토나파는 예수 의 12제자 중 한 사람인 도마이며, 안데스에서 가장 중요한 신인 비라코 차가 보냈다. 도마는 가톨릭을 전파하지만 아포 탐포라는 부족장만 새로 운 종교를 받아들이는데, 아포 탐포가 바로 잉카 시조인 망코 카팍의 아버지이다. 그러나 잉카인들은 제11대 군주 와이나 카팍 대에 이르러, 특히 그를 계승한 와스카르 대에 이르러 우상숭배라는 이단의 죄를 저지른다. 이에 비라코차가 벌을 내려 스페인인들을 보내 우상숭배를 척결한다(García Bedoya M., 2000: 174~175).

예수의 제자 도마가 잉카 시조의 부친에게 포교했다는 이야기는 산타 크루스 파차쿠티의 『페루 왕국의 고대에 대한 보고서』를 접하는 이들에게 대단히 황당무계한 일화로 비칠 것이다. 그러나 예수의 제자를 앞세워 지배의 정당성을 주장한 담론을 먼저 구축한 것은 스페인인들이었다. 그 기원은 1536년 망코 잉카군과 스페인인들의 쿠스코 공방전으로 거슬러 올라간다. 망코 잉카군은 병력의 절대 열세, 구원군의 지체, 식량 부족 등으로 위기에 몰릴 대로 몰린 스페인인들에게 어느 날 결정적인 화공을 펼쳤다. 상당수 가옥이 밀짚 지붕이던 시가지가 순식간에 화마에 휩싸이면서 스페인인들의 전열이 흐트러져 쿠스코는 함락 일보 직전에 처했다. 그러나 스페인인들은 가까스로 전세를 역전시켜 쿠스코 방어에 성공했다. 그런데 이 반전의 기억이 1560년을 전후하여 예수의 제자 중 산티아고, 즉 성 야곱의 기적으로 회자되기 시작하고, 스페인 통치의 정당성을 뒷받침하는 증거로 각종 성화(聖畵)에 등장하기 시작한다(VV. AA., 2005: 114). 이 성 야곱은 '산티아고 마타인디오스(Santiago Mataindios)', 즉 '원주민들을 죽이는 산티아고'라는 이름으로 불리게 되는데, 이는 '산티아고 마타모로스(Santiago Matamoros)' 전설의 재판이다. '무어인들을 죽이는 산티아고'라는 뜻인 '산티아고 마타모로스' 전설은 이슬람의 공격에 수세에 몰리던 기독교도들 사이에 성 야곱이 나타나 전세를 역전시켰다는 내용을 지니고 있다. 이 전설은 스페인의 국토 회복 운동 과정에서 생겨나, 이후 1492년 이베리아 반도에서 이슬람인을 축출할 때까지 스페인인들의 정신적·군사적 구심점이 되었다. 그리고 산티아고 마타모로스 성인의 무덤이 오늘날의 산티아고 데 콤포스텔라(Santiago de Com-postela)에 있다는 이야기가 퍼지면서 1075년에서 1150년 사이에 대성당이 세워지고 클루니 수도회를 중심으로 성지로 격상되었다. 그때의 순례길이 바로 최근 도보여행 코스로 각광을 받고 있는 '산티아고의 길'이며, 실제로 중세의 유럽인들에게 산티아고 데 콤포스텔라는 예루살렘과 로마와 함께 3대 성지 순례지였다(푸엔테스, 1997: 75~76).

결국 산타 크루스 파차쿠티가 도마를 이용한 것은 스페인인들이 야곱을 이용한 것에 대한 대응논리 차원으로 이해할 수 있다. 스페인인들이 야곱을 내세워 기독교인의 원주민 지배를 정당화했다면, 원주민들은 도마를 내세워 안데스 역시 스페인과 동등하게 하느님의 가호를 받았으니 새로운 질서에 능동적으로 참여할 대등한 자격을 갖추었다고 주장하고 있는 것이다. 따라서 도마 일화는 광기나 무지 혹은 미신의 소산이 아니라 기독교도/비기독교도의 지배-피지배 관계로 식민체제를 구축하려던 스페인인들과의 정당성 전쟁의 맥락에서 탄생한 셈이다.

와만 포마의 행적은 언뜻 보기에 대단히 모순적이다. 그의 행적에서 가장 모순되는 점은 적극적인 식민통치 조력자의 모습과 식민체제에 대한 신랄한 비판자로서의 모습을 동시에 지니고 있다는 것이다. 조력자의 모습은, 스페인어를 습득한 와만 포마가 통역과 서기로 스페인인들에게 협조한 이력에서 적나라하게 드러난다. 특히 종교적 비관용의 시대였던 1560년대의 행적에서 잘 나타난다. 신교도를 이단으로 규정한 트리엔트 공의회(1545~1563)와 스페인 그라나다에서 발생한 무어인과의 종교적 갈등(1569~1570)이 페루 부왕령에서 비관용의 분위기가 조장된 외부적 요인이었다면, 내부적 요인은 타키 옹코이 운동이었다. 와만 포마는 감찰관(visitador) 크리스토발 데 알보르노스(Cristóbal de Albornoz)를 도와 루카나스 지방의 타키 옹코이 신앙에 대한 대대적 탄압을 도왔을 뿐만 아니라 감찰관의 강경책의 지지자이기도 했다. 그러나 토리비오 데 모그로베호 (Toribio de Mogrovejo) 대주교 시절(1581~1606) 다시 종교적 관용 분위기가 조성되었다가 1606년 이후 또다시 비관용 분위기로 국면이 전환되었을 때의 와만 포마는 강력한 비판자로 변해 있었다(Adorno, 1989: 38~41). 그리고 앞에서 말했듯이 종교 문제를 넘어 식민체제 전반에 걸쳐 적극적이고 신랄한 비판을 제기했다.

와만 포마의『새로운 연대기와 선정』은 비판자로서의 그의 모습을 뚜렷하게 보여준다. 그럼에도 불구하고 이 텍스트에 담긴 와만 포마의 주장들, 가령 스페인인의 도래 이전인 수천 년 전에 이미 안데스에 가톨릭이 전파되었고, 자신의 가문이 가톨릭의 수호자 역할을 했으며, 따라서 자신의 아들이 늙은 자신을 대신하여 안데스를 통치해야 한다는 주장은 산타 크루스 파차쿠티의 도마 이야기를 뛰어넘는 광기로 비칠 수밖에 없다. 하지만 와만 포마의 이런 무리수에 대해서는 단순히 광기로 치부할 것이 아니라 다른 각도에서 검토할 필요가 있다. 첫 번째는 산타 크루스 파차쿠티처럼 원주민도 새롭게 태동 중인 식민질서에 주체적으로 참여할 자격이 있음을 증명할 필요성 때문이었다고 추정할 수 있다. 와만 포마는 젊은 시절 알보르노스의 정책을 지지할 만큼 확고한 신념의 기독교도로 개종했으니, 이에 따라 안데스 역사를 기독교 신앙에 맞추어 재구성하는 과정에서 무리한 목적론적 해석을 남발하는 오류를 저질렀을 가능성이다. 두 번째는 절박함이다. 와만 포마는 프란시스코 데 아빌라(Francisco de Ávila)의 주도로 1610~1615년에 와로치리에서 있었던 우상숭배 근절 정책의 혹독함과 리마로 이주 당한 안데스 원주민들이 안데스 전통을 상실하고 타락하는 현장을 직접 목격했다. 전통적인 안데스 질서는 허물어지고 새로 태동하는 식민질서에는 동의하지 못한 데서 비롯된 절박함이 무리한 해석을 낳았을 가능성이 있는 것이다. 이에 대해서는 마누엘 부르가(Manuel Burga)의 분류가 의미심장하다. 와만 포마의 『새로운 연대기와 선정』보다 잉카 가르실라소의 『잉카 왕조사』가 몇 년 앞서 집필되었음에도 불구하고, 마누엘 부르가는 와만 포마를 안데스 유토피아 1세대 저자, 잉카 가르실라소를 안데스 유토피아 제2세대 저자라고 평가한다. 와만 포마가 아직 안데스 질서를 복원하려는 한 가닥 희망을 놓지 않고 있는 반면, 잉카 가르실라소는 그런 희망을 지니지 못하고 과거를 그리워하기만 했다는 이유에서이다(Burga, 2005: 242).

티투 쿠시 유팡키가 스페인인들의 물욕이 기독교 윤리에 어긋나는 일임을 지적하면서 정복자의 언어로 정복자를 비판하듯이(Chang-Rodríguez, 1991: 18), 와만 포마도 기독교 윤리에 의거하여 식민지배자들을 비판한다. 교회가 원시 기독교 교회의 덕목을 상실했다는 비판을 하고, 나아가 교회가 안데스를 구원할 수도 있지만 파괴할 수도 있다는 인식을 내비쳤다(Adorno, 1989: 77~78). 기독교 윤리를 올바로 실천하지 않는 교회 문제는 와만 포마가 자치권을 요구하는 명분의 하나가 되었고, 주로 생존 모색에 노력을 경주한 티투 쿠시 유팡키의 시도를 뛰어넘는 대단히 파격적인 주장이었다. 아도르노(Rolena Adorno)의 지적처럼, 와만 포마는 교회가 실천해야 할 중요한 기독교 윤리로 안데스 원주민의 보호를 꼽고 있다(Adorno, 1989: 44). 이는 외교 게임의 일환으로 개종을 택한 티투 쿠시 유팡키와는 사뭇 다른 접근 방식이다. 교회를 안데스의 사회 질서를 창출하는 토대로 보고 있기 때문이다.

와만 포마의 식민 협력자로서의 전력과 교회를 근간으로 하는 사회 질서의 상상은 또다시 완전히 식민화된 주체의 탄생을 의심하게 한다. 하지만 그렇게만 파악하는 것은 피상적인 해석이다. 반복해서 말하지만, 티투 쿠시 유팡키의 시대에 이미 가톨릭은 식민사회의 가장 강력한 준거 틀로 자리 잡고 있었다. 그리고 그로부터 40여 년이 지난 와만 포마의 시대의 가톨릭은 더욱 견고한 입지를 구축한 뒤였다. 따라서 와만 포마 역시 정복자의 언어로 정복자를 비판하는 저항 방식을 취하고 있다고 보아야 할 것이다. 이와 관련해서 와만 포마와 사파티스타를 비교한 월터 미뇰로(Walter Mignolo)의 논지는 귀 기울일 만하다. 멕시코 정부와 미국이 민주주의 담론을 내세워 신자유주의를 시장 민주화로 포장하자, 사파티스타들이 만민 공존을 지향하는 것이 진정한 민주주의임을 주장 하여 상대방을 사이비 민주주의자로 공격하며 저항했다는 것이 사파티 스타 봉기에 대한 미뇰로의 시각이고, 와만 포마 역시 사파티스타들과 유사하게 기독교의 가치로 사이비 기독교도를 공격했다는 것이다(Mignolo, 2007: 36~37). 와만 포마의 시대인 17세기 초에는 교회의 전횡을 비판할 만한 준거 틀, 이를테면 계몽주의 같은 것은 존재하지 않았다. 식민 본국 으로부터의 미국 독립 같은 사례나 반제국주의, 탈식민주의 같은 준거 틀도 존재하지 않았다. 와만 포마가 준거 틀로 삼을 수 있는 유일한 담론은 가톨릭 내에서 가톨릭의 오류를 비판한 목소리뿐이었다. 실제로 산토도밍고와 차르카스에서 각각 원주민을 위한 교회를 주창한 라스 카사스(Bartolomés de las Casas)와 도밍고 데 산토 토마스(Domingo de Santo Tomás)가 와만 포마에게 영감을 준 흔적이 있다(Adorno, 1989: 44). 와만 포마는 자신만의 가톨릭 계보학을 구축하여 식민체제를 옹호하는 또 다른 가톨릭 담론을 공격했던 것이다.

6. 맺음말

『스페인인은 어떻게 페루에 들어왔는가』의 중요성은 후대 텍스트에 직접적인 영향을 끼친 흔적을 찾아보기 어려운 데도 불구하고 40년 정도 뒤의 텍스트들, 그것도 식민 시대 원주민이나 메스티소의 패자의 시각의 대표적인 텍스트들과 같은 문제 설정을 하고 있다는 점에서 반식민주의 담론의 기원이 되고 있다는 점이다. 우선, 『스페인인들은 어떻게 페루에 왔는가』의 시대적 맥락으로 작용했던 1560년대가 식민질서 구축 과정에서 대단히 문제적 시기였다는 해석을 들 수 있다. 다시 말해 1560년대 식민질서가 태동했고, 그 체제에 동의하지 못하는 원주민들이 약 40년 후까지도 지속적인 문제 제기를 하고 있었던 것이다. 1569년 부임한 톨레도 부왕이 페루 부왕령의 식민체제를 반석 위에 올려놓은 인물이고, 그 체제가 원주민의 배제를 특징으로 하고 있었다는 점을 감안하면 이는 충분히 설득력 있는 해석이다.

그러나 이 글을 마치면서 1560년대가 일종의 장기 지속의 역사의 시작, 즉 역사와 영토가 뒤섞이는 돌이킬 수 없는 흐름이 본격화된 가운데 피지배자가 지배자에게 끊임없이 교섭을 요구하는 갈등으로 점철된 그런 역사가 시작된 시기가 아니었나 하는 의문이 든다. 와만 포마의 『새로운 연대기와 선정』이 식민 시대를 대표하는 텍스트로 꼽히며 오늘날까지도 원주민 문제를 다룰 때 역사적 전거로 많이 인용되는 점이나, 이 글의 주요 관심사는 아니었지만 잉카리 신화가 17세기 초부터 20세기 중반까지 원주민들 사이에서 지속적으로 재생산되었다는 점 때문이다.

그렇다면 티투 쿠시 유팡키의 공을 그저 반식민주의적 담론 창출의 선구자 정도로 한정해서는 안 된다. 보통 『페루 정복 보고서』로 통용되던 텍스트 제목을 『스페인인은 어떻게 페루에 들어왔는가』로 번역한 이유는 그 때문이다. 어차피 티투 쿠시 유팡키의 텍스트의 원제가 무엇인지, 제목이 존재하기나 했는지조차 알 수 없다. 에스코리알 궁 도서관에 보관된 사본에 '잉카 군주들의 역사. 잉카 돈 디에고 데 카스트로 티투 쿠시 유팡키가 학사 로페 가르시아 데 카스트로에게 한 당부임. 학사 카스트로 씨 소유의 원고로 되돌려주어야 함'이라는 설명이 붙어 있다지만, '잉카 군주들의 역사' 뒤에 붙은 문구 때문에 '잉카 군주들의 역사'가 원제목이 아니리라고들 생각했기 때문에 티투 쿠시 유팡키의 텍스트는 여러 제목으로 출판되었다. 1916년 오라시오 H. 우르테아가가 처음으로 이 텍스트를 책으로 엮으면서 '보고서(relación)'라는 어휘를 집어넣은 것은 나름대로 설득력 있는 결정이다. 티투 쿠시 유팡키 스스로가 이 텍스트를 '보고서'로 규정했는데, 보고서는 당시 하나의 장르였기 때문이다. 그래서 프란시스코 카리야가 편찬한 책은 아예 '페루 정복 보고서'를 제목으로 했고, 2005년 나란히 출간된 랠프 바우어의 영역본(*An Inca Account of the Conquest of Peru*)이나 니콜 델리아 레냐니(Nicole Delia Legnani)의 영역본(*Titu Cusi: A 16th Century Account of the Conquest*)도 이에 준해 '보고서'에 해당하는 'account'라는 단어를 사용했다.[7]

그런데 미뇰로에 따르면 'relación'이라는 단어는 16세기에 '보고서(informe)'라는 뜻 이외에도 '서술(narración)', 즉 '이야기(relato)'라는 뜻도 있다. 하지만 'relación'이 붙은 식민 시대 상당수 텍스트가 왕실의 요구에 부응하기 위해 관료들이 마련한 항목들에 의거하여 작성한 문건인 경우가 많기 때문에 '보고서'로 번역하는 것은 합당하다. 하지만 1574년 이전의 상황은 그렇지 않았다고 한다. 설사 왕실에 제출하기 위해 쓴 텍스트일지라도 이런 항목들이 마련되고 이에 의거한 서술이 적극적으로 요구되기 이전인지라 내용도 훨씬 더 자유롭게 서술되었고 제목에도 굳이 'relación'을 붙이지 않은 경우가 많았다는 것이다(Mignolo, 1982:

---

7) 굳이 새로운 제목을 사용하지 않고, 텍스트 사본에 첨가된 '당부(instruction)'를 사용한 경우도 있다.

70~71). 1570년에 마무리된 티투 쿠시 유팡키의 텍스트에 제목을 달면서 굳이 '보고서'라는 단어를 사용할 필연적인 이유는 없었던 셈이다. 이 글에서 인용 텍스트로 사용한 캐서린 줄리엔의 스페인어-영어 2개 국어 텍스트에는 영어 제목만 있는데 『스페인인들이 페루에 어떻게 왔는지에 대한 역사(History of How the Spaniards Arrived in Peru)』이다. 이는 티투 쿠시 유팡키가 스페인인들이 어떻게 페루에 들어왔는지(entraron) 이야기 하겠다고 하면서 2부 서두를 시작한 데에서(Yupanqui, 2006: 8) 착안한 것이다. 필자 역시 번역 제목으로 차라리 '스페인인은 어떻게 페루에 들어왔는가'를 택했는데, 티투 쿠시 유팡키가 'entraron'이라는 단어를 사용한 데는 의미심장한 이유가 있다고 판단했기 때문이다. 그가 이 텍스트 내내 '정복'이라는 단어를 피하고 있기 때문이다. 그렇다면 티투 쿠시 유팡키의 시각에서 정복은 결코 존재하지 않은 것이 아닐까? 아니 적어도 존재하지 않았다고 강변하고 싶었던 것은 아닐까? 정복이 없어야 식민체제 속에서 스페인 지배자와 공생할 수 있는 공간을 꿈꿀 수 있기 때문이다. 그렇다면 티투 쿠시 유팡키는 스페인의 침입과 잉카의 저항에 대해 이야기하고 있지만, 단순히 과거에 일어난 일을 적은 역사서가 아니다. 안데스 원주민의 미래는 원주민이 패자가 된 당대의 현실과 달라야 한다는 역사관을 천명한 텍스트라고 보아야 마땅하다.

참고문헌

강성식. 2008. 「잉카리신화, 안데스의 염원」. ≪라틴아메리카연구≫, 21(4), 139~164쪽.

_____. 2011. 「안데스 구전에 담긴 '정복'과 식민통치」. ≪이베로아메리카연구≫, 22(1), 1~26쪽.

우석균. 2000. 「안데스 유토피아: 잉카 메시아를 기다리며」. 곽재성·우석균.『라틴아메리카를 찾아서』. 민음사, 102~110쪽.

_____. 2005. 「안데스 유토피아」. ≪이베로아메리카≫, 7(2), 1~30쪽.

이종수. 2003. "Indigenous accounts of the conquest of Mexico: Revaluating sources and current studies." ≪라틴아메리카연구≫, 16(1), 179~196쪽.

푸엔테스, 카를로스. 1997.『라틴 아메리카의 역사』. 서성철 옮김. 까치.

Adorno, Rolena. 1989. *Cronista y príncipe: la obra de don Felipe Guaman Poma de Ayala*. Lima: Pontificia Universidad Católica del Perú.

Bauer, Ralph. 2005. "Introducción." in Titu Cusi Yupanqui. *An Inca Account of the Conquest of Peru*. Boulder: University Press of Colorado.

Burga, Manuel. 2005. *Nacimiento de una utopía: muerte y resurrección de los incas*. Lima/Guadalajara: Universidad Nacional Mayor de San Marcos/ Universidad de Guadalajara.

Chang-Rodríguez, Raquel. 1991. *El discurso disidente: ensayos de literatura colonial peruana*. Lima: Fondo Editorial de la Pontificia Universidad Católica del Perú.

Flores Galindo, Alberto. 1994. *Buscando un Inca: identidad y utopía en los Andes*, 4ª ed. Lima: Editorial Horizonte.

García Bedoya M., Carlos. 2000. *La literatura peruana en el periodo de estabilización colonial*. Lima: Universidad Nacional Mayor de San Marcos.

Guamán Poma de Ayala, Felipe. 1980. *El primer nueva corónica y el buen gobierno*. México, D.F.: Siglo XXI.

Guillén Guillén, Edmundo. 1994. *La guerra de reconquista inka*. Lima: R. A. Ediciones.

Hemming, John. 2004. *La conquista de los incas*. traducción de Stella Mastrangelo. 1ª reimpresión. México D.F.: Fondo de Cultura Económica.

Julien, Catherine. 2006. "Introduction." in Titu Cusi Yupanqui. *History of How the Spaniards Arrived in Peru*. Dual-Language ed. translated by Catherine Julien. Indianapolis/Cambridge: Hackett Publishing Company, pp. vii~xxxv.

León-Portilla, Miguel. 1992. *Visión de los vencidos: Relaciones indígenas de la conquista*. edición revisada y enriquecida. México D.F.: UNAM.

Mignolo, Walter. 1982. "Cartas, crónicas y relaciones del descubrimiento y la conquista." in Luis Iñigo Madrigal. *Historia de la literatura hispano-americana, tomo I, Época colonial*. Madrid: Cátedra, pp. 57~116.

_____. 2007. "El pensamiento decolonial: desprendimiento y apertura. Un manifiesto." in Santiago Castro-Gómez & Ramón Grosfoguel(eds.). *El giro decolonial*. Bogotá: Siglo del Hombre Editores, pp. 25~46.

No, Song. 2005. "La heterogeneidad suturada: Titu Cusi Yupanqui." *Revista de Crítica Literaria Latinoamericana*, XXXI(62), pp. 85~96.

Ossio, Juan M(ed.). 1973. *Ideología mesiánica del mundo andino*, 2ª ed. Lima: Ignacio Prado Pastor.

Porras Barrenechea, Raúl. 1962. *Cronistas del Perú*. Lima: Sanmartí y Cía.

Rafaye, Jacques. 1999. *Los conquistadores: figuras y escrituras*, 2ª ed. corregida y aumentada, México, D.F.: Fondo de Cultura Económica.

Reyna, Iván R. 2010. *El encuentro de Cajamarca*. Lima: Fondo Editorial de la UNMSM.

Rostworowski de Diez Canseco, María. 1992. *Historia del Tahuantinsuyu*, 4ª ed. Lima: Instituto de Estudios Peruanos.

VV. AA. 2005. *Los incas, reyes del Perú*. Lima: Banco de Crédito.

Wachtel, Nathan. 1976. *Los vencidos: los indios del Perú frente a la conquista española(1530~1570)*, versión española de Antonio Escobotado. Madrid:

Alianza Editorial.

Yupanqui, Titu Cusi. 2006. *History of How the Spaniards Arrived in Peru*. in Dual-Language (ed.). translated by Catherine Julien. Indianapolis/Cambridge: Hackett Publishing Company.

제5장

16세기 누에바 에스파냐 지역 가톨릭교회의 선교 전략과 '원주민 기독교 세계 기획'*

조영현 서울대학교 라틴아메리카연구소 HK연구교수

1. 머리말

대부분의 종교는 자신이 믿는 진리를 전파해야 한다는 사명을 가지고 있다. 제도로서의 교회의 존재 이유도 선교에 있다. 이런 선교도 역사와 시대 상황, 지역에 따라 다양한 양상을 보여왔다. 선교의 일반적인 목적은 이교도들을 개종시켜 교회의 구성원으로 포섭하는 것이다. 16세기 스페인 사람들도 세례를 통해 교회의 구성원이 된다는 것은 구원, 즉 영원한 생명을 얻는 확실한 토대가 된다고 생각했다. 이는 교회 중심적인 사고인 "교회 밖에는 구원이 없다"는 교리 속에 잘 드러난다. 당시에도 이교도를 개종시키는 것은 그들을 구원으로 인도한다는 점에서 거룩한 임무였다.

---

* 이 글은 ≪스페인라틴아메리카연구≫ 제7권 1호(2014)에 발표된 필자의 기존 논문을 이 책의 성격에 맞게 수정·보완한 것이다.

흥미로운 것은 아메리카 대륙 '발견'과 정복 이후 새로운 양상의 선교 형태가 모습을 드러냈다는 점이다. 즉, 교회 역사상 처음으로 복음화 전략과 식민화 전략이 교묘히 결합된 선교 모델이 등장한 것이다. 피델 초벳의 주장처럼, 복음화[1]와 식민화, 그리고 문명화라는 세 가지 다른 목적이 정치적·종교적 기획하에 결합된 것이다(Chauvet, 1984: 15). 왕실 혹은 국가는 종교를 이용했고 교회도 정치를 이용했다. 스페인 식민 시대 교회와 국가 사이의 관계를 상징하는 파트로나토 체제(El sistema de Patronato)[2]는 바로 이 둘의 결합으로 탄생했다. 이 체제는 스페인 아메리카 식민지에서 이루어진 기독교 확장의 제도적 틀이자 역사적 배경이었다. 16세기 누에바 에스파냐 지역 기독교 선교는 정치와 행정, 종교가 결합된 채 전개되었기 때문에 복잡한 양상을 보였다. 따라서 선교 전략도 이 복잡한 양상을 반영하고 있었다.

원주민 개종과 선교 전략에 대한 기존 연구를 살펴보면 중요한 진전이 있었음을 확인할 수 있다. 먼저 앙헬 마리아 가리바이(Angel María Garivay, 1966)는 선교 과정을 또 다른 정복 과정으로 단정하고 영토, 건축, 언어,

---

1) 최근 가톨릭교회는 아시아, 아프리카 그리고 아메리카 선교 경험을 통해서 선교라는 용어보다 복음화라는 용어를 더 적절한 용어라고 판단했다. 식민지배를 당한 지역에서 선교라는 용어는 유럽 중심적인 교회, 그리고 교리의 일방적 전수라는 부정적 의미를 내포하고 있기 때문이다. 이에 비해 복음화라는 용어는 좀 더 성서적이고, 본래 기독교 정신에 더 부합하는 용어로 인정했다(Suess, 1994: 142~143). 그러나 이 글에서는 특별히 구분하지 않고 혼용하여 사용하겠다.

2) 파트로나토는 교황이 포르투갈 왕에게 아프리카 선교를 위임한 1445년부터 시작되었다. 특히 교황권이 약화되고 왕권이 부상하는 시기에 나타났다. 이 체제는 교황이 스페인 왕에게 주교 추천권, 교구 설립권, 선교사 파견권, 교회 십일조의 사용권 등을 넘겨주고 대신 선교 업무를 위탁하는 것이었다. 따라서 신대륙에서는 종교 영역에서도 교황의 영향력보다는 스페인 왕실의 힘이 더 크게 작용했다.

사상 분야의 지배 문제를 분석했다. 코바야시(José María Kobayasi, 1997)도 역시 선교를 정복 과정의 일환으로 보았다. 그는 특히 교육이 수행한 역할에 집중해서 선교 문제를 분석했다. 로베르 리카르드(Robert Ricard, 1995)는 선교를 기독교화(Cristianización), 즉 제도 교회의 설립이라는 측면에서 접근하여, 두 문화의 충돌과 원주민 문화의 수용 문제를 분석했다. 크리스티앙 드베르제르(Christian Duverger, 1996)는 초기 원주민 개종이 빠르고 광범위하게 이루어져 비교적 누에바 에스파냐 선교가 성공적이었다고 주장한다. 그의 연구는 초기 프란치스코회 선교사들인 '12 사도'와 베르나르디노 데 사아군(Bernardino de Sahagún)을 주로 분석했다.

초기 선교사들의 선교 과정과 선교 전략을 분석한 후 천년왕국설, 종말론, 그리고 유토피아와의 연관성을 주장한 학자로는 미국인 존 펠란(John Phelan)과 프랑스인 제오르제 보도(Georges Baudot)의 연구가 돋보인다. 일반적으로 라틴아메리카를 연구하는 학자들은 일반적으로 천년왕국설이나 유토피아와 관련해서 이 노선을 취하고 있다(Phelan, 1956; Baudot, 1983). 이 연구는 특히 보도의 연구에 영감을 받았고 그의 연구의 연장선상에 있다고 할 수 있다. 단지 이 글이 보도의 연구와 차별화되는 점은 엔리케 두셀이 주장한 '스페인 기독교 세계 기획(El proyecto de la Cristiandad hispánica)'과 '원주민 기독교 세계 기획(El proyecto de la Cristiandad indígena)' 간의 대립 구도 속에서 16세기 선교문제를 이해해보려고 한다는 점이다(Dussel, 1983).[3]

---

3) 중세 유럽의 기독교적 전통에 속한 스페인 사람들은 이슬람 세력과의 전쟁을 통해 자신들의 정체성을 수립하고 있었다. 십자군 전쟁과 재정복(Reconquista) 전쟁은 이 스페인 기독교 세계 기획의 토대가 되었다. 교회와 국가의 통일은 곧 파트로나토(Patronato)라는 독특한 체제로 발전했다. 기독교 세계의 수호를 위해 하느님께 선택받았다고 생각한 이사벨 여왕, 카를로스와 펠리페 국왕 등은 스페인

이 글은 스페인 기독교 세계 기획과 원주민 그리스도교 세계 기획 간의 대립구도 속에서 16세기 선교문제를 이해해보기 위해 16세기 누에 바 에스파냐 가톨릭교회 선교 전략을 분석해볼 것이다. 천년왕국설과 종말론, 그리고 원주민 기독교 세계 기획 사이에 어떤 관계가 있는지 다룰 것이며, 선교 전략 가운데서 원주민 기독교 세계 기획이 어떤 모습 으로 드러났는지 살펴볼 것이다. 그러기 위해 우상파괴 전략, 개종한 원주민 정착촌 건설 전략, 원주민 언어를 통한 선교 전략, 그리고 교육과 원주민 성직자 양성을 통한 현지화 선교 전략을 살펴볼 것이다.

2. 천년왕국과 '원주민 기독교 세계 기획'

천년왕국(Milenarismo)과 요한묵시록의 종말론적 사상은 16세기 라틴 아메리카 역사와 사회에 깊은 영향을 끼쳤다.[4] 존 펠란과 제오르제 보도

국민 전체를 기독교 세계의 수호와 확장을 위해 선택받은 민족이 되도록 자극했다. 이교도를 정복하고 지배할 수 있다고 믿는 교회 상은 바로 이런 세계관에서 가능했 다. 그러나 이 기독교 세계관은 유럽, 즉 구세계의 교회 상이었고, 왕을 중심으로 일사불란하고 통일된 스페인 중심의 세계 이해를 전제하고 있다. 이런 기독교 세계가 완전한 것이라고 확신했기 때문에 비기독교적인 것들에 대해 타불라 라사 라는 방법을 적용할 수 있었다. 이와는 대조적으로 원주민 기독교 세계 기획은 초기 탁발수도회의 수사들이 구세계의 부패하고 타락한 교회의 폐해를 신세계에 서 답습하지 않기 위해 구상한 새로운 기독교 세계관이자 실천이다. 초기 수사들, 특히 프란치스코회 수사들이 보기에 가톨릭과 개신교로 분열되어 전쟁 속에 빠져 있던 교회, 면죄부로 상징되는 부패를 통해 드러나듯이 유럽의 기독교 기획은 실패한 것이었다.

4) 천년왕국설과 종말론 사상은 아메리카 대륙에서 기존의 기독교적 세계를 거부하고 정의로운 세계를 희망하는 유토피아 사상가들과 인본주의자들, 그리고 무신론자

는 16세기 선교와 관련해서 천년왕국설과 종말론, 유토피아가 자주 언급될 뿐 아니라 세 요소가 밀접히 관련되어 있다고 주장한다. 식민 초기부터 프란치스코회 회원들 속에 천년왕국과 관련된 종말론적 유토피아를 추종하는 무리가 있었고, 그들은 요한묵시록에서 언급한 천년왕국과 세상의 종말에 대한 임박한 기대로 충만해 있었다는 것이다(Phelan, 1956; Baudot, 1983).

천년왕국설은 신약성서 마지막 책인 『요한묵시록』 20장에 근거한다. 이 책은 '최후의 심판'을 맞이하기 직전 재림한 예수가 '천년'간 세상을 다스리게 될 것이라는 내용을 암시하고 있다. 하지만 이 사상은 신약시대에 갑자기 부상한 것이 아니며 이미 메시아의 재림을 기다리던 유대의 전통과 밀접히 연관되어 있던 오래된 사상이다. 천년왕국설과 메시아 사상은 '최후의 심판'이나 '마지막 때'를 언급한다는 점에서 종말론의 중요한 축을 이루고 있다. 임박한 종말에 대한 이야기는 변혁기나 혼란기 혹은 흑사병과 같은 대재앙이 있은 후에 더욱 큰 영향력을 발휘했다. 교회 내적으로는 임박한 종말에 대한 기대가 확산될수록 집단적 선교열도 더불어 확산되곤 했다. 이러한 생각은 12세기 종말사상의 핵심적 이론가인 시토회의 수도원장 피오레의 요아킴(Joachim of Fiore) 수사의 사상과 직간접적으로 연결되어 있었다.

로마 제국의 국교가 된 가톨릭교회는 점차 제도화되면서 약 천년 동안 천년왕국설을 잊고 지냈다. 그러나 이 사상은 삼위일체 신학과 역사를 연결시킨 피오레의 요아킴에 의해 중세에 화려하게 다시 부활했다. 그는 자신의 역사신학을 전개하면서 구약을 '성부의 시대'로, 신약을 '성자의

들에 의해 수용되어졌고, 다양한 기독교 소수 종파들, 그리고 북미의 몰몬교, 제7일 안식일 예수재림교, 여호아의 증인 등에 의해서 끊임없이 재해석되었다

시대'로 상정했다. 그리고 다가올 미래를 '성령의 시대'라고 주장했다. 이 성령의 시대는 아직 오지 않았으나 새로운 시대를 의미하며 그 시대는 역사의 마지막에 도래한다기보다는 기독교 완성의 시기를 의미한다. 그 시대는 성직자의 중재가 필요 없고 성령을 통해 하느님과 직접 소통하는 시대이다(김균진, 1999: 104~106). 그는 개신교의 탄생 이전에 이미 교계제도 극복의 필요성을 역설한 것이다. 더불어 새 시대의 교회는 부와 권력에 물든 세속화된 교회를 극복하고 '영적인 교회', '청빈한 교회'가 되어야 한다는 점도 분명히 했다. 그는 새로운 형태의 수도원 운동이 시작되고 새로운 시대가 열릴 것이란 기대를 부풀게 만들어 중세기에 다양한 수도회들이 탄생하도록 자극했다. 특히 청빈을 강조하는 수도회들이 탁발수도회 형식으로 탄생하는 데 영향을 끼쳤다. 새로운 성령의 시대를 언급하면서 그는 '새 하늘'과 '새 땅', 그리고 '새 인간'의 출현을 암시하고 있었다.

피오레의 요아킴 사상은 프란치스코회 '영성주의자들(Espiritualistas franciscanas)'의 이념 형성에 강력한 영향을 끼쳤다(Alonso del Val, 1999: 368~373). 중세에 교회 개혁의 새바람을 일으킨 프란치스코회는 하나의 단일한 수도회가 아니었다. 창립자의 정신과 회칙에 대한 이해를 달리하는 회원들의 다양한 분파로 나뉘어져 있었고 서로 대립하기도 했다. 13~14세기 프란치스코회 영성주의자들은 영적 교회의 이상을 현세에 구현하려고 노력했으며, 세속화된 중세 교회를 비판하는 데 요아킴 사상을 이용했다(김균진, 1999: 106~107). 그러나 제도교회는 1317년과 1323년 프란치스코회 영성주의자들의 주장과 요아킴의 천년왕국설을 단죄했다.

프란치스코회의 여러 분파 중 15세기 주요한 세력이 된 회칙준수파(Observantes)가 누에바 에스파냐에 많은 영향을 끼쳤다. 이 파도 급진적이고 열성적이었지만 교황에 대한 복종을 강조하고 제도교회를 인정하고 있다는 점에서 영성주의자들과는 다른 노선이었고 창립자의 정신을 철저히 따르려는 정통파 운동이었다. 그럼에도 프란치스코회 회원들 안에서 요아킴 사상이 완전히 사라지거나 정화된 것은 아니었다. 제도교회가 그의 주장을 거부하긴 했어도 덕성이 뛰어났던 피오레의 요아킴 수사는 중세 시대 내내 존경받는 인물이었다. 수도회 자체 혁신과 정화를 강조하는 회칙준수파 내에도 일부 회원들은 요아킴의 예언과 사상에서 자유로울 수 없었다(Cayota, 연도 미상: 22). 게다가 '아메리카의 발견'이란 대사건은 수사들에게 요아킴의 예언과 사상을 되살리는 데 기여했다. 아메리카는 지상의 낙원, 예루살렘이나 시온산과 연관되어 스페인, 특히 카탈루냐 지역에서 사람들 사이에 회자되었다. 신대륙 아메리카는 새로운 인류의 출현을 예고하는 '제3의 시대', 즉 성령의 시대의 개막을 암시하고 있었기 때문이다(Cayota, 연도 미상: 17).

요아킴은 새 시대의 두 기둥이라 불릴 만한 성인들이 출현해 교회를 갱신시킬 것이며 각각 수도회를 설립하고 이교도들과 야만인이 있는 미지의 땅에서 선교하게 될 것을 예언했다. 두 사람을 의미하는 '두오 비리(Duo Viri)' 예언에서 언급한 수도회의 이름은 콜룸비노회(Ordo Columbino)와 코르비노회(Ordo Corvino)이다. 당시 이 두 수도회는 각각 프란치스코회와 도미니코회를 지칭한다고 인식되었다. 신대륙이 발견되자 그의 예언은 사도적 정신에 충만해 선교열에 불탔던 수사들에게 큰 자극제가 되었다. 베크먼(Luis Weckmann)은 천년왕국과 종말에 대한 임박한 기대가 탁발수도회의 선교와 깊은 관계가 있다는 점을 다음과 같이 강조했다.

누에바 에스파냐가 천년왕국설의 전통을 이어받고 있었다는 것은 중요한데, 그것은 그곳의 수사들이 세상 종말 전야의 상황에서 복음적 가난과 그리스도교의 완성을 추구하는 모든 나라(원주민)들이 처음이자 유일한 기회를 맞이하고 있다고 여긴 것과 관련이 있다. 성 프란체스코와 성 도미니코는 영적인 면에서 교회를 새롭게 개혁했다. 그들에 의해 설립된 새로운 탁발수회들은 13세기와 14세기 요아킴주의가 예언한 성령의 시대와 천년왕국이 도래하기 직전의 상황을 보여주는 징조였다(Weckmann, 1982: 93~94).

보도는 프란치스코회 선교사들의 영적 기반을 천년왕국설에서 찾으며, 알론소 데 발(José María Alonso del Val)은 아메리카 선교사업에도 프란치스코회 수사들을 통해 요아킴주의가 현존했으며, 요아킴 사상과 신대륙, 특히 누에바 에스파냐 선교가 밀접한 관계가 있다고 주장했다(Baudot, 1990: 20; Alonso del Val, 1999).

스페인의 프란치스코회는 종말론적 서막을 알리는 시간으로서 복음화를 위한 제3의 새 시대를 연다는 의미로 1524년 일부러 12명의 수사들을 모아 파견했다. 같은 맥락에서 1526년 들어온 도미니코회도 마찬가지로 12명의 수사를 파견했다. 이처럼 새 시대에 대한 기대와 영감은 누에바 에스파냐 지역 선교사 파견에도 잘 나타난다. 특히 프란치스코회 선교사들은 요아킴의 예언을 언급한 책을 지참하고 있었다는 점에서 어느 정도 천년왕국설이나 종말론을 의식하고 있었다(Alonso del Val, 1999: 370~377).

프란치스코회 수사들은 신대륙, 특히 누에바 에스파냐의 선교를 기독교 완성의 시기와 연관해서 생각했다. 선교사들은 세계의 모든 지역에 선교가 이루어진 후 천년왕국이 도래할 것이라는 요아킴의 예언을 염두에 두었기 때문에 전투적 자세로 선교에 임할 수 있었다(Baudot, 1990: 10). 그리고 포교 과정에서 맞닥뜨리는 수많은 난제들과 정신적·육체적 고통을 극복할 수 있었다.

보도와 베크먼은 16세기 천년왕국설과 종말론을 가장 의식한 인물로 헤로니모 데 멘디에타(Gerónimo de Mendieta) 수사를 지목했다(Baudot, 1990: 19; Weckmann, 1982: 92). 그 밖에도 복음화 사업에 뛰어든 프란치스코회 수사들 중에서 마르틴 발레니시아(Martín de Valencia), 모톨리니아, 사아군 등이 요아킴 사상과 종말론에 많은 영향을 받았다(Weckmann, 1998: 94). 모톨리니아라는 이름으로 더 잘 알려진 토리비오 데 베나벤테 수사는 예언서와 묵시록을 계속 읽었다. 알론소 데 발에 따르면, 그는 역사의 시간을 두 종류로 분류하고 그리스도교 종말론 안에 원주민 역사의 우주관을 통합시키려 했다. 제5 태양의 시기가 끝나고, 아메리카의 발견과 복음이 선포되면서 여섯 번째 시기가 도래했다고 생각했다. 그는 최종적으로 천년왕국이 도래하는 시기는 그다음에 도래하는 일곱 번째 시대에 해당할 것이라고 믿었다(Alonso del Val, 1999: 367~368). 이들은 모두 원주민들의 복음화 사업이 직간접적으로 종말이나 요한묵시록의 예언의 실현과 관련이 있다고 믿었다. 임박한 종말에 대한 기대감 때문에 세례 예식도 개별 세례 대신에 집단 세례를 실시했다. 원래는 충분히 교리를 배우고 기본적인 기도문을 알고 있는 세례 준비자에게 장엄한 예식을 통해 개별적인 세례를 베푸는 것이 원칙이었지만, 프란치스코회 수사들은 그렇게 하지 못했다. 집단적이고 집중적인 세례를 원주민들에게 긴급하게 베풀었던 것과 관련해서 리카르드는 다음과 같이 진술했다.

따라서 각 수사는 정말로 많은 사람들에게 세례를 베풀어야 했다. 다음 숫자들은 우리에게 현실이 어떠했는지 보여줄 것이다. 수마라가(Juan de Zumáraga)가 1531년 6월 12일에 톨로사 참사회에 보낸 서한과 같은 날에 마르틴 데 발렌시아 수사가 마티아스 웨인센 신부(Padre Martías Weynssen)에게 보낸 서한에 따르면, 프란치스코회 수사들은 1524년 이래로 이교도

100만 명 이상에게 세례를 베풀었다. 앞서 언급한 마르틴 수사가 1532년 11월 17일 카를로스 5세에게 보낸 서한에서 1524년부터 1532년까지 120만 명의 원주민들에게 세례를 베풀었다고 언급했다. 페드로 데 간테(Pedro de Gante) 수사는 1529년 6월 27일에 쓴 서한에서 하루에 자신이 1만 4,000명에게 세례를 베풀었다고 썼다. 끝으로 모톨리니아가 1536년 틀락스칼라에서 매주 300에서 500명의 아이들에게 세례를 베풀었다고 쓰고 있다. 모톨리니아는 1524년에서 1536년 사이 세례를 받은 사람의 숫자가 약 500만 명 정도라고 계산했다(Ricard, 1995: 174~175).

집단 세례는 비상시에 긴급히 사용할 수 있는 방식이었다. 세례는 무신론자나 이교도들을 교회 구성원으로 받아들이는 예식으로 가장 중요한 것이었다. 동시에 원주민이 개종자인지 아닌지 상징적으로 보여주는 공개된 예식이었다. 이런 예식이 예외적 방식으로 이루어진 것을 두고 보도와 베크먼, 그리고 알론소 데 발 등은 천년왕국설과 종말론이 당시의 프란치스코회 수사들의 인식을 지배하고 있었다고 해석한다(Alonso del Val, 1999: 375~377). 세상 끝 쪽에 사는 원주민을 모두 개종시키는 것을 요한묵시록의 약속을 실현하는 것이자 천년왕국을 앞당기는 것으로 이해했다(Baudot, 1990: 22~23). 천년왕국적 희망을 품은 선교사들은 의심할 것 없이 단순함, 순수함, 진실성 등의 덕성을 지니고 가난한 삶의 경향을 보인 원주민들을 열성적으로 찬양했다. 부패하고 타락한 유럽사회와는 대조적으로 새로운 땅인 신대륙을 희망의 땅으로 보았다. 누에바 에스파냐에서 선교하던 프란치스코회의 수사들은 부패, 타락, 분열 때문에 유럽에서 실패한 기독교 세계의 모델을 포기하고 초기 기독교 모델을 본뜬 새 기독교 세계 모델을 누에바 에스파냐에 구현하려고 했다. 보도는 새 복음화 기획과 연결된 새 기독교 세계 모델을 메타 역사적 기획이라고 표현하고 천년왕국과 연결시켜 해석한다.

아메리카 원주민들의 삶에 급격한 변화를 초래한 유럽의 팽창이 있었고, 16세기 근대적인 아메리카 건설과 같은 저돌적이고 혁신적인 여러 기획들 있었다. 그러나 믿기 힘들지만 그 가운데서도 가장 눈에 띄는 것은 프란치스코회 소속 선교사들이 멕시코 토착민과 함께 새로운 인류를 건설하려고 구상한 메타 역사적 기획(proyecto metahistórico)이다. 프란치스코회는 창설될 때부터 교회의 세속화에 항의하고 그것을 변화시키려는 소수파를 지지하고 그들에게 영감을 부여하는 전통을 가지고 있었다. 프란치스코회 선교사들은 1524년 산 후안 데 울루아(San Juan de Ulúa)에 도착한 이후 줄곧 요한묵시록이 예고한 천년왕국을 옛 메시카 제국에 건설하는 것을 꿈꾸었다. 단지 최후의 심판을 준비하는 일시적인 정치적 플랫폼(plataporma política)을 만드는 것을 생각한 것이 아니라, 멕시코의 원주민들과 함께 종말에 대비해 영적으로 준비되고, 지적으로 새로워지고, 자신만의 고유한 이야기를 갖는 의미론적으로 다른 차원의 새로운 인류(humanidad nueva)를 만들려고 했다(Baudot, 1990: 9).

결국 프란치스코회 수사들은 초대 교회처럼 신앙이 중심이 된 순수한 기독교 공동체를 누에바 에스파냐에 건설하고자 한 것이다. 그들은 새롭게 기독교 세계 모델을 기획하면서 원주민들이 주축이 되는 기독교 세계를 지향했다(Baudot, 1990: 11).

이것은 미초아칸에서 바스코 데 키로가(Vasco de Quiroga) 주교가 지상에 건설하고자 한 이상적 공동체와도 밀접한 관련이 있다. 키로가 주교는 1531~1535년 자신의 사재를 털고 봉급을 합쳐 현재의 멕시코시티와 미초아칸 주에 산타페(Santa Fe) 공동체를 건설했다. 성서와 초기 기독교 공동체에서 영감을 받고, 토마스 모어의 '유토피아'에서 자극을 받은 새로운 기독교 공동체를 누에바 에스파냐에 직접 건설한 것이다.

토마스 모어가 쓴 '유토피아'는 이상적 미래 사회를 묘사했다. 신대륙에 있던 쿠바를 모델로 새로운 세계를 그리고 있는 이 작품은 초기 자본주의 사회 모델로 인해 고통 받는 농민의 삶의 문제를 극복할 수 있는 이상적 국가체제를 묘사했다. 그는 플라톤의 '공화국'의 아이디어를 많이 차용했지만 그의 이상은 무엇보다 초기 기독교 공동체를 지향하고 있었다. 토마스 모어의 유토피아가 피오레의 요아킴 수사의 예언과 사상에서 많은 영감을 받았다는 점도 흥미로운 일이다.

르네상스 시기 유토피아 기획과 기독교적 인문주의를 대표하는 키로가 주교는 토마스 모어의 '유토피아'를 들고 누에바 에스파냐에 도착했다. 키로가 주교에게 무엇보다도 이 유토피아는 그리스도교적 이상과 질서가 구현되는 곳이었다. 노예 없는 사회를 지향했고, 병자, 고아, 노인 등 사회적 약자와 가난한 사람들에 대한 특별한 관심과 배려를 표명하는 데 그치지 않고 그들을 보호할 수 있는 제도를 만들었다. 키로가 주교가 식민 시대 초기 이미 주민들의 통합적 발전과 사회 안전망 구축을 생각하고 있었다는 점에서 사회 복지의 선구자라고 평가할 수 있다(Beuchot, 2005: 24~28). 그러나 이 모든 시도는 큰 틀에서 보면, 원주민 기독교 세계 기획의 일환이라고 볼 수 있다. 그는 겸손과 순박함을 지닌 원주민들이 초대 교회 사도들과 비슷한 덕성을 지니고 있다고 보고 누에바 에스파냐에 초대 교회의 이상을 실현하려고 시도한 것이다(González Ibarra, 2009: 118). 새 복음화 기획의 일환으로 원주민들을 모았고, 그들과 함께 사는 것에 그치지 않고, 새로운 윤리나 질서, 규범을 준수하도록 하여 원주민들을 진정한 기독교 신자로 만들려고 했던 것이다.

3. 16세기 누에바 에스파냐 가톨릭교회의 선교 전략

1) 우상파괴 전략

종말이 멀지 않았다는 생각 때문에 더욱 천년왕국을 고대했던 수사들은 누에바 에스파냐 지역에서 원주민을 대상으로 한 이상적 기독교 세계를 구상했고, 이것을 현실에서 구현하려고 노력했다. 하지만 그들이 마주한 현실은 그리 녹녹치 않았다. 원주민들이 우상숭배와 미신 행위에서 벗어나지 못하고 있었기 때문이다. 우상숭배는 수사들이 바라던 원주민들의 영혼 구원과 양립할 수 없는 것이었다. 기독교 신앙에서 볼 때 이 행위는 악마의 행위였고, 지옥에 떨어지는 벌을 받는 무서운 반기독교적 행위였다. 다가올 최후의 심판에서 원주민들의 영혼을 구원하기 위해서는 최우선적으로 우상숭배를 근절해야 했다.

우상숭배가 쉽게 사라지지 않은 이유는 무엇보다 원주민들의 신관과 관련이 있다. 누에바 에스파냐 지역의 원주민들은 다양한 신을 숭배했다. 수많은 신들이 다양한 분야에서 인간을 도와준다고 믿었다. 그들에게는 물의 신 틀랄록이나 태양신 우이칠로포치틀리는 없어서는 안 될 존재였다. 이 지역의 고대 신들은 주로 농업과 밀접한 관련이 있었고, 자주 인간의 모습이나 동물의 형상으로 상징화되었다. 농경의 신인 케찰코아틀이 대표적이다. 뱀의 형상을 지녔으며 인간으로 표현되기도 하고 때때로 혼합된 형태로 표현되었다. 토테미즘이 전 지역에서 나타났다. 기원후 900년 이후에는 신을 의인화하기보다 치치메카족의 신앙에서 보여지듯 태양, 별, 바람, 불 등 영적이고 우주적 힘을 숭배하는 경향도 보였다 (Duverger, 1996: 96~98).

정복자들과 선교사들은 나무나 돌로 된 신상들을 보며 무시무시하고 어둡고 역겹다고 느꼈다(Duverger, 1996: 96). 특히 누에바 에스파냐 전 지역에서 거행되었던 인신공양 행위와 예배들은 이해할 수 없는 미신행위로 치부되었다. 사아군에게 우상숭배는 도둑질이나 주벽, 색욕보다 더 중대한 죄였고, 사악한 악이자 천벌을 받을 죄였다. 모톨리니아는 우상들을 악마와 동일시했다. 우상숭배가 모든 악의 원인이자 그 정점이라는 생각은 초기 선교를 담당한 수사들의 공통된 인식이었다(Camorlinga, 1993: 63~65). 정복 직후에는 특별한 선교 전략이 부재했다. 따라서 정복자들과 선교사들은 선교보다 주로 원주민들의 성전과 우상을 파괴하는 데 몰두했다. 사실상 가장 먼저 실천에 옮겨진 선교전략은 우상을 파괴하는 전략이었다. 선교사들은 옛 종교의 성지나 전통적 신앙의 대상을 파괴해야만 새로운 종교의 토대를 확실하게 구축할 수 있다고 믿은 것이다.

초기 선교사들을 당황케 만든 것은 세례를 통해 개종했던 원주민들조차 자주 우상숭배와 미신, 인신공양의 유혹에 빠졌다는 점이다. 주로 동굴, 산, 숲속에서 은밀하게 우상숭배 예식이 진행되었다. 교회 내부에도 우상을 숨겨두었는데 주로 제단 밑이나 십자가상, 성모상 밑에 우상을 숨겨두고 경배했다. 집 안, 마당, 담장 뒤에 우상을 모셔두기도 했다. 우상숭배는 쉽게 근절되지 않았다. 우상이 쉽게 근절되지 않는 데는 선교사들이 의사소통의 문제로 원주민들에게 심오한 교리나 신앙의 내용을 충분히 이해시킬 수 없었기 때문이다. 많은 사람들이 세례를 받았지만 완전히 개종되어 진정한 기독교 신도가 된 것은 아니었다. 다른 이유 중 하나는 종교권력을 지닌 토착종교의 사제, 부족의 주술사, 전통의술을 보유한 치료사와 정치권력을 지닌 카시케(Cacique)와 정치지도자들이 우상과 밀접한 관련이 있었기 때문이다. 우상은 그들 권력의 근간이요 토대였다. 원주민 종교 지도자는 정치권력도 함께 누렸다. 따라서 그들이 우상을 상실하는 것은 곧 권력 상실을 의미했다. 그들은 때때로 스페인 왕실과 교회에 맞서도록 주민들을 선동하거나 음모를 꾸몄다.

1547년 오아하카(Oaxaca) 코아틀란(Coatlán) 지역의 족장들과 지도자들은 자신들의 권력을 잃지 않으려고 무력시위와 반란을 일으키며 저항했다. 이런 지역에서는 선교가 정체될 수밖에 없었고, 결국 군사적 진압이란 방식으로 해결할 수밖에 없었다(Roulet, 2008). 1550년 사카테카스 지역에서도 이런 일이 발생했다. 그러나 가장 큰 규모의 저항과 반란은 1541년 누에바 갈리시아(Nueva Galicia) 지역에서 발생했다. 믹스톤 반란(La rebelión del Mixtón)이라고 불리는 이 봉기는 여러 부족들이 연합해 일으켜 그 규모도 컸지만 무엇보다 반기독교적 반란이란 특징을 가지고 있었다(Ricard, 1995: 387~407). 초기 교회 지도자들과 세속 행정당국은 우상숭배자들에 대해 엄격하게 다루었다. 1539년 멕시코시의 주교인 수마라가가 우상숭배자였던 테스코코의 영주를 교수형으로 처벌한 것이 대표적이다. 그러나 스페인 왕실과 교회 내부에서 너무 과한 처벌이었다는 지적이 나왔고, 우상숭배가 극형을 처할 정도의 죄는 아니라는 주장이 제기되었다. 그 후로는 옥살이를 시키거나 태형으로 다스리면서 점차 처벌이 완화되는 경향을 보였다(Rubial Garcia, 2002: 38~39).

초기 선교사들은 기본적으로 우상숭배 행위를 그냥 놔두고는 누에바 에스파냐의 복음화나 선교 자체가 불가능하다는 것을 인식하고 있었다. 누에바 에스파냐의 초기 역사를 기술한 베르날 디아스 델 카스티요는 올메도(Olmedo) 신부를 언급하면서 그가 선교보다 우상파괴에 더 관심을 보였다고 기록했다(Camorlinga, 1993: 61). 일부 선교사들에게는 우상파괴와 선교가 분리된 것이 아니라 하나였다는 것을 알 수 있다. 로베르 리카르드는 선교사들이 얼마나 광적으로 우상파괴 사업에 몰두했는지 다음 진술을 통해 잘 보여주고 있다.

1525년 마르틴 데 라 코루냐(Martín de la Coruña) 수사는 이미 친춘찬(Tzintzuntzan)에서 모든 성전들과 모든 우상들을 파괴했다. 미초아칸에 있는 성스러운 도시를 파괴했다. 1529년 6월 27일 서한에서 자기 제자들이 하는 가장 중요한 일은 자신이 주도하는 우상과 성전을 쓸어버리는 것이라고 말했다. 그는 6년 전부터 계속 우상을 파괴하고 있음에도 불구하고 아직 끝나지 않았다고 1532년 10월 31일 편지에서 쓰고 있다. 1531년 6월 12일에 수마라가가 쓴 유명한 서한에서 그는 500개 이상의 성전과 2만 개 이상의 우상을 파괴했다고 썼다. 1532년 11월 17일에 여러 수사들과 함께 마르틴 데 발렌시아 수사가 카를로스 5세에게 쓴 편지에서 유사한 내용을 발견할 수 있다. 의심할 수 없는 증거들은 사아군, 두란, 멘디에타, 다빌라 파디야 그리고 브르고아(Dávila Padilla y Burgoa)와 같은 주요한 저술가들의 텍스트를 통해서 확인 할 수 있다. 또 각각의 저술들은 서로의 내용을 보완해주고 있다. 이들 모두는 필사본(manuscritos)의 파괴에 대해 말하고 있다. 수사들은 수많은 기념비와 조각상을 파괴했다는 것을 부정할 수 없다(Ricard, 1995: 106).

초기 선교사들은 우상의 숫자가 너무 많고 광범위한 지역에 퍼져 있어다 파괴할 수 없었다. 큰 규모의 우상은 눈에 띄었지만 소규모의 조그만 석상들과 나무로 된 우상들까지 다 파악할 수는 없었다. 코아틀란 반란이 진압된 지 100년이 지난 후, 1653년 오아하카 분지 산 미겔 솔라(San Miguel Zola)의 본당 신부인 곤살로 데 발살로브레(Gonzalo de Balsalobre)가 원주민의 옛 신앙 전통과 우상숭배가 사라지지 않았다고 기록한 것처럼 원주민의 고유한 신앙과 오래된 종교적 전통은 쉽게 바뀌지 않고 오랫동안 지속되었다(Roulet, 2008: 124).

2) 개종한 원주민 정착촌 건설 전략

분명한 사실은 새로운 종교와 문화에 대해 저항하는 원주민보다 수동적일지라도 새 종교를 받아들인 원주민들이 더 많았다는 점이다. 누에바 에스파냐 지역이 정복당한 후 원주민들은 자신들의 신이 기독교의 신보다 약하다는 것을 깨달았다. 아스테카 제국이 붕괴된 후 마지막 태양이 지고 자신들의 시대가 끝났음을 인식했고, 새로운 현실을 체념적으로 수용했다. 원주민들의 거주지인 칼푸이(Calpulli)5)에서 토착 신들이 새 기독교 신에 의해 빠르게 대체되어갔다. 따라서 폭력적 저항이나 반기독교적 행동은 북부와 서부, 남부의 일부 지역에서만 표출되었다(Alvear Acevedo, 1975: 77~79). 멕시코 중앙고원 지역의 주민들처럼 대부분의 원주민들은 새로운 종교와 신, 그리고 새 문화에 대한 호기심을 가졌다(Duverger, 1996: 108~109). 그러나 기독교에 관심을 가지는 원주민이나 개종한 원주민들을 어떻게 새로운 문화와 종교에 적응시켜 나가느냐가 선교사들 사이에 긴급히 해결해야 할 문제로 대두되었다.

정복 직후 식민 초기에는 많은 원주민들이 스페인 행정당국이나 선교사들의 통제를 벗어나 생활하고 있었다. 누에바 에스파냐 지역의 중부와 남부는 이미 아스테카와 마야 문명의 영향을 받아 어느 정도 도시 문화가 존재하고 있었다. 따라서 일부 원주민들은 도시에 거주하고 있었지만, 다른 지역의 대다수 원주민들은 도시 밖에 거주하고 있었다. 그들은 산간 오지나 계곡, 절벽, 정글 등에 소규모의 마을을 이루고 분산되어 살았다. 에르난 코르테스도 여기 저기 흩어져 작은 부락 단위로 생활하는

---

5) 누에바 에스파냐 지역에서 혈연 중심의 가족들로 구성된 친족을 기반으로 한 가장 기초적인 행정 단위를 일컫는다.

원주민들을 통치하고 식민화하는 데 어려움이 많다고 호소했다(Aguirre, 2013: 131). 스페인 행정당국은 원주민 인구를 제대로 파악하지 못했고, 세금을 징수하는 데도 어려움을 겪었다. 마을과 주민들의 분산은 식민화뿐 아니라 효과적인 선교, 복음화, 문명화 사업에도 지장을 초래하는 주된 장애 요소였다(Rubial Garcia, 2002: 16~17; Vázquez Loya, 2004: 43). 소수의 수도회 인력으로 뿔뿔이 산간 오지에 흩어져 있는 원주민들을 찾아다니는 일은 쉽지 않았다. 이 점에 대해 모톨리니아는 다음과 같이 문제들을 지적했다.

어떤 마을들은 산꼭대기에 있었고, 또 다른 마을들은 깊은 계곡 속에 위치해 있었다. 그래서 수사들은 구름이 있는 곳까지 올라가야 했고, 때로는 까마득한 절벽을 따라 깊은 계곡까지 내려가야만 했다. 땅은 매우 험준했고, 진흙이 가득한 습한 곳과 발을 헛디뎌 떨어질 위험이 있는 곳도 많았다. 불쌍한 수사들에게는 큰 노고와 피로가 따랐다(Ricardo, 1995: 231~232에서 재인용).

따라서 먼저 고안해낸 방식이 개종한 사람들을 중심으로 흩어져 살던 원주민들을 한곳으로 모으는 정책이었다. 이 정책을 누에바 에스파냐에서는 콩그레가시온(Congregación)이라고 불렀다.6) 이 정책에 따라 기존부터 잘 정비되어져 있던 일부 도시를 제외하고는 독트리나(Doctrina)라고 불리는 원주민 정착마을들이 새로 조성되거나 기존 마을들이 재배치되

---

6) 이 정책은 안티야스 제도에서 제일 먼저 시행된 정책이었다. 같은 정책에 대해 누에바 에스파냐에서는 주로 '콩그레가시온'이란 용어를 사용했고, 페루와 같은 남미에서는 '레둑시온'이란 용어를 선호했다. 덜 흔하게 사용되었지만 '훈타(Junta)'라는 용어도 같은 것을 지칭했다.

었다.7) 이것과 관련해서 교회는 '원주민들의 독트리나'라고 부르는 것을 선호했고, 세속 행정 당국은 '원주민들의 마을(Pueblo de indios)'이라는 용어를 더 자주 사용했다.

주로 산과 계곡 아래 넓은 평야지역, 언덕이 아닌 농지가 있고 정착이 가능한 평지에 인위적인 마을이 건립되었다. 경우에 따라서는 산간이나 오지에 있던 마을 전체가 이주하는 경우도 있었다(Ricard, 1995: 235). 이 방식은 초기 선교사들이 주로 사용하던 방문선교나 순회선교 방식의 단점을 보완해주었다. 또한 행정 당국의 입장에서는 원주민들에게 세금을 쉽게 징수할 수 있고, 노동력을 조직적으로 관리할 수 있는 장점이 있었다. 원주민들의 입장에서는 이 정책이 자신들에게 유익한 것은 아니었다. 사실상 원주민들은 스페인 행정당국과 교회로부터 멀리 떨어져 있을수록 노역이나 세금으로부터 자유로울 수 있었기 때문이다. 식민 당국과 수도회에 의한 원주민들의 강제적, 반강제적 이주는 많은 저항을 초래했다. 부왕은 강요와 설득을 병행하며 마을 이전이나 주민의 이주를 단행할 수밖에 없었다. 스페인 지배체제로 들어가는 것이 싫어 이주 대신 도주를 선택하는 원주민들도 많았다. 게다가 전염병 창궐이나 농산물 생산 감소로 인해 원주민의 수가 급감하면 노동력이 필요해진 스페인 당국은 더욱 원주민을 한곳에 모아 관리해야만 했다.

개종한 원주민 정착마을 건립이 필요하다는 점에서는 스페인 왕실이나 주교, 선교사들 사이에 이견이 없었다. 스페인 왕들의 칙령과 각종 종교회의에서 원주민 정착마을 건립의 필요성이 재확인되었다. 이점에

---

7) 토착 종교의 성지나 피라미드 기단 위에 성당이 건립된 일부 대도시 인구밀집 지역들은 제외되었다. 아스테카 제국의 주신전이 있었던 멕시코시나, 푸에블라 인근의 촐룰라가 대표적인 예이다. 이것은 원주민 토착 거주지 문화가 누에바 에스파냐 지역의 도시 발전에 기여한 경우이다.

대해 부에나벤투라 데 카로세라(Buenaventura de Carrocera) 수사는 다음과 같이 진술했다.

1578년 공포된 펠리페 2세의 칙령은 특별히 중요하다. 이 칙령은 인디아스위원회의 위원, 수도회를 대표하는 사람, 선교사와 같은 수많은 사람들이 여러 차례의 모임을 통해 먼저 시행할 긴급한 것들에 대해 서로 합의했던 것을 담고 있다. 또한 1546년 멕시코 모임이 중요하다. 이 회의에서 참석자들은 만장일치로 합의에 도달했다. 원주민들에게 교리교육을 시키기 위해 가장 중요한 것은 "원주민을 한곳으로 모으고, 그 곳에 수도회 사제들이 가르칠 수 있는 교회를 세우는 것"이다. 왜냐하면 "이렇게 할 때 교리를 이해할 수 있고, 질서와 조화 속에 살 수 있기 때문이다". 게다가 원주민들이 진정한 이성적 인간, 그리고 진정한 기독교인이 되기 위해 한곳에 모여살고 밀집해 있을 필요가 있다. 산과 높은 봉우리에 분산되어 있거나 뿔뿔이 흩어져 살아서는 안 된다(Moreno Pérez, 1989: 20에서 재인용).

이 마을을 관리하는 직책은 주로 원주민들에게 기독교 교리와 신앙을 가르치고 지도해야 하는 수사와 신부(Doctrinero)들이 맡아보았다. 많은 지역에서 원주민과 꾸준한 관계를 유지하는 집단은 선교사들이었다. 따라서 이런 마을에서는 교회나 수도원이 점차 원주민 생활의 중심이 되어 갔다. 기도와 예배가 계속되었고, 원주민들은 끊임없이 종교 예식에 노출되어 새로운 문화에 젖어갔다. 수사들의 손에 원주민의 종교적 생활뿐 아니라 경우에 따라서는 행정과 사법판결 업무까지 맡겨졌다. 원주민을 한 지역으로 모으고 밀집시키는 정책은 원주민 개종을 훨씬 수월하게 만들었고 주민을 관리하는 데도 유용했다(Yukitaka, 2007: 113). 이 정착마을들은 원주민들에게 가톨릭을 토대로 한 새로운 사회적·문화적 정체성을

형성하는 계기를 제공했다. 마리아 타마요(John Jairo María Tamayo)는 이
점을 다음과 같이 강조했다:

원주민 정착마을은 불신자와 야만인, 우상숭배자들을 교회와 하느님께
충실한, 착한 기독교도로 바꾸어놓는 데 결정적으로 기여한 공간이었다.
그 속에서 원주민은 가톨릭 종교 예식, 일상의 도덕규범, 기본 교리를 배우
고 거기에 적응했다. 이 공간은 믿지 않는 이들을 배제하고 가톨릭 정체성
을 표현하는 공간이 되었다(María Tamayo, 2010: 75).

이 선교 전략을 처음 실천한 수도회는 프란치스코회였다. 그러나 이
수도회뿐만 아니라 도미니코회와 아우구스티노회까지도 경쟁적으로 마
을 건립에 앞장섰다. 따라서 16세기 중반이후 이 정착마을들의 수는
급격히 증가했다. 먼저 프란치스코회는 타라스코족(los tarascos) 사람들을
위한 마을 조성에 앞장섰다. 하코보 다시아노(Jacobo Daciano) 수사는 게
레타로(Querétaro) 지역에서 마을 건립에 앞장섰다. 건축가인 후안 데 알
라메다(Juan de Alameda) 수사는 툴라(Tula) 지역에서 마을 건립에 깊이
관여했다. 도미니코회에서는 프란치스코 마린(Francisco Marín) 수사가 마
을의 공동금고를 조성하고 이를 공익적 사업에 사용하기도 했다. 주로
이 수도회는 테스코코 지역에서 마을 건립을 주도했다. 아우구스티노회
는 원주민 정착마을을 기획하고 건립하는 것뿐만 아니라 마을을 관리하
고 운영하는 데 탁월한 능력을 보여주었다. 특히 도로 포장과 관계시설
정비를 통해 주민들이 더 많은 문명의 혜택을 누릴 수 있도록 배려했다.
디에고 데 차베스(Diego de Chávez) 수사는 유리리아(Yuriria)를, 프란치스
코 데 비야푸에르테(Francisco de Villafuerte) 수사는 쿠잇세오(Cuitzeo)를,
후안 바우티스타 데 모야(Juan Bautista de Moya) 수사는 풍그라바토

(Pungrabato)를 설립했다. 또한 아토토닐코(Atotonilco) 지역과 이달고 (Hidalgo) 주의 메스티틀란(Meztitlan) 지역에서 수도원과 병원, 수로와 같은 관계체계를 구축하는 데 중요한 역할을 수행했다(Ricard, 1995: 234~236).

분산된 원주민을 한곳으로 모으고 밀집시키는 것은 장기적 전망에서 보면 마을의 도시화를 의미했다. 이 마을들을 중심으로 점차 식민 시대 도시들이 발전했다. 그러나 스페인 왕실은 공간을 재배치하고 새로이 조성하면서 원주민들의 공간 개념과 우주관을 유럽의 우주관으로 대체해 나갔다. 에레라 앙헬(Herrera Angel)은 공간적 정렬이나 재배치가 새로운 정치적·종교적 질서를 부여하거나 강요하려는 의도를 가지고 있었다고 주장했다. 즉, 성당과 수도원, 유럽식 공공행정 건물들을 통해 서구의 우월성과 식민지배의 정당성을 상징적으로 보여주었다는 것이다(Herrera Angel, 1998: 113~114). 이러한 건축물은 식민지배의 견고함을 상징적으로 드러냈다. 옛 제국의 일부 도시를 제외하고 토착 원주민들의 옛 공간들은 파괴되거나 그 중요성이 약해져 방치되곤 했다. 대성당이나 수도원, 법원, 왕실 관리들의 청사들은 정치적·문화적 패권이 어디에 있는지 잘 드러내 주었다.

바스코 데 키로가 주교가 멕시코시와 미초아칸에 설립한 원주민 공동체도 콩그레가시온 정책의 일환이었다. 이 점에서 키로가는 선구자라고 할 수 있다. 그는 이미 1530년대 초반부터 이런 공동체를 구상하고 직접 설립했다. 토마스 모어의 '유토피아'에서 영감을 받아 만든 이 공동체도 특수한 형태의 독트리나라고 볼 수 있다. 이 곳에서는 스페인 세속 당국의 영향력보다 키로가를 중심으로 한 성직자들의 영향력이 더 컸다. 복음의 원리에 충실했다는 점과 원주민을 보호하고 그들의 권리를 더 많이 보장했다는 점에서 더 교회적이고 더 친원주민적인 공동체였다. 특히 고아와 병자, 아이들과 노인 등 사회적 약자까지 포용하고 보호하는 사회보호시설과 병원을 운영했다. 한마디로 보건체계까지 갖춘 복지 중심의 원주민을 위한 공동체였다. 키로가 주교는 평등과 형제애 등 건전한 가치와 윤리에 의해 다스려지는 사회를 건설하려고 했다(Hurtado Lopez, 1997: 114~117). 이런 점들은 종교적 목적뿐만 아니라 스페인 당국이 지배와 착취를 용이하게 하기 위한 목적으로도 이용된 독트리나와 키로가 주교가 조성한 공동체 사이의 차이를 명확하게 드러낸다.

스페인 식민 당국과 수도회가 주도한 원주민 정착마을 조성 정책은 스페인 왕실이 지배하는 아메리카에서 사회적·공간적 구성과 교회의 사목적 기획의 새로운 전형을 보여준다. 이런 마을 공동체는 일부 지역에서 사목적 필요 때문에 점차로 미션(Misión) 형태로 발전되기도 했다(María Tamayo, 2010: 77). 미션은 유목이나 반유목 상태를 유지하던 원주민들이 거주하던 지역에 주로 건설된 선교 공동체이다. 유목 사회는 농경 중심의 사회가 아니라 정착민들이 많지 않은 관계로 새로이 거주지가 조성된 것이다. 미션도 주민들을 한곳에 모은다는 의미에서 콩그레가시온의 일환이었다(Ettinger Mc Enulty, 2004: 2). 미션을 이해하는 데는 마을이라는 개념보다는 공동체라는 개념이 더 적절하다. 주로 16세기 후반에 설립되기 시작했고 17세기를 거치면서 누에바 에스파냐 북서부 지역과 미국의 남서부 지역에서 많이 설립되었다. 오늘날의 사카테카스, 과나후아토, 코아우일라, 누에보레온, 타마울리파스, 바하 칼리포르니아, 텍사스, 뉴멕시코 등지에 해당한다. 이 지역 식민화와 원주민 거주지 건립 정책은 금광이나 은광과 같은 광산 개발과 밀접한 관련이 있었다(Penagos Belman, 2004: 159). 주로 프란치스코회와 예수회가 이 지역 미션 건립에 뛰어들었다. 미션은 유럽인, 흑인, 물라토, 메스티소가 들어와 살 수 없는 수순한 원주민 자치 공동체적 성격을 지니고 있었다. 이 공동체는 복음과 초대교회 모델에 충실한 이상적 기독교 공동체를 구현하려는 목적에서 만들어졌다. 원주민들의 개종과 복음화뿐 아니라 유럽적 전통과 문화, 도덕을 가르치고 도시적 삶에 적응케 하려는 문명화 기획의 일환이기도 했다. 그 밖에도 유럽인, 특히 스페인 사람들의 악행과 탐욕으로부터 원주민을 분리시키고, 엔코멘데로들로부터 착취당하지 않도록 보호할 목적에서 기획되었다는 점도 중요하다.

보통은 1,500~7,000명 정도의 원주민들이 미션에서 생활했고, 두 명의 수사가 그들과 함께 공동체 내에서 기거했다. 수사들이 정치, 경제, 사회, 종교 문제에 있어 최고의 권위를 가지고 있었다. 원주민들은 수도회와 수사들의 보호하에서 절대적 자치를 누렸다. 공동체 전체가 수사들의 관리와 통제하에 있었기 때문에 우상숭배를 할 수 없었다. 미션은 어떤 의미에서 큰 규모의 수도원과 유사했고, 그 곳에 사는 주민들의 삶은 수사들의 일상의 삶과 많이 비슷했다. 기독교 윤리와 가치가 생활의 중심이었다. 그러나 스페인 부왕이나 주교의 통제 밖에 있었고, 경제적 풍요를 구가했다는 점에서 많은 스페인 사람들의 시기와 질투의 대상이 되었다. 게다가 비원주민들에 대해서는 폐쇄적이었기 때문에 미션을 원치 않는 사람들이 많아졌다.

미션은 공동체 내부와 외부를 대립시키는 성격을 가지고 있었다. 내부는 개종한 원주민들만이 모여 살며 기독교 세계의 이상과 유토피아가 실천되는 곳인데 반해서, 그 밖의 외부는 이교와 불신앙, 비도덕적 삶의 공간임을 은연중에 암시하고 있었다(Ettinger Mc Enulty, 2004: 13). 특히 예수회가 운영하던 미션은 자급자족적 경제의 성격이 강했고, 세금도 내지 않는 '국가 내 또 다른 국가'와 같은 특권을 누리고 있어서 스페인 당국의 불만도 증가했다(Ricard, 1995: 250~254). 1767년 스페인 왕실의 명령에 의해 예수회는 아메리카 대륙에서 철수해야 했고, 결국 해체되는 운명을 맞았다. 예수회가 운영하는 미션도 급격히 쇠퇴하는 운명을 맞았다.

주민들의 복음화와 문명화 기획 속에서 시도된 콩그레가시온 정책은 기존의 토착사회를 빠르게 해체시키는 결과를 가져왔다. 주민들의 이주와 새로운 정착지 조성 정책은 식민 당국뿐만 아니라 수도회들도 주도적으로 개입한 사업이었다. 독트리나의 설립, 그리고 키로가 주교가 구상하고 실천한 사회복지식 모델의 원주민 거주지, 미션까지 모두 새로운 원주민 기독교 세계를 만들어보기 위한 시도요 도전이었다. 임박한 종말 앞에서 원주민들과 함께 구원받을 만한 삶을 살려고 한 수사들의 노력의 결과였다. 여기에는 기독교 원주민 세계를 건설하려는 이상뿐 아니라 르네상스 이후 확대된 인본주의에 기초한 유토피아 사상도 중요한 역할을 했다. 유럽의 부패하고 분열된 교회의 모습을 극복하고 새로운 사회와 공동체를 건설해보려고 한 초기 누에바 에스파냐 선교사들에게 새로운 원주민 기독교 세계의 구현은 단순한 이상이나 망상이 아니었다. 특히 키로가 주교의 산타페 공동체와 프란치스코회와 예수회가 주도한 미션은 천년왕국설과 유토피아 사상에 영향을 받은 실천적 전략이었다.

3) 현지 원주민 언어를 통한 선교 전략

누에바 에스파냐라는 새로운 선교 무대에 투입된 초기 탁발수도회 수사들은 광대한 영토와 다양한 문화, 낯선 언어 때문에 복음화에 어려움을 겪었다. 특히 언어문제는 수사들에게 선교의 가장 큰 장애 요소였다. 의사소통이 자유롭지 못했기 때문에 원주민에게 높은 수준의 기독교 교리와 신앙을 전수할 수 없었다. 선교사들은 십계명, 몇 가지 기본 교리, 주기도문, 성모송, 사도신경 등 라틴어 기도문과 우상숭배, 문란한 성생활, 술독에 빠지는 행위 등 기독교에서 금기시하는 것 몇 가지를 중심으로 가르쳤다(Rubial García, 2002: 26).

수사들은 주로 라틴어를 사용했고 이 언어를 원주민에게 보급하려고 노력했다. 라틴어를 사용한 이유는 이 언어가 고등 언어의 표본이고, 교회의 공용어였기 때문이다. 당시까지도 종교 생활뿐 아니라 신학 등 학문을 위해서는 필히 익혀야 하는 언어였다. 식민 시대 초기 수사들은 가장 광범위한 지역에서 사용되는 나우아어를 몰랐기 때문에 모든 것을 라틴어로 표현했다(Kobayasi, 1997: 185~187). 그러나 원주민들은 어려운 라틴어를 이해하지 못했다. 따라서 초기에는 주로 광장과 시장에서 포교를 하면서 표정이나 손짓과 몸짓을 이용해서 교리를 설명했다. 그러나 이런 방식은 원주민들에게 오히려 폭소와 웃음을 야기해 교육적 효과가 떨어졌다. 그래서 그림문자나 종교화를 보여주면서 포교를 시도했다. 하코보 데 테스테라(Jacobo de Testera) 수사가 개발한 이미지를 통한 교리교육이 시도되었다.[8] 좀 더 상황이 좋은 수사들은 통역사의 도움을 받아 원주민과 소통했다. 이 방법은 손짓 발짓을 사용하는 것보다 더 진화한 방식이었지만 정확한 메시지를 전달하는 데는 한계가 있었다. 틀라텔롤코의 산타크루즈 학교(El colegio de la Santa Cruz de Tlatelolco) 설립 이전에는 전문적 과정을 이수하지 않은 통역사들이 대부분이었다. 그들은 추상적 신학 개념 같은 어려운 용어의 의미를 정확히 전달할 수 없었다. 어떤 통역사들은 내용을 왜곡하고 사익을 챙기기 위해 중간에서 농간과 술수를 부리는 경우도 있었다(Baudot, 1990: 30).

통역사의 이용은 때때로 종교 예식 과정에서도 문제를 초래했다. 통역

---

8) 테스테리아노식 교리교육(Catecismos Testerianos)은 그림과 이미지를 통해 가톨릭교회의 교리들을 설명하는 방식이었다. 스페인식 이미지와 상징뿐만 아니라 멕시코의 그림 문자나 이미지를 포함한 작은 책자가 사용되었다. 이미지는 왼쪽에서 오른쪽으로 진행되도록 만들었고, 원주민어도 함께 병기해서 교리에 대한 이해를 도왔다.

사가 배석한 상태에서 진행되던 고백성사는 신자들의 개인적인 사생활이나 은밀한 비밀이 보장될 수 없는 단점이 있었다. 프란치스코회, 도미니코회, 아우구스티노회 등 탁발수도회 수사들은 원주민 언어를 통달하지 못하면 원주민 개종이나 선교의 결실을 기대하기 힘들다는 것을 깨달았다(Zamora Ramírez, 2011: 561~563). 결국 선교사들은 현지 언어 정복 없이 원주민 개종이나 누에바 에스파냐의 복음화는 불가능하다는 것을 깨달았다. 원주민 문화 속으로 파고들고, 그들의 마음을 얻기 위한 가장 필수적인 수단은 그들의 언어를 배우는 것이었다.

탁발수도회 수사들이 가장 많이 배우고 싶어 하고, 또 가장 많이 습득한 언어는 나우아어였다. 이 언어는 이 지역의 패권을 장악한 아스테카 제국의 공식언어였고, 어휘도 풍부해 문명어의 반열에 있었다. 약 2,000만 명이 사용하고 있었다는 점에서 영향력이 큰 언어였다. 수사들은 원시적 유목생활을 하던 주민들을 정착시키고 문명화하는 데 나우아어를 도구로 사용하려 했다. 크리스티앙 드베르제르는 나우아어의 위상에 대해 다음과 같이 강조했다.

수사들이 설립한 선교공동체 미션 주변에 집단을 이루며 유목생활을 하던 북부 지역 사람들이 나우아어를 배웠다. 그러나 이 특별한 경우는 원주민들을 통합하기 위한 방법이었다. 프란치스코회 수사들은 고의로 치치메카족이 메시카족화하도록 선동했다. 그들의 유목생활을 야만적인 것으로 …… 그리고 소외된 것으로 이해했다. 수사들은 유랑민들이 정착하는 데 관심이 있었다. 문명화된 원주민들로 변화시키고, 그 뒤에 기독교인으로 개종시키기 위해 그들에게 나우아어를 가르쳤다(Duverger, 1996: 136).

나우아어는 수사들이 어디서든 쉽게 접할 수 있었기 때문에 비교적 쉽게 배울 수 있는 장점이 있었다. 1540년경에는 수사들이 나우아어를 평범한 일상 언어 수준을 넘어 시어(termino poético)나 수사(Retorica)까지 충분히 이해하는 경지에까지 이르렀다. 당시 스페인이 지배하던 누에바 에스파냐 지역에만도 40여 개의 언어가 있었지만 모든 언어가 같은 정도로 중요한 것은 아니었다. 특히 나우아어를 비롯해서 사포테카어(Zapoteca), 타라스코어(Tarasca), 오토미어(Otomí), 미스테코어(Mixteca), 마야어(Maya yucateca y Maya quiché) 등 10여 개의 언어가 중요했다(Baudot, 1990: 29). 이 언어를 사용하는 사람들은 인구도 많았고, 정착 생활을 통해 비교적 높은 문명을 유지하고 있었다는 점에서 수사들의 관심의 대상이었다. 그러나 수사들은 극소수 부족들이 사용하거나 뿔뿔이 흩어져 유랑하는 유목민들의 언어는 배우기를 꺼렸다. 투자한 노력에 비해 개종의 성과가 미약했기 때문이다.

각 수도회가 선교를 담당하던 지역에 통용되던 언어에 따라 각 수도회가 배워야 하는 언어도 달랐다. 로베르 리카르도는 각 수도회 수사들이 집중해서 배웠던 언어들에 대해 다음과 같이 언급했다.

각 수도회는 다른 선교지를 가지고 있었다. 비록 배정된 선교지가 서로 명백하게 구분되는 것은 아니지만, 선교 배정지에 따라 배워야 하는 언어는 달랐다. 예를 들면, 도미니코회 회원들은 미초아칸에 수도원을 세운 적이 없었다. 따라서 결코 타라스코족의 언어를 배운 적이 없었다. 반면 프란치스코회 수사들은 사포테카족의 말을 쓸 이유가 없었다. 선교지의 경계지역들에 있던 수사들은 여러 언어와 다양한 지식에 대해 공부해야 했다. 수사들이 선호하는 언어는 나우아어였다. 그렇다고 폭넓게 사용되지 않는 다른 지역의 언어에 대한 공부를 하지 않았다는 의미는 아니다. 예를 들자면, 도미니코회 회원 중에서 도밍고 데 산타 마리아(Domingo de Santa

María) 수사와 베니토 페르난데스(Benito Fernández) 수사는 미스테코족의 언어를 공부했다. 베르나르도 데 알부르케르케(Fray Bernardo de Albur-querque) 수사는 나우아어 외에도 미스테코어와 사포테코족의 말과 촌탈족의 말을 배웠다(Ricard, 1995: 119).9)

미초아칸 지역의 바스코 데 키로가 주교는 선교에서 현지 언어 구사 전략의 중요성을 인식하고 최소한 하나의 지역 언어를 구사하지 못하는 신학생은 사제 서품을 보류하도록 했다. 이런 정책으로 많은 수의 수사들과 사제들이 원주민 언어를 구사할 수 있었다. 키로가의 뒤를 이어 부임한 안토니오 모랄레스(Antonio Morales) 주교는 "열거한 50명의 성직자 중에서 단지 둘 셋 정도만 현지 원주민 언어를 구사하지 못했고, 어떤 성직자는 두 개 혹은 세 개의 현지어를 구사하기도 했다(Hurtado López, 1997: 118)"고 증언했다.

선교사들은 라틴어 음운 체계를 이용해 원주민 언어들을 표기할 수 있었다. 다행히 16세기 유럽에서 언어 분류 체계가 개발되었고, 이 방법을 이용해서 원주민 언어를 분류하기 시작했다. 현지 어휘들을 정리해 용어집을 만들었고, 문법적 구조 또한 파악하게 되었다. 수사들의 이런 노력은 원주민 제자들의 도움으로 더욱 정교해졌다. 초보적인 사전 편찬술을 배운 수사들은 용어집을 사전의 형식으로 엮기도 했다. 첫 문법서는 안드레스 데 올모스(Andres de Olmos) 수사가 1547년 펴냈고, 알론소 데 몰리나 수사는 나우아어로 된 첫 사전을 엮었다. 마투리노 질베르티

---

9) 다시 정리하자면, 프란치스코회는 나우아어, 타라스코어, 오토미어, 피린다, 우아스테코 그리고 토토나코의 언어를 배웠고, 도니니코회는 나우아어, 미스테코, 사포테코와 소케 등의 언어를 공부했다. 아우구스티노회는 나우아어, 우아스테코, 오토미와 치아파스 지역 방언들을 습득했다.

수사는 타라스코족의 언어에 대한 첫 문법서와 사전을 만들었다 (Duverger, 1996: 138~141).[10] 현지 언어에 대한 연구에 진척이 있자 새로이 유럽에서 파견되는 선교사들은 선배 수사들의 도움으로 더 용이하게 선교지의 언어를 습득할 수 있었다. 시간이 지나면서 수사들은 언어 문제를 극복하기 시작했다. 유카탄 지역에서는 캄페체 지역을 제외하고는 언어 문제로 큰 어려움을 겪지는 않았다. 왜냐하면 새로 유럽에서 도착하는 선교사들은 수도회 차원에서 선교 활동에 나서기 전에 이사말 (Izamal)과 메리다(Merida)의 수도원에 일정 기간 머물며 현지 언어를 배울 수 있었기 때문이다(Stella Maria, 1978: 113).

라틴어의 경우와 달리 초기 누에바 에스파냐에 들어온 선교사들은 스페인어(Castellano)를 가르치는 데 주저했다. 수사들은 가능한 한 스페인 사람들과 원주민들이 직접 접촉하는 것을 꺼렸다. 유럽인들이 원주민을 착취의 대상으로만 여기고 있었고, 그들 스스로 기독교 신자라고 하면서도 좋은 모범이 아닌 악행을 일삼고 있었기 때문이다.

스페인 왕실은 거대한 누에바 에스파냐를 가능한 한 빨리 스페인 제국

---

10) 많은 경우 문법서와 사전은 19세기 말까지 출판되지 못했다. 단지 수도회 내부 자료로 수사들의 언어 교육에 사용되었다. 이런 작업들 속에는 많은 결함들도 있었지만 수사들의 노고로 현재까지 사라지지 않고 원주민 언어가 보존될 수 있었다. 수사들은 원주민 언어로 된 많은 기록물과 작품들을 남겼다. 선교사와 교리교사 그리고 글을 아는 원주민 지식층들이 볼 수 있도록 강론 모음집, 고백성사 지침서 같은 책을 원주민 언어로 펴냈다. 특히 프란치스코회 수사들이 이 분야에 탁월한 업적을 남겼는데 마누엘 카스트로(Manuel Castro)는 16세기 누에바 에스파냐 지역에서 원주민 언어로 쓴 54명의 프란치스코회 소속 작가를 찾아냈다. 게르투르디스 파야스(Gertrudis Payas)도 전 식민 시기 동안 같은 지역에서 원주민 언어로 쓰인 712의 텍스트를 발견했는데 많은 저작들이 프란치스코회 수사들의 손에 의해 쓰인 것이었다(Aracil Varón, 2012: 2).

의 일부로 동화시키는 의도를 가지고 있었다. 원주민 사회에 자국의 언어, 관습, 제도를 보급시키고 노력했다. 식민 초기 왕실은 스페인어를 원주민에게 가르칠 것을 권장했다. 그러나 원주민들이 자신들의 언어와는 너무나 다른 스페인어를 배우는 데 어려워했고, 스페인어를 가르칠 선교사의 숫자가 너무 적었기 때문에 효과를 보지 못했다(Aracil Varón, 2012: 2). 그러나 1550년 이후 스페인 왕실은 스페인어를 가르치라는 칙령을 반포했고, 누에바 갈리시아 지역에서는 나우아어를 가르치는 것을 금지시키기도 했다. 프란치스코회 수사들은 스페인어보다 나우아어를 누에바 에스파냐의 원주민들을 위한 언어로 보급하려고 했기 때문에 스페인 왕실의 식민 정책에 무관심한 태도를 보였다. 드베르제르에 따르면, 수사들은 스페인어를 보급하는 것을 자신들의 공식적인 목표로 확정한 적이 없었다(Duverger, 1996: 179). 프란치스코회 수사들은 누에바 에스파냐의 스페인화(Hispanización)보다 천년왕국 기획과 원주민 기독교 세계를 의미하는 현지화, 즉 멕시코화(Mexicanización)를 지향하고 있었기 때문이다(Baudot, 1990: 32).

4) 교육과 원주민 성직자 양성을 통한 현지화 선교 전략

탁발수도회 수사들, 특히 프란치스코회 수사들은 무엇보다도 원주민 기독교 세계 구현을 위한 야심찬 기획을 가지고 있었다. 이것은 교육 분야의 활동을 통해 확인할 수 있다. 틀라텔롤코 지역에 세워진 산타크루스 학교는 이 새로운 기획을 보여주는 대표적인 모델이다. 이 학교에서 프란치스코회 수사들은 새로운 기독교 세계의 모델을 실험했다. 유럽의 수사들과 원주민들이 서로의 문화를 가르치고 배우는 소통의 장이자 두 문화를 녹여서 융합하는 도가니 같은 역할을 했다. 이곳은 16세기 중반 이후 대학이 설립되기 전까지 최고의 고등 교육기관이었을 뿐만 아니라 문화 교육의 중심지이기도 했다.

틀라텔롤코 지역 외에도 멕시코, 테스코코, 틀라스칼라, 우에호칭고에도 대규모의 학교들이 설립되었다. 한때 이 학교들에는 1,000명의 학생이 기거하기도 했다. 1531년 수마라가 주교의 서한에 따르면, 누에바 에스파냐 지역의 교육 분야에 초석을 놓아 후일 '교육의 아버지'라 추앙받는 페드로 데 간테 수사 밑에는 600명의 학생이 있었다(Duverger, 1996: 102~103). 간테 수사 외에도 사아군, 올모스, 라스 나바스(Francisco de las Navas) 수사 등이 특히 교육 분야에 탁월한 업적을 남겼다. 이들은 또한 자신들이 운영하는 학교에서 원주민들의 과거 역사, 종교, 문화, 우주관 등을 연구했고, 민족지학(Etnografía)[11]이란 새로운 학문 분야를

---

11) 탁발수도회 수사들은 원주민들이 자주 빠지는 우상숭배를 근절하고 개종을 용이하게 하기 위해서 스페인 사람들이 정복하기 이전 아스테카나 마야 등의 문명과 문화, 특히 그들의 역사, 관습, 종교, 우주관 등에 대해 연구했다. 그러나 선교사들을 연구로 인도한 것은 무엇보다도 새로운 문화와 원주민에 대해 알고 싶어하는 호기심이었다. 가장 먼저 서구적 시각에서 메소아메리카 지역을 연구한 선교사는 안드레스 데 올모스 수사이다. 그러나 이 분야에 대한 연구에 가장 두드러진 업적을 남긴 것은 프란치스코회 소속의 베르나르디노 데 사아군 수사이다. 그는 원주민 원로들과 수차례 면담과 대화를 통해 정보를 수집했고, 『누에바 에스파냐 박물지(Historia general de las cosas de Nueva Esapaña)』와 같은 저서를 남겼다. 특히 중앙고원지역의 원주민 종족들에 대한 수많은 정보와 자료를 정리했다. 이와 유사한 연구를 마야 문명권의 유카탄 반도에서 진행한 인물로는 도미니코회 소속 디에고 두란 수사가 유명하다. 그는 마야 지역의 원주민들의 역사와 정치, 종교적 삶과 관련된 자료들을 정리했다. 그는 『누에바 에스파냐 인디아스와 육지섬들의 역사(Historia de las Indias de Nueva España e islas de tierra firme)』를 남겼다. 일명 모톨리니아로 불리는 토리비오 데 베나벤 테 수사는 『누에바 에스파냐 원주민들의 역사(Historia de las Indios de Nueva España)』와 『메모장(Memoriales)』 등 이 지역 민속지학 연구에 있어 기념비적

탄생시켰다.

무엇보다 산타크루스 학교의 설립 의도 중 하나는 유럽의 부패한 기독교를 갱신해 새로운 누에바 에스파냐식 기독교 세계를 건설하고자 하는데 필요한 원주민 엘리트층을 양성하려는 것이었다. 프란치스코회 수사들은 원주민의 정치 체제가 주로 소수의 지배계급에 의해 운영하는 과두체제라는 점에 주목했다. 따라서 탁발수도회 수사들은 원주민 귀족이나 카시케와 같은 지배계급을 개종의 우선적 대상으로 선정했다. 그들을 기독교인으로 개종시켜 새로운 기독교 세계 모델을 건설하는 일꾼으로 삼으려 했다.

원주민 중에서도 전통적으로 권력을 가졌던 계층은 식민 시기에도 어느 정도 기득권이 보장되었다. 그러나 이들의 권력은 기독교로 개종할 때만 유지될 수 있는 것이었다. 한 지역 내에서 지도자들이 개종하면 일반 대중도 빠르게 개종 대열에 합류했다. 테스코코 지역의 지도자 쿠이틀라왁(Cuitláhuac)이 세례를 받고 개종하자 그 지역 주민들도 적극적으로 세례를 받았다. 타라스코족의 지도자 탕가쇼안(Tangaxoan)이나 미초아칸 지역의 왕도 세례를 받았다. 그들은 자신이 통치하던 지역에서 원주민들의 개종을 위해 적극적인 태도를 보였고, 스스로 선교사를 요청하기도 했다(Duverger, 1996: 103~106). 그러나 모든 원주민 지배계층이 그런 것은 아니었다. 애매모호한 태도를 유지하며 권력을 누리는 사람들도 있었고, 개종한 사람인 것처럼 시늉만 하며 숨어서는 다른 신을 섬기는 카시케와 귀족들도 많았다. 그들은 이미 자신들에게 고착화된 옛 사고방식과 우주관을 버리지 못한 것이다.

작품을 남겼다. 이런 민속지학적 연구와 언어에 대한 공부는 원주민과 선교사 사이에 소통을 강화시키는 역할을 했다.

따라서 프란치스코회 수사들은 고정화된 신앙이나 전통적 우주관에 덜 물든 아이들에 관심을 보였다. 후일 자라서 지배 계층이 될 원주민 자녀들의 세계관이나 의식 구조를 바꾸려 했다. 아이들은 새로운 문화나 언어, 종교를 의심 없이 빠르게 수용했다. 앞서 언급한 틀라텔롤코의 학교는 기술 교육이나 예술과 문예 보급, 번역이나 통역 분야에서 일할 수 있는 요원을 길러내려는 목적도 있었지만, 무엇보다 원주민 아이들의 의식개혁을 위한 목적에서 만들어졌다. 프란치스코회는 처음으로 학교 운영을 통한 복음화 전략을 구사한 수도회였고, 누에바 에스파냐가 그 첫 번째 시험장이 되었다(Gómez Canedo, 1988: 150).

틀랄텔롤코의 산타크루스 학교는 유럽식 모델, 특히 엄격하기로 유명한 스페인의 엑스트레마두라 지역의 프란치스코회 수도원을 모델로 했다. 그러나 동시에 칼메칵이라는 원주민 학교의 모습에서도 영감을 받았다(Avelar Acevedo, 1975: 15~16; Baudot, 1990: 34~35). 이 아스테카 전통 교육기관은 전통 신들과 문화, 제국의 규범을 가르치는 곳이었다. 주로 원주민 신전에서 귀족 자녀들을 모아놓고 교육시켰다. 정치, 군사, 종교적 이념이 밀접히 결합된 수업들을 학생들에게 제공했다. 산타크루스 학교는 수도원에 부속되어 있었고, 학생들은 모두 기숙사 생활을 해야 했다. 원주민 학생들의 삶은 수사들의 삶과 다를 바가 없었다. 이들은 자연스레 수도원과 같은 환경에 적응했고, 기도, 신심활동 등 다양한 가톨릭적 문화에 익숙해졌다. 멘디에타는 이 학교의 생활을 다음과 같이 기록하고 있다.

〔학생들〕 모두가 함께 수사들처럼 학교의 식당에서 먹었다. 기숙사는 수녀들의 기숙사와 같은 형태로 긴 일체형 가옥이다. 침대는 바닥의 습기를 피하기 위해 평상 같은 긴 단 위에 있고 중앙에는 복도가 있다. 각자는

개인 이부자리와 모포를 가지고 있다. 각자는 책과 옷을 보관하기 위한 개별 사물함과 자물쇠를 가지고 있다. 밤 동안에도 기숙사에 불이 밝혀져 있었고, 평온과 침묵, 정결함이 유지되도록 당번이 학생들의 잠자리를 지켰다. 시간에 맞추어 삼종기도를 바쳤고, 축제 때는 사은찬미가(Te Deum Laudamus)를 불렀다. 수사들이 먼저 일어나면서 손으로 소리를 내 신호를 보내면, 모두가 일어났다. 그리고 다 같이 옷을 입고 행렬을 지어 성당으로 갔다. 모두 미사에 참석하고, 거기서 다시 수업을 들으러 학교로 돌아왔다 (Mendieta, 2002, tomo Ⅱ: 79).

이 수도원 학교 출신들이 나중에 자신의 마을이나 지역에 돌아가 원주민 지도자가 되었다. 이 학교는 많은 교리교사, 통역사, 번역가, 교수뿐 아니라 과달루페 성모의 발현(Nican Mopohua)을 기록한 안토니오 발레리아노(Antonio Valeriano)같이 뛰어난 작가들도 배출했다. 수사들에게 이들은 선교사업의 충실한 협력자였다. 그러나 원주민 학생들이 단순히 교육받는 자의 역할만 한 것은 아니었다. 제자인 동시에 다양한 원주민 문화에 대한 정보제공자 역할도 했고, 수사들에게 원주민 문화를 가르치는 교사이자 안내자 역할까지 수행했다(Duverger, 1996: 179~180). 때로는 원주민 개종에 앞장서다 순교하는 아이들까지 생겨났다.

산타크루스 학교는 설립 당시부터 다른 학교들과는 차별화되는 원주민 성직자 양성이라는 특수한 목적을 가지고 있었다. 원주민 학생들이 이수한 과목과 산타크루스 학교의 신학교적 특성에 대해 보도는 다음과 같이 설명한다.

1936년에서 1560년까지 운영된 프로그램은 전형적인 프란치스코회 소신학교의 것이었다. 문법, 수사학과 논리학 등 중세 대학의 삼학(三學)과

산술, 음악, 기하학 및 점성학 등 사학(四學)이 이수 과목이었다. 게다가 성경 강독과 기초 신학 등은 이 학교의 설립 목적이 무엇인지 드러낸다. 원주민 사제를 양성하는 미래 신학교의 틀을 완성하려는 것이었다. 학생들의 선발은 이 나라의 핵심적인 귀족 가문의 원주민들 중 엄밀히 선발했다 (Baudot, 1990: 34).

프란치스코회 수사들은 원주민 사제를 배출하면 더 빠르게 기독교를 누에바 에스파냐에 정착시킬 수 있으리라고 판단했다. 원주민 성직자나 수사들은 현지 언어와 관습을 완전히 통달하고 있고, 이교도들의 마음을 잘 알고 있기 때문에 원주민들과 소통하고 그들을 개종시키는 데 백인 선교사보다 훨씬 유리한 점이 있었다(Gallego, 1920: 133~137).

그러나 원주민 사제를 양성하는 것뿐만 아니라 원주민에게 고등교육을 제공하는 것 자체를 반대하는 사람도 많았다. 특히 스페인 엔코멘데로들은 원주민을 교육시키는 것은 위험천만한 일이라고 비판했다. 그들이 교육을 통해 깨우치면 스스로를 방어하거나 착취에 저항하고 해방을 지향할 것이라는 우려 때문이었다(Rubial García, 2002: 23).

아우구스티노회나 도미니코회가 운영하던 학교들에서도 찾아볼 수 없는 독특한 면을 지닌 이 학교도 1560년대 이후 쇠락해갔다. 많은 희생자를 야기한 전염병, 원주민 교육에 반대하던 세력의 압력, 그리고 많은 논쟁을 야기한 원주민 서품에 대한 본국 왕실의 최종적 금지 선언 등이 이 학교의 운명에 결정적 영향을 끼쳤다(Rubial García, 2002: 22~23). 게다가 누에바 에스파냐에서 선교를 위해 경쟁하던 다른 수도회들과 재속 성직자들의 시기와 질투도 부정적으로 작용했다.

산타크루스 학교의 목표는 원주민 토착사회의 규범들을 기독교적 가르침으로 재정립시키고, 원주민 성직자들을 통해 새롭게 제도화시키려는 것이었다. 그 기획과 시도 자체는 거창하면서도 획기적인 것 이었다. 그러나 보도의 견해에 따르면, 이 학교의 실패는 16세기 누에바 에스파냐에서 원주민 기독교 세계 기획의 좌절인 동시에 천년왕국설에 기초한 종말론적 기획 자체의 실패를 의미했다(Baudot, 1990: 35~36). 같은 논리로, 피델 초벳(Fidel Chauvet)도 원주민 성직자 양성이 불가능해짐에 따라 원주민을 주축으로 한 독자적인 교계제도 설정이 불가능해졌다는 점을 강조한다(Chauvet, 1984: 26~27). 따라서 식민 시기 내내 현지에 토착화된 자립적인 교회가 설립될 수 없었고 스페인과 유럽에 종속된 교회로 남아 있게 되었다.

4. 맺음말

16세기 누에바 에스파냐 지역에서도 선교는 정복과 불가분의 관계를 맺고 있었다. 스페인 기독교 세계 기획은 이 지역 영토의 지배를 강화하는 것과 동시에 원주민들을 스페인 기독교 세계에 통합시키려는 전략이었다. 타불라 라사는 결국 원주민들의 우주관, 종교의 말살로 이어졌다. 우상숭배 타파와 성전의 파괴가 대표적인 경우였다. 개종한 원주민을 위한 정착마을 건설도 선교적 동기가 중요하게 작용했지만, 주민의 집단적 이주를 통해 전통적 정치, 사회, 문화 구조와 단절을 유도한 측면도 있었다. 특히 종교적이고 교리적인 면에서 원주민 종교와 문화에 대한 관용은 없었다.

이런 스페인 기독교 세계 기획과 완전히 분리된 것은 아니었지만, 다른 식의 기독교 세계를 구상한 세력이 있었다. 초기 선교를 담당한 프란치스코회 수사들과 다른 수도회의 일부 인사들, 그리고 초기 주교들이 이

주축이 되었다. 스페인보다 신대륙, 스페인 사람보다 원주민에게 기독교의 미래를 걸었던 세력이라고 할 수 있다. 그들은 결코 누에바 에스파냐의 교회가 유럽의 복제품이 되기를 바라지 않았다. 타락한 유럽, 혹은 스페인 모델이 아닌 때 묻지 않고 순수한 아메리카 기독교 공동체, 혹은 기독교 세계를 꿈꾼 것이다. 이들도 파트로나토 체제에 의해 왕실의 지배를 받았고 스페인 기독교 세계 기획의 영향권을 완전히 벗어날 수는 없었다. 따라서 많은 부분에서 극복하기 힘든 한계를 가지고 있었다. 그러나 거리상의 이유로 스페인 왕실의 지배는 누에바 에스파냐에서 느슨한 편이었다. 초기 선교를 담당했던 탁발수도회 수사들과 선각자적 비전을 지녔던 초창기 주교들은 어느 정도 독자적인 활동을 펼칠 수 있는 자치를 누렸기 때문에 새로운 기독교 모델을 구현하려는 시도를 할 수 있었다.

임박한 종말에 대한 기대를 가지고 있었고, 이상적 기독교 세계가 지상에 완전히 구현될 천년왕국을 꿈꾸었다. 종말이 멀지 않았다는 생각에 열광적으로 원주민 개종 사업에 임했으며, 집단 세례를 베푸는 것도 마다하지 않았다. 그들은 신대륙을 기독교적 이상을 실현시킬 마지막 영토요, 유토피아로 보고 있었던 사람들이었다. 이들은 유럽 내 개혁 노선들의 영향을 받았고 순수한 종교적 이유로 추동되고 있던 세력이었다. 교리적 측면이 아닌 문화적 측면에서는 원주민 문화와 언어에 대해 호의를 가졌고, 스페인어 보급보다는 원주민 언어에 더 관심을 보였다. 틀라텔롤코의 산타크루스 학교의 설립과 운영 과정에서 확인했듯이 전통 원주민 학교 모델과 개혁적인 노선의 수도원 모델을 결합시키기도 했다.

원주민 기독교 세계 기획을 구상한 사람들은 현지 문화에 일정 부분 적응하려는 태도를 보였다. 무엇보다 개종한 원주민 지도층을 중심으로 원주민들이 주인공이 되는 새로운 기독교 세계를 구현해주길 바랐다. 이들이 구현한 '미션'이라는 선교공동체는 바로 천년왕국의 모습을 일부라도 드러내 보여주는 역할을 했다. 그것은 복음적이고 기독교적 가치들이 구현되는 이상적 사회였던 것이다. 그러나 원주민 성직자 양성의 실패나 '미션'의 해체를 통해 원주민 기독교 세계 완성이라는 목표는 좌절되었다. 그럼으로써 원주민은 식민사회의 주인이 될 수 없었고, 교회 내에서조차 주체가 되지 못하고 식민 시기 내내 타자로 남게 되었다. 그러나 원주민 기독교 세계 기획을 구상한 사람들이 이루고자 했던 초기 기독교 공동체의 이상 자체가 사라진 것은 아니었다. 정의, 평화, 형제애가 넘치는 이상적 기독교 세계를 구현하려는 이상은 20세기 해방신학자들에게 많은 영감을 주었다.

참고문헌

김균진. 1999. 「천년왕국설의 역사적 발전과 종말론적 의미」. ≪신학논단≫, 제26
    권, 97~133쪽.

Aguirre, Rodolfo. 2013. "El clero de Nueva España y las congregaciones de indios:
    de la evangelización inicial al III Concilio Provincial mexicano de 1585."
    Revista Complutense de Historia de América, Vol. 39, pp. 129~152.

Alvear Acevedo, Carlos. 1975. *La Iglesia en la Historia de México*. México: JUS.

Alonso del Val, José María. 1999. "El Milenarismo en la primera evangelización
    de los franciscanos en América." http://dialnet.unirioja.es/servlet/oaiart?
    codigo=563039.

Aracil Varón, Beatriz. 2012. "Las sagradas escrituras en el teatro evangelizdor
    franciscano de la Nueva España: Hacia una traducción cultural."
    http://www.traduccion-franciscanos.uva.es/archivos/9-Aracil.pdf

Baudot, Georges. 1983. *Utopia e historia en México: los primeros cronistas de
    la civilización mexicana, 1520~1569*. Madrid: Espasa-Calpe.

_____. 1990. *La pugna franciscana por México*. México: CONACULTA and
    Alianza Editorial Mexicana.

Beuchot, Mauricio. 2005. "Don Vasco de Quiroga o la filosofía en busca de jsticia."
    en Gabriel Zaid y et al. *Don Vasco de Quiroga o la filosofía en busca
    de justicia*. México: IMDOSOC, pp. 15~33.

Camorlinga, José María. 1993. *El choque de dos culturas*. México: Plaza y Valdez.

Cayota, Mario. 연도 미상. "Joaquín de Fiore y su influencia en la teología
    latinoamericana." http://bibliotecacatolicadigital.org/K/medieval/joaquin%
    20de%20fiore%20cayota.htm.

Chauvet, Fidel. 1984. "Métodos misionales." en Alfonso Alcalá Alvarado(Coord.).
    Historia general de la Iglesia en América Latina. Tomo V. México,
    Salamanca: CEHILA.

Dussel, Enrique. 1983. *Historia de la Iglesia en América Latina. Coloniaje y liberación 1492~1983*. Madrid: Mundo Negrao-Esquila Misional.

Duverger, Christian. 1996. *La conversión de los indios de Nueva España*. México: FCE.

Ettinger Mc Enulty, Catherine R. 2004. "Pueblo, residio y misión en la estructuración del territorio de la Alta California en el siglo XVIII." www.anpur. org.br/revista/rbeur/index.php/.../939

Gallego, Alejandro. 1920. *Tactica misionera*. Madrid: Ediciones MORATA.

Garivay Kintana, Angel María. 1966. *Presencia de la Iglesia en México*. México: Editorial Social Latinoamericana.

Gómez Canedo, Lino. 1988. *Evangelización y conquista. Experiencia franciscana en Hispanoamerica*. México: Porrúa.

González Ibarra, Juan de Dios. 2009. *La conquista humanística de la Nueva España*. México: Fontamara.

Herrera Angel, Marta. 1998. "Ordenamiento espacial de los pueblos de indios: dominación y resistencia en la sociedad colonial." *Fronteras*, Vol. 2, No. 2, pp. 93~113.

Hurtado López, Juan Manuel. 1997. "La evangelización en la obra y pensamiento de Vasco de Quiroga." en Sigaut Nelly(ed.). *La Iglesia católica en México*. México: El Colegio de Michoacan y Secretaría de Gobernación.

Kobayasi, José María. 1997. *La educación como conquista*. México: El Colegio de México.

María Tamayo, John Jairo. 2010. "El discurso normativo sobre y para las doctrinas de indios: la construcción de la identidad católica en el indígena colonial del Nuevo Reino de Granada(1556~1606)." *Antíteses*, Vol. 3, No. 5, pp. 71~97.

Mendieta, Gerónimo de. 2002. *Historia Eclesiástica Indiana*, Vol.I y II. México: Cien de México.

Moreno Pérez, Amado. 1989. "Los pueblos de doctrina y las encomiendas en el poblamiento de Mérida: Siglos XVII~XVIII~XIX." www.saber.ula.ve/

bitstream/123456789/35112/1/articulo3.pdf

Penagos Belman, Esperanza. 2004. "Investigación diagnóstica sobre las misiones jesuitas en la Sierra Tarahumara." *Cuicuilco*, Vol.11, No.32, septiembre-diciembre, pp. 157~204.

Phelan, John. 1956. *The Millennian Kingdom of the franciscans in the Now World. A study of the Writings of Jeronimo de Mendieta(1523~1603).* Los Angeles: University of California.

Ricard, Robert. 1995. *La conquista espiritual de México: ensayo sobre el apostolado y los métodos misioneros de las órdenes mendicantes en la Nueva España de 1523~1524 a 1572.* México: Fondo de Cultura Económica.

Roulet, Eric. 2008. "Los caciques de Coatlán frente al Cristianismo. Nueva España 1544~1547." *Asian Journal of Latin American Studies*, Vol. 21, No. 1, pp. 97~130.

Rubial García, Antonio. 2002. *La evangelización de Mesóamrérica.* México: CONACULTA.

Stella María, González Cicero. 1978. *Perspectiva religiosa en Yucatán 1517~1571.* México: Colegio de México.

Suess, Paulo. 1994. "Falta de claridad en el escenario misionero. Análisis crítico de recientes documentos y tendencias en la Iglesia." *Concilium*, Vol. 251, pp. 141~156.

Vázquez Loya, Dizan. 2004. *Las misiones franciscanas en Chihuahua.* Chihuahua: Universidad Autónoma de Ciudad Juárez.

Weckmann, Luis. 1982. "Las esperanzas milenaristas de los franciscanos de la Nueva Eapaña." *Historia mexicana*, Vol. 32, No. 1, pp. 89~105.

Yukitaka, Inoue. 2007. "Fundación del pueblos indígenas novohispanos según algunos Títulos primordiales del Valle de México." *Ritsumeikan International Affairs*, Vol. 5, pp. 107~131.

Zamora Ramírez, Elena Irene. 2011. "Los problemas de traducción del catecismo en América en el siglo XVI." en Bueno Garcia, Antonio & Miguel Ángel Vega

Cernuda(ed.). *Lingua, Cultura e discurso nella traduzione dei francescani.*
http://www.udea.edu.co/portal/page/portal/bibliotecaSedesDependencias/un
idadesAcademicas/EscuelaIdiomas/Diseno/Archivos/archivos/Libro%20As
%C3%ADs.pdf.

제 **2** 부

식민의 질서에서
독립의 질서로

제6장

스페인 식민 제국 형성기 도시의 역할 고찰*

16세기 누에바 에스파냐 부왕령을 중심으로

김희순 서울대학교 라틴아메리카연구소 HK연구교수

1. 머리말

스페인의 식민지배는 라틴아메리카의 사회뿐만 아니라 인종, 자연환경 등 수많은 분야에서 그 흔적을 남겼으나 가장 가시적인 부분은 아마도 국가 및 지역별로 유사한 도시 경관이라 할 수 있다. 도시에 대한 스페인의 식민지배는 광장을 중심으로 하는 격자형 가로망으로 나타나며, 라틴아메리카 도시들의 수위도시화 현상도 식민지배로 인한 사회적·경제적 영향력을 배제하고는 설명하기 어렵다. 나아가 스페인의 식민지배는 도시 건설 목적을 제공했으며 도시 시스템 및 도시 간 네트워크에도 근본적인 영향을 미쳤다. 따라서 스페인 식민지배 시기 아메리카 도시에 관한 연구는 단순히 도시사적 연구를 넘어 현대 라틴아메리카 도시를

---

* 이 글은 ≪한국도시지리학회지≫ 17권 1호에 발표된 필자의 기존 논문을 이 책의 성격에 맞게 수정·보완한 것이다.

이해하는 데 하나의 맥락을 제시할 수 있다.

한편 스페인의 식민체제 형성 과정에서도 도시를 배제하기 어렵다. 스페인 식민지의 도시 형성에 관해서는 "신이 인간을 만들었다면 스페인은 도시를 만들었다"든가 "영국의 아메리카 식민지에서 도시가 지역 주민들의 필요성에 부응하여 성장한 반면, 스페인 식민지에서는 지역의 인구가 도시의 필요성에 부응해서 성장했다"는 말들이 회자되곤 한다. 아메리카 대륙의 발견을 위해 스페인 왕실이 보낸 정복자들은 도시를 '선언'하면서 영토의 소유권을 주장했다. 아마도 그 도시들은 거주민이 한 명도 없는 명목상의 도시거나 도시의 존재 자체도 모르는 원주민으로 이루어진 도시였을 것이다.

스페인은 콜럼버스의 카리브 해 지역 도착 및 지배 시기부터 도시를 거점으로 식민지를 경영하기 시작했으며, 이는 현재의 멕시코 지역, 즉 누에바 에스파냐 지역에 대한 코르테스의 정복 및 식민화 과정에도 적용되었다. 스페인은 식민지배를 위하여 여러 목적의 도시를 건설했으며, 도시에 행정, 종교, 상업 등 주요 도시 기능을 집중시켰다. 스페인의 식민지 형성 시기 도시는 주요 식민통치 수단이었으며, 식민통치라는 뚜렷한 목표를 위해 건설되었기에 현대 라틴아메리카 도시들의 경관 및 기능, 도시화 과정의 특성 등에서 유사성이 발견된다.

이 글에서는 스페인이 식민지 형성 과정에서 도시를 식민통치 지배의 주요 수단으로 삼게 된 배경을 살펴보고, 스페인령 아메리카 도시의 유사한 경관의 유래에 대해 살펴보고자 한다. 나아가 스페인이 식민지배에서 도시를 활용한 과정 및 이를 위해 도시를 세운 과정에 대해서도 살펴볼 것이다. 300여 년이 넘는 스페인의 식민지배 기간과 남북 아메리카의 상당 부분을 차지하는 스페인령 아메리카 전반의 도시 건설을 다루어서는 논거를 흐릴 우려가 있으므로, 가장 먼저 정복이 시작되고 부왕령이 설치됨으로써 식민지배체제의 형성이 가장 먼저 진행되었던 누에바 에스파냐 지역을 대상으로 하고자 한다. 누에바 에스파냐 부왕령은 현재 카리브 해 지역과 멕시코의 대부분, 중앙아메리카 지역을 아우르는 영역 이었으며 정치, 경제, 문화 등 제 방면에서 스페인 식민지배의 중심지였 다. 연구의 대상으로 삼은 16세기는 스페인이 정복자들을 통해 식민지를 정복하고, 식민지배를 위한 정치적 제도들을 정비한 시기이다. 또한 필리 핀의 발견 및 식민화를 통해 아메리카의 지배 영역이 최대치로 확장되었 으며, 주요 육로 및 해로망이 정착되었던 시기이기도 하다. 나아가 누에 바 에스파냐 부왕령과 페루 부왕령의 설치를 위시한 식민 영토의 행정 및 지배체제가 형성되었으며 은을 중심으로 하는 경제 체제가 확립되었 다. 즉, 16세기는 시행착오의 기간을 거쳐 식민지배를 위한 행정 및 사법 제도의 기초가 형성된 시기로 이후 16~18세기 동안 스페인은 식민지에 서의 자원 수탈을 확대하고 획득한 영토를 공고히 하는 정책을 실시했다.

2. 16세기 스페인 주요 식민지배 제도

스페인의 가톨릭 양왕[1]이 콜럼버스를 통해 아메리카를 발견하고 식민 지화하기 이전, 카스티야 왕국은 1478년 레혼(Juan Rejón)의 원정대가

---

1) 15세기 이전 스페인은 여러 왕실로 분할되어 있었는데, 1469년 아라곤 왕국의 페르난도 공과 카스티야 왕국의 이사벨라 여왕이 정략적 결혼을 하며 통일을 이루 었다. 이들은 1475년 세고비야 합의에 따라 페르난도 공은 대외정책을 이사벨라 여왕은 대내정책을 맡기로 합의했다. 이들은 스페인에서 이슬람교도들을 몰아내 고 이교도인 유태인을 추방했으며 아메리카 원주민의 기독교도화를 추진하는 등 기독교 중심적인 정책을 펼쳐서 가톨릭 양왕이라 불린다.

카나리아 제도를 정복하면서 최초로 해외에 영토를 소유하게 되었다. 당시 교황은 원주민의 기독교도화를 조건으로 카스티야 왕국의 카나리아 제도 소유권을 인정하다. 10여 년 후 교황은 1493년 원주민의 기독교도화를 전제로 아메리카 지역에 대한 카스티야 왕국의 소유권을 인정했다. 가톨릭 양왕은 스페인 왕국들이 이베리아 반도의 무어인 세력을 추방하고자 8세기부터 벌인 국토수복운동(Reconquista)의 관례에 따라 카나리아 군도의 토지에 대해 레파르티미엔토(repartimiento) 제도를 실시했고 중세 카스티야의 자치도시를 원형으로 하는 도시를 건설했다. 15세기 말 및 16세기 초반 스페인이 스페인령 아메리카를 정복하고 식민제도를 정착하는 데 사용한 주요 제도로는 우선 엔코미엔다(encomienda)를 들 수 있다. 즉, 정복자들로 하여금 원주민의 노동력 및 조세를 받아 초기 정복지를 개척하게 함으로써 스페인인들의 지배를 공고히 한 스페인 왕실은 이후 부왕령을 통해 식민지배 방식을 정복자 중심에서 스페인 국왕 중심으로 전환하고자 했다. 이 과정에서 스페인인들은 끊임없이 도시를 건설하여 이러한 제도를 스페인령 아메리카에 이식했음은 물론이다. 여기에서는 16세기에 스페인이 식민지 지배체제의 확립을 위해 사용했던 주요 식민지배 제도에 대해 살펴보고자 한다.

1) 엔코미엔다와 레파르티미엔토 제도의 시행

엔코미엔다와 레파르티미엔토는 스페인령 아메리카에서 실시된 노동 및 조세 정책이다. 나아가 이 두 제도는 스페인의 식민지에서의 원주민 노동 및 지배에서 가장 기본이 되었던 제도라 할 수 있다. 엔코미엔다는 초기 식민지의 건설 과정부터 시행된 제도로, 1503년 카스티야 왕국의 이사벨라 여왕의 지시에 따라 콜럼버스가 처음 실시했다. 엔코미엔다 제도는 국토수복운동 시기에 이베리아 반도에서 사용되었던 아델란타도(adelantado) 제도에서 유래했으며, 스페인령 아메리카에서 정복자들에게 원주민들을 분배하고 국왕이 식민들에게 이들을 위탁하는 제도로 활용되었다(최영수, 1990: 144). 엔코미엔다는 신대륙의 발견과 정복의 성과에 따라 정복자, 스페인 왕실 공로자, 도시 창설자 등에게 광대한 토지 및 그 토지에 속한 원주민을 수여한 것이다. 명목상으로는 스페인 왕실이 원주민의 보호와 기독교 복음 전파를 실행을 엔코멘데로(encomendero, 엔코미엔다 권리의 주체)에게 위임하고, 엔코메데로들이 이를 대가로 농업, 광업, 목축업 분야에서 원주민의 노동을 사용할 수 있게 한 것이다. 스페인 왕실은 엔코미엔다를 통해 비교적 적은 비용으로 스페인 제국을 방어하며 확대할 수 있었고, 원주민의 기독교도화를 좀 더 용이하게 할 수 있었으며 식민지의 부를 좀 더 용이하게 착취할 수 있었다.[2]

스페인 왕실이 노예제가 아닌 엔코미엔다 제도를 선택한 이유는 엔코미엔다는 토지 및 원주민 소유권에 대한 상속, 거래, 재배치 제한 등에 제한을 두어 스페인 식민지에서 엔코멘데로들의 부의 형성 규모를 제한하고 왕권의 안위를 지속할 수 있었기 때문이다. 엔코미엔다는 그 소유주가 3세대까지만 상속할 수 있었으며, 이로 인해 정복자들이 획득할 수 있는 부의 규모가 노예제에 비해 상당히 적었다. 또한 스페인 왕실은 엔코미엔다를 몰수할 수 있는 권리를 가짐으로써 엔토멘데로에 대해 우월한 협상력을 유지하고 나아가 스페인 왕실의 안위를 확보할 수 있었다. 그러나 이는 원주민 노동력에 대한 혹사로 이어져 원주민이 빠르게

---

2) 엔코미엔다는 식민지의 농업 및 광업 등 제 분야에 주요 노동력 공급 수단이 되었으며, 스페인령 아메리카의 대도시를 중심으로 이루어졌던 면직물 및 모직물 생산업에도 초기에는 엔코미엔다 제도를 통해 노동력을 공급했다(Greenleaf, 1967: 227).

감소하는 원인 중 하나가 되었다(김달관, 2013: 31~32).

정복 초기 정복자들은 엔코미엔다 제도를 이용하여 대규모의 사유재산을 형성하고 세력화했다. 이에 스페인 왕실은 정복자들의 권한을 축소하고 중앙집권화된 조직을 창출하고자 했다. 대서양 반대편에서 신흥 영주 귀족이 출현하는 것을 방관할 수만은 없었던 스페인 국왕 카를로스 1세(Carlos I)는 1520년 엔코미엔다 제도의 폐지를 지시했으나 강력한 반대에 부딪쳐 포기했다. 대신 1526년 새로운 규정이 제정되었는데, 새로운 규정에서는 원주민들이 정복자들에게 노동력을 납부하는 것은 유지하되, 이는 엔코멘데로를 위한 것이 아니라 국왕을 위해 납부하는 것이며, 이를 국왕이 엔코멘데로에게 포상으로 양도한다는 것이다(최영수, 1990: 146).

나아가 누에바 에스파냐 부왕령에서는 몇 가지 사항에 변화가 있었다. 우선 엔코멘데로들이 원주민의 노동력뿐 아니라 세금을 걷을 수 있게 되었다. 스페인 정복 이전 아스텍 제국은 피정복민들에게 조공을 징수하고 있었는데, 이를 위해 고급의 직물을 포함하는 상당히 가치 있는 재화를 원주민들이 생산하고 있었다. 또한 엔코멘데로들에게 군사적 의무가 추가되었다. 엔코멘데로들은 자신의 비용으로 군장을 유지하고 전쟁 경비도 부담해야 했다. 나아가 엔코멘데로들은 엔코미엔다가 위치한 지역의 도시에 거주해야 했다. 엔코멘데로는 엔코미엔다에서 가장 가까운 도시에서 집을 소유하고 거주해야 했는데 원주민에 대한 엔코멘데로의 영향력 남용을 막기 위한 방안이었다(김달관, 2013: 32~33). 엔코멘데로의 귀족화 경향에 대한 우려로 1700년경 엔코미엔다는 실질적으로 폐지되었다. 스페인 왕실은 스페인령 아메리카에서의 지방 토호 세력의 성장을 우려하여 레파르티미엔토 제도를 더욱 선호했다.

레파르티미엔토(Repartimiento) 제도 또한 콜럼버스가 처음 도입한 것으로, 초기에는 14세 이상의 모든 원주민들로 하여금 금, 은, 면화, 농산물 등을 세금으로 걷은 제도였다. 그러나 세수입이 감소하자 노동도 징수하게 되었다. 따라서 레파르티미엔토는 일정 양의 강제노동을 부과하는 제도로 변화였다. 엔코미엔다와 레파르티미엔토 모두 원주민에게 강제노동을 부과하는 제도였으나 레파르티미엔토는 노동에 참여할 원주민의 수와 시간을 제한하여 식민 당국이 노동력을 배분했다. 따라서 노동력을 사용하는 스페인인의 입장에서는 레파르티미엔토는 '임의적인' 권리였고 엔코미엔다는 노동력에 대한 상속권이 인정되고 공식적인 제도에 의해 보호되는 더욱 안정된 권리였다. 엔코미엔다는 식민 초기 행정체계가 제대로 갖추어져 있지 않은 상태에서 식민체계 확립에 중요한 역할을 했으나 식민체제가 어느 정도 안정화되면서 스페인 왕실은 엔코멘데로들이 귀족화하는 경향을 우려했고, 이에 엔코미엔다를 축소하는 대신 행정 당국의 통제력이 높은 레파르타미엔토를 활성화시켰다(김달관, 2013: 34~35).

2) 부왕령의 설치 및 조직

16세기 초, 스페인 왕실은 스페인령 라틴아메리카의 새로운 통치기구를 고안하여 적용했다. 통치기구 조직의 목표는 식민지에서 왕권을 강화하고, 정복자들의 무질서를 통제하며, 원거리에 산재된 영토에 대한 정치적 통일성을 부여하는 것이었다. 스페인 왕실이 형성한 통치기구는 크게 부왕령(Virreinato), 아우디엔시아(Audiencia), 도시 의회(Cabildo) 등과 하급 보조기관들로 구성되었다. 그러나 무엇보다도 이러한 통치기구의 조직은 식민지화 초기 모든 정복자들에게 스페인 왕실이 허용했던 통치권을 축소하기 위하여 이루어졌다. 15세기 말 및 16세기 초반 스페인 왕실은 정복자들에게 총독을 비롯하여 총사령관, 시장, 군사령관 등 여러 지위 (Capituración)를 인정했으나 이는 식민지의 획득 및 정복을 위해 이루어진 불가피한 조치였다. 정복의 시대에 정복자들은 스스로 혹은 부하에게 직책을 임명한 후 이를 국왕에게 통보했고, 국왕은 별다른 이의 없이 이를 수락했다. 따라서 정복자들은 스페인 왕실의 간섭 없이 정복 사업에 참여한 이들에게 포상을 주고 주요 직책에 기용했으며 정복지 보호를 위해 식민 사업들을 실행할 수 있었다. 그러나 식민지가 안정화되고 스페인 왕실이 중앙집권적인 통치를 실시하고자 함에 따라 변화가 일어났다.3)

스페인 왕실은 스페인령 아메리카에서 중앙집권주의를 정착시키기 위해 누에바 에스파냐 부왕령 및 페루 부왕령을 설치했으며 부왕청은 각각 멕시코시티와 리마에 두었다.4) 부왕령은 스페인 식민지의 최고

---

3) 이러한 예는 코르테스의 경우 잘 나타났다. 아스텍 제국의 정복 이후 그는 누에바 에스파냐 총독의 칭호를 부여받았으며 총독으로서의 권한을 이용하여 목양업, 농장 경영, 광산업 등으로 많은 재산을 축적했다. 그러나 1527년 아우디엔시아 제도가 도입되면서 코르테스의 권한은 대폭 축소되었고, 1535년 부왕청이 설립되면서 그의 권한은 완전히 상실되었다(최영수, 1990: 125).

4) 스페인의 카를로스 1세(카를 5세)는 1535년 아메리카 식민지에서 멕시코 영토에 최초로 누에바 에스파냐 부왕청을 설립하여 안토니오 데 멘도사(Antonio de Mendosa)를 초대 부왕으로 임명했다. 그 후 두 번째로 1542년 페루 부왕청을 설립하여 초대 부왕으로 블라스코 누녜스 데 벨라(Blasco Núñez de Vela)를 임명했다. 세 번째 부왕령은 1717년 현재의 베네수엘라, 콜롬비아, 에콰도르 및 가이아나에 이르는 지역에 누에바 그라나다에 설립되었으며 안토니오 데 페드로사 이 게레로(Antonio de Pedroza y Guerrero)가 최초의 부왕으로 부임했다. 그러나 누에바 그라나다 부왕령은 1724년 폐지되었다가 1740년 왕실 칙령에 의해 재설립되었다. 마지막 부왕령은 현재의 아르헨티나, 파라과이, 우루과이 및 볼리비아에 이르는 지역에 1776년 설치된 리오 데 라플라타 부왕령으로, 초대 부왕은 페드로

통치기구로, 누에바 에스파냐 부왕령은 16세기 중엽, 페루 부왕령은 16세기 후반(톨레도 부왕의 통치기인 1568~1580년) 확고한 기반을 닦은 것으로 평가된다. 부왕에 임명될 수 있는 사람은 카스티야 왕국의 귀족가문 출신으로 한정되었으며, 임기 3년의 관료로 스페인 국왕의 신하였다. 스페인은 부왕령의 설치 이전 시기 정복자들을 총독으로 임명하거나 직접 파견했는데, 부왕은 총독보다 상위의 권한을 가졌다. 부왕은 왕실 재정의 최고 감독관이자 아우디엔시아의 의장이었고, 부왕령의 총사령관일 뿐만 아니라 국왕을 대신하여 성직자 임명권(vice patronato)과 관리 임명권을 지니고 있었다.5) 즉, 부왕은 식민지에서 군주의 명성과 권력을 대신했다(최영수, 1990: 129~130).

아우디엔시아(audiencia)는 부왕령보다는 하위이고 도시보다는 상위인 행정 조직이었다. 아우디엔시아는 일종의 상급 재판소로, 중세 시대부터 스페인에서 존재했던 제도이다. 아우디엔시아는 오이도르(oidor)라 불리는 재판관으로 구성되었는데, 오이도르의 권한은 사법권을 넘어 매우 광범위했다. 오이도르의 주된 기능은 원주민을 보호하고 그리고 시의회(카빌도)에 대한 통제를 하는 것이었으며 식민지 주민들이 낸 청원에 대한 구제를 하는 것이었다. 나아가 오이도르는 부왕을 비롯한 식민지의 세력자들을 견제하는 역할을 했다.6) 오이도르를 통해 스페인의 국왕은

데 세바요스(Pedro de Ceballos)였다(김미경, 2005: 275~276).

5) 부왕은 수많은 가족, 하인, 측근들을 동반하고 부임했으며, 친척에게 자유로이 토지를 제공할 수 있었고, 정복자들과 그의 자손들, 크리요오들에게 능력과 업적에 따라 관직을 제공할 수 있었다.

6) 오이도르는 부왕의 자문관이자 검찰관이었고 집행인이었다. 오이도르는 국왕에게 직접 보고하고 청원할 수 있었는데, 국왕은 오이도르를 통해 엔코멘데로들의 귀족 정치를 막고 스페인령 아메리카에서 왕권을 강화하고자 했다. 실제로 스페인 왕실

강력한 사법권의 행사를 통하여 권력의 중앙집중화를 꾀했으며, 초기 정복자들의 개인 세력화를 견제하고 나아가 그들의 세력을 약화하여 제거고자 했다.

최초의 아우디엔시아는 1511년 산토도밍고에 설립되었다. 누에바 에스파냐 부왕령은 산토도밍고, 멕시코, 과테말라, 과달라하라 아우디엔시아로 구성되었다. 식민지에서의 아우디엔시아의 지역적 확장은 곧 스페인 왕권의 확장 및 강화를 의미했다. 스페인 왕실은 아우디엔시아를 통하여 라틴아메리카 식민지에 대한 스페인의 법적 통제를 항구적으로 유지하고자 했으며 이로 인해 정복자들의 권한이 대폭적으로 축소되었다. 스페인 왕실은 1542년 인디아스 신법(Leys Nuevas)과 1563년의 포고령(Ordenanzas) 공포를 통해 아우디엔시아의 법적 권한을 확대해 나갔다.

한편, 도시는 시의회인 카빌도가 다스렸다. 스페인 왕실은 식민지 지배의 거점이었던 도시의 발전을 위해 수많은 포고령을 내렸으며, 이를 통해 카빌도의 공정하고도 능률적인 통치를 강조했다. 시의회의 의원직은 큰 명예로 간주되었으며, 지역의 자치관리를 맡는 평의원 레히도르(Regidor)와 사법업무를 맡는 알칼데 오르디나리오(Alcalde Ordinario)로 구분되었다. 시의회 의원의 규모는 도시의 규모에 따라 달라졌는데, 부왕청이 설치된 도시의 경우 12인에 달하였고 소규모의 도시에서는 1~2인 정도였다. 카빌도는 주요한 문제가 발생할 경우 시의 유력인사들이 함께 참여하여 문제 해결을 도모하는 공개된 시의회(Cabildo abierto, the open town meeting)의 역할을 했으며 이는 카빌도의 매우 중요한 기능이었다.

의 지원을 받은 오이도르는 1524년 총독이었던 디에고 콜럼버스(Diego Columbus)의 제거에 큰 역할을 했다. 오이도르는 관할구역에서 사업을 할 수 없었고 친지와의 결탁 등에 의한 이권이 개입이 금지되었으며, 향응을 제공받거나 세례식의 대부가 되는 것도 금지되었다.

카빌도는 회계 및 세금 징수, 도량형 규정과 사법 업무 외에도 치안, 보건 등의 업무도 다루었다. 시간이 지나면서 카빌도의 권한은 약화되었는데, 스페인 왕실이 코레히도르를 파견했기 때문이며, 왕이 직접 임명한 영구직 레히도레스(regidor perpetuo)로 인해 카빌도의 대표성이 상실되었기 때문이다(최영수, 1990: 126~127).

3. 스페인 왕실의 도시 계획

도시의 건설은 스페인의 식민지 건설의 가장 근본적인 제도였다. 2절에서 다룬 엔코미엔다와 부왕령 제도를 통해 스페인 왕실이 제도적 측면의 식민지배체제를 구축했다면, 스페인령 아메리카에 도시를 건설함으로써 스페인 왕실은 실질적인 식민지화를 진행했다. 도시의 형성 과정을 통해 스페인은 식민지배의 법률적 정당화를 이루었으며, 경제조직을 구성했고, 방어 및 교역 루트를 확보했으며, 무역을 행했고 변경 지역을 보호할 수 있었다. 나아가 이러한 도시를 통한 식민지화로 인해 가톨릭 양왕인 페르디난도와 이사벨라는 명확하고도 정교한 행정 프로그램을 가질 수 있었다(Kinsbruner, 2005: 9). 따라서 스페인 왕실의 도시 건설 지침은 식민지 도시 형성 과정에서 매우 중요한 배경이 되었다. 3절에서는 스페인 왕실이 스페인령 아메리카의 도시 계획의 기준으로서 제시한 1573년 인디아스 법령(La ordenanza de Felipe II del año 1573)에 대해 살펴보고, 인디아스 법령을 전후로 이루어진 스페인 왕실의 도시 계획관의 변화에 대해 살펴보고자 한다. 이를 통해 스페인이 식민지배체제를 형성하는 과정에서 도시를 건설한 배경과 목적을 살펴볼 수 있을 것이다.

1) 인디아스법의 도시편

1573년 스페인 국왕 펠리페 2세는 아메리카 식민지에 대한 성문화된 법령인 인디아스 법령을 공표했다. 이 중 도시 계획의 상세한 부분까지를 명시한 도시편은 라틴아메리카 도시 구조의 원형을 제공한 것으로 평가된다. 공표된 인디아스 법령의 도시편의 상당 부분은 BC. 1세기경 활동했던 저명한 로마 시대의 건축학자 비트루비우스(Vitruvius)의 계획안과 유사하여, 이로 인해 라틴아메리카의 격자형 가로망이 그리스 및 로마의 영향을 받은 것이라 알려졌다. 그러나 인디아스법이 공표된 것은 1573년으로, 누에바 에스파냐 지역의 경우 현재 미국 영토에 주로 위치한 군사 거점 도시(Presidios) 및 선교 도시(Misiones)를 제외한 대부분의 도시가 인디아스 법령의 공표 이전에 세워졌다. 인디아스 법령이 공표된 시기는 라틴아메리카의 주요 도시들의 건설이 이미 시작되었거나 이루어진 시기로, 이 법령은 라틴아메리카 도시에 대한 새로운 계획안을 제시했다기보다는 당시 라틴아메리카의 도시 건설에서 적용되던 도시 계획안의 상세한 사항을 집대성한 표준 계획안으로 보는 것이 타당하다.

킨스브루너(Kinsbruner, 2005)는 그리스 및 로마의 도시 계획보다는 1492년 종결된 스페인의 국토 회복 운동이 라틴아메리카의 도시 계획에 영향을 더 직접적인 영향을 미쳤다고 보았으며, 하도이와 아라노비치(Hardoy and Aranovich, 1970)는 라틴아메리카에서의 도시 계획의 원형이 된 푸에블라(Puebla)의 도시 구조는 1530~1540년대 이미 형성되었다고 했다. 쿠블러(Kubler, 1946)는 13~15세기 말 이탈리아 및 프랑스 도시 계획이 영향을 미쳤다고 주장했으며, 그 예로 요새화된 교회 및 광장의 공공성을 들었다. 여러 학자들은 1573년 인디아스법이 공표되기 이전 라틴아메리카, 특히 누에바 에스파냐 지역의 도시가 대부분 형성되었으며 도시 건설에서 실제로 적용된 법칙들을 바탕으로 정리를 한 것이라고 보았다. 특히 당시 로마에서 비트루비우스(Vitruvius)의 저서가 번역되어 그중 상당 부분을 스페인 왕실이 법령 제정 시 인용했다는 것이다. 인디아스 법령의 도시편은 공표 이후 스페인령 아메리카 도시를 건설하는 기본 규정이 되었으며 이를 어겨서는 안 되었다. 그러나 법령의 채택이 일괄적으로 이루어지지는 않았는데, 지형적 특성에 따라 시가지 구역과 광장의 형태는 도시별로 다양했다.

1573년 인디아스 법령에서는 스페인령 아메리카 도시에 관한 여러 상세한 사항을 제시하고 있지만, 현재까지 남아 있는 가장 두드러진 특징은 격자형의 가로망이다. 이는 이후 스페인이 지배했던 라틴아메리카 대부분의 도시의 가로망에 영향을 주었다. 역사적으로 격자형 패턴은 두 가지 주요한 목적에서 세워졌다. 첫 번째는 식민지화를 위한 질서정연한 정주 환경을 조성하는 것으로, 로마인들의 스페인 및 게르만 지역에서의 정주지 조성까지 올라가며 르네상스 시대를 거쳐 근대 유럽이 식민지에서 새로운 거주지를 조성할 경우 적용되었다. 또한 격자형은 기존의 정주지를 대신하여 소위 근대화의 도구로 사용되었다.[7] 또한 격자형 패턴은 군대의 군사배치(로마의 병영, 영국의 군대 숙영지)에 유리했는데, 스페인은 국토수복운동으로 인해 정복한 지역에 세운 정치적·군사적 중심지들에 격자형 가로망을 이미 적용하고 있었다(코스토프, 2009: 101~102). 나아가 스페인이 아메리카를 발견한 시기 다수의 유럽 국가는 활발하게 새로운 도시를 건설하거나 기존의 도시를 재구성하는 시기였으며

---

7) 인디아의 찬디가르 계곡에서 르 코르브지외는 인도의 전통적인 도시 패턴과는 대조적인 격자형 도시 패턴을 적용했고 루치오 코스타는 브라질리아 계획에 격자형 패턴을 적용했다.

스페인의 인접 국가인 영국과 프랑스에서 특히 격자형 도시 건설이 활발하게 이루어졌다. 따라서 스페인령 아메리카 지역에서 나타나는 격자형 패턴은 당시 스페인의 상황과 도시 건설의 목적에서 그 원인을 찾아야 한다.

2) 국토수복운동과 스페인의 도시 건설

14~15세기경 유럽에서는 경제적으로는 농업적 성격이 약화되는 대신 제조업 및 상업이 발달하고, 기능적으로는 경제적 기능이 강화된 도시들이 발달했다. 이러한 유럽의 도시 발달과는 별도로 스페인에서는 상당히 다른 경향의 도시화가 나타났다. 당시 스페인은 711년 이후 이베리아 반도의 상당 부분을 점령하고 있던 이슬람교도들, 즉 무어인들에 대한 국토수복운동을 벌이며 지속적으로 전쟁을 치루고 있었다. 스페인의 왕들은 국토수복운동에서 재정복한 국토를 방어하기 위해 여러 크기의 도시들을 세웠다. 당시 스페인인들이 형성한 도시들은 유럽 대부분의 도시 발달 과정과는 상이하게 정치적인 목적이 강했다(Kinsbruner, 2005: 6)

그 당시에 스페인의 도시들은 상당 부분 스페인 왕의 정치적이고 방어적인 목적을 수행하기 위한 장치로서 세워졌다. 도시들이 지니는 특권은 도시의 인구 규모뿐만 아니라 재정복된 땅을 수호할 수 있는 능력에 따라 정해졌으며 왕실에 어느 정도의 경제적 부를 안겨줄 수 있는지도 도시의 특권을 결정짓는 요인이었다. 도시들은 인구 규모에 따라 푸에블로(pueblo, 인구 500~2,000명), 비야(villa, 인구 2,000~4,000명),[8] 시우다드

---

8) 그러나 실질적으로 적용될 때 원래의 기준에 반드시 부합하는 것은 아니어서 어떤 경우에는 비야가 푸에블로보다 인구 규모가 크나 반대인 경우도 있었다.

(ciudad, 인구 4,000명 이상) 등으로 차등적인 이름이 붙여졌으며, 이는 이후 라틴아메리카의 도시에도 적용되었다(Kinsbruner, 2005: 4~5).

이와 같이 정치적·방어적 필요에 의한 도시의 건설이 활발했지만 한편으로는 농업 및 목축업 경제로 인하여 스페인 국토 전반에 걸쳐 도시화가 진행되었다. 15세기 말, 남부의 세비야(Sevilla)와 발렌시아(Valencia)는 인구 규모가 각각 7만 5,000명에 이르렀고, 코르도바(Córdoba)와 헤레스(Jerez)도 인구 규모 3만 5,000명의 도시로 발전했다. 이 외에도 당시 인구 규모가 1만여 명이던 부르고스(Burgos), 세고비아(Segovia), 마드리드(Madrid) 등도 중요한 도시들이었다. 이들 도시들은 왕실이 부여한 특권보다는 상업 및 산업의 영향으로 성장했으며 대부분의 도시들이 각 도시의 특권 및 의무를 명기한 도시 헌장을 지니고 있었다. 그러나 스페인에서는 전반적으로 도시화의 경향이 서부나 북부 유럽과 같이 뚜렷하게 나타나지 못했는데, 이는 스페인의 무역과 산업이 상대적으로 덜 발달했기 때문이다. 대신 인구 규모는 1,000~2,000명 이상이지만 기능 면에서는 압도적으로 농촌의 성격이 강한 주거지들이 나타났으며, 이는 스페인령 아메리카 지역의 도시 형성에도 영향을 미쳤다(Kinsbruner, 2005: 3, 7).

스페인령 아메리카 도시의 기능 및 구조에 근본적인 영향을 준 것은 국토수복운동 당시 스페인의 도시 건설 경험이었다. 당시 상당수의 주거지가 공격 및 방어적인 목적의 군사 진지로서 세워졌으며 도시로 발전하기도 했다. 진지 도시들에서는 군사적 목적 때문에 적용한 격자형 가로망이 나타나게 되었다. 그러나 국토수복운동 당시 스페인 왕실은 물리적인 측면의 도시 계획에 대해서는 어떠한 공식적인 정책도 내놓지 않았다. 반면 도시의 행정 제도에 관한 정교한 계획안은 제시했으며, 도시 의회의 구성 및 기능부터 지역 경제에 이르기까지 도시를 건설하고자 하는 이들이 반드시 지켜야 할 엄격한 가이드라인이 명확히 정해져 있었다. 이는 스페인의 식민 초기 왕실의 지침 없이 정복자들이 개인적 경험을 바탕으로 도시를 짓게 된 배경이 되었다(Kinsbruner, 2005: 8).

3) 스페인령 라틴아메리카 정복기의 도시 계획

일반적으로 도시는 인구가 성장하면서 비농업적 기능이 탁월해지는 정주지를 일컫는다. 그러나 스페인 아메리카의 도시는 전략적으로 중심지가 필요한 곳에 도시를 법률에 따라 '선언'했으며, 이후 시가지가 건설되고 인구가 증가했다. 스페인의 해외 제국에 설립된 모든 도시들은 왕실의 공인을 받아야 했고, 모든 행정 통치 조직도 카스티야 왕실에서 만들어졌다. 따라서 스페인의 해외 제국은 처음에는 완전한 스페인 제국이 아니라 스페인 왕실의 제국, 더 정확히 표현하자면 카스티야 왕실의 제국이었다(최영수, 1990: 143~144). 스페인 왕실은 라틴아메리카 도시에 대한 인정뿐만 아니라 휘장을 하사하기도 했고, 도시가 성장하고 그 중요성이 높아지면 'Noble(명예로운)'이나 'Leal(충성스러운)' 등과 같은 수식어를 도시명에 하사했다. 따라서 라틴아메리카의 도시는 대부분 도시가 설립된 날짜와 설립자가 정확히 기록되어 전해지고 있다. 도시 설립자들은 자비를 들이거나 지역의 원주민으로부터 세금으로 거두어서, 그리고 노동력은 엔코미엔다 제도를 통해 이용하여 도시를 건설했다. 이후 도시 설립자들은 이에 대한 보상을 보장받았는데, 이는 스페인이 국토수복운동 당시 정복지의 도시의 건설에서 시행하던 방식이었다.

스페인은 국토수복운동에서 아델란타도 제도를 통하여 수복한 국토를 방어하고 유지했다. 아델란타도는 일종의 개척자 혹은 정복자로, 스페인 왕과 계약을 통해 자비로 특정 지역에 대한 재정복을 수행하는 대신 그 지역에서 토지 및 다른 특전이나 부수입을 받을 권한을 부여받았다.

이사벨라 여왕은 이 제도를 아메리카 식민지에도 적용했으며, 콜럼버스는 카리브 해 제도에 도착한 직후 엔코미엔다 제도 및 레파르티미엔토 제도를 시행하여 도시를 건설하고 식민지를 건설했다. 1503년 신대륙의 관료들에게 보낸 편지에서 이사벨라 여왕은 원주민은 자유민이며 노예가 아니라고 규정하고 있다. 그러나 원주민의 노동력을 건설 현장, 광산 채굴, 농업 노동, 식량 생산 등에 강제로 동원할 수 있게 했다(Kinsbruner, 2005: 8).

스페인이 식민지에 세운 도시들은 그 도시가 입지한 그 위치에서 발달한 주거지라기보다는 행정, 교역, 산업 등의 목적으로 일정 지역에서 필요한 중심지였으며, 입지가 나쁘거나 시가지가 자연재해 등으로 피해를 입으면 다른 곳으로 옮기면 되는, 식민지 지배 제도의 하나였다.9) 따라서 스페인령 아메리카의 도시는 그 목적의 수행을 위해 수 차례 그 위치를 바꾸어가며 이전했다. 예를 들어 현재 쿠바의 수도 아바나(Havana)의 경우 1514년 판필로 나르바에즈(Pánfilo Narváez)가 쿠바 남부 해안에 처음 건설했으나 지역의 기후 및 토질이 주거에 적절치 않자, 다섯 번에 걸쳐 도시를 옮긴 후 1519년 쿠바 섬의 서쪽 해안에 아바나를 세웠다. 스페인령 라틴아메리카에 최초로 건설된 스페인의 도시인 산토도밍고는 1496년 건설되었다. 이후 산토도밍고는 1502년 재건설되었는데, 이는 스페인령 아메리카에서 최초로 격자형 가로망 패턴을 가진

---

9) 스페인 왕실은 17세기 초반 밀수를 근절한다는 이유로 인구가 거주하고 있던 여러 개의 비야들을 파괴하고 거주민을 산토도밍고로 이주시켰다. 당시 파괴된 주거지들은 시우다드의 지위는 없었으나 목우 및 생강 생산 등으로 경제적으로 부유했으며 영국 및 네덜란드와의 불법 거래가 활발히 이루어진 해안 주거지들이었다(Pons, 2007: 42). 밀수는 근본적으로 스페인, 나아가 왕실의 조세 수입에 악영향을 미쳤기 때문이다.

도시였다. 이후에도 몇 차례 도시를 이전했는데, 허리케인으로 인한 시가지의 파괴가 주요 원인이었다.

1502년 새로운 산토도밍고 건설 당시 스페인 왕실은 지형적으로 매우 불리하지 않은 구역을 도시로 지정할 것을 제시한 것 이외에는 구체적인 표준을 제시하지 않았다. 스페인 왕실은 "〔건설자의〕 판단에 적당한 곳"에 도시를 세우라고 지시했다(Stanislawski, 1947b). 스페인 가톨릭 양왕은 당시 식민지에서의 도시는 방어의 중심지일 뿐 아니라 식민지 생활의 정치적·사회적·경제적 중심지로 이해하고 있었으며, 격자형 가로망에 대해 매우 잘 알고 있었고 이를 장기판 패턴(sistema de demero)라고 불렀다고 한다. 그러나 신대륙 정복이 시작된 지 10년이나 지났지만 식민지의 도시 건설의 공간적 계획에 대한 어떠한 공식적인 계획도 발표하지 않았다.

산토도밍고의 가로망을 격자형으로 구획한 것은 당시 히스파니올라 섬의 총독이었던 오반도(Ovando)의 개인적인 계획이었다. 오반도의 계획이 당시 국토수복운동 지역의 산타페와 같은 도시 계획의 영향을 받았을 수도 있으나, 당시 유럽은 도시의 계획 및 건설이 매우 활발히 진행되고 있었으며 다수의 도시에 격자형 가로망이 적용되었다. 특히 프랑스와 영국의 도시 건설 패턴이 당시 오반도의 계획에 영향을 주었을 수도 있을 것으로 해석하고 있다(Kinsbruner, 2005: 9~10). 1509년 콜럼버스의 아들인 디에고가 도시를 건설하려 할 때도, "당신이 보기에 가장 적절한 곳에 건설하라"는 지시를 받았을 뿐이다.

그러나 1513년 왕실은 스페인령 아메리카에서의 도시 건설에 관해 분명한 입장을 표명하고 건설 지침을 내렸다.[10] 왕실의 지침을 처음

---

10) 스페인 왕실에 당시 식민지에 내린 지침은 다음과 같다. "가장 중요한 점은 도시가 들어설 곳을 잘 관찰해야 한다. …… 그 지역이 건강에 좋은 곳으로 늪이

적용한 것은 1519년 다빌라(Pedro Arias Dávila)가 파나마시티를 건설하면서였으며, 이후 아메리카 식민지의 여러 정복자들이 이 지침을 따랐다. 스페인 왕실이 식민지 도시 건설, 특히 토지 구획에 높은 관심을 두기 시작한 것은 16세기 중반 이후로 알려져 있다. 식민지 건설 초기 금이 발견된 것을 비롯하여 식민지에서는 자원이 매우 주요한 것으로 인식되었으며 이에 비해 토지의 중요성은 상대적으로 덜했다. 그러나 16세기 들어 대규모 은광이 멕시코 중부 지역과 페루 지역에서 발견되면서 토지의 가치가 제고되었고, 이후 스페인 왕실은 도시를 비롯한 토지의 구획에 관심을 갖게 되었다. 이에 스페인 왕실은 과거 그리스 및 로마 시대에 작성된 도시 계획에 관한 기록을 참고하여 식민지 도시에 적용했다 (Stanislawski, 1947b).

이후 도시에 관한 스페인 왕실의 지침은 이후 더욱 정교해지고 명확해졌다. 지침에서는 도시가 직교형의 격자형 패턴으로 구성되었으면 하는 스페인 왕실의 열망이 나타난다. 또한 도시의 형성 시에 거주민의 건강에 좋은 환경을 추구하고 있으며 교역을 행하는 데 적절한 지점을 중요하게 여기고 있다. 또한 거주자의 사회적 지위에 따라 주거지를 다르게 하라고 하여 스페인 왕실이 도시 내의 사회적·경제적 계층화를 인지하고 있었으며, 이를 제도화하고자 했고, 이는 스페인 도시의 근본적인 특성이 되었

아니어야 하며 만약 항구라면 화물을 내리기에 좋아야 하며, 만약 내륙이라면 강에 가까운 곳이어야 하며 …… 공기와 물이 좋고 경작 가능한 땅과 가까워야 한다. …… 이러한 점을 유의하고 도시의 터를 찾아야 하며, 좋은 위치를 발견하면 주택을 건설하기 위한 필지를 배당한다. 주택은 거주자의 사회적 지위에 따라 배정되어야 하며 처음부터 명확한 서열에 따라 이루어져야 한다. 태양의 방향에 따라서 도시의 형태를 정하는데, 도시의 형태는 광장 및 교회의 위치, 그리고 가로망의 패턴에 따라 정해진다."

다. 가장 중요한 거주민이 가장 좋은 필지를 받았으며 정부의 건물 및 교회가 입지한 중앙 광장에 가장 근접한 곳에 거주하게 계획되었다 (Kinsbruner, 2005: 11).

4. 식민지 도시의 건설

1600년 전후의 시기는 스페인의 식민지 지배에서도 중요한 시기였다. 무엇보다도 이때는 스페인 식민지의 형성기로, 스페인령 아메리카의 영토적 측면에서의 지배 구조가 정착 시기에 접어들었다(Sargent, 2006: 166). 1세기 가까운 시행착오의 기간을 거치며 스페인은 식민지배를 위한 행정 및 사법 제도의 기초를 형성했으며, 이후 16~18세기 스페인이 식민지에 대해 실시한 정책들은 대부분 자원의 수탈을 최대화하고 이미 확보한 영토를 공고히 하는 정책들이었다. 또한 1600년경 라틴아메리카 도시의 기능 및 구조는 식민 기간 및 독립 이후 라틴아메리카의 도시에 주요한 영향을 미쳤다. 식민지배체제의 정착과 함께 도시의 성장 및 기능의 정착이 이루어졌고, 당시의 도시의 규모 및 기능, 배후지의 규모, 위치 등은 이후 지역별 도시 시스템에 지속해서 영향을 미쳤으며 이는 현대 라틴아메리카의 도시 특성으로 자리 잡았다.11) 무엇보다도 1600년경을

---

11) 도시의 특성 및 시스템 이외에도 1600년경 스페인 아메리카의 여러 지역 및 도시들이 지닌 경제적 특성은 식민 시기 동안 지속되었다. 알토 페루(Alto Perú, 현재의 볼리비아) 지역과 누에바 에스파냐 지역은 광산업 중심의 경제가, 리오 데 라플라타(Río de la Plata) 지역은 목축업, 카리브 해 지역은 설탕 생산, 현재의 에콰도르 및 멕시코 중부는 목축업 중심의 경제가 발달하여 지역별 경제적 특성이 이미 형성되었다(Hardoy and Aranovich, 1970: 58).

중심으로 20~30년 전후의 기간 동안 스페인령 아메리카 지역에서는 도시를 중심으로 하는 뚜렷한 인구 재배치가 일어나고 있었다. 당시 원주민 인구를 중심으로 인구 감소 현상이 나타나고 있었으나 시우다드를 비롯한 중심지들의 인구 규모는 3배 이상 증가했다.12) 더불어 도시의 기능 및 규모에 따라서도 도시의 성장 및 쇠퇴, 도시 기능의 증가가 이루어졌다(Hardoy and Aranovich, 1970: 57~58). 여기에서는 식민 도시의 주요 기능에 대해 살펴보고, 스페인인을 위해 건설된 대표적인 도시인 푸에블라의 건설 및 번영 과정을 통해 스페인의 도시 정책에 살펴보고자 한다. 또한 스페인인의 도시에 비해 주목을 받지 못했으나 스페인령 아메리카의 인구 재배치에서 주요한 현상이었던 원주민 도시에 대해서도 살펴보고자 한다.

1) 식민 도시의 주요 기능

도시를 형성하는 것은 초기 식민주의자들의 의무이자 특권이었다. 스페인인들이 현재의 멕시코 지역에 첫발을 내딛는 순간부터 정복 및 식민지화의 과정은 도시의 건설과 더불어 이루어졌다. 누에바 에스파냐 지역에서 최초로 도시를 건설한 사람은 정복자 코르테스였다. 그는 누에바 에스파냐 지역에 전략적 목적의 여러 도시를 건설했는데, 아스텍의 수도 테노치티틀란(Tenochititlán)을 정복하기 이전에도 교통 및 군사적 요지인 베라크루스(1519)를 건설하고 아스텍 제국 정벌을 위한 군사 도시로서

---

12) 식민 시기의 인구 규모에 대해서는 정확한 기록이나 추산이 어렵다. 그 대신 당시 도시에 거주하던 베시노(vecino)라는 스페인계 가구주가 기록으로 남아 있는 경우가 많기 때문에 이를 기준으로 도시 인구를 추산한다. 추정 인구는 베시노 인구의 약 3배 정도이다.

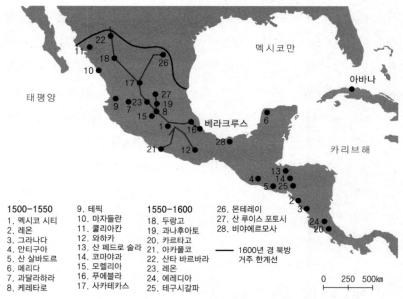

〈그림 6-1〉 16세기 누에바 에스파냐 부왕령에 건설된 주요 도시

멕시코만

태평양

아바나

베라크루스

카리브해

1500-1550	9. 테픽	1550-1600	26. 몬테레이
1. 멕시코 시티	10. 마자틀란	18. 두랑고	27. 산 루이스 포토시
2. 레온	11. 쿨리아칸	19. 과나후아토	28. 비야에르모사
3. 그라나다	12. 와하카	20. 카르타고	
4. 안티구아	13. 산 페드로 술라	21. 아카풀코	
5. 산 살바도르	14. 코마야과	22. 산타 바르바라	── 1600년 경 북방
6. 메리다	15. 모렐리아	23. 레온	거주 한계선
7. 과달라하라	16. 푸에블라	24. 에레디아	
8. 케레타로	17. 사카테카스	25. 테구시갈파	0 250 500km

자료: Blouet, Blouet, & Sargent(2010: 66)을 참고하여 필자가 직접 재작성.

세구라 데 라 프론테라(Segura de la Frontera) 등을 세웠다. 또한 호전적인 부족들과의 전쟁이 잦았던 지역에 비야 알타 데 라 산 일데폰소(Villa alta de la San Ildefonso) 등을 세웠다.

　누에바 에스파냐 지역의 도시 시스템은 전반적으로 아스텍의 도시 패턴의 영향을 받았다(Scapraci, Escamilla, & Brothers, 2012: 103). 다수의 도시가 아스텍 제국의 도시를 물려받았으며, 그중 대표적인 예가 멕시코 시티이다. 멕시코시티의 전신인 테노치티틀란은 아스텍 도시 시스템의 중심이었으며, 제국의 수도를 중심으로 형성되었던 무역 및 조공 경로는 식민 시기 도시 시스템의 기본이 되었다. 따라서 누에바 에스파냐 부왕령의 도시들은 멕시코시티로 집중되는 도로망을 통하여 연결되었으며 이는 현대 멕시코의 도로 네트워크에 영향을 미쳤다. 그러나 코르테스는 아스텍 제국의 수도인 테노치티틀란에 중심지를 세움으로써 중앙아메리카 지역 대부분을 지배하던 아스텍 제국을 스페인이 정복했다는 상징적인 면에 의미를 두었다.

코르테스 정복 이전에 형성된 도시들은 정복기를 거쳐 식민지배를 위한 행정 및 종교 기관이 입지했고, 주변 지역에 대한 행정 중심지로서 역할을 지속했다. 누에바 에스파냐의 도시 시스템은 기존의 아스텍 제국의 도시 시스템에 광산 도시 및 선교 중심지, 군사 요새 도시(presidios), 농촌 중심지(pueblos) 등이 새로 추가되는 방향으로 발전했다. 이에 더하여 원주민의 새로운 거주지인 콩그레가시온(congregación)이 세워졌다. 누에바 에스파냐 지역을 지배하기 위한 도시 시스템은 1600년경 완성되었다(Sargent, 2004: 166).

스페인령 아메리카의 도시들은 정치적 권력의 중심지였으며 종교의 중심지였고, 그보다는 취약하지만 상업 및 금융의 중심지였으며, 과시적 소비의 경연장이기도 했다. 또한 스페인령 아메리카의 도시들은 촌락이나 원주민 도시가 갖지 못한 수많은 특권을 지녔다(Kinsbruner, 2005: xi). 하도이와 아라노비치(Hardoy and Aranovich, 1970)는 식민도시의 주요 기능으로 행정 기능, 종교 및 행정 기능, 종교 기능, 사회 서비스 기능 등을 들었다. 도시의 행정 기능은 부왕청의 소재 여부, 아우디엔시아 법원의 소재지 여부, 행정 부처(Gobernación)의 소재 여부, 도시 의회(Alcaldía Mayor)의 소재 여부 등에 따라 도시별로 상이했으나 부왕청이 위치한 멕시코시티에 가장 다양하고 최상위의 기능이 집중되었다. 이후 지역의 중심지라 할 수 있는 아우디엔시아 재판소 소재지가 차하의 중심기능을 지녔고, 그 아래로는 스페인에 의해 공인된 스페인인들의 도시가 행정 기능 위주의 중심지 역할을 했다.

행정 기능 이외의 기능은 주로 종교기관과 깊은 관련을 갖는 기능들이었다. 종교 및 행정 기능은 대주교의 소재 여부, 주교의 소재 여부 등에 따라 달라졌다. 종교 기능은 수도원, 수녀원, 병원의 소재 여부에 따라 달라졌으며, 사회적 서비스는 대학(Universidad), 중등 교육기관(Colegio), 종교재판소 등의 소재 여부에 따라 달라졌다. 스페인령 아메리카에서는 종교기관이 매우 중요한 역할을 했다.13) 스페인 왕실은 아메리카 식민지 건설의 명목적인 목표인 원주민의 개종을 위해 종교 기관들을 아메리카에 파견했다. 아메리카 원주민의 개종을 명목으로 스페인의 왕은 대주교를 비롯한 스페인에 파견된 종교인들의 임명권을 부여받았으며 부왕은 국왕을 대신하여 이를 실행했다. 식민 시기 스페인령 아메리카에는 프란시스코 수도회, 도미니크 수도회, 예수회 등 여러 종교 단체들이 시기를 달리하여 파견되었다. 이들은 단순한 선교 집단을 넘어 식민지 지배의 주요한 축이 되었다. 도시의 기능 중 스페인 왕실은 전기한 바와 같이 행정 기능을 담당했으며, 종교기관들은 도시에서는 문화 및 교육 기능을 주로 담당했다. 종교기관들은 도시의 교육 서비스를 제공했고 병원을 운영했는데, 교육과 병원 서비스는 특히 도시에 한정된 기능이었다.

대학은 부왕청이 입지한 멕시코시티 및 리마를 비롯한 일부 주요 도시에만 건립되었으며, 1600년경 스페인령 아메리카에는 5개의 대학이 있을 뿐이었다. 대학은 왕실과 종교기관에서 세웠는데, 대학들은 도시에 거주하는 유력자의 자제들, 특히 남성들을 대상으로 고등 교육을 실시했

---

13) 이는 스페인의 국토회복운동부터 시작된 성전의 성격에서 기인한다. 7세기에 걸쳐 이루어진 국토회복운동은 이베리아 반도에서 이슬람교도들을 몰아내는 것이었으며, 이를 완성한 스페인의 이사벨 여왕과 페르디난도 왕은 가톨릭 양왕이라는 칭호를 받기도 했다. 1494년 이루어진 토르데시야스 조약은 아메리카 원주민의 개종을 전제로 스페인의 아메리카 소유를 인정한 것이기도 했다.

다. 16세기 말 이후 스페인 정부가 매관매직 제도를 실시함에 따라 스페인령 아메리카 출신의 남성들이 시의회를 비롯한 식민지의 주요 행정직에 오르게 되었다. 이들은 스페인 출신 관료들을 대신하여 스페인령 아메리카의 지배층으로 성장했는데, 관직에 따라 당시 스페인 정부는 관료의 선발 기준으로 대학 교육을 제시했다. 병원 또한 종교 기관이 운영했다. 콜럼버스가 카리브 해에 도착한 이래 새로운 도시를 세울 때는 반드시 병원 부지를 배당하도록 했다. 그러나 병원은 지어지지 않는 경우도 많았고 도시가 세워지고 오랜 기간이 지난 후에 세워지기도 했다. 병원은 도시의 재정상태 및 인구 규모에 영향을 받았으며, 기부금 및 세금으로 운영되었다.

흥미로운 점은 하도이와 아라노비치(Hardoy and Aranovich, 1970)가 제시한 도시 기능 중에는 경제 기능은 누락되었다는 것이다. 스페인령 아메리카 도시에서는 경제 활동이 매우 제한적으로 이루어졌기 때문에, 이는 보편적인 활동이라기보다는 일부 도시에 편중된 기능이었다. 스페인령 아메리카는 엄밀하게 국가가 아닌 왕실에 속한 영토였고, 이에 대한 경제정책은 스페인이라는 국가 전체의 부를 확대하는 것이 아니라 조세 수입의 극대화를 통한 왕실 재정의 확보를 위한 것이었다. 따라서 당시 스페인 왕실은 스페인의 항구 중 오직 세비야만이 식민지와의 무역을 할 수 있도록 독점권을 부여했으며, 식민지에서도 누에바 에스파냐 부왕령은 베라크루스, 리마 부왕령은 카야오(Callao), 태평양 연안 남아메리카의 경우 카르타헤나(Cartagena)를 통해서만 모든 무역을 할 수 있도록 했다. 그러나 이들 항구 도시들은 대규모의 독점권을 지닌 도시였음에도 무역을 중심으로 크게 번영하지 못했고, 1600년 전후의 기간 동안에는 평균적인 도시들의 경향과 비슷한 정도의 인구 증가를 나타내었다. 이는 베라크루스 및 카야오가 식민지와 스페인을 잇는 항구이지만 모든 생산품은 주로 부왕청이 위치한 멕시코시티 및 리마를 통해서 거래되었기 때문이다. 예를 들어 프랑스에서 생산된 비단은 반드시 세비야, 혹은 이후 카디스 항을 통해서만 스페인령 아메리카로 향하는 선박에 오를 수 있었고, 베라크루스에서 하역된 상품은 반드시 멕시코시티까지 운반된 이후 사카테카스(Zacatecas)와 같은 부유한 광산 도시로 팔려 나갔다. 만약 이 상품이 마닐라(Manila) 항까지 가는 것이라면 멕시코시티에서 다시 아카풀코(Acapulco)로 운반되어서 그곳에서 마닐라로 향하는 갤리언 선박에 선적해야 했다. 스페인은 마닐라와의 무역은 아카풀코 항으로 한정했다. 스페인의 식민지배 말기 부르봉 개혁에 의해 스페인 및 아메리카 도시의 무역 독점권이 일부 완화되었으나 현재와 같은 자유로운 무역은 결코 아니었으며, 개혁으로 인한 도시들 간의 무역 개방도 제한적이고 차별적이었다(Andrien, 2009: 641).

스페인 왕실은 교역을 소수의 도시에 한정함으로써 적은 인원으로 식민지와의 무역을 관리할 수 있으며 무엇보다도 세금을 효율적으로 걷을 수 있다고 생각했다. 또한 금과 은이 스페인 이외의 국가로 수출하는 것을 통제하고, 주요 세수원인 킨토세[14]를 스페인으로 무사히 이송하기 위해서는 교역 기능을 일부 도시에 한정하는 것이 중요했다. 물론 도시 간의 교역은 장려되지 않았으며 상인들은 사회적 약자였고, 상품의 가격은 시의회나 길드 조직을 통하여 통제되었다.

도시의 기능 중 경제 기능이 특히 탁월했던 도시들은 광산 도시들이었

---

14) 13세기 알폰소 10세(Alfonso X)와 알폰소 11(Alfonso XI)세에 의해 공포된 법에 따라 왕실의 세습재산에 속한 땅에서 발견된 모든 광산은 왕실 재산의 일부로 간주되었지만, 아메리카에서 광산 개발에 따른 위험성과 어려움 때문에 왕실은 이 권리를 포기했고, 대신 임대인에게 킨토레알(1/5세)을 부과했다(최영수, 1990: 169). 킨토레알은 생산액의 1/5을 국가에 세금으로 납부하는 것이다.

으나 스페인 왕실은 광산 도시들의 인구 규모에 비해 낮은 행정적 지위와 도시 서비스를 제공했다. 누에바 에스파냐의 사카테카스와 같은 도시들은 도시의 지위를 부여 받았으나, 인구 20만 명 이상의 대규모 인구밀집 지역이자 세계 최대의 은광으로 인해 남아메리카에서 가장 부유했던 지역인 포토시(Potosí)는 도시의 지위를 부여받지 못했다. 포토시는 멀리 떨어진 초라한 행정 중심 도시인 수크레(Sucre)에 속한 배후지로, 행정적 등급은 시우다드보다 낮은 비야였다. 이는 도시가 경제적·상업적 기능 및 정주 규모보다는 행정적·정치적 목적으로 설치되고 운영되었음을 의미한다. 법적으로 도시(ciudad)와 마을(villa) 사이에는 차이점이 있었다. 도시의 배후지에 있는 마을들의 경우 일부 마을은 시청으로부터 통치권을 위임받았지만, 법적으로는 도시의 행정 구역에 속했다.

이 시기 스페인령 아메리카의 도시에서는 현대 라틴아메리카 도시의 특성이 이미 나타나고 있었다. 우선 현대 라틴아메리카 국가들의 전반적인 특징인 종주도시화의 경향이 나타나고 있었다. 종주도시화에 영향을 미친 스페인 도시의 기능은 행정 기능이었다. 누에바 에스파냐 부왕청이 위치하고 있던 멕시코시티와 페루 부왕청이 위치하고 있던 리마는 당시 최고차 도시이자 가장 많은 인구와 행정 및 종교적 기능, 그리고 문화적 서비스 기능이 집중되어 있었다. 또한 이들 두 도시는 각각의 부왕령에서 가장 중요한 교역의 중심지였으며 섬유산업을 중심으로 제조업이 발달했다. 이들 두 도시의 발달은 행정 기능을 한곳에 집중함으로써 식민지배시 소요되는 행정력을 최소화하고 감독을 수월하게 하며 조세 수입을 가장 효율적으로 징수할 수 있도록 한 스페인의 식민지 지배 특성에서 기인한다고 할 수 있다.

아우디엔시아 법원 소재지는 부왕령보다는 배후지의 규모 및 기능이 적으나 상당 범위의 지역에 대한 중심지로서 행정 및 종교, 교육 및 의료 서비스 기능이 집중되어 있었다. 1829년 라틴아메리카의 국가들이 독립한 직후 국가의 범위를 살펴보면, 북미에서는 누에바 에스파냐 부왕령에서 쿠바 및 카리브 해 지역을 제외한 지역이 멕시코를 이루었고, 남아메리카에서는 아우디엔시아의 범위가 하나의 국가가 되는 경향이 뚜렷하게 나타났다. 아우디엔시아의 소재지는 국가의 수도가 되었다 (Blouet et al., 2009: 87~91).

스페인령 아메리카의 도시의 주요 시가지는 매우 적었지만 도시의 범위, 즉 시역은 현대에 비해 매우 넓었다. 극단적인 예로 키토의 시역은 길이 350km에 달했고 폭도 150km에 이르렀다. 변경에서는 도시의 범위도 불분명하여 지역적으로 해석하기 나름인 경우가 다반사였다(Kinsbruner, 2005: 33).[15]

2) 스페인인의 도시와 원주민의 도시 건설

대부분의 도시들은 스페인인들과 원주민의 주거지를 분리하는 것이 가장 기본적인 목표였다(Kubler, 1942: 160). 도시 내부에서도 도심의 광장으로부터 도시의 외곽으로 갈수록 거주민의 사회적 지위도 낮아지는 경향이 강하여, 도심에는 스페인인 지배 계층이 주로 거주했고, 메스티조 및 중간 계층은 도심 외곽의 거주지에, 도시 외곽 너머 및 마을에는 원주민들이 주로 거주했다. 이는 현대 라틴아메리카의 도시의 도시 구조에서도 뚜렷이 잔존했으며 일부 도시에서는 아직도 도심에 엘리트들을

---

15) 주변에 도시가 위치하지 않은 경우 도시의 행정 구역은 매우 광대해졌는데, 부에노스아이레스의 경우 북서쪽으로는 코르도바와 시경계가 만나는 곳까지 350km나 뻗어 있었고 남쪽으로는 광대한 원주민 영역을 포함했다.

위한 주거지가 잔재하고 있다.

스페인의 도시 형성기는 스페인인들에게도 거주지의 변화가 역동적으로 이루어진 시기였지만, 원주민들에게는 인구학적 변화와 함께 거주지의 변화가 동시에 이루어진 시기였다. 원주민들의 규모는 1640년대까지 지속적으로 감소한 것으로 추정되며, 코르테스의 침략 이전 2,500만으로 추정되던 아스텍 제국 지역의 인구는 100만 명까지 감소한 것으로 추정되었다. 이러한 원주민 규모의 감소는 스페인 국왕들에게는 매우 심각한 손실로 여겨졌다. 1503년 이사벨라 여왕이 원주민은 노예가 아니라 국왕의 신민임을 강조하며 원주민들에게 가혹한 행위를 금지시킨 예를 차지하고라도 스페인의 국왕들은 여러 법안을 통해 원주민의 인구를 유지하고자 했다. 원주민 규모의 감소는 결국 노동력의 감소로 이어졌으며 원주민이 분산되어 분포하면 엔코미엔다나 레파르티미엔토 등의 제도를 통해 노동력을 이용하기가 어려웠다. 따라서 스페인인들은 원주민들의 주거지를 이동시켜서 한곳에 집중하여 거주하게 했다. 이를 콩그레가시온이라고 했다.[16]

서전트(Sargent)는 이를 단지 원주민을 위한 주거지이라고 보았으나 쿠블러(Kubler)나 킨스브루너(Kindbruner)와 같은 학자들은 이를 스페인인을 위한 도시와 구분하여 원주민 도시라 했다. 원주민 도시는 시우다드라기보다는 비야나 푸에블로가 많았으나, 스페인령 아메리카 원주민의 분포에 매우 큰 영향을 미쳤다. 여기서는 스페인령 아메리카에서 가장 먼저 세워진 스페인인을 위한 도시이자, 이후 식민지 도시의 전형으로 많은 도시의 건설에 영향을 미친 푸에블라의 도시 계획 및 특성에 대해

---

16) 누에바 에스파냐 지역에서는 콩그레가시온이라 했으나 페루 부왕령 지역에서는 레둑시온(reducción)이라 했다

살펴보고, 원주민 도시에 대해 살펴보고자 한다.

(1) 스페인인의 도시 푸에블라

푸에블라 데 로스 앙헬레스(Puebla de los Angeles)는 1531년 4월 16일 산 프란시스코 강의 자연 제방 상에 건설되었다.[17] 푸에블라가 위치한 아우디엔시아는 촐룰라(Cholula), 틀락스칼라(Tlaxcala), 테페카(Tepeca) 등 아스텍 제국 시절부터 인구가 밀집된 중심지들이 다수 있었기 때문에 굳이 새로운 도시를 건설할 필요성은 없었다. 푸에블라는 현재에는 멕시코시티와 베라크루스를 잇는 주요 도로 상에 위치하지만, 처음 도시를 건설할 당시에는 주요 도로가 도시로부터 상당히 멀리 떨어져 있었다. 따라서 도시를 세운 이후 도로의 경로를 변경해야 했다. 이러한 불리한 조건에도 불구하고 푸에블라는 건설되었는데, 이는 당시 스페인인들만을 위한 도시가 필요했기 때문이다.

1520년대 누에바 에스파냐 지역의 상황은 안정적이지 못했다. 누에바

---

17) 푸에블라는 베라크루스로부터 멕시코시티로의 길목에 위치하여 전략적으로 중요한 도시로서, 19세기 멕시코가 외국과의 전쟁을 겪을 때 멕시코시티로 진격하는 외국부대들의 주요 목표가 되었다. 우선, 미국과 멕시코의 전쟁(1846~1848년) 기간 중 푸에블라는 멕시코시티로 향하던 미국 군대에 의해 점령당했다. 점령 기간은 1847년 9월 14일부터 10월 12일까지 약 한 달간이었다. 1862년 5월 5일, 프랑스군이 베라크루스를 통해 멕시코시티로 진격하던 도중, 푸에블라에서 전투가 벌어졌다. 사라고사(Ignacio Zaragoza) 장군이 이끌던 멕시코군은 당시 세계 최강이던 프랑스군과의 전투에서 승리했다. 이를 기념하여 당시 대통령이던 베니토 후아레스는 푸에블라의 이름을 푸에블라 데 사라고사(Puebla de Zaragoza)로 바꾸었다. 멕시코는 그날의 승리를 기리며 5월 5일을 국경일로 지정하여 오늘날까지 기념하고 있다. 1863년 프랑스군이 푸에블라를 다시 공격했으며 1866년 프랑스군이 멕시코에서 철수할 때까지 푸에블라는 프랑스군이 점령했다.

에스파냐 지역에 대한 개척 및 새로운 지역에 대한 조사가 지속적으로 이루어지고 있었으며 코르테스와 코르테스를 반대하는 파벌 간의 긴장이 고조되어 있었다. 이에 새로이 도착한 스페인인들은 동요하고 있었다. 이러한 상황에서 스페인인들 사이에서는 혹시라도 있을지 모를 원주민의 반란이나 식민지의 정치적 불안정 사태가 발생할 경우 이를 적절히 방어하고 대처할 중심지의 필요성이 대두되었다. 즉, 당시 스페인 식민사회는 중심지인 멕시코시티로부터 근거리에 위치하면서도 스페인으로 향하는 유일한 항구인 베라크루스로 향하는 길목에 위치한, 스페인인들을 위한 새로운 도시의 건설이 필요했다.[18] 이에 푸에블라는 누에바 에스파냐 지역의 경제적 중심지이자 혹시라도 모를 사태에 대비한 전략적 거점으로서 프란시스코 수도회가 주축이 되어 건설했다. 국왕은 푸에블라에 "Ciudad de los Angeles(천사의 도시)"라는 이름을 하사했다. 이후 1558년 "Noble y Leal Ciudad(명예롭고 충성스러운 도시)"이라는 타이틀을 받았으며 1561년 "Muy Noble y Leal Ciudad(매우 명예롭고 충성스러운 도시)"라는 칭호를 얻었고, 1576년 "Muy Noble y Muy Leal Ciudad(매우 명예롭고 매우 충성스러운 도시)"라는 칭호를 얻었다. 1530년대 초 푸에블라는 전형적인 스페인의 도시 건설 양식으로 건설되었다. 즉, 도시 중심에 광장(Zocalo)을 두고, 광장 주변에 교회, 공공기관, 지배층의 거주지가 건설되었다. 가로망은 광장을 기준으로 바둑판 모양으로 배열되었다. 도시의 건설에는 원주민의 노동력이 이용되었다. 스페인령 아메리카에서 건설된 대부분의 도시들은 성벽을 쌓아 요새화한 경우가 거의 없고,

18) 1530년 당시 틀락스칼라의 주교인 가르세스(Julián Garcés)도 스페인 국왕에게 멕시코시티와 베라크루스 항 사이에 스페인인의 도시를 건설할 필요성이 있음을 역설했다.

아바나와 베라크루스, 파나마, 산토도밍고, 카르타헤나 등의 주요 항구 도시만이 해적의 침입으로부터 방어하기 위해 성을 쌓아 요새화했다. 더구나 이들 항구 도시들의 요새화는 17세기 중반 이후 본격적으로 시작되었다. 그러나 푸에블라에 대해서는 이미 1540년대에 성벽을 쌓아 혹시라도 있을지 모를 원주민의 반란에 대비하자는 의견이 제시되었으며, 이는 1555년 다시 제기되었다. 그러나 이 제안은 결국 실행되지는 않았다(Kubler, 1942: 161).

스페인인들을 위한 도시로서 계획된 도시인 푸에블라는 도시의 건설부터 경제적 번영까지 지속적인 특혜를 받았다. 푸에블라의 도시 형성은 과정을 살펴보면, 우선 도시의 형성 이전에 도시 건설 법령이 제정되었고, 이후 그에 대한 계획이 제공되었으며, 계획에 이어 좀 더 권위 있는 제안서들이 제시되었다. 이는 이후 스페인인이 중심이 되는 대도시 건설의 전형적인 사례로 여겨졌으며 1573년 인디아스법이 공표되기 이전까지 스페인인의 시우다드나 비야를 형성하는 기본적인 틀로 제시되었다(Kubler, 1942: 162).

건설 초기 푸에블라의 건축물들은 매우 소박했고 정착인구도 40인에 지나지 않았으나 1년 이내에 인구가 2배로 증가했다. 1533년 새로운 계획안이 나오고, 푸에블라는 현대의 푸에블라 중심지와 유사한 직교형의 가로망 및 광장이 건설되었다. 동서 방향으로는 21블럭이나 되었고 남북으로도 21블록이나 되어, 가로 4.5km, 세로 2.5km의 넓은 시가지가 건설되었다(Kubler, 1942: 161~162).[19] 쾌적한 기후와 전략적 위치로 인하

---

19) 블루엣 등(Blouet et al., 2010)이 묘사한 스페인 식민 도시의 모습은 다음과 같다. "스페인 식민도시에서 주 광장 주변에는 대성당, 정부 청사, 중요 상업 건물 등이 위치했다. 광장 근처에 엘리트 계층의 주거지가 형성되어 있어 도시의 중심부는 곧 권력의 중심부가 되었다. 중산층이나 서민들의 거주지는 엘리트

여 푸에블라는 건설 직후 번영했으며, 누에바 에스파냐 부왕령에서 멕시코시티 다음으로 중요한 도시로 부상했다. 16세기 중엽, 교회 및 행정기관을 비롯한 화려한 외관의 건물들이 광장을 중심으로 건설되었으며, 이는 현재까지도 푸에블라의 주요 도시 경관을 이룬다. 16세기 말 도시의 규모는 블록의 수가 120개에 달할 정도로 급속히 확대되었다. 스페인 식민 시기 도시는 배후의 농촌 지역을 관할했는데, 18세기 말 푸에블라의 관할 구역은 현재의 베라크루스 주에서 게레로 주에 이르는 광대한 것이었다.

푸에블라에 대한 특혜는 도시의 물질적인 건설에만 그치는 것이 아니었다. 푸에블라는 도시로서의 성장을 위해 많은 특혜를 받았으며 도시의 경제 부문에서 여러 혜택이 주어졌다. 우선, 1532년 공표된 법령에 의거해 30년 동안 면세 혜택을 누렸으며 이는 산업이 발달할 수 있는 매우 유리한 조건이 되었다. 푸에블라의 최초의 정착자들은 토지가 없는 사람들로 엔코미엔다로부터의 수입이 전혀 없었기 때문에 이들의 경제적 자립을 통한 도시의 번영을 꾀했다. 푸에블라의 면세 혜택은 많은 사람을

계층의 주거지 외곽에 형성되었으며, 하층민이나 원주민들은 시가지의 외곽에 거주했다. 외곽에는 또한 시립 묘지나 도살장처럼 유쾌하지 않은 기능이 배치되었다. 한센병 보호소, 도박장, 매춘업소, 하수처리시설(만약 있다면) 등도 도시의 외곽에 위치하여야 하며 반드시 바람이 불어가는 쪽에 만들어져야 했다. 도시 중심부의 도로는 포장되어야 하며 가로등, 쓰레기통이 설치되어야 했다. 시가지의 규모는 도보 거리 정도였으며 큰 도시들도 시내 중앙부의 광장에서 주변 농지까지 도보로 긴 시간이 걸리지 않았다. 도시의 중심부에는 몇몇 우아하고 내구성이 강한 건물들이 있었지만, 시가지는 전체적으로 볼품이 없었다. 대부분의 가옥은 초라한 벽돌집이었다. 돼지들이 쓰레기 청소부 역할을 했으며, 죽은 동물들이 비포장도로에 널브러져 있었으며 우물과 야외 화장실들이 가까이 위치했다."

푸에블라로 끌어 모았으며 특히 스페인에서 많은 장인들이 이주해왔다.[20] 푸에블라의 초기 산업은 매우 작은 규모로 시작되었다. 누에바 에스파냐의 다른 도시들의 경제권은 주로 엔코멘데로들이 장악하고 있었으나 푸에블라는 유럽에서 이주하거나 멕시코시티 등에서 면세 혜택을 노리고 이주한 주민들이 경제의 주체가 되었다. 이후 푸에블라의 제조업자들은 토지가 아니라 그들 자신의 산업체를 통하여 자본을 축적했다(Bazant, 1964: 59).[21]

푸에블라는 주변 지역에서 견사가 생산되었고 염색업이 발달하기에도 유리했으나 당시 누에바 에스파냐 부왕령의 견직업은 멕시코시티만이 생산할 수 있었다. 당시 부왕은 부왕령의 중심 도시인 멕시코시티에만 견직 생산권을 독점적으로 유지하려 했으나 1548년 푸에블라의 견직물 생산을 허가했다(Bazant, 1964: 59~60). 당시 스페인은 결코 산업화된 국가가 아니었기 때문에 식민지의 산업에 대해 매우 엄격했으며, 기본적으로 산업화를 허용하지 않았다(Greenleaf, 1967: 228). 따라서 푸에블라에 대한

---

20) 1539년, 프란시스코 데 페나피엘(Francisco de Penafiel, 페나피엘 지역에서 온 프란시스코 씨라는 의미)이 '세고비아와 같은 옷감을 만들기 위해서' 푸에블라 최초의 공장을 열었다. 그는 누에바 에스파냐 최초의 옷감을 생산했다. 페나피엘은 스페인에서 모방직 산업이 가장 발달한 도시인 세고비아 근처의 마을이다. 1542년에는 푸에블라 최초의 견직 공장이 세워졌다. 당시 멕시코시티만이 견직에 관한 독점권을 지니고 있었으므로 푸에블라에서의 견직 생산은 은밀하게 이루어졌다.

21) 누에바 에스파냐의 섬유 생산업은 스페인에서 파생된 것이다. 멕시코시티의 견직물 길드는 그라나다의 1526년 법령을 따른 것인데, 이 법령은 누에바 에스파냐 지역의 섬유 산업의 구조에 결정적인 영향을 미쳤다. 모직물 산업에서는 스페인과 마찬가지로 어느 정도의 자유가 있었으며 이로 인해 자본주의의 발전이 가능했다. 코르테스 이전 시기 눈부시게 발전했던 면방직 산업은 파괴되었으며 길드가 통제하는 도시 제조업으로 전환되었다(Bazant, 1964: 69).

스페인 정부의 견직물 생산 허가는 그 당시로는 매우 관대한 처사였다. 이러한 관대한 처사는 당시 스페인의 경제적 상황이 원인이었다. 아메리카 대륙의 발견과 식민화로 인해 공산품에 대한 수요가 증가했으나 스페인은 이러한 수요를 충족할 만큼 공산품을 생산하지 못하고 유럽의 다른 나라에서 고가에 수입하여 식민지에 되파는 일종의 무역 중개업의 비중이 매우 컸다. 이러한 이유로 인해 식민지에서의 산업, 특히 직물 생산에 대해 어느 정도 용인을 했던 스페인 정부로서는 스페인계 직공들이 주를 이루는 푸에블라에의 산업 허가를 내주는 것이 더 적절하다고 판단했던 것이다.

이러한 스페인 정부의 태도는 노동력의 사용 부분에서도 나타났다. 1542년, 스페인 정부의 원주민 보호 정책에 따라 멕시코시티 평의회는 견직 생산 공장에서 원주민 노예를 직조공으로 고용하는 것을 금지했다. 그러나 원주민 노예 금지령은 멕시코시티에만 적용되었으며 푸에블라에는 적용되지 않았다. 따라서 멕시코시티의 견직 공장들이 노예 노동력을 계속해서 이용하기 위해서 푸에블라로 이주했다. 노예 금지령(Mendoza의 법령)은 1569년에야 푸에블라에서도 적용되었다(Bazant, 1964: 61).

푸에블라에서 산업이 발달한 데는 교회의 영향력도 작용했다. 교회는 이러한 제조업 상품의 주요한 구매자로 산업의 발전을 양성했다.[22] 교회를 중심으로 하는 산업을 통하여 모직물 생산업의 자본이 축적되었으며, 1560년대 스페인령 아메리카 최초의 모직물 생산업이 시작되었다. 이는

---

22) 푸에블라는 멕시코에서도 가장 아름답고 화려한 교회들로 유명한데, 교회는 건축과 장식에 필요한 정교한 금속 공예나 목각 기술, 탈라베라 도자기, 타일, 자개 공예 등과 비단 등에 대한 주요 소비 집단이었다. 또한 교회의 제단을 장식하기 위한 금공예나 액자 등이 교회를 위해서 제작되었고 대장간에서는 은장식을 한 안장, 박차와 굴레 등의 생산이 활발했다.

교회에서 소비되는 상품에 비해 구매 계층이 훨씬 넓었고, 이후 만타(manta)라고 불리는 저렴한 면직물까지 생산되자 푸에블라산 공산품의 소비 계층은 사회 전반으로 확대되었다(Bazant, 1964: 56~57). 푸에블라는 도시의 형성 이후 수십 년 이내에 누에바 에스파냐의 산업의 중심지가 되었으며, 식민지배 기간 동안 지속적으로 그 지위 및 기능을 유지했다.[23]

(2) 원주민의 도시

16세기 스페인인들의 도시가 성장한 것과 마찬가지로, 원주민들의 도시도 성장했다. 스페인인들은 기본적으로 원주민과의 거주지를 분리하고자 했으며 이러한 분리 현상은 도시 내에서 혹은 도시와 도시 간에 나타났다. 원주민 거주지에서 백인의 거주는 법적으로 금지되었다. 원주민 도시는 독립된 도시나 마을로 발달하거나 스페인인 도시의 외곽에 원주민의 거주지가 형성되는 형태였다.

당시 대규모 인구가 거주하던 스페인인 도시에서는 다양한 분야에서 원주민 노동력을 필요했다. 현재 멕시코시티의 남단에 위치한 코요아칸(Coyoacán) 지역은 1520년대 멕시코시티의 건설 당시 수천 명의 원주민 노동력의 주거지로서 조성되었다. 대규모의 원주민 인구가 모여 있던 코요아칸은 멕시코시티와 근접성이 높아 자본 및 시장에의 접근성이 높고 수자원이 풍부하여 스페인령 아메리카의 주요 제조업이던 오브라

---

23) 푸에블라의 섬유 산업은 19세기 말 면직물의 수입을 계기로 급격히 쇠퇴했으나 푸에블라는 현재도 멕시코에 가장 대표적인 섬유 산업 도시이다. 스페인 식민 시기의 영향으로 외국인들의 이주가 비교적 대규모로 이루어지는데, 독립 이후 이주해온 독일계 이주민들의 영향으로 1960년대 독일의 폭스바겐 회사가 최초의 해외 공장을 푸에블라에 건설했다. 푸에블라는 현재 멕시코시티를 중심으로 하는 오토 밸리(자동차 생산 회랑)의 중요한 축을 이루고 있다.

헤(Obraje, 모직물 생산업)의 주요 생산지가 되었다(Procter, 2003: 39). 현재 오아하카 주의 주도인 오아하카(Oaxaca de Juárez)에서는 원주민 거주지의 출입구를 따로 건설하는 방식으로 스페인인들의 마을과 분리했다. 이와 유사하게 멕시코시티에서 85km 정도 떨어진 곳에 조성된 오악스테펙 (Oaxtepec)은 건축에 필요한 석재를 공급하기 위해서 조성되었으며, 거주지의 구성원은 모두 원주민이었다(Kubler, 1942: 162).

이 외에도 스페인 당국은 원주민들을 일정한 지역으로 대거 이주시켰으며 이는 16세기 매우 일반적인 현상이었다. 예를 들어 이달고에서는 1605년 흩어져 있던 수많은 지역의 농부들을 이주시켜서 네 개의 마을에 모았고, 틀란치놀(Tlanchinol)이라는 원주민 도시를 조성했다. 당시 8개월 만에 원주민들을 이주시켰다고 한다. 이러한 과정에서 주로 일을 한 것은 탁발수도회(프란시스코 수도회 및 도미니크 수도회)였다. 종교 집단은 전기한 바와 같이 식민지의 도시를 형성하고 기능을 부여하는 데 가장 중요한 집단이었으며, 수도회의 사제들은 어느 관료 집단보다도 신속하고 정확하게 스페인 정부의 행정 지침을 수행했다.

1550년대 사제들은 스페인 국왕에게 스페인의 농촌 도시처럼 식민지의 원주민들을 한데 모을 것을 촉구했다. 사제들은 선교 중심지의 건설하기 위해서는 단지 교회를 설립하는 데 그치지 않고, 도시 중심지를 형성해야 한다고 주장했다. 또한 중심지의 배후지에는 주변의 농업 및 산업 활동을 하는 마을들이 있어야 한다고 했다. 행정 당국에서도 원주민들을 한곳에 집중시켜야 필요성을 인식하고 있었으며 이는 식민지 역사상 행정부와 사제들이 의견을 일치한 몇 안 되는 사례 중의 하나였다. 사제들의 입장에서는 원주민을 이주시켜 한곳에 집중시키는 것이 기독교도로의 개종하기에 좀 더 유리했기 때문이며, 행정당국 및 스페인 엔코멘데로의 입장에서는 원주민을 모음으로써 노역 및 조세를 부과하기가 훨씬 용이했기 때문이다.

원주민 도시에 대한 규정 및 계획은 거의 존재하지 않았으나 1600년 원주민 도시를 위한 법이 제정되었으며 이는 주로 원주민 도시와 관련된 행정 및 경제적 문제들을 다루었다(Kubler, 1942: 16). 스페인인을 위한 도시의 건축을 위한 자세한 지침은 1573년 인디아스 법령의 도시편을 통해 공표되었던 반면, 원주민 도시의 건설에 관해서는 탁발수도회의 수도사들의 경험이 주요 지침이 되었다.

원주민 도시 법령이 제정된 것은 1600년경 이미 질병과 식민지배로 인해 원주민 인구가 상당히 감소하여 원주민 인구에 대한 스페인 왕실의 관심이 증가했기 때문이다.[24] 법령이 공표된 이후 스페인 왕실은 이미 원주민 도시 형성 및 통제 분야에서 상당한 경험 및 제도를 쌓았던 탁발 수도회를 원주민 도시에서 내쫓고 이들의 선교활동을 금지했다. 대신 부왕은 콩그레가시온 법원(Court of Congregación)을 설립하여 이전에 수도 사들이 활발하게 진행하고 있던 원주민의 도시화 활동을 일임했다. 그러 나 콩그레가시온 법원의 설립은 단지 탁발수도회가 진행하던 도시 건설 과정을 법제화한 것에 지나지 않았고, 실질적인 원주민 도시 건설 업무는 수도사들이 다시 맡았다.

농촌이나 광산 지역에는 대규모의 원주민 도시가 형성되었다. 원주민 도시 중 가장 두드러진 형태는 선교 중심지(missionary towns)였다. 원주민 마을은 프란시스코 수도회, 도미니코 수도회, 아우구스틴 수도회 등 종교 집단이 주로 통제했으며 사제들은 원주민의 통제에 관하여 무한한 권한

---

24) 16세기 말까지 스페인령 아메리카의 원주민 인구는 질병, 노역, 영양 부족 등으로 인해 지속적으로 감소했다. 누에바 에스파냐 부왕령의 인구는 정복 이전 시기 2,500만 명으로 추정되었으나 16세기 말 100만 명으로 감소한 것으로 추정된다.

을 부여 받았다. 이러한 관행은 식민 기간 동안 지속되었다. 프란시스코 수도회는 현재 멕시코 지역의 중부 및 서부에 해당하는 지역에서 활동했으며, 도미니코 수도회는 멕시코의 남부 지역에서, 아우구스틴 수도회는 멕시코의 중앙부인 미초아칸과 이달고 지역에서 주로 활동했다. 선교 중심지는 1520년대부터 도시로서의 면모를 갖추기 시작했다. 이후 민간 당국과 사제들에 의해서 원주민 도시들이 형성되었으며, 도시의 형태 및 용지의 구획, 건설 과정은 탁발수도회가 정한 규범을 따랐다(Kubler, 1942: 163).

원주민 도시의 형성은 대부분의 지역에서 비슷한 패턴을 나타내었다. 가장 잘 알려진 예는 1526년 프란시스코 수도사들이 건설한 아캄바로 (Acámbaro)라는 도시였다. 수도사는 도시가 입지할 곳을 정한 다음 그곳에 제일 먼저 십자가를 세웠다. 이후 지형에 대한 간단한 조사를 했으며, 이를 토대로 도로를 구획했다. 건축물 중에서는 교회가 가장 먼저 건설되었으며, 이후 원주민을 위한 주거지가 형성되었다. 그다음 행정 기관을 세웠으며 사제들의 주거지는 가장 나중에 세워졌다. 주요 건물들이 건설되면 도시의 용수를 공급하기 위한 시설들을 세웠고, 주변의 농지에 농업 용수를 공급하기 위한 시설들도 건설했다. 도시의 건설은 대부분 몇 년에 걸쳐 진행되어서 아캄바로에서는 원주민들의 주거지가 1528년 건설되었고, 사제의 주거지는 1532년에야 건설되었다(Kubler, 1942: 163).

5. 맺음말

지금까지는 스페인 왕실이 아메리카 대륙을 식민지화하는 과정에서

도시가 어떤 역할을 했는지 살펴보았다. 스페인은 도시를 식민지배 체제를 형성하는 주요 제도이자 도구로 활용했으며, 이를 통해 식민지에서의 왕권 강화 및 중앙집권화를 꾀했다. 식민 시기 건설된 주요 도시들은 스페인인을 위한 도시였으나 원주민의 이동 및 이주, 도시 건설도 활발하게 이루어졌다.

정복지의 유지 및 통치에 도시를 활용하는 전통은 스페인의 국토수복운동 시기까지 거슬러 올라간다. 스페인 왕실은 정복자들로 하여금 새로 획득한 지역에 도시를 건설하게 함으로써 적은 비용으로 효율적인 국토수복을 수행했으며, 이는 스페인령 아메리카에서도 적용되었다. 스페인 왕실은 아메리카의 정복자들에게 엔코미엔다와 레파르티미엔토 제도를 통해 도시를 건설하게 함으로써 광대한 영토를 신속하게 점령했다. 이후 부왕령 제도를 실시하는 과정에서도 부왕청, 아우디엔시아, 카빌도 등이 위치한 도시에 행정 및 권력을 집중시킴으로써 식민지에서의 정복자들의 권력을 약화시키고 스페인 국왕을 중심으로 하는 중앙집권적인 통치 체제를 구축했다.

스페인 왕실은 식민지의 점유 및 방어 과정에서 도시의 중요성에 대해 깊은 이해를 하고 있었음에도 불구하고 식민지배가 시작된 이후 상당 기간이 흐른 후에야 식민지 도시의 물리적 계획의 필요성에 대해서는 절감하게 된다. 이는 스페인령 아메리카에 대해 식민지 초기에는 금, 은을 비롯한 자원에 대해 우선순위를 두었던 반면, 16세기 중반 남북 아메리카 지역에서의 거대한 은광산들이 발견된 이후에야 스페인 왕실이 토지에 대한 중요성을 인식했기 때문이다. 따라서 식민 초기 건설된 스페인령 아메리카의 주요 도시들은 8세기부터 15세기까지 이어진 스페인의 국토수복운동 과정에서의 도시 건설 경험의 영향을 직접적으로 받았다. 스페인 왕실은 당시 식민지의 도시 건설 관행을 비트루비우스의 도시 계획법을 인용하여 정리하여 1573년 인디아스 법령의 도시편을 제정했다. 이는 이후 스페인령 아메리카에 새로이 건설되는 도시의 주요 지침이 되었다.

식민지에서의 도시 건설에 관한 법령의 발표, 계획, 제안서 등의 과정 및 도시 형태의 원형이 된 것은 1530년대 초반 전략적으로 건설된 도시인 푸에블라였다. 푸에블라는 그 계획과정에서부터 도시의 실질적인 건설, 이후 도시에 대한 경제적 특혜에 이르기까지 스페인인을 위해 건설된 도시의 전형을 보여주었다. 스페인 왕실은 여러 특혜 이외에도 여러 차례에 걸쳐 푸에블라의 도시명에 영예로운 수식어를 하사했다. 스페인령 아메리카에서 건설된 도시들은 그 기능이나 인구 규모와 관계없이 스페인 왕실의 인정에 따라 지위와 특혜가 정해졌다.

스페인령 아메리카에서는 원주민들의 이주도 매우 활발하게 이루어졌는데, 이 과정을 주도한 것은 프란시스코 수도회를 비롯한 종교 집단이었다. 특히 탁발수도회는 선교 및 원주민의 통제를 위해 산재해 있는 원주민들을 한데 모을 것을 주장했으며, 원주민을 모아 마을 및 도시를 만드는 과정에서도 주도적인 역할을 했다. 원주민 도시가 어느 정도 형성된 이후 스페인 왕실은 탁발수도회를 원주민 마을로부터 분리시키고 스페인 왕실의 행정 제도 내로 편입시키고자 했으나 실패했다.

스페인령 아메리카의 도시들은 격자형 가로망 및 광장뿐 아니라 도시의 사회 구조, 도시의 기능, 도시 간 구조 등 여러 면에서 현대 라틴아메리카 도시의 특성에 지대한 영향을 미쳤다. 따라서 스페인의 도시 건설 과정에 대한 이해는 현대 도시의 특성을 이해하는 데 도움을 줄 수 있으리라 생각한다. 그러나 스페인의 식민 기간에 대한 연구는 여러 면에서 어려움과 한계를 지니는데, 우선 식민지의 범위가 매우 넓고 도시의 수도 매우 많으며, 특히 당시의 도시에 관한 1차 자료를 구하기가 매우 어렵다. 따라서 이 글에서는 스페인의 식민 기간 식민지의 행정, 경제, 도시 등을 다룬 2차 자료를 주로 이용할 수밖에 없었다. 이는 이 글이 갖는 가장 큰 한계이다. 그러나 일찍이 스페인의 식민 시기에 관해 연구가 시작된 서구 세계에서는 비교적 한정된 기간, 한정된 지역에 관한 연구가 주를 이루어 이 글에서 다룬 비교적 넓은 범위의 통시적인 연구가 드물다. 따라서 이 글에서는 여러 2차 자료의 고찰 및 비교를 통하여 스페인의 식민지 형성기라는 비교적 장기간에 걸친 식민지의 행정 제도 및 도시의 역할이라는 광범위한 주제를 다루었다는 점에 연구의 의의를 두고자 한다.

참고문헌

김달관. 2013. 「식민 시대 볼리비아 사회와 노동체계의 특성」. ≪이베로아메리카연구≫, 24(2), 27~64쪽.

김미경. 2005. 「부르봉 개혁과 대중저항: 1759~1800년 누에바그라나다를 중심으로」. ≪대구사학≫, 78, 269~303쪽.

남영우. 2011. 『지리학자가 쓴 도시의 역사』. 푸른길.

차경미. 2010. 「라틴아메리카 도시계획의 기원과 형성」. ≪중남미연구≫, 29(1), 397~430쪽.

최영수. 1990. 「포르투갈과 스페인의 식민정책에 관한 비교연구: 중상주의 정책을 중심으로」. 단국대학교 대학원 박사학위 논문.

코스토프, 스피로. 2009. 『역사로 본 도시의 모습(The City Shaped: Urban Patterns and Meanings Through History)』. 양윤재 옮김. 공간사.

Andrien, K. 2009. "The Politics of Reform in Spain's Atlantic Empire during the Late Bourbon Period: The Visita of Josée Garcíia de Leóon y Pizarro in Quito." *Journal of Latin American Studies*, 41, pp. 637~661.

Bakewell, P. 1971. *Siver Mining and Society in Colonial Mexico, Zacatecas 1546~1700*. New York: Cambridge University Press.

Bazant, J. 1964. "Evolution of the textile industry of Puebla: 1544-1845." *Comparative Studies in Society and History*, 7(1), pp. 56~69.

Blouet, B., O. Blouet and C. Sargent. 2010. "Historical and Cultural Geography." in B. Blouet and O. Blouet(eds.). *Latin America and the Caribbean: a systematic and regional survey*(6th). Hoboken, N.J.: Wiley.

Burkholder, M. and L. Johnson. 2010. *Colonial Latin America*(7th). New York: Oxford University Press.

Butzer, K. 1992. "From Columbus to Acosta: Science, Geography, and the New World." *Annals of the Association of American Geographers*, 82(3), pp.543~565.

Chang-Rodríiguez, R. 1995. "Las ciudades de "Primer nueva coronica" y los mapas de las "Relaciones geograficas de Indias": Un posible vinculo." *Revista de Críitica Literaria Latinoamericana*, 41, pp. 95~119.

De La Maza, F. 1968. *La ciudad de México en el siglo XVII*, D.F. México: Presencia de Mexico.

Greenleaf, R. 1967. "The Obraje in the Late Mexican Colony." *The Americas*, 23(3), pp. 227~250.

Guerrero, V. 2006. *The Anza Trail and the Setting of California*. Berkeley, CA.: Heydaybooks,

Hardoy, J. and C. Aranovich. 1970. "Urban Scales and Function n Spanish America toward the Year 1600: first Conclusions." *Latin American Research Review*, 5(3), pp. 57~91.

Hays-Mitchell, M. and B. Godfrey. 2012. "Cities of South America." in S. Brunn, M. Hays-Mitchell, and D. Ziegler(eds). *Cities of the World: World Regional Urban Development*. Lanham, MD: Rowman & Littlefield, pp. 137~188.

Kandell, J. 1992. *La Capital: The Biography of Mexico City*. New York: Henry Holt and Company.

Kinsbruner, J. 2005. *The Colonial Spanish-American City: Urban Life in the Age of Atlantic Capitalism*. Austin: University of Texas Press.

Kubler, G. 1946. "Mexican Urbanism in the Sixteenth Century." *The Art Bulletin*, 24(2), pp. 160~171.

López, E y V. Solis. 2010. "Paisaje y Y Pintura en Tres Mapas del Corpus de las Relaciones Geográficas 1579~1586." *Revista Electrónica de Historia*, 11(2), pp. 89~114.

Martinez, B. 2008. *Lad Regiones de Mexio: Breviario Geográfico y Histórico*. D.F., México: El Colegio de México.

Mills, K., W. Taylor, and S. Graham(eds.). 2002. *Colonial Latin America: A Documentary History*. Lanham, MD.: SR Books.

Olivera, M. 1973. "La estructura políitica de Oaxaca en el siglo XVI." *Revista*

Mexicana de Sociologíia, 35(2), pp. 227~287.

Pons, F. 2007. *History of the Caribbean: Plantation, Trade, and War in the Atlantic World*. Princeton, N.J.: Markus Wiener Publishers.

Proctor, F. 2003. "Afro-Mexican Slave Labor in the Obrajes de Paños of New Spain, Seventeenth and Eighteenth Centuries." *The Americas*, 60(1), pp. 33~58.

Sargent, C. 2006. "The Latin American City." in B. Blouet and O. Blouet. *Latin America and the Caribbean: A Systematic and Regional Survey*(5th). Hoboken, NJ: Wiley, pp. 157~197.

Scapraci, J., I. Escamilla and T. Brothers. 2012. "Cities of Middle America and the Caribbean." in S. Brunn, M. Hays-Mitchell and D. Ziegler(eds.). *Cities of the World: World Regional Urban Development*. Lanham, MA: Rowman & Littlefield, pp. 101~136.

Scott, I. 1982. *Urban and Spatial Development in Mexico*. Baltimore: Johns Hopkins University Press.

Simón, L. 1995. *El Presidio en México en el siglo XVI*. D. F. México: Universidad Nacional Autónoma de México.

Stanislawski, D. 1947a. "The Origin and Spread of the Grid-Pattern Town." *American Geographical Society*, 36(1), pp. 105~120.

_____. 1947b. "Early Spanish Town Planning in the New World." *American Geographical Society*, 37(1), pp. 94~105.

Van Young, E. 2006. *Hacienda and Market in Eighteenth-Century Mexico: the Rural Economy of the Guadalajara Region, 1675~1820*. New York: Rowman and Littlefield.

제7장

식민 시대 볼리비아 포토시의 미타*

김달관 서울대학교 라틴아메리카연구소 HK연구교수

1. 머리말

안데스 지역 속담에 "Vale un Potosí"라는 것이 있는데, 이 말은 어떠한 것이 포토시만 한 가치가 있다는 뜻이다. 즉, 포토시는 부, 권력, 중요성 등을 상징하는 기표였다. 식민 시대 남미에서 포토시는 가장 큰 은생산지였다.[1] 포토시에서 생산된 은은 스페인으로 반출되었다. 포토시의 은은 스페인이 제국이 될 수 있는 물질적 근거가 되었고 이후 자본주

---

* 이 글은 ≪중남미연구≫ 32권 2호(2013)에 발표된 필자의 기존 논문을 이 책의 성격에 맞게 수정·보완한 것이다.

1) 포토시는 스페인 정복이 시작되기 이전에 약간의 원주민이 이미 살고 있었는데, 이들은 농사를 짓거나 나무로 숯을 만들며 살았다. 그러나 포토시 광산은 고도가 높고 날씨와 기후가 사람이 살기에 적당한 지역은 아니었다. 즉, 포토시 광산은 춥고 눈이 오며 비옥하지 않아서 사람이 거의 살지 않는 미래가 없는 지역이었다 (Abecia, 1988: 16).

의 태동에 중요한 역할을 했다(Brown, 2012: 11). 그러나 포토시의 은은 전설적인 부(富)와 믿을 수 없는 고통을 상징했다(Brown, 2012: xi). 이러한 관점에서 당시 스페인이 가져간 것은 은뿐만 아니라, 식민 시대 원주민의 피와 땀, 죽음이었다(Tapia, 2010: 1). 이처럼 신대륙에서 광산도시는 식민성의 결과라고 할 수 있다. 신대륙에서 식민적 특성의 광산도시는 멕시코의 과나후아토, 사카테카스와 현 볼리비아의 포토시 등이 있다(Contreras, 1982: 13).

스페인은 신대륙 발견·정복 이후에 새로운 식민체제를 형성했다. 이 체제의 세 가지 중요한 특징은 다음과 같다. 첫째, 식민초기에는 경제구조, 사회구성, 사회이념에 유럽처럼 전자본주의적(봉건적) 특징을 갖고 있었으나, 17~18세기에는 자본주의적 성격이 출현했다는 것이다. 원주민은 세습 노예처럼 현금이나 현물 또는 노동력으로 정복자인 스페인인에게 세금을 납부해야 했고, 스페인인과 불공정한 거래를 강요당했다. 봉건사회 기준에 의한 신분은 인종에 따른 것으로서 스페인인, 원주민, 혼혈인, 흑인에게 각기 다른 신분을 부여했으며, 각각의 신분은 인종에 따른 생활양식에 의해 통제되었다. 둘째, 귀금속, 사탕수수, 카카오, 담배, 가죽 등 특화된 재화의 생산 및 대외 수출에 기반을 둔 경제구조가 17~18세기 이후 북유럽에서 새롭게 시작된 자본주의적 체제의 일부를 구성했다. 셋째, 식민지의 권력층과 스페인 왕실의 애매한 관계이다. 식민지에서 특정 권력층이 형성되는 것을 우려한 왕실은 신대륙 정복자들의 야심을 통제하려고 했다. 그러나 내외적 위협에 직면한 왕실은 안위를 위해 식민지의 권력층에 의지할 수밖에 없었고, 따라서 그들에게 더 많은 권리를 양보해야만 했다. 이러한 관점에서, 식민지의 권력층과 스페인 왕실 사이에는 원주민의 세금과 노동에 대한 통제권을 둘러싼 갈등이 지속적으로 발생했다(Keen, 2009: 5~6).

식민 시대 페루 부왕령에 속했던 알토페루(Alto Perú, 현 볼리비아)의 포토시에서 1545년 은광이 발견되면서 강제적인 노동징집 제도인 미타(Mita)가 실시되었다. 미타는 1812년 폐지될 때까지 약 250년간 지속되었던 강제노동징집 제도였다(Centellas, 2011: 33). 미타의 기능은 상업, 농업, 광업 등의 영역에서 원주민 노동력을 강제적으로 스페인인에게 배분하는 제도로서 페루 원주민의 잉카 문명에서 유래한 것이다(Moreno, 1945: 155). 식민 초기에 전반적인 스페인의 정책은 정복 이전 잉카 제국과 비슷한 방식으로 식민지를 경영하려 했는데, 이는 잉카 제국에서 이용되었던 제도를 스페인 식민당국이 그대로 이어받았다는 인식을 심어줌으로써 잉카 제국과 스페인 식민당국을 등치시킬 수 있었다. 이로 인해 스페인 식민당국의 권위가 합법적이고, 스페인 식민당국에 저항하는 것은 부당하다고 인식시킴으로써 스페인 식민당국과 스페인 왕실을 안정시키려는 목적이 있었다(Bakewell, 1984: 38). 미타는 케추아어로 '교대'를 의미하는데, 잉카 제국 시대에 개인적 의무로서 교대로 노동을 제공하는 것이었다. 잉카의 미타는 일반 이익을 위해 노동력을 동원하는 강제노동 개념이었고, 자연자원이 풍부하지 않았던 잉카 제국은 이러한 단점을 보완하기 위해 노동력을 대규모로 조직하는 것 외에는 다른 방법이 없었다. 이에 경제적이고 합리적인 의미를 갖는 분야에서 대규모 노동이 필요한 경우에 미타를 사용했고, 이러한 관점에서 미타는 '대안적 노동'이었다(Crespo, 2010: 79). 잉카의 강제노동 제도로서 미타는 공동체에 기초한 광범위한 경제체제의 일부였고, 화폐적 개념이라기보다는 생산 개념에 더 가까웠다. 잉카 정부는 국민이 필요한 것을 제공했고, 미타의 운영은 폭압적이라기보다는 동정적이었다(Wiedner, 1960: 358). 게다가 미타는 의무적인 노동이었지만 축제적·종교적 특징과 함께 경건함이 있었고, 원주민에게 강제적이고 불편한 느낌은 주지 않았다(Acosta, 1959: 157).

스페인은 1539년 현재의 볼리비아를 정복했고 1545년에 포토시의 은광을 발견했다. 30년 정도의 세월이 흐르면서 원주민을 과도하게 혹사시켜서 원주민의 숫자가 줄어들면서 노동력이 부족해지기 시작했다. 이에 1573년 톨레도 부왕에 의해 포토시에 미타가 창설되었고, 수은을 사용하여 은을 정련하는 멕시코의 새로운 기술인 수은합금법(아말감법)이 포토시에 소개되면서 은 생산이 급격히 증가했다. 당시 은 정련의 주요한 두 가지 방식은 화력에 의한 정련방식과 수은합금법에 의한 방식이 있었다(Platt, 2000: 2). 1570년대 수은합금법이 주도적인 은 정련방식이 되었고 이에 다음과 같은 변화를 초래시켰다. ① 광산규모가 크게 확대되었다. ② 은 생산의 모든 단계에서 원주민 노동자의 규모가 증대되었고 전문화가 증대되었다. ③ 원주민 노동력의 빠른 성장이 있었다. ④ 생산 이익으로부터 노동력의 점진적인 배제가 발생했다(Bakewell, 1984: 18). 그렇다면, 1550년 중반 멕시코의 수은합금법의 발달과 포토시에서 수은합금법의 도입 사이에 15년 정도 시간적 차이가 나는 이유는 무엇인가? 그것은 원주민을 이용한 광산작업과 정련방식으로 손쉽게 이익을 취할 수 있었던 포토시의 광산주는 멕시코로부터 새로운 기술을 배우고 투자할 필요가 없었기 때문이다. 멕시코의 새로운 기술은 숙련과 많은 투자가 요구되었다. 또한 초기 포토시 광산의 입장에서 수은합금법이 매우 비싼 것으로 여겨졌다. 수은합금법이 도입된 시기는 광석의 품질이 심각하게 떨어질 때였다(Bakewell, 1984: 19). 다른 한편으로, 포토시의 미타는 은 광업 활성화를 위해 요구되었던 값싼 비숙련 노동을 제공하기 위해서뿐만 아니라, 풍부한 노동력 제공으로 대량의 품질 낮은 광석을 캐내어 은을 생산할 수 있게 되었다. 이에 정련소 주인인 아소게로(Azoguero)의 자본이 투입되었다. 따라서 포토시의 미타는 광산주와 아소게로에게 원주민의 개인적인 노동 가치의 이전뿐만 아니라, 원주민 공동체의 초과노동에 해당되었고, 노동의 강탈은 원주민 공동체의 재생산과 축적에 영향을 끼쳤다. 미타는 이러한 기제의 극적인 사례였다. 미타는 원주민의 유지와 재생산을 고향의 원주민 공동체에게 강제시켰을 뿐만 아니라, 강제노동자인 미타요 자신의 노동력 회복에도 못 미치는 불충분한 보수를 받았다(Tandeter, 1992: 31). 1570년대 포토시의 미타가 창설되면서 미타를 의무적으로 보내야 하는 16개 주(Provincia 또는 Corregimiento)에서 사회의 변화와 인구의 변화가 발생했다(Cole, 1985: 123).

신대륙에서 은 생산이 가장 활발했던 시기는 1570~1630년대였고, 1590년이 그 정점이었다. 신대륙에서 당시 스페인으로 반출된 전체 은의 65%가 페루에서(현 볼리비아) 생산된 것이었다. 다른 한편, 스페인의 식민지로서 멕시코의 사카테카스에서 은광이 발견되어 은 생산의 중심지로 떠올랐다. 비슷한 시기에 멕시코와 볼리비아에서 은광이 발견되면서 이 지역에 대한 스페인의 관심이 매우 높아졌다. 이 두 지역은 식민시대의 비슷한 시기에 은광이 발견되어 중요한 은 생산지라는 공통점이 있지만, 두 지역을 비교해보면 차이점도 있다(Brading, 1971: 103~106). 첫째, 볼리비아 포토시의 은광은 한곳에 집중적으로 모여 있다면, 멕시코의 은광은 흩어져 있었다. 사카테카스 지역은 전체 은 생산의 40%를 차지했고, 나머지 60%는 파추카(Pachuca)에서 소노라(Sonora)까지 광범위하게 퍼져 있었다. 둘째, 노동력에서 강제노동 비중과 관련이 있다. 멕시코에서 강제노동은 파추카와 탁스코(Taxco)에서 사용되었지만, 멕시코 광산이 주로 위치한 북부 지역에서 강제노동 사용은 불가능했다.[2] 반면

---

2) 왜냐하면 멕시코 광산은 그란 치치메카(Gran Chichimeca)라고 알려진 종족이 은 광산 인근 북부 지역에 살고 있었는데, 이들의 강력한 저항과 호전성으로 인해 노동을 강제하기가 불가능했다. 그래서 광산주는 높은 비용을 지불하면서 자유로운 원주민 노동자를 계약해서 이들을 사용했다. 이후 이들은 전문적인 광부로서

볼리비아는 강제노동 비중이 높았다. 셋째, 17세기에 두 지역 사이에 은 생산의 격차가 더욱 커졌다. 1630년대 두 지역은 심각한 은 생산 감소를 겪었지만, 멕시코는 1704년에 은 생산이 증가하기 시작했고, 볼리비아는 1730년까지 계속해서 감소했다. 이에 멕시코 지역에서 은 생산이 장기적으로 포토시 은 생산보다 높았다. 라틴아메리카의 광산과 포토시의 은은 세계에서 스페인의 헤게모니적 위상을 허용했을 뿐만 아니라, 산업혁명과 근대 세계 자본주의가 부상하는 데 중요한 역할을 했다 (Robins, 2011: 4).

이 연구는 볼리비아 포토시의 미타에 대한 변화와 특징을 고찰하려 한다. 공식적으로 미타는 250년간 존재했고, 다른 한편 은 생산 감소, 원주민 감소, 원주민 이주, 은광석의 고갈 등에 적응하면서 변모했다. 즉, 250년 동안 노동 과정, 노동 조직, 노동 대가 등에서 변화가 발생했고 다양한 형태의 노동자가 존재했다. 다르게 표현하자면, 광산주와 아소게로는 그들의 이익을 증가시키고자 노동 과정, 노동 조직, 노동 대가의 관점에서 원주민에게 불리하도록 강제했고, 원주민은 이러한 상황에서 각자의 처지에 맞게 대응했다. 따라서 이 글은 오랫동안 존재했던 강제노동 징집제도로서 미타에서 노동조건의 변화와 특징을 살펴보고자 한다. 제2절에서는 포토시 미타는 무엇인가라는 관점에서 포토시 미타의 전반적인 상황을 살펴본다. 제3절에서는 포토시 미타를 구성하는 주체로서 야나코나(Yanacona), 미타요(Mitayo), 밍가(Minga), 아소게로의 역할과 기능에서 변화와 특징을 분석하고자 한다. 제4절에서는 포토시 미타의 특징으로서 은 생산, 노동 구성, 노동 인구, 광산의 비용과 수익 등에 대해 연구하고자 한다. 제5절은 결론 부분으로서 미타의 변화와 특징에

멕시코 광업에 크게 기여했다.

대한 함의를 논의하고자 한다.

2. 식민 시대 포토시 미타

　1545년 포토시의 은광이 발견되었고 1545~1573년 은 생산은 점차적으로 증가했으나, 다른 한편으로 노동력이 부족해지면서 1573년 포토시의 미타가 창설되었다. 강제적인 광산 노동인 미타를 위해 가족까지 합하면 매년 평균적으로 4만 명이 포토시로 이주했고, 이 중에서 1/5 정도만 고향으로 돌아갔다. 포토시 광산노동은 광산이 붕괴되어 갇히거나 폭발에 의해 죽거나 하는 위험이 항상 존재했다. 또한 포토시의 강제노동자인 미타요에게 폐 감염은 치명적이었는데, 파쇄기를 다루는 미타요는 환기장치가 없거나 부족한 곳에서 광석을 옮겼고 정련소에서 광석을 파쇄하는 동안 발생하는 먼지는 건강에 위협적이었다(Tandeter, 1981: 122). 포토시 미타 기간인 약 250년 동안 800만 명의 원주민이 광산에서 사망했다(Acosta, 1959: 79). 포토시에 미타가 필요했던 이유는 첫째, 광산주가 새로운 정련소를 건설하는 데 동기를 제공하고, 장기적으로 은 생산이 가능하도록 하기 위한 것이었다. 둘째, 은 광산에서 값싼 비숙련 노동자를 제공하는 것이었다(Cole, 1985: 17). 따라서 포토시 미타는 근대 세계 자본주의의 원시적(시원적) 축적을 위한 장치였다. 즉, 원주민의 노동력과 원주민 공동체의 자원과 재산이 스페인에 강제로 이전되었다.
　포토시의 미타는 먼저 알토페루 지역에 있는 16개 주(Provincia)에서 원주민을 정해서 포토시에 강제로 보냈는데, 그 방식은 매년 18~50세 사이의 원주민 남성 중에서 추첨으로 1/7을 정하는 것이었다. 반면 미타 의무가 면제된 14개 주는 알토스 데 아리카(Altos de Arica), 아타카마

<표 7-1> 미타를 제공해야 하는 주

구분	크레스포 연구	탄데테르 연구 (1692~1780)	페아로사 연구 (1578)	페냐로사 연구 (1600)	아베시아 연구
1	아상가로와 아실로	아상가로	아상가로	아상가로	아상가로와 아실로
2	카네스와 칸체스	카네스와 칸체스	카나스	카랑가스	카바나와 카바니야
3	카랑가스	카랑가스	카랑가스	차얀타	카나스
4	카바나와 카바니야	차얀타	카랑가스	추쿠이토	카랑가스
5	차얀타	치차스	차얀타	코차밤바	차얀타
6	Chichas	추쿠이토	추쿠이토	람파	추쿠이토
7	코차밤바	코차밤바	코차밤바	오마수요스	코차밤바
8	추쿠이토	람파	쿠리아카	파카헤스	오마수요스
9	오마수요스	오마수요스	람파	파리아	파카헤스
10	파카헤스	파카헤스	오마수요스	파우카르코야	파리아
11	파리아	파리아	파카헤스	포르코	파우카르코야
12	파우카르코야	파우카르코야	파리아	포토시	포르코
13	포르코	포르코	파우카르코야	키스피칸치스	키스피칸치스
14	키스피칸치스	키스피칸치스	포르코	시카시카	시카시카
15	시카시카	시카시카	키스피칸치스	타리하	타리하
16	타리하	타리하	타리하	틴타	틴탁나체스

자료: Abecia(1988: 69); Crespo(2010: 106); Peñaloza(1981: 332); Tandeter(1992: 48)
의 자료를 필자가 직접 요약·편집한 것임.

(Atacama), 카라바야(Carabaya), 쿠스코(Cuzco), 라파스(La Paz), 라레카하 (Larecaja), 리페스(Lípez), 미스케(Mizque), 오루로(Oruro), 필라야이파스파 야(Pilaya y Paspaya), 포토시, 토미나(Tomina), 얌파라에스(Yamparaez)였다 (Abecia, 1988: 69). 즉, 알토페루 16개 주 200여 개 마을에서 매년 1만 3,500~1만 4,000명의 미타요가 포토시로 보내졌다(Dell, 2008: 5).3)

---

3) 미타 의무 지역과 미타 면제 지역은 연구자마다 약간씩 차이가 있다.

이들은 1년에 미타를 위해 고향에서 포토시에 가는 데 2개월, 돌아오는 데 2개월, 광산 4개월, 정련소 2개월을 보내기 때문에 약 10개월 정도가 걸렸다. 그러나 아직까지 미타 강제노동으로 보내는 기간이 얼마인지는 정확하게 밝혀지지 않았다. 일부는 10개월(광산 4개월 + 정련소 2개월 + 오고 가는 데 4개월)을 주장하고, 다른 일부는 8개월(광산 4개월 + 오고가는 데 4개월)을 주장하며, 또 다른 일부는 8개월(광산 4개월 + 정련소 2개월 + 오고가는 데 2개월)을 주장하고 있다. 이들은 7년에 한 번씩 미타 의무를 수행했다. 포토시와 비슷한 고원에 위치한 200여 개 각각의 마을에서 18~50세의 성인 남성으로서 납세 의무가 있는 자로서 1/7을 추첨으로 정했다. 포토시에서 강제노동 의무(미타)를 수행하고 나면 6년 동안 강제노동 의무가 면제되었다(1년 미타 의무 + 6년 휴식 = 7년마다 한 번씩 미타 의무). 생산을 증가시키기 위해 더 많은 노동력이 필요했지만, 더 이상 노동 공급이 어려웠다. 흑인 노예는 4,000m의 고도와 추위를 견딜 수 없어서 사용될 수 없었다(Brading, 1971: 103). 그러나 시간이 지나면서 혹독한 노동과 인구 감소로 미타제도가 6년에 한 번씩, 5년에 한 번씩, 2년에 한 번으로 변하면서 의무가 증가했다.

이들 미타요는 부족한 임금으로 인해 항상 생활비가 부족했기 때문에 고향에서 아예 포토시로 갈 때, 가축, 옥수수, 추뇨,4) 의복, 약간의 돈을

---

4) 추뇨는 저장이 가능하도록 처리된 감자를 의미한다. 알토페루 지역은 전반적으로 고도가 높아서 일반적인 농작물 농사는 어렵지만 땅속에서 성장하는 감자는 가능하다. 현지 식당에서도 항상 여러 가지 방식으로 처리되고 요리된 감자를 볼 수 있다. 라파스 외곽에 조금 떨어진 지역에 엘알토라는 지역이 있는데, 상당히 넓은 평지이다. 지형적으로 보면 엘알토가 수도인 라파스 지역보다 도시가 형성될 수 있는 조건을 더 잘 갖추고 있지만 고도가 높아서 사람이 살기에는 적당하지 않다. 그래서 엘알토는 도시가 형성될 수 없었다. 이처럼 높은 고도로 인해 다른 농작물

가져갔고, 아내와 아이들을 데리고 갔다. 아내와 아이들은 아버지인 미타요의 노동을 도와주거나 일을 해서 돈을 벌어 생활비에 보태야 했다. 당시 포토시의 생활비는 한 달에 26페소가 필요했지만, 미타요가 받는 보수는 10페소로서 16페소가 적자였다(Bakewell, 1984: 134). 1만 3,500명의 미타요가 포토시에 오면, 4,500명씩 3개의 교대조로 나누어서 3교대로 광산에서 일을 했다(Brading, 1972: 559). 1조는 1주일은 광산에서 일하고 다음 2주일 동안에는 휴식을 취할 수가 있었다. 1조가 휴식을 취하는 2주 동안에, 2조가 일주일을 일하고 2주 동안에 휴식을 취하면, 다음에 3조가 일주일을 일하고 2주 동안 휴식을 취하는 방식이다. 즉 한 조는 '1주일 노동+2주일 휴식=3주일'로 구성되어 있다. 그러나 미타 노동이 힘들고 위험한 것이 알려지면서 원주민들이 미타 노동을 피하려고 시도했고, 이에 노동력이 감소했다. 노동력이 감소하면서 2주일 휴식은 1주일 휴식으로 바뀌었고, 1주일 휴식도 나중에는 아예 폐지되었다. 이후 3교대에서 2교대 근무로, 2교대 근무에서 교대가 없는 노동방식으로 변모했다(Wiedner, 1960: 368).

1주일 동안의 일은 월요일에 시작되어 토요일 저녁에 끝났다. 1주일에 6일간 노동했지만 5일간의 노동 보수를 받았다. 왜냐하면 월요일에는 미타요 배분 및 확인 등 통합적인 노동을 했지만 실제적으로 광산에서 노동을 제공하지 않았다는 이유로 월요일 노동은 보수지급에서 제외되어 실질적으로 5일 노동 보수를 받았다. 미타요는 갱도 안에서 일반적으로 3인 1조로 구성되었다. 갱도 안에서 한 명은 은광석을 캐내고, 다른 한 명은 갱도 안에서 갱도 밖으로 광석을 운반했으며, 또 다른 한 명은

보다 감자 경작이 쉽다. 이에 오랜 동안 저장해야 할 필요성으로 인해 여러 가지 방식으로 처리한 저장 방식이 있는데, 추뇨는 그중에 하나이다.

휴식을 취했다. 만약 인원이 한 명이 부족하게 되면, 부족한 인원의 보강이 없었기 때문에 나머지 2명이 노동 할당량을 채워야 했다(Crespo, 2010: 142). 미타요는 가죽으로 된 배낭 형태의 가방에 한 번에 25kg의 은광석을 운반했다(Cole, 1985: 24). 하루 총 할당량에 대해서는 주장이 엇갈린다. 일부 학자는 미타요가 하루에 3킨탈(1킨달은 약 40kg)의 은광석을 운반해서, 일주일 동안에 5~6 킨달(200~240kg)의 은광석을 운반했다고 주장한다(Zulawski, 1995: 91). 다른 학자는 미타요가 하루에 260파운드, 그러니까 약 118kg을 운반했다고 주장한다(Bakewell, 1984: 154). 또 다른 학자는 미타요가 하루에 운반한 은광석이 2,500파운드(1,134kg)이고, 일주일로 계산하면 5,670kg을 운반했다고 주장한다(Wiedner, 1960: 371). 미타요가 은광석 운반을 위해 하루에 대략적으로 25회 정도 갱도 안팎을 왕래했다고 한다(Cole, 1985: 24). 정리하자면, 미타요는 하루에 한 번 은광석을 운반할 때마다 25kg을 들어서 갱도 밖으로 들고 나갔고, 운반횟수는 하루에 25회였으며, 하루 종일 운반한 은광석 총중량은 625kg이었다. 즉, 하루에 70kg인 성인 9명 정도의 분량을 운반했다. 그러나 시간이 경과하면서 갱도가 깊어지게 되었고 따라서 운반 횟수가 줄어들었다. 그러나 모든 지역에서 미타요가 하루에 625kg을 운반한 것은 아니었고, 시간이 경과하면서 갱도가 깊어짐에 따라 운반량은 동일하지 않았다

1564년에 우안카벨리카(Huancavélica)에서 수은광산이 발견되었고 정부가 수은을 독점했다. 1564~1810년 6만 8,000t 정도의 수은이 생산되었고, 1574~1810년 동안 포토시에서 소비된 수은 양은 4만 5,000t이었으며, 이 중에서 3만 9,000t의 수은이 공기 중에 방출되었다(Robins, 2011: 8). 1564~1810년 우안카벨리카의 수은 생산 과정에서 약 1만 7,000t의 수은 증기가 방출되었고 연평균 69t의 수은 증기가 공기 중에 방출되었다(Robins, 2012: 629). 수은합금법의 중요한 장점은 은광석을 가열하여

정련하는 것보다 낮은 품질의 은광석을 대량으로 처리할 수 있다는 것이다. 단점은 생산과정에서 땔감이 대량으로 사용된다는 것이다. 생산 과정 초기에는 우안카벨리카 인근의 나무를 땔감으로 사용했지만 시간이 지나면서 땔감으로 사용할 나무가 부족했고, 이에 땔감용 나무를 구매해야 했기 때문에 수은의 생산비용이 증가했다(Bakewell, 1984: 19). 수은합금법의 치명적인 문제도 있었는데, 그것은 우안카벨리카 수은광산에서 수은을 생산하는 과정에서 수은 증발로 인해 원주민의 생명에 위협이 되었을 뿐만 아니라, 포토시 정련소에서 은을 정련하는 과정에서 수은 증기로 중독이 되어 생명에 위협이 된다는 것이다. 이처럼 수은 먼지, 수증기, 연기는 '우안카벨리카 병(Enfermedad de Huancavélica)'이라는 질병과 이에 따른 피해를 발생시켰다. 우안카벨리카 병으로 우안카벨리카와 포토시에서 수은 중독으로 인해 많은 사람이 사망했다(Robins, 2012: 628). 수은합금법의 도입으로 인해 현대 세계경제 발전에 중요한 역할을 했으나, 이 과정에서 수많은 사람이 직간접으로 중독되고 사망한 것은 미타 제도의 식민성을 잘 보여준다(Robins, 2012: 630). 수은의 유독성으로 인해 우안카벨리카에서 자유노동자 형성을 방해했다. 그래서 우안카벨리카는 항상 강제노동자인 미타요에 의지해야 했다(Wiedner, 1960: 373).

미타 징집과 이동을 책임진 자는 원주민의 지방 엘리트인 쿠라카(Curaca)였다. 미타요가 정해지면 쿠라카는 미타요 명부를 미타요를 받을 수 있는 허가를 갖고 있는 광산주에게 제출했다. 포토시의 미타 코레히도르(Corregidor de mita)는 쿠라카에게 미타의 징집·이송·관리에 대한 권리를 위임했고, 쿠라카는 미타요를 포토시까지 이송했다. 미타요를 받을 수 있는 허가증은 1609년 이전에 설립된 광산주에게만 허용되었다. 미타요가 미타 의무를 피하고 싶다면 미타 면제 비용을 쿠라카에게 주면 쿠라카는 그것을 미타 코레히도르에게 건네주었다. 이렇게 미타가 면제된 원주민을 '팔트리케라(Faltriquera)'라고 한다. 미타요가 할당되었으나 미타요를 받지 못했을 때, 광산주는 정부로부터 보조금을 받았다. 이후 광산주는 자유노동자인 밍가를 고용하는데 정부로부터 받은 보조금을 사용했다. 광산주가 미타요을 할당받았으나 미타요가 필요 없을 때, 다른 광산주에게 돈을 받고 미타요를 빌려줄 수 있었다(Wiedner, 1960: 368).

포토시에서 은 생산의 규모와 기술적 복합성이 증가하면서 노동이 분화되면서 전문화와 다원화가 출현했다. 노동 분업은 은 광산과 정련소에서 나타났다. 광산에서 가장 특화된 노동은 끌 모양의 지렛대처럼 생긴 무거운 도구를 가지고 제일선에서 광석을 캐는 원주민인 바레테로(Barretero)였다. 나중에는 바레테로가 폭약을 사용하여 은광석을 캤다. 광맥에서 떼어낸 은광석을 갱도 내에서 광산 입구까지 운반하는 원주민이 아피리스(Apiris)였다. 정련소에 운반되기 전에 야마에 광석을 실어주는 여성 원주민이 파이리스(Palliris)였다. 시케피체스(Siquepiches)는 채굴된 은광석을 운반하기 좋게 모으고, 주변을 깨끗하게 정리하며, 잡석을 치우는 일을 했다. 광산 내부에서 안전을 위해 버팀목을 관리하는 자는 피르키리스(Pirquiris)였다. 광산 입구에는 캐내온 은광석을 통제하고 관리하는 칸체로(Canchero)가 있었다. 광산 내부에서는 다양하게 전문화된 노동자를 관리하는 원주민 감독자인 아피리퐁고(Apiripongo)가 있었다. 갱도 안에서 20명의 아피리스마다 1명의 아피리퐁고가 있었다(Bakewell, 1984: 318). 만약 광산이 충분히 크면, 도구를 고치는 대장간을 두었고, 갱도를 유지하는 미장이 또는 목수를 두었다(Tandeter, 1992: 193).

광석이 정련소에 운반되면, 숙련노동이 요구되는 여러가지 과정을 거쳤다. 어떤 경우에는 아소게로 자신이 직접 관리하기도 했지만, 일반적으로는 아소게로가 신뢰하는 마요르도모(Mayordomo)가 공정 과정을 조직하고 통제했다. 은광석을 분쇄기에 넣고 은광석을 작은 입자로 만드는 원주민을 모르테로(Mortero)라고 하는데, 모르테로는 가능하면 고운 입자로 만들기 위해 채를 통과시켜 더욱 작은 입자를 고른다. 또한 모르테로는 가능하면 고운 분말의 은광석을 만들기 위해 여자와 어린이를 따로 고용했다. 분쇄된 고운 은광석 입자에 수은과 다른 첨가물을 넣어 혼합물을 만드는 자를 베네피시아도르(Beneficiador)라 하는데, 이 작업이 정련소에서 가장 중요한 업무였다. 따라서 베네피시아도르는 주로 스페인인이나 혼혈인이 담당했다. 레파시리스(Repasiris)는 반복적으로 혼합물의 혼합 상태를 높이는 작업을 했다. 수은 혼합물이 완벽하게 되었을 때, 관(管)의 이물질을 물로 닦고 확인하는 자를 라바도르(Lavador)라고 했다. 정련소 인근에서 은광석과 기타 원료를 옮겨주는 자를 세르비리스(Serviris)라고 했다. 이 밖에도 땔감을 마련하는 레냐테로(Leñatero), 숯을 만드는 카르보네로(Carbonero), 수은 합금을 만들기 전에 은 화합물 가열하는 일을 하는 오르네로(Hornero)가 있었다(Tandeter, 1992: 194). 정련소에서 다양한 분업은 주로 남성이 담당했으나 16세기 후반에는 여성도 담당했는데 주로 불을 가열하는 일과 관련이 있었다(Bakewell, 1984: 141).

3. 식민 시대 포토시 광산의 사회 구성

1) 야나코나

야나코나는 스페인의 정복과 식민 과정에서 원주민 공동체(Ayllu)의 변화에 따라 어떠한 원주민 공동체에도 속하지 못했거나, 원주민 엘리트의 하인이거나 신하였던 정복 이전의 신분으로 인해 원주민 공동체 구성원 자격을 상실한 원주민이었다(Spalding, 1975: 115). 잉카 시대에 야나코나는 장소에 엄격하게 규정된 사회에서 '자유롭게 이동하는' 원주민이었다. 많은 야나코나는 사회 세도가에게 개인적인 노동을 제공했던 사람이었다. 즉, 귀족, 군사지도자, 쿠라카에게 개인적인 노동을 제공했던 하인(노예)이었다. 다른 한편 야나코나는 농업, 목축업, 광업, 수공업에도 종사했다. 야나코나는 스페인 정복 이후 스페인인의 노예로 전락했으나, 1541년에 자유인이 되었다. 일반 원주민은 세금을 내야 했지만 야나코나는 세금이 면제되었다. 이것은 야나코나가 세금을 내지 않았던 잉카의 전통을 따른 것이었다. 그러나 세금면제를 제외하면 식민 초기에는 야나코나의 소유권적 권리와 법적 지위가 명확하지 않았다.

포토시의 은광이 발견되면서, 초기 포토시의 노동자는 스페인인이 데리고 있거나 스페인인이 보낸 야나코나가 대부분이었다. 당시 포토시 광산에는 7,000명가량의 야나코나가 일을 했다. 이들은 대부분 다른 은광에서 일을 했던 경험자들이어서 다른 원주민보다 높은 광산기술과 경험이 풍부한 원주민들이 은 생산이 중요해지면서 포토시에 모여들었다(Bakewell, 1984: 35). 식민 초기에 야나코나는 광석 추출에서 정제까지 전체적으로 은 생산 과정을 완전히 통제했던 독립적인 노동자였다. 이들 야나코나는 '바라 원주민(Indio Vara)'이라고 알려졌는데, 그것은 일반적으로 광산주인 스페인인이 임대와 비슷한 방식으로 광산의 일정한 길이의 단위인 바라(Vara)만큼 야나코나가 일할 수 있도록 허용했기 때문이다. 야나코나는 고유한 도구를 사용했고, 계단을 만들고 고쳤으며, 다른 원주민을 고용했다(Tandeter, 1992: 102). 이러한 방식으로 일부 야나코나는 다른 원주민을 고용함으로써 이익을 발생시킬 수 있었고, 이로 인해 재산을 모을 수 있었다. 그러나 1560년경이 되면 "구아이라"(Guayra 원주민의 풍로)에서 녹일 수 있는 높은 품질의 은광석이 감소했고 이에 많은 야나코나는 포토시를 떠나거나 직접 은을 생산하는 대신에 포토시 인근에서 광산에 필요한 투입물(소금, 땔감, 숯, 초 등)을 제공하는 일에 종사하기를 원했다.

이처럼 포토시에서 첫 번째 위기는 구아이라 방식의 은 생산이 수익성이 낮아져 찾아왔지만 새로운 기술혁명을 통해서 극복할 수 있었다. 그것은 수은을 사용하는 수은합금법으로서, 이것은 분쇄기가 있는 커다란 건축물이 요구되었다. 이러한 기술적 변화와 원주민 노동력이 줄어듦으로 인해 미타 제도가 실시되었다.

1573년에는 자유노동자인 야나코나와 강제노동자인 미타요와의 관계가 명확했다. 야나코나의 중요성에도 불구하고 수은합금법과 미타의 도입으로 야나코나의 위상은 하락했다. 은 생산을 위해서 정련소가 필요했고 정련소는 스페인인이 독점했는데, 그것은 스페인인만이 비싼 정련소를 건설할 자본을 소유했기 때문이다. 1585년이 되면 광산에서 사용되었던 전통적 방식이 사라지면서 야나코나는 일당 노동자로서 자유노동자인 밍가가 되었다. 즉, 식민 초기에는 광산노동에서 야나코나의 위상이 높았으나, 수은합금법과 미타의 도입으로 인해 노동 조직과 노동 과정이 변모하면서 경험 많은 전문가로서의 야나코나는 일반 노동자가 되었다. 이에 광산 초기에 노동 조직과 노동 과정이 야나코나를 중심으로 기능했다면, 이제는 광산주와 아소게로(정련소 주인)가 중심이 되는 노동 조직으로 변모했다(Tandeter, 1992: 104).

수은합금법과 미타 도입에 기초한 포토시 은광의 노동 조직의 특징은 시작부터 자유노동자인 야냐코나, 밍가와 강제노동자인 미타요가 병존했던 이중적 노동구조였다. 이러한 이중적 노동구조의 핵심적 특징은 강제의 정도 차이에 있었다. 야나코나는 미타 도입 이전에 포토시 광산에서 자유로운 '바라 원주민'이었다. 바라 원주민은 작은 규모의 광산에서 독립적인 사업가였다. 이들은 스페인 광산주로부터 광산의 일부를 임대했고, 은광석을 추출하기 위해 다른 원주민을 고용하여 노동을 조직했다. 그러나 은 생산 과정에서 수은합금법이 도입되면서 자본규모가 증대했고 노동 조직이 복잡하게 되었다. 이에 따라 원주민의 기능이 점차 축소되면서, 마침내 자유노동자인 밍가가 되었다. 그러나 밍가는 강제노동자인 미타요보다는 많은 노동 대가를 받았고, 노동 조건도 더 양호했다 (Bakewell, 1984: 179~181).

2) 미타요

1573년 미타의 도입으로 미타요가 포토시에 모이면 4,500명씩 3개의 교대조로 나누었다. 이 3개의 교대조는 1주일은 광산에서 노동했고 2주일은 휴식하여 3주일이 한 단위가 되었다. 그러나 장기적으로 미타 노동이 위험하고 힘들었기 때문에 미타요는 미타 의무를 피하기 위해 도주하면서 미타요의 수가 감소했고, 이에 미타요의 노동 강도가 높아졌고 노동 조건이 악화되었다. 16개 주에서 보내는 미타요의 수도 장기적으로 감소했다.

포토시의 미타가 위험하고 힘들었기 때문에 사고로 많이 사망했고, 진폐증, 천식이나 불구가 되어 고향에 돌아오더라도 얼마 지나지 않아 사망하는 경우가 많았다. 이에 포토시에 간 미타요와 돌아온 미타요의 수에서 차이가 많이 났다. 이에 미타요가 고향에서 포토시로 출발하는 날은 마을 분위기가 마치 장례식장을 방불케 했다.

이날 복종의 희생자들이 교회의 문 앞에서 기다리면 신부가 기도를 한다. 신부가 미타 의무를 수행하기로 결정된 원주민에게 성공적인 여행이 되도록 전능하신 신에게 허락을 요청하면, 원주민은 신부에게 돈을 지불한다.

<표 7-2> 포토시의 미타요 수

연도	총 미타요 수	교대 미타요 수
1573년	13,500	4,500
1583년	13,000	4,453
1588년	13,000	4,453
1618년		4,294
1633년		4,129
1696년		2,761
1780년		2,879

자료: Crespo(2010: 83~84).

<표 7-3> 1578~1633년 각 주에서 보낸 교대 미타요 수

지역 (Provincia)	1578년 (명)	1624년 (명)	1633년 (명)
치차스	6.7	35	23
포르코	213.7	124	136
차얀타	309.7	239	308
코차밤바	179.7	108	129
파리아	417.7	253	346
카랑가스	331.3	328	339
시카시카	119	108	108
파카헤스	487.3	487	500
오마수요스	301	292	299
추쿠이토	734	718	618
파우카르코야	174	168	169
람파	345	312	314
아상카로	250.3	188	222
카나스칸체스	265.3	208	273
키스피칸체스	40.7	40	40
콘데수요스	135	189	-

자료: Cole(1985: 73~76).

미사를 마치고 부모, 친척, 친구들과 동행하여 마을의 중앙 광장에 모이면, 애처롭게 눈물을 흘리면서 서로 부둥켜 껴안고 흐느끼듯 울면서 순서대로 부모와 친척에게 작별인사를 고한다. 원주민은 고통과 낙담에 싸인 체 짐을 든다. 암담함과 침울함으로 중앙광장이 숙연해질 때, 작은 북과 종으로 연주되는 손(Son)의 가락이 서로의 작별을 빨리 마치도록 재촉하듯이 울려 퍼진다(Moreno 1945: 156).

포토시에서 광산노동은 특히 광석을 주로 운반했던 미타요에게 매우 거친 노동이었다. 미타요는 매주 월요일 오전에 미타 카피탄(Capitán de mita)에 따라 고향에 의해 분리된 원주민 주거지 인근의 광장인 '구아이나(Guayna)'에 모인다. 이때 코레히도르, 아소게로, 쿠라카 등이 모여서 미타요를 필요에 따라 나누었다. 이러한 과정은 보통 오후 4시까지 진행되었다. 월요일은 미타요를 배분하고 이동하는 시간을 변명으로 일당을 지불하지 않았다. 즉, 실제적으로 월요일부터 토요일 저녁까지 6일 동안 일했지만 5일로 계산하여 보수를 지불했다. 당시 하루 노동 시간은 해가 뜨고서 1시간 반 이후에 시작하여 해가질 때(De sol a sol)까지였고, 점심을 위해 한 시간을 허용했다. 교회 축제날과 일요일에는 일하는 것이 면제되었다(Contreras, 1982: 64). 그러나 일하는 시간은 잘 지켜지지 않았다(Contreras, 1982: 75).

탄광 갱도에 들어가면 미타요는 은광석을 매고 광산 입구에 내려놓는 잠깐 동안을 제외하면 햇빛을 거의 볼 수 없었다. 미타요는 3교대 또는 3인 1조로 구성되었다. 교대는 하나의 양초를 다 쓸 때까지 필요한 시간에 따라 교체되었다. 일주일 중간인 목요일 정오에 미타요의 아내가 식사를 갖고 오면, 따뜻한 식사를 햇볕을 받으며 먹을 수 있었다. 나머지 일주일 동안에는 그들의 십장인 마요르도모나 퐁고(Pongo)가 제공하는

<표 7-4> 1578년 미타요 배분과 업무

미타요 배분 수	주요 지원 업무
150명	스페인인 관료의 집, 수도원, 병원 지원 업무
80명	포토시로 들어오는 식량 운반 지원 업무
100명	건조한 겨울 동안에 저수지 관리 지원 업무
60명	병원과 지역의 아픈 원주민을 위한 의사 지원 업무
141명	치리구아노 지역의 반란 진압을 위한 군대 지원 업무
100명	라플라타 아우디엔시아 지원 업무
1000명	포르코(Porco) 광산 지원 업무

자료: Bakewell(1984: 97).

<표 7-5> 시기별, 부문별 미타요 일당 임금

(단위: 레알)

구분	광산노동자	은 광석 운반노동자	정련소 노동자
1574~1575년	3.5	3.0	2.75
1595~1603년	4.0	3.5	3.0

주: 8레알=1페소.
자료: Bakewell(1984: 101).

배급 식량에 의존했다. 대부분은 옥수수를 먹었고 물은 탄광에서 나오는 물을 마셨다. 이러한 식량마저 부족할 때는 코카 잎을 씹었다. 미타요는 할당량의 은광석을 생산하도록 강요받았고, 채찍질에 고통 받았다. 또한 일하는 시간이나 기간을 연장하거나 임금삭감 등으로 고통 받았다. 토요일 저녁에 미타요는 숙소로 돌아갔고, 일요일 오전에 1주일간의 임금을 받았다(Cole, 1985: 31).

1578년 미타요는 광산과 정련소뿐만 아니라, 각종 지원 업무에도 미타요를 지원했다. 휴식 중인 미타요와 교대 미타요 200명을 합하여 약 2,000명이 포토시 지원업무와 다른 광산 지원업무에 배당되었다(Bakewell, 1984: 97).

미타요의 임금은 업무내용에 따라 달랐고 시간이 경과하면서 약간씩

<표 7-6> 1603년의 미타요 임금과 물가

구분	5일 임금(레알)	7일 동안 구매 가능한 식량(파운드)				
		감자	오카	옥수수	추뇨	차르키
광산 노동자	20	80	80	44	33	25
운반 노동자	17.5	70	70	39	29	22
정련 노동자	15	60	60	33	25	19

자료: Bakewell(1984: 103).

증가했다. 그러나 전반적으로 생활비에 못 미쳤기 때문에 포토시에 올 때 기르던 가축, 옥수수, 추뇨 등 음식과 의복 및 약간의 돈을 가져왔다. 또한 아내와 아이들을 부족한 생활비를 마련하기 위해 고향에서 데려왔다(Contreras, 1982: 76).

미타가 시작되면서 광산주의 중요한 고려사항은 강제노동을 잘 사용하여 단기이익을 증가시키는 것이었다. 이에 얼마 지나지 않아 야간에도 노동을 해야 했다. 1606년경 미타요는 일하는 일주일 동안 계속 산 정상에 위치한 광산에서 지내야 했다. 또한 노동량으로서 노동일수 대신 '할당된 작업량'(Tarea)이라는 다른 개념을 사용하기 시작했다. 이에 따라 노동 강도가 증가했고, 다른 한편으로 감독비용은 감소했다. 즉, 작업량을 할당해주는 감독방식은 계속해서 감독할 필요가 없고 이따금씩 광산에서 추출한 광석의 무게를 확인하면 되었기 때문에 감독비용이 축소되었다(Tandeter, 1981: 104~105).

미타 노동이 위험하고 힘들었기 때문에 1610년경에 일부는 현금이나 현물을 내고 일부는 노동으로 미타 의무를 수행하는 방식이 등장했다. 미타는 기본적으로 종족적·지역적 관점에서 관리되었다. 따라서 종족적 관점에서 특정 지역의 원주민은 광석을 운반하는 부문에만 배분했고, 어떤 원주민은 광석을 깨는 일에만 배분했으며, 어떤 종족은 정련소에만 배분했다. 또한 다른 종족은 현금이나 현물을 지불하도록 했다(Saignes, 1985: 66). 지역적 관점에서 남부 지역은 미타를 돈(은)으로 대체했고, 중부와 북부 지역은 미타를 노동으로 제공했다. 즉, 포토시에서 먼 중부와 북부 지역은 대부분 노동으로 미타를 제공했고, 광산에서 가까운 남부 지역은 돈으로 미타를 대체했다. 돈으로 미타를 대체한 이유는 포토시와 지리적 근접성으로 인해 포토시에서 필요한 각종 물품공급을 위한 운송업이나 상업을 통해 돈을 벌기가 용이했기 때문에 노동보다는 돈으로 대신하는 것을 선호했기 때문이다(Saignes, 1985: 68~70). 다른 한편 미타 의무를 현금, 현물, 노동으로 제공하지 못하는 경우에는 미타 의무가 없는 지역으로 이주했다. 이렇게 다른 지역으로 이주한 원주민을 포라스테로(Forastero)라고 하는데, 이들은 고향에서 토지와 자연자원 사용권을 포기하면서 미타 의무를 피하고자 했다. 이에 미타요 수가 갈수록 감소하게 되었다.

3) 밍가

자유노동자로서 밍가는 강제노동자로서 미타요 의무를 마치고 나면 밍가가 될 수 있었고, 미타요 의무기간 중에도 휴식기간에 노동을 하면 자유노동자인 밍가가 될 수 있었다. 그러나 식민 초기에는 주로 야나코나가 밍가가 되었으나, 시간이 경과하면서 대부분은 미타요가 밍가가 되었다. 1600년경 포토시 은 생산의 반은 밍가였고, 다른 반은 미타요였다 (Bakewell, 1984: 181). 일반적으로 광산과 정련소에서 전문화된 노동은 밍가가 담당했고 경험이 많이 필요하지 않고 반복적인 업무는 미타요가 담당했다. 광산노동이 복잡해지고 전문화되어 가면서 밍가에 대한 수요가 증가하면서 밍가도 증가했다. 밍가는 광산과 정련소에서 필요했다.

정련소는 미타요뿐만 아니라, 많은 밍가도 필요했다. 밍가는 일반적으로 임금을 현금으로 그리고 선불로 받을 수 있었다. 밍가는 노동 조건에도 미타요보다 양호했는데, 밍가는 아침 10시에서 오후 4시까지만 일을 했다. 이들은 돈을 받으면 즉시 다른 일거리를 찾았다. 이처럼 포토시 광산에 고용된 밍가의 특징을 보면, 첫째, 자유노동자인 밍가는 광산과 정련소에서 자유롭게 일을 했다. 밍가는 다른 일을 찾을 수도 있었지만, 광산과 정련소를 선호했다. 그것은 다른 것보다 광산과 정련소가 표면적으로 더 많은 보상을 해주었기 때문이다. 둘째, 밍가는 미타요보다 더 높은 보상을 받았다. 셋째, 밍가에 대한 수요가 미타요보다 더 많았다. 밍가에 대한 높은 수요는 급격하게 확대되는 산업에 충분한 노동공급을 할 수 없었던 미타의 공급한계 때문이었다. 또한 미타요보다 밍가가 더 높은 기술과 경험을 갖고 있었기 때문이다. 따라서 기술과 경험보다 육체적 노동에 가까운 것은 미타요가 맡게 되었다(Bakewell, 1984: 123). 1580년 당시 밍가는 일주일에 평균 5페소를 받았고 미타요는 그 절반인 2.5페소를 받았다. 밍가의 대표적인 부문인 광산의 광석을 캐는 바레테로는 월요일 저녁부터 토요일 해질 녘까지이지만 정해진 할당량을 완수하면, 언제든 광산에서 떠났다. 정련소에서 노동은 광산보다 노동량이 적고 아침 일찍 시작해서 오후 2시경에 작업이 끝났다(Bakewell, 1984: 125). 1600년대 초에 포토시의 은 생산에서 한편으로는 강제노동인 미타요가 존재했고, 다른 한편으로는 휴식기간에 있는 미타요가 더 많은 벌이를 위해 자발적으로 밍가가 되면서 강제노동과 자유노동이 함께 병존했다.

4) 아소게로

아소게로(Azoguero)는 스페인인으로서 정련소 주인인데, 수은(Azogue)을 사용하면서 아소게로로 불려졌다. 따라서 광산주와 달리 아소게로는 은 생산이 수은합금법으로 변모하면서 등장했다. 1573년 미타와 수은합금법의 도입으로 인해 광산이 시작된 이래로 버려진 낮은 품질의 은광석의 재사용이 가능했을 때, 아소게로의 대규모 투자는 1580년대 지속된 은 생산의 붐을 자극했다. 수은합금법과 미타제도 도입으로 등장한 아소게로의 착취강도는 아무런 제한이 없었다. 미타는 아소게로에게 강제노동자인 미타요를 보호해야 할 아무런 동기가 존재하지 않았다. 이것은 한편으로 자유노동시장이 존재하지 않았다는 것이다. 미타요는 강제노동자였고 이에 노동 조건에 대해 걱정할 필요가 없었다. 만약 미타요가 도망가기로 결정했다면, 그는 감옥에서 고통을 겪게 될 것이고 고향에 있는 원주민 공동체에서 여러 권리를 상실하게 될 것이다. 반면 아소게로는 도망노동자에 대한 화폐적 보상을 받을 수 있는 권리가 항상 존재했다. 다른 한편으로, 미타요에 대한 보호 기제가 거의 존재하지 않았다. 미타요의 초과착취는 아소게로의 투자에 어떠한 위험이 되지 못했다. 게다가 봉건 시대의 농노와 다르게 아소게로는 미타 노동력의 재생산에 대해서 걱정할 필요가 없었다. 그것은 광업과 완전히 분리된 원주민 경제에 의존했기 때문이다. 따라서 아소게로의 유일한 걱정은 단기적 이익이었다. 이러한 상황은 노동 시간과 정해진 휴식시간의 변화를 초래했다. 미타 초기부터 야간노동이 존재했고, 일주일 내내 광산에서 일을 해야 했다. 더 중요한 것은 노동 시간당 정해진 노동 할당량을 설정하여 강제했다(Tandeter, 1992: 52). 그러나 버려졌던 찌꺼기 광석의 고갈로 인해 은 생산의 붐에 심각한 영향을 끼쳤다. 이에 광산주와 아소게로의 이익이 빠르게 떨어지기 시작했고, 더 많은 미타요가 필요했다(Cole, 1985: 308).

1600년대 원주민 이주와 포토시의 은 생산 감소에 대한 대응으로서 미타 제도를 강화하기 위해 아소게로는 현금 보조금을 발전시켰다. 이러한 과정에서 팔트리케라 원주민(또는 Indios en Plata) 방식과 '은과 노동 (Servicio en Plata)'이라고 하는 방식이 등장하게 되었다. 팔트리케라는 아소게로에게 일정한 돈을 주면 미타 노동이 면제되었다. '은과 노동'은 일부는 노동으로 다른 일부는 현금으로 미타 의무를 제공하는 방식이었다. 다른 한편으로 아소게로는 광석의 품질이 낮아졌고, 수은 비용이 상승했으며, 물의 부족으로 어려움을 겪었다. 이처럼 은 생산 하락과 비용 상승으로 어려움에 처하면서 아소게로는 그들의 비용을 합법적으로 축소시킬 수 있는 새로운 이권 수여를 왕에게 요청했다. 그것은 첫째, 은 생산에 따른 세금으로서 1/5세금인 킨토레알(Quinto Real)을 1/10로 축소시켜줄 것을 요구했다. 둘째, 더 낮은 가격으로 수은을 공급해줄 것을 요구했다. 셋째, 일주일에 실제적으로 4,000명의 미타요을 사용할 수 있도록 기존의 16개 주를 더 확대하여 미타요의 수를 늘려 줄 것을 요구했다(Cole, 1985: 313).

1600년대 초 포토시에서 아소게로의 주도적 위치는 서서히 그러나 확실하게 하강하기 시작했다. 아소게로의 위상은 은을 거래하는 상인과 대부업자에게 넘어가기 시작했다. 이러한 측면은 당시 미타요를 받아서 사용했던 정련소의 숫자가 감소한 것으로 나타났다. 처음에 정련소가 132개에서 1624년 124개, 1633년 99개, 1689년 60개, 1692년 34개로 감소했다(Cole, 1985: 47).

무엇보다도 1600년대 미타요 수의 감소는 아소게로에게 영향을 주었다. 광석운반은 거의 모두가 미타요의 일이었고, 강제노동자인 미타요를 대신해서 자유노동자인 밍가를 고용하려면, 미타요의 두 배의 임금을 주어야 했다. 즉, 한 명의 밍가로 다른 두 명의 미타요를 고용할 수 있었다. 포토시에서 미타요의 감소로 노동 조건이 악화되었는데, 그것은 1606년에 새롭게 설립된 인근 오루로(Oruro) 지역에 광산이 있었기 때문이다. 오루로 지역의 광산은 갱도가 깊지 않아서 일하기가 용이했고, 보수도 포토시 지역보다 훨씬 높았다. 이러한 이유로 오루로의 광산주가 지속적으로 미타요를 요구했지만, 스페인 왕실은 그것을 거부했다. 수은 공급 부족도 아소게로에게 부정적이었는데, 우안카벨리카의 수은 생산이 감소했다. 게다가 우안카벨리카의 수은은 아리카(Arica)에서 포토시로 옮겨졌는데, 이 구간은 페루 부왕령 영지에서 가장 험난한 지역이었고 오직 노새를 이용한 운송만이 가능했다. 이에 수은 운송이 매우 느렸고 비쌌다. 더 중요한 것은 아소게로에게 수은 배분은 이전의 신용 배분의 결과에 따른 제한조건으로 인해 복잡해졌다. 신용 배분에 의한 수은 할당으로 왕실재정에 상당한 부채를 유발시켰고, 이에 신용 배분 정책을 폐지했다. 따라서 아소게로는 수은이 도착했을 때, 이자 비용이 들지만 어쩔 수 없이 수은을 구매하기 위해 지역 대부업자에게 돈을 빌려야 했다. 그러나 빌린 돈은 수은을 구매하기에 충분한 돈이 아니었기 때문에, 식민 당국은 아소게로에게 외상을 비롯하여 되도록 많은 돈을 되돌려 받고자 했다. 이러한 어려움에 더해 은광석의 품질이 떨어지면서 은 생산을 위해 더 많은 수은이 필요했다. 물도 은 생산에서 중요한 요소였다. 물은 대부분의 정련소에서 은광석을 부수는 파쇄기 등 기계를 돌리는 에너지로서뿐만 아니라, 은광석을 세척하고 수은을 혼합하는 데도 사용되었다. 이처럼 아소게로는 미타요, 수은, 물, 신용 등과 관련된 복합적인 문제로 인해 포토시에서 영향력을 상실했다. 1643년 소수의 아소게로는 수은 구매를 위해서 비싼 이자를 주어야 하는 은 판매상과 대부업자로부터 대출을 피하고자 했다. 왜냐하면 당시 은생산은 이익이 별로 나지 않는 상태에 도달했기 때문이다. 요즘식으로 설명하자면 은생산 사업은 한계기업 선상에 있었기 때문에 겨우 이익이 나는 정도에 이르렀기 때문에 위험을 감수하면서 대출을 하고자 하지 않았다. 이에 따라 상대적으로 은 판매상과 대부업자의 위상은 높아졌다. 즉 이들은 상대적으로 아소게로보다 높은 이익을 유지할 수 있었다(Cole, 1985: 50). 1600년대에 강제는 더 이상 충분한 방법이 아니었고, 필요한 자본을 위해 은 판매상과 대부업자에게 의존하고 있다는 것을 아소게로는 알게 되었다(Cole, 1985: 124).

4. 식민 시대 포토시 미타의 특징

포토시 미타의 특징을 보기 위해 인구, 은 생산, 노동 구성, 지역에 따른 인구 구성을 보고자 한다. 포토시의 인구를 통해서 당시 노동력의 규모를 이해하고 도시규모를 이해할 수 있다. 은 생산의 규모를 통해서 은생산의 규모와 가치의 규모를 이해할 수 있다. 또한 매년 생산된 은의 양과 그 세금인 킨토레알(1/5세금)의 규모를 이해할 수 있다.

지역에 따른 인구 구성은 미타 의무를 피하기 위해 다른 지역으로 이주한 포라스테로가 발생했는데, 각 지역에서 이주한 포라스테로의 규모를 이해하기 위한 것이다. 노동 구성은 당시 포토시에 구체적으로 어떻게 노동을 배분했으며, 그의 규모를 이해하려는 것이다. 먼저 인구를 보자면, 1650~1820년 동안 포토시의 인구는 계속해서 증가하다가 1670년 18만 5,000명을 정점으로 서서히 감소했다. 1770년에는 4만 8,000명으로 가장 적은 인구를 기록했다가 서서히 상승했다.

스페인이 신대륙에서 가장 먼저 수입한 귀금속은 금이었다. 1503~1510년에 4,965kg의 금을 수입하기 시작해서 1551~1560년은 4만

<표 7-7> 1650~1820년 동안의 포토시 인구

(단위: 1,000명)

연도	인구	추계 인구	연도	인구	추계 인구
1650	155		1750		60, 85
1660	170		1760		50, 90
1670	185		1770	48	
1680	175		1780	45	
1690	145		1790	62	
1700	115		1800	64	
1710		85	1810		66, 96
1720		80, 110	1820		48
1730		75			
1740		74, 79			

자료: Tandeter(1992: 106).

<그림 7-1> 1541~1810년 포토시의 은 생산

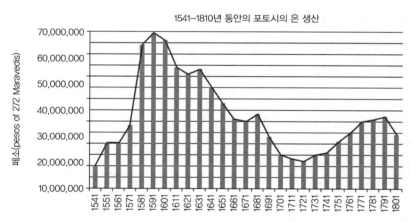

자료: Brown(2012: 17).

2,620kg을 수입하여 가장 많은 금을 수입한 시기였다. 이후 서서히 감소했고 1503~1660년에 총 18만 1,333kg의 금을 수입했다. 은의 경우에는 1521~1530년에 은을 수입하기 시작하여 1591~1600년에 가장 많은 은

〈표 7-8〉 1503~1660년 스페인의 신대륙 금과 은의 수입량

(단위: 그램)

시기	은	금
1503~1510		4,965,180
1511~1520		9,153,220
1521~1530	148,739	4,889,050
1531~1540	86,193,876	14,466,360
1541~1550	177,573,164	24,957,130
1551~1560	303,121,174	42,620,080
1561~1570	42,858,792	11,530,940
1571~1580	1,118,591,954	9,429,140
1581~1590	2,103,027,681	12,101,650
1591~1600	2,707,626,528	19,451,420
1601~1610	2,313,631,145	11,764,090
1611~1620	2,192,255,993	8,855,940
1621~1630	2,145,339,043	3,888,760
1631~1640	1,396,759,594	1,240,400
1641~1650	1,056,430,966	1,549,390
1651~1660	443,256,546	469,430
총	16,886,815,303	181,333,180

자료: Peñaloza(1981: 412).

〈표 7-9〉 포토시에서 생산된 연간 은의 가치와 킨토레알

(단위: 페소)

주장한 사람	연간 은 생산	연간 킨토레알
톨레도 부왕	13,103,448	2,620,000
호세 데 아코스타(José de Acosta) 신부	15,000,000	3,160,000
모데스토 오미스테(Modesto Omiste)	13,485,174	2,697,034
캉 아루구예스(Cang Argülles)	10,500,000	2,100,000
발리비안 이 로야스(Ballivián y Royas)	11,380,445	2,276,089
아르멘다리스(Armendariz) 부왕	10,950,000	2,190,000

자료: Contreras(1982: 165~168)의 내용을 필자가 직접 정리한 것임.

〈표 7-10〉 1603년 포토시의 광산 지역의 노동 구성

(단위: 명)

노동 구분	강제노동	임대노동	자유노동
1. 광산에 종사는 강제노동(주당 2, 5페소)	4,000		
2. 자발적 임대 노동		600	
3. 은 세척 임대 노동(일당 1페소)		400	
4. 자유노동자로서 원주민 구직자			1,000
5. 정련소에 종사하는 강제노동	600		
6. 정련소에 종사하는 임대 노동(일당 7레알)		4,000	
7. 은 탐색에 종사하는 임대 노동(일당 1페소)		3,000	
8. 야마를 이용한 은 운반에 종사하는 강제노동	320		
9. 소금을 관리하는 강제노동	180		
10. 소금을 관리하는 임대 노동		1,000	
11. 목재를 운반하는 자유 노동			1,000
12. 정련소의 땔감을 운반하는 자유 노동			1,000
13. 땔감으로서 동물분비물을 운반하는 임대 노동		500	
14. 동물분비물 수집하는 자유 노동			200
15. 숯 만드는 자유 노동			1,000
16. 초 만드는 자유 노동			200
17. 식량 운송하는 자유 노동			10,000
18. 기타 자유 노동			30,000
총	5,100	9,500	44,400

자료: Contreras(1982: 71).

인 270만kg을 수입했다. 이후 서서히 은의 수입이 감소했다. 1503~1660
년에 신대륙에서 수입한 은의 총량은 1,688만kg이었다. 포토시에서 생산
된 연간 은 생산량과 그에 따른 연간 세금인 킨토레알에 대한 정확한
자료는 없다. 여러 저자가 포토시에서 생산된 연간 은 생산량과 킨토레알
을 추정했다. 이들 각각은 포토시에서 연간 은 생산액을 약 1만~1만
5,000페소 정도로 추정하고 연간 킨토레알은 210만~310만 페소 정도로
추산했다. 1541~1810년 동안에 생산된 은 생산을 가치로 환산했을 때,

<표 7-11> 1756년의 지역별 인구 구성

(단위: 명)

지역	오리히나리오	포라스테로	인구 수
차얀타	2,307	957	15,231
포르코	2,347	1.320	19,589
카랑가스	1,362	231	7,184
타리하	653	1,499	9,594
코차밤바	958	4,820	26,531
파리아	1,504	376	9,181
람파	1,146	1,128	9,072
아상가로	1,553	1,296	11,543
키스피칸체스	2,766	1,069	17,560
카네스이칸체스	2,516	993	12,785
오마수요스	1,174	4,534	20,111
시카시카	2,159	4,223	28,967
파카헤스	2,822	392	13,908
추쿠이토	2,033	1,526	22,336
판카르코야	849	1,305	8,559
라레카하	1,426	1,547	11,195

자료: Contreras(1982: 123).

1591~1600년 동안 계속해서 상승하다가 1600년 이후에는 조금씩 하락했다. 이후 1731~1740년에 약간씩 상승하기 시작했다.

1603년 포토시 노동 구분을 보면, 강제노동은 5,100명으로서 광산일, 정련소일, 야마를 이용한 은 운송, 소금 관리에 종사했다. 임대노동은 9,500명으로서 자발적 임대노동, 은 세척, 정련소일, 은 탐색, 소금 관리, 땔감으로서 동물분비물 운반하는 임대노동이 있었다. 자유노동은 총 4만 4,400명으로 원주민 구직자, 목재 운반, 정련소의 땔감 운반, 동물 분비물 수집, 숯 만들기, 초 만들기, 식량 운송, 기타 자유노동에 종사했다.

1756년 미타 의무가 있는 지역에서 미타 의무를 피하기 위해 고향을

〈그림 7-2〉 1790~1793년의 포토시 미타요에 대한 광산업의 비용과 수익

자료: Tandeter(1981: 115).

떠난 포라스테로를 보면, 모든 지역에서 포라스테로가 발생했다. 고향 원주민인 오리히나리오를 기준으로 각 지역에서 고향을 떠난 포라스테로는 대략적으로 반 정도가 되는 것으로 나타났다. 1790~1793년에 광산업의 수입과 비용을 보면 수익이 6%로서 가장 적은 부분을 차지했다. 임대료는 12%를 차지했고 미타요 임금은 11%를 차지했다. 기타 비용은 71%에서 비용과 수익 면에서 가장 높은 비율을 차지하는 부분이었다.

5. 맺음말

스페인은 1539년 현재의 볼리비아를 정복했고 1545년 포토시 은광을 발견했다. 포토시 은광은 멕시코의 은광과 함께 스페인의 매우 중요한 경제적 자원이었다. 포토시 은은 근대 세계경제 발전에 촉매제가 되었을 뿐만 아니라, 수세기 동안 세계경제를 유지했다(Robins, 2011: 177). 따라서 라틴아메리카의 은광, 특히 포토시의 은광은 근대/식민 자본주의적 세계

체제 형성에 중요한 요소였다. 스페인은 되도록 포토시의 은 생산을 확대하고자 했다. 스페인 왕실의 이념과 충돌하면서 강제노동제도로서 미타가 1573년 뒤늦게 공식적으로 창설되었다. 1573년에 공식적으로 창설된 미타는 1812년 공식적으로 폐지될 때까지 250년 동안 존재하면서 계속해서 변모했다. 이러한 변화 중에는 ① 은광석의 고갈, ② 수은 공급 문제, ③ 원주민 이주, ④ 원주민 감소 등이 있었다.

미타의 가장 중요한 변화는 1570년대 은광석 고갈로 인해 발생했다. 쉽게 정련할 수 있는 은광석 재고를 1577년에 이미 다 사용해서 새로운 광석이 필요했다. 이러한 결과로서 미타요의 노동이 더 요구되었다. 이에 1/3씩 교대로 되어 있던 것이 3/4 이상으로 확대되었다. 갈수록 미타요의 중요성이 증가했지만 노동 조건의 향상은 이루어지지 않았다. 광산 깊숙이 들어가 일을 해야 하게 되면서 미타요의 업무는 더 힘들어졌고, 사고도 자주 발생했다. 사망한 미타요는 함몰된 곳에 아무렇게나 묻혔고, 높은 곳에서 떨어져 손발이 부러져 고통 받았으며, 진폐증으로 사망했다. 1580년대 초에 미타요는 작은 갱도에서 무거운 은광석을 등을 구부려 운반해야 했다. 일반적으로 품질이 좋은 광석이 있는 광산에는 샘이 있어서 물이 넘치는데, 미타요는 무릎까지 물이 차는 광산에서 일해야 했다. 이러한 경우는 불법이었지만 그럼에도 불구하고 계속 일을 해야 했고 이러한 조건에서 일하는 미타요는 일반적으로 진폐증으로 고생했다(Cole, 1985: 24).

수은 공급은 계속되는 문제였다. 킨탈당 가격은 그다지 변하지 않았지만, 품질이 낮은 은광석으로 인해 정련을 위해 더 많은 수은이 필요했고, 식민당국이 초기에 아소게로에게 돈을 빌려주었으나, 그 부채를 상환하지 않은 아소게로에게는 혜택이 주어지지 않았다. 수은 공급 문제와 함께 운송, 땔감 및 촉매제로서 소금, 구리, 철 등의 비용이 상승했다.

이에 아소게로가 수은 공급문제를 해결하기 위해 여러 경로로 수은을 확보하고자 노력했고, 이에 은 판매상과 대부업자에게 대출을 받으면서 아소게로의 위상이 장기적으로 하락했다. 반면 은 판매상과 대부업자의 위상이 은 생산 분야에서 높아졌다.

세 번째 미타의 변화로는 시간이 경과하면서 미타 의무가 힘들고 위험하다는 것이 알려지면서 원주민의 이주와 도주가 증가했다. 미타요는 보통 포토시 출발 두 달 전에 미타 의무 통지를 받았다. 이에 이주를 결심한 원주민은 모든 권리를 가족에게 양도하고 고향을 떠날 수 있었다. 원주민이 즉 미타요가 될 원주민이 미타 의무가 면제된 지역으로 도망가면 포라스테로라는 신분이 된다. 포라스테로는 미타 의무가 면제되고 포라스테로 신분은 상속된다. 포라스테로가 되면 고향의 토지와 자연자원을 사용할 수 없지만 그래도 미타요보다 포라스테로가 낫다고 생각하면 다른 지역으로 이주해서 포라스테로가 되었다. 다른 지역으로 이주하는 것은 어려움이 없었기 때문에 포라스테로가 증가했다. 고향에 남아있는 원주민은 도망간 원주민의 책임을 대신해야 했다. 왜냐하면 미타는 개인에 대한 의무가 아니라 원주민 공동체에 부여된 의무였기 때문이다. 이에 고향에 남아 있는 원주민도 증가하는 의무로 인해 도망가도록 장려하는 상황이 되었다.

마지막으로 미타의 변화는 원주민 감소였다. 이처럼 대량 이주는 원주민 감소로 이어졌다. 원주민이 감소하게 된 요인은 여러 가지가 있는데, 예를 들면, 천연두, 홍역, 독감, 티푸스 같은 유행병 때문이었다. 즉 포토시의 높은 인구밀도로 인한 전염병과 해발이 높은 지역으로써 추운 날씨로 인해 인구가 감소했다. 그러나 미타의 가혹한 노동 조건도 인구를 감소시켰다. 고향에서 포토시로 이동하는 데 거리와 시간에 따른 비용을 지불하지 않았고, 노동 시간에서 노동할당량으로 바뀌면서 노동 강도가 상승했으며 미타요는 일상적으로 매 맞고 채찍질 당했다. 톨레도 부왕의 규정은 16개 주의 200여 개 마을의 성인 1/7을 미타요로 보내고, 3교대로 조직되어 1주일 일하고 2주일 휴식하는 노동 조건도 전반적으로 지켜지지 않았다. 따라서 원주민 감소는 전체적으로 원주민이 감소했다기보다는 미타 의무가 있는 지역의 원주민이 감소했다는 의미였다.

포토시 노동력을 구성하는 주체의 관점에서, 잉카 시대의 광산 경험으로 인해 포토시 광산에서 야나코나는 광산 전문가로서 독립적인 사업가였다. 그러나 수은합금법의 도입과 미타제도의 도입으로 인한 노동 조건의 변화 속에서 자유노동자이자 일당노동자인 밍가가 되었다. 다른 한편, 미타제도 도입으로 강제노동자인 미타요가 출현하게 되었다. 그러나 미타제도가 시간이 경과하면 노동 조건이 악화되었고, 위험하고 힘든 거친 노동으로 인해 미타 의무를 피하고자 했다. 이러한 과정에서 경제력이 되는 원주민은 미타 면제를 위해 팔트리케라가 되거나 현금+노동을 제공했다. 현금+노동을 제공할 처지가 못 되는 원주민은 미타 의무를 피하기 위해 도주와 이주를 선택했고 이에 포라스테로가 되었다. 포라스테로는 미타가 면제되었고 신분이 상속되었다. 미타 도입 이후 야나코나와 미타요는 자유노동자인 밍가가 될 수 있었다. 이에 포토시는 자유 노동과 강제노동이 병존하는 이중적 노동구조가 형성되었다. 정련소 주인인 아소게로는 수은합금법과 미타가 도입되면서 광산주 다음으로 포토시에 등장하게 되었다. 그러나 은광석 고갈, 원주민 감소, 수은 공급 문제 등이 발생하면서 아소게로의 위상은 하락했고 대신에 은 판매상과 대부업자의 위상이 높아졌다. 강제노동징집 제도로서 미타에서 노동 조직, 노동 대가, 노동 과정 등 노동 조건이 전반적으로 악화되었다. 미타요의 노동시간이 증가했고 휴식시간이 축소되었다. 노동일수에서 노동 할당량으로 변하면서 노동강도도 증가했다. 노동 대가도 생존 임금에 훨씬 못 미치게 받았기 때문에 아내와 아이들을 고향에서 데려오고, 옥수수, 추뇨, 가축, 의복 및 돈을 가져와야만 겨우 버틸 수 있었다. 이에 미타 노동이 힘들고 위험하기 때문에 미타 의무를 피하고자 하는 원주민이 증가하면서 미타요는 갈수록 감소했다. 전반적인 노동 조건 악화 속에서 원주민은 팔트리케라, 포라스테로 등의 방법으로, 또는 결혼과 새로운 가족구성으로(혼혈) 미타 의무를 피하고자 했다.

결론적으로 식민 시대 포토시의 미타의 상황을 요약하면 다음과 같다. 첫째, 미타는 광산주와 아소게로를 위해 존재했다. 대부분의 아소게로는 미타가 없었다면 은 생산에서 스스로 생존할 수 없었다. 둘째, 아소게로가 경험이 있는 밍가를 고용하려 했으나 높은 임금으로 인해 밍가를 고용하지 못하면서 노동력이 부족하게 되었고 이로 인해 경험이 부족한 미타요를 대신에 고용하게 되었다. 셋째, 17세기에 멕시코 은광지역보다 정도는 미약했지만, 볼리비아 지역에서도 강제노동보다는 자유노동의 의미가 커지게 되었다. 즉, 17세기에 노예노동에서 임노동으로 역사적 전환은 포토시 미타 제도의 의미가 감소했음을 의미한다.

참고문헌

Abecia, Valentín. 1988. *Mitayos de Potosí: En una economía sumergida.* Barcelona: Hurope.

Acosta, Hilarión. 1959. "La encomienda y la mita a través de la historiografía moderna." *Revista Municipal de Arte y Letras, Khana*, No. 33~34, pp. 69~80.

Bakewell, Peter. 1984. *Miners of the red mountain: Indian labor in Potosí, 1545~1650.* Albuquerque, USA: University of New Mexico Press.

Brading, D. A. y Margarita Zaionz de Zilberay. 1971. "Las minas de plata en el Perú y México colonial. Un estudio comparativo." *Desarrollo Económico*, Vol. 11, No. 41, Instituto de Desarrollo Económico y Social, pp. 101~111.

Brown, Kendall. 2012. *A history of mining in Latin America.* Albuquerque, USA: University of New Mexico Press.

Centellas, Marco A. 2011. *Historia de Bolivia.* La Paz: Universidad Mayor de San Andrés.

Cole, Jeffrey A. 1985. *The Potosi mita, 1573~1700.* Stanford, California: Stanford University Press.

Contreras, Carlos. 1982. *La ciudad del mercurio, Huancavelica 1570~1700.* Perú: Instituto de Estudios Peruanos, Perú.

Crespo, Alberto. 2010. *Fragmentos de la patria: Doce estudios sobre la historia de Bolivia.* Bolivia: Plural.

Dell, Melissa. 2008. "The mining Mita: Explaining institutional persistence." 미간행 잡지, 30 March, MIT.

Keen, Benjamin. 2009. *A history of Latin America.* Boston: Houghton Mifflin.

Moreno, Rene. 1945. "La mita en Potosí." *Revista de Estudios Bolivianos, Kollasuyo*, No. 62, pp. 155~161.

Peñaloza, Luis. 1981. *Nueva historia económica de Bolivia.* La Paz: Editorial Los

Amigos del Libro.

Platt, Tristan. 2000. "The alchemy of modernity. Alonso Barba's copper cauldrons and the independence of Bolivian metalllurgy(1790~1890)." *Journal of Latin American Studies*, Vol. 32, No. 1, pp. 1~54.

Robins, Nicholas and Nicole A. Hagan. 2012. "Mercury prodution and use in colonial Adean silver production: Emissions and health implications." *Environmental Health Perspectives*, Vol. 120, No. 5, pp. 627~631.

Robins, Nicholas. 2011. *Mercury, mining and empire. The human and ecological cost of colonial silver mining in the Andes*. Bloomington and Indianapolis: Indiana University Press.

Saignes, Thierry. 1985. "Notes on the regional contribution to the mita in Potosí in the early seventeenth century." *Bulletin of Latin American Research*, Vol. 4, No. 1, pp. 65~76.

Spalding, Karen. 1975. "Hacienda-village relations in Adean society to 1830." *Latin American Perspectives*, Vol. 2, No. 1, pp. 107~121.

Tandeter, Enrique. 1992. *Coacción y mercado. La minería de la plata en el Potosí colonial*. La Paz: Instituto de Estudios Bolivianos.

_____. 1981. "Forced and free labour in late colonial Potosí." *Past & Present*, No. 93, pp. 98~136.

Tapia, Ingrid. 2010. *La herencia de la mina: representaciones sobre la contaminación minera en Potosí*. La Paz: Embajada Real de Dinamarca, Fundación PIEB.

Wiedner, Donald. 1960. "Forced labor in colonial Peru." *The Americas*, Vol. 16, No. 4, pp. 357~383.

Zulawski, Ann. 1995. *They eat from their labor: Work and social change in colonial Bolivia*. Pittsburgh: University of Pittsburgh Press.

제8장

스페인 독립전쟁과 자유주의의 태동*
카디스 의회와 1812년 헌법 제정을 중심으로

최해성 서울대학교 라틴아메리카연구소 HK연구교수

1. 스페인 독립전쟁의 재조명

21세기의 첫 10년이 후반으로 향하던 무렵 스페인과 중남미에서 활발하게 논의되었던 화두를 하나 꼽자면 '200주년(bicentenario)'일 것이다. 칠레, 멕시코를 비롯한 중남미 국가들은 독립 200주년을 맞아 다채로운 연구와 행사를 진행했고, 스페인도 두 세기를 경과한 일련의 역사적 사건들에 대해 새로운 시각의 해석들을 내놓았다. 특히 2008년에 발발 200주년을 맞은 독립전쟁을 둘러싸고 그 역사적 의미에 대해 치열한 논쟁을 펼쳤다.

주지하는 바와 같이 스페인 독립전쟁은 중층적 시각에서 전망하지 않으면 그 전모를 확인하기 힘든 복잡한 역사적 사건이다. 프랑스군이

---

* 이 글은 ≪스페인어문학≫ 51호(2009)에 발표된 필자의 기존 논문을 총서의 취지에 맞게 수정·보완한 것이다.

스페인을 점령하면서 발생한 마드리드 시민들의 이른바 '아랑후에스 반란'은 구체제(Régimen Antiguo)와의 결별을 선언하는 전환기적 사건이었고, 프랑스군에 대한 선전포고로 불붙은 독립전쟁은 스페인 역사에서 근대와 현대를 구분하는 분수령이었다(Juana López, 1998: 24). 이러한 사건들은 그동안 소수에 의해 국가의 운명이 결정되던 시대에서 역사의 수면 아래 있던 계층들이 공적(公的) 생활에 적극적으로 관여하는 또 다른 시대로의 전이를 의미하는 것이기도 했다. 스페인인들이 나폴레옹군에 대항하여 벌인 게릴라(guerrilla)전은 '집단적 열정의 폭발'(Jutglar, 1968: 31)로 정의되는 새로운 시대의 대표적 표상이자, 100년 후 수많은 혁명들이 채택한 전술의 한 전형이 되었다.

하지만 이 전쟁 기간 동안, 스페인의 개혁적 지식인들이 평범한 의미의 단어 '리베랄(liberal)'에 유럽 최초로 정치적 의미를 부여하여 구체제에 대항하는 새로운 움직임으로 정의하고(Herr, 1971: 73), 그것을 현실에서 구현하려 했다는 점에서 독립전쟁의 또 다른 중요한 의미를 찾을 수 있을 것이다. 일견 모순된 양상으로 보이지만, 국가의 혼란과 위기가 극에 달했던 순간은 주권재민을 천명한 스페인 최초의 자유주의 의회와 헌법이 태동한 순간이기도 했다.[1] 따라서 이 연구에서는 전쟁 자체의

---

1) 일부 헌법학자나 사학자들 중에는 1808년 나폴레옹에 의해 제정, 공포된 일명 '바요나 헌법(Constitución de Bayona 또는 Estatuto de Bayona)'을 스페인 최초의 헌법으로 간주하기도 한다. 비록 내용상으로는 프랑스 혁명 정신이 반영되어 시민의 권리 보호 등 자유주의적 요소가 포함되어 있지만, 나폴레옹에 의해 소집된 65명의 귀족의회가 국민의 대표기구라 할 수 있을지, 스페인 영토 밖에서 공포된 헌법이 유효한 것인지 등등 지금까지도 절차상 적법 여부에 대해 논란이 그치지 않고 있다. 이 글에서는, 바요나 헌법이 권리장전으로서의 가치는 지니고 있지만 스페인 최초의 자유주의적 헌법으로 보기에는 무리가 있다는 견해를 따르고자 한다.

흐름이나 과정, 전술적인 측면에서 접근하기보다는, 전쟁의 한복판에서 새로운 시대의 도래를 꿈꾸며 자유주의 이상을 구현하려 했던 이들의 움직임에 초점을 맞추고자 한다.[2] 구체적으로는 자유주의자들의 사상과 행동이 응축되었다고 평가받는 1812년 헌법, 일명 '카디스 헌법'의 수립 배경과 공포 과정, 그리고 그 결과와 영향이 핵심적인 분석 대상이 될 것이다.

2. 자유주의 탄생의 배경

1) 'liberal'과 'servil': 정치 용어로의 재탄생

스페인 사회학자 아베얀(Abellán)에 따르면, 스페인어에서 1280년 무렵 처음 사용된 'liberal'은 '관대한, 너그러운, 인심 좋은' 등의 의미를 지닌 평범한 단어에 지나지 않았으나 1810년경 카디스 의회에서 정치적 세례를 받으면서 전혀 다른 뜻을 지니게 되었다(Corominas, 1967. Abellán, 1982: 29~30에서 재인용). 이 의회에서 '리베랄(liberal)'은 '절대왕정주의자(parti-dario del absolutismo)'를 지칭하는 '세르빌(servil)'의 반대 개념으로, '입헌적 제도'와 '유능하고 계몽적인, 책임감 강한 행정'을 추구하는 사람들 또는 '대표성을 지닌 정부'를 선호하는 정치적 성향을 가진 사람을 지칭하는 용어로 새롭게 태어나고 있었다(Blanco Aguinaga et al., 2000: 14).[3]

---

2) 스페인 독립 전쟁에 대한 군사적 측면의 연구는 Delgado(1979) 등을 참조.

3) 카디스 의회에서 개혁을 추구한 이들은 문학에서도 새로운 개념을 가다듬고 있었는데, 그것은 낭만주의(el romanticismo)였다. 이들 낭만적 자유주의자들은 영국, 프랑스, 아메리카로 이주하여 당시의 시대정신과 조화를 이루면서 새로운 미적

19세기 스페인 자유주의 연구의 권위자인 비센테 요렌스(Vicente Lloréns)[4] 도 당시에 사용된 '리베랄'과 '세르빌'이라는 용어에 대해 중요한 자료를 남겼다. 그는 자유주의 지식인들, 그중에서도 특히 카디스 헌법 제정에 중추적인 역할을 한 아르구에예스(A. Arguelles)의 작품을 깊이 연구했다.

그에 따르면, 당시 토론이나 논쟁에 빈번하게 등장하는 'liberal'에는 일상에서 사용하던 '일반적인 의미(sentido lato)'는 물론, "자유를 확립하고 공고히 하려는 모든 정신이나 경향"을 뜻하는 '특수한 의미'도 담겨 있었다. 게다가 새로운 정치 용어 'liberal'이 카디스 의회에서 개혁적인 의원들을 가리키는 '명사적 개념'으로도 사용되었으며, 이들과 대립각을 세우며 구체제 권력에 추종하는 인물들은 약간 생소한 어휘인 'servil'로 불렸다는 사실도 밝혀냈다(Lloréns, 1967: 46).[5] 예나 지금이나 'servil'이 지니고 있는 부정적 정의들을 감안한다면, 당시 의회의 기풍이 얼마나 자유분방하며 개혁적이었는지를 미루어 짐작해볼 수 있다. 요렌스가 면

신조를 수용했다.

4) 1939년 스페인내전이 프랑코의 승리로 끝나자 망명길에 오른 비센테 요렌스는 도미니카, 푸에르토리코 등을 거쳐 마지막에는 미국에 정착한다. 그에 대해서는 스페인에서조차 깊이 있는 연구가 제대로 이루어지지 않고 있으나, 아메리코 카스트로(Américo Castro)가 프린스턴대학에서 자신의 교수직을 이을 후계자로 지명할 정도로 뛰어난 연구업적을 남겼다. 그가 천착한 주제는 19세기 스페인의 자유주의 이외에도 제2공화국 망명의 역사, 블랑코 화이트(Blanco White) 등 다방면에 걸친다. 대표작으로는 *Liberales y románticos*(1954), *El exilio español de 1939*(1976), *Memorias de una emigración*(1975) 등이 있다.

5) 법학자이자 자유주의 정치가였던 아구스틴 아르구에예스(Agustín Argüelles)는 스페인 최초의 자유주의 헌법인 카디스 헌법 제정을 주도했고, 언론 자유, 노예무역에 대한 제재, 고문 금지 등 자유주의 사상을 구체화시켰다. 특히 그는 의회에서 뛰어난 웅변력을 보여주어 'El Divino'란 별명을 얻기도 했다. 그의 생애에 대해서는 Garrido Muro(2000) 참조.

밀히 검토한 또 다른 작품에도 유사한 사례들이 나온다.

〔출판의 자유에 대한〕이 토론에서 의회를 구성하고 있는 각 당들은 열린 자세로 의견을 피력했다. 이들은, 모든 협의체들이 그렇듯이, 근본적으로 개혁에 찬성하는 쪽과 반대하는 쪽으로 나뉘어져 있다. 청중들은 이 두 그룹 중 전자에 속한 이들을 'liberal'이란 이름으로 한데 묶어 구분했는데, 아마도 이것은 그들이 연설에서 **자유적인 원리 또는 이념**이라는 문구를 자주 사용하기 때문일 것이다. …… 반대당이 특별한 명칭을 얻는 데는 시간이 좀 더 걸려서 한 재치 있는 작가가 'servil'이라 이름 붙였다(Garrido Muro, 2000: 47~48).[6] (고딕 강조 ― 원문)

이렇게 스페인어에서 탄생한 새로운 용어 'liberal'은 스페인 국경을 넘어 유럽으로 전파되었고, 영국에 가장 먼저 뿌리를 내렸다. 그 당시 영국은 스페인의 대표적 사상가인 블랑코 화이트의 활동 무대였다. 그는 스페인 입헌주의의 지지 세력을 확장하기 위해 바이런(George Gordon Byron)의 스승인 홀랜드 경(Lord Holland, 본명은 Henry Richard Vassall Fox)의 재정적 지원 아래 잡지 ≪엘 에스파뇰(El Españgol)≫을 발행했다 (Martin Murphy, 1989: 61~93). 이 간행물에 1810년부터 스페인 자유주의자들(liberales)의 활동이 소개되자 블랑코 화이트의 절친한 친구 로버트 사우디(Robert Southey)를 비롯한 영국인들에게 자연스럽게 이 용어가 전달

---

6) 요렌스가 인용한 부분은 토레노 백작(Conde de Torreno)의 연구서이다. 아르구에 예스와 더불어 당대 스페인 자유주를 대표한 토레노 백작 ― 본명은 José María Queipo de Llano ― 은 정치, 경제, 문화 등 다방면의 재능을 겸비했으며 재무장관, 수상 등을 역임했다. 인용된 작품은 Toreno(1835) 3권으로서 19세기 스페인 연구에 없어서는 안 될 필수 사료 중 하나이다.

된 듯하다(Hay, 2008: 309~310; Alcalá Galiano, 1955: 440).

이렇듯 스페인 역사에서 자유주의는 19세기는 물론 20세기 초반까지 깊은 영향을 남긴다. 따라서 일부 사학자들은 세계 어느 나라보다도 일찍, 그리고 오랜 기간 고전적 자유주의 정치를 경험했다는 평가를 내리기도 한다(Payne, 1984: 71). 이전 세기에 스페인에서 계몽주의가 그다지 활발하게 전개되지 않은 점을 고려한다면 놀라운 일이기도 하다. 이러한 스페인 자유주의의 때 이른 발아는 독립전쟁으로 촉발된 구체제의 붕괴라는 맥락 속에서 그 근본적 원인을 찾을 수 있을 것이다.

2) 전쟁과 혼란의 세기말

1808년에 발발한 스페인 독립전쟁은 어느 의미에서 이전 세기의 종반부터 시작된 일련의 전쟁들의 결정판이라고 할 수 있다. 이제까지 독립전쟁을 다룬 논문들은 대체로 1807년 나폴레옹군의 스페인 진입을 연구의 기점으로 삼은 경우가 많았다. 하지만 나폴레옹의 이와 같은 결정은 라이벌 영국의 동맹국인 포르투갈을 침공하기 위해 시작된 것이므로, 그 직전에 일어난 일련의 전쟁들의 연장선상에서 고찰할 때 전쟁의 기원과 영향이 더욱 명확해질 것이다. 따라서 이 글은 최근까지도 논쟁의 대상이 되고 있는 트라팔가르(Trafalgar) 해전과 독립전쟁 사이의 인과관계를 포함해 혼란스러웠던 스페인의 세기말을 되돌아보고 그 의미를 재평가하는 작업에서부터 출발하고자 한다.

스페인 제국은 18세기의 개막과 더불어 부르봉 왕조가 수립되어 새로운 전기를 맞이했다. 이전 합스부르크 왕조 말에 경험한 침체와 혼란을 극복하고 상대적으로 안정과 번영을 누리는 시기로 접어들었다. 하지만 18세기 후반에 즉위한 카를로스 4세(Carlos IV)는 나라 안팎에서 일어나는 새로운 동향을 감지하고 받아들일 준비가 되어 있지 않았다. 특히 즉위 이듬해에 일어난 프랑스 혁명의 파동이 지체 없이 넘어오자, 모든 수단을 동원하여 그 영향력을 차단하려 했다. 하지만 비밀리에 들어오는 사상과 서적의 유포까지 완벽하게 막을 수는 없었다(Herr, 2001: 232).

한편, 1793년 루이 16세를 처형한 국민공회는 자신들에게 적대적인 군주국들을 향해 선전포고를 했다. 위협을 느낀 스페인도 영국이 주도한 대프랑스동맹에 가담하여 3년간 소모적인 전쟁을 벌였다. 그러나 갈수록 전황이 불리해지자 당시 수상 고도이(Manuel de Godoy)는 프랑스에 산토 도밍고 섬의 일부를 양도하고 강화조약을 체결한다.7) 스페인의 이러한 행동은 프랑스와 전쟁 중이던 영국의 불신을 초래했고, 영국 해군이 스페인 선박을 공격하는 결과로 이어졌다. 스페인은 곧 프랑스와 동맹협 정을 맺고 영국과 또 다른 전쟁에 들어간다. 1802년 아미앵 조약으로 분쟁은 마무리되나, 나폴레옹은 스페인을 압박하여 거의 조공에 가까운 재정적 지원을 부담하게 된다. 이러한 불평등 협약은 스페인의 위상이 대외적으로 급격히 저하되었음을 상징하는 것이었다. 게다가 평화는 쉽 게 찾아오지 않아 1804년 서불(西佛)동맹과 영국 사이의 전쟁이 재발했 고, 카디스 부근의 트라팔가르 곶에서 영국 해군에 크게 패하면서 스페인 은 심각한 타격을 입었다.

트라팔가르 해전에 관한 그간의 연구는 나폴레옹의 패전이나 넬슨 제독의 전술과 같은 주제에 많은 연구가 집중되는 현상을 보이지만, 국제관계적 측면에서 스페인의 패전과 영국의 대서양 주도권 장악 등이

---

7) 이 강화조약을 계기로 카를로스 4세는 고도이에게 '평화공(平和公, Príncipe de la Paz)'란 칭호를 수여한다. 고도이에 대한 국왕의 이러한 편애는 왕세자 페르난도 (Fernando VII)와 다른 귀족들의 질투와 시기를 불러일으켰다(Herr, 1971: 66~67).

갖는 의미도 대단히 중요하다고 할 수 있다. 전쟁의 결과, 어느 정도 명맥을 유지하던 스페인의 아메리카 시장 지배력이 현저히 약화되어 식민지 무역은 심각한 위기에 직면했다. 하지만 트라팔가르 해전에 대한 평가는 학자들에 따라 큰 편차를 보인다. 예를 들면 로드리게스 곤살레스(R. González)나 오도넬(H. O'Donnell) 등은 트라팔가르의 패전이 스페인 해군력에 타격을 준 것은 사실이지만, 이후에 일어난 역사적 사건들과 같은 결정적인 영향력은 없었던 것으로 본다(Rodríguez González, 2005: 454; O'Donnell, 2005: 631).

이와 달리, 이 해전과 독립전쟁 사이에는 뚜렷한 인과성이 존재하므로 그 영향력을 과소평가해서는 안 된다는 시각도 있다.[8] 이후의 상황을 간략히 요약하면, ① 트라팔가르 해전을 통해 영국 해군력의 압도적 우세를 확실하게 인식한 나폴레옹은 영국 본토 침공 계획을 수정하여 대륙 봉쇄 전략을 구사하게 된다. ② 이 전략 또한 영국의 동맹국이던 포르투갈의 비협조로 기대한 만큼의 성과를 얻지 못하자, 나폴레옹은 포르투갈을 직접 응징하기 위해 이베리아 반도로 진입한다. ③ 스페인은 프랑스군의 통과를 위해 길을 열어주지만, 프랑스군은 포르투갈 공격 이후에도 스페인에 계속 주둔하여 독립전쟁을 유발한다. 이렇듯 나폴레옹군에 대항한 독립전쟁은 트라팔가르 해전과 깊은 연관성을 지닌다.

또한 트라팔가르 해전이 스페인 사회에 일으킨 파장도 간과해선 안 된다. 철학자 아랑구렌(José Luis Aranguren)은 갈도스의 역사 인식을 좇아, 현대성의 한 측면이라 할 수 있는 국가 인식이 바로 이 전쟁을 통해

---

8) 예를 들면 리카르도 가르시아 카르셀(Ricardo García Cárcel)은 트라팔가르 해전이 없었다면 1808년 5월 2일도 없었고, 1812년 헌법도 없었을 것이라고 강조한다 (García Cárcel, 2005).

형성되었다고 분석한다.

> 트라팔가르의 의미는, 마치 갈도스의 가브리엘 아라셀리(갈도스의 소설 주인공)가 경험한 것처럼, 이 전쟁을 계기로 조국에 대한 인식과 감정 또는 국민인식, 즉 다시 말하면 스페인 영토를 방어하기 위해 동포애적으로 단결된 공동체의 의식이 …… 인격화된 국왕들을 향한 감정을 대신하게 된 것이다(Aranguren, 1966: 45).[9]

이렇듯 트라팔가르 해전은 일반 시민들의 국가 인식에 변화를 가져왔고, 결과적으로 국왕과 귀족이 독점하던 권력에도 지각 변동을 일으켰다. 이러한 변화는 독립전쟁을 기화로 더 거대한 민중의 움직임으로 진화해 간다.

지금까지 살펴본 바와 같이, 스페인은 독립전쟁 이전에 이미 크고 작은 전쟁들을 겪으면서 막대한 인적·물적 손실을 입었고, 왕실도 또한 재난에 가까운 재정적 위기에 직면했다. 그러나 스페인의 역사에서 종종 나타나듯, 국가의 위기는 그것을 해결하기 위한 새로운 사상을 불러온다. 계몽주의 사상에 기반을 둔 지식인들은 경제위기를 비롯한 국가의 난문

---

9) 아랑구렌이 언급한 갈도스의 소설 『트라팔가르(Trafalgar)』에는 다음과 같은 대목이 나온다. "그때 나는 처음으로 너무도 분명하게 조국이라는 인식을 갖게 되었고, 나의 마음은 자발적인 감정으로 그것에 반응을 했습니다. 그때까지 나는 조국이란 왕이나 훌륭한 관료들처럼 나라를 다스리는 사람들이라고 여겼지만 지금과 같은 존경심은 들지 않았습니다. …… 그러나 이 전투를 겪으면서 그 신성한 단어가 의미하는 것을 확실히 이해하게 되었습니다. 국가 의식이라는 감정이 마치 어둠을 물리치는 태양처럼 …… 나의 정신에 길을 열어주었던 것입니다"(Pérez Galdós, 1991a: 76).

제를 극복하기 위해 귀족과 교회의 방대한 한정 상속 토지를 제한하는 등 다양한 개혁정책들을 펼쳐갔다. 이들은 비록 자신들이 의도한 결과를 이끌어내지는 못했지만 곧이어 나타날 자유주의자들의 선구가 되었다.

지금까지의 내용을 토대로 스페인에 자유주의가 확립되는 과정을 세분화해보면 크게 세 단계로 나눌 수 있다. 먼저 18세기 계몽주의 시기에 외부로부터 비판적인 개혁 사상들이 유입되고, 스페인 내부에서는 자신들의 중세 역사 속에서 왕권을 견제한 의회의 전통을 찾으려는 노력들이 일어난다. 그다음으로는 이러한 사상적 움직임들이 왕정 개혁을 정책의 목표로 삼는 단계에 들어서지만, 체제를 직접적으로 변화시키려는 의지로 발전하지는 못한다. 그런 점에서 프랑스의 온건 자유주의와 미국 입헌주의의 영향이 컸다고 할 수 있다. 프랑스군의 침입과 함께 시작되는 세 번째 단계에서 비로소 자유주의 체제가 탄생하는데, 프랑스군에 점령되지 않은 지역에서 최초의 근대적 의회가 선거를 통해 수립된다(Payne, 1984: 71~72).

3. 독립전쟁과 카디스 헌법

1) 독립전쟁과 민중 세력의 대두

1808년은 민중이 역사적 사건에 능동적으로 참여하여 그 흐름을 주도해가는 새로운 시대의 개막을 알리는 해였다. 초기에는 과거의 사건들과 그다지 큰 차이점을 발견할 수 없지만, 시간이 흐를수록 고유한 특징들이 나타나기 시작한다. 먼저 1808년 3월에 일어난 아랑후에스 반란은 카를로스 4세의 총애를 받던 고도이 수상을 권좌에서 물러나게 했을 뿐만 아니라 국왕마저 왕위를 아들 페르난도 7세에게 양여하도록 만들었다 (Carr, 1982: 8~9). 그러나 일반 시민들이 적극적으로 가담했음에도 불구하고 이 사건을 혁명적이라고 해석하기에는 무리가 따른다. 여러 연구가들이 지적하듯이, 귀족들 중에서 고도이에 적대적인 페르난도 7세 추종 세력이 이 사건을 사주한 측면이 있기 때문이다(Carr, 1982: 93).[10] 여전히 평민들은 구체제 귀족들의 이익에 이용되는 단계를 벗어나지 못하고 있었다. 따라서 독립전쟁 종료 후 복위한 페르난도 7세는 이러한 민중의 힘이 왕정에 대항하는 세력으로 성장하리라고는 미처 생각할 수 없었으며, 결국은 몇 년 뒤 1820년 혁명과 마주해야 했다(Raymond Carr, 1982: 94).

하지만 아랑후에스 반란으로부터 불과 1달 반이 지났을 때, 상황은 극적으로 변화한다. 1808년 5월 2일, 프랑스군에 대항해 일어난 마드리드 시민의 봉기는 전혀 다른 의미를 지닌다. 위로부터 조직, 조종되어 단순한 수단적 역할에 그쳤던 아랑후에스와는 달리 이때에는 시민들이 자발적으로 참여하여 상황을 계속 주도해갔다. 당시 자유주의 혁명가 마르티네스 데 라 로사(Martínez de la Rosa)가 목격한 그대로였다. 작가이자 철학자로 활약한 그는 "특기할 만한 또 다른 고귀한 현상은, 국가의 운명에는 전혀 관심이 없는 것처럼 보였던 사회 하층민들이 모든 도시, 모든 마을에서 저항적 움직임을 시작했다는 점이다."[11]

---

10) 이러한 시각은 갈도스의 작품 『국민일화집(Episodios Nacionales)』에도 반영되어 있다. "내가 너를 페르난도 왕자님의 신하인 페드로 코야도씨 댁으로 데려갈게. 너에게 봉급을 얼마나 줄지 볼 수 있을 거야. 저기 라만차 출신의 촌놈들 보이지? 아마 모두 매일 8레알이나 10레알, 어쩌면 12레알을 받았을 거야. 그리고 여행 경비도 모두 받고 눈에 안 띄게 돌아올 수 있지"(Pérez Galdós, 1991: 48).

11) Martínez de la Rosa, *La revolución actual en España*(1814). Tuñón de Lara (1973: 15)에서 재인용.

사회 기층민의 이러한 반응은 기본적으로 프랑스의 침략에 대한 상류층의 태도에 기인한다. 이들은 매우 수동적이었을 뿐만 아니라, 때로는 프랑스군에 협력적인 모습을 보이기도 한다.[12] 하지만 민중의 결연한 의지는 지도층의 주저를 일소하고[13] 전쟁은 모두의 일이라는 인식을 확산시켰으며, 마침내 게릴라의 형태로 구체화되었다. 나폴레옹을 비롯하여 이 전쟁에 참여한 프랑스 군인들은 회고록에서 스페인 정규군보다는 게릴라에 의한 피해가 결정적이었다고 술회한다(Carr, 1982: 96; Dufour, 1989: 96). 1808년 5월, 6월의 역사적 사건들이 가져온 가장 중요한 결과는 바로 권력이 민중의 손으로 이동한 점이다. 아스투리아 지방에서는 무기고를 탈취하여 회의장까지 몰려온 군중의 압력으로 전통적인 공국(公國) 위원회(Junta del Principado)가 정부평의회(Junta de Gobierno)로 전환되었다. 하나의 독립국과 같았던 이 평의회는 곧 나폴레옹에 전쟁을 선포하고 영국에 협상단을 파견한다(Tuñón de Lara, 1973: 15).

하지만 우리는 민중의 움직임을 지나치게 과대평가 해온 기존의 시각

---

12) 프랑스 사학자 제라르 뒤푸르(Gérard Dufour)는 "1808년 5월 2일은 프랑스 침략자들에 저항한 스페인인들의 봉기가 아니라, 지배층이 받아들인 침략자를 상대로 한 스페인 민중들의 봉기"라고 해석한다. 그는 5월 2일의 마드리드시민 저항이 귀족이나 상류층에게는 "발코니에서 엿보는 구경거리에 불과했다"고 비판한다(Dufour, 1989: 30~31). 더 나아가 스페인 정규군의 지휘관 중에는 마드리드 시민 봉기를 진압하기 위해 설치된 프랑스군의 '군사위원회(Comision militar)'에 협력하는 자도 있었다. 초기에 스페인 기득권층은 일반 시민들이 주도한 봉기가 프랑스군에 의해 진압되는 쪽을 더 원했다고 한다(BPE de Cuenca, 2008: 9).
13) 이로써 당시 지식인들은 매우 진취적 자세를 취하게 되는데, 아랑구렌은 그 일례로서 호베야노스(Jovellanos)의 진화를 들고 있다. 과거에는 계몽적 전제주의자였던 그가 이러한 역사적 사건을 통해 민주주의적 의식에 더 가까워졌다는 것이다(Aranguren, 1966: 48).

에 대해서도 경계할 필요가 있다. 일반 시민들이 전쟁을 주도한 것은 초기 단계에 국한되는 일이며, 시간이 지날수록 기성권력의 영향력이 회복되기 때문이다. 또한 게릴라전쟁(guerra de guerrillas)의 경우에도 단순히 반프랑스적 움직임으로만 볼 수 없는 복잡한 측면이 있다. 물론 일반 시민들이 집회 및 결사, 여론의 형성 등을 통해 지배층의 전유물이던 사회 체제에 적극적으로 가담하고, 자발적이면서 자치적인 게릴라 조직을 결성한 것은 높이 평가할 만하다. 그러나 한편으로는 교회의 성직자가 이끄는 게릴라 조직이 '신, 조국 그리고 왕'을 위한 투쟁을 표방하고 나섰고, 다른 한편으로는 자유주의자들이 지휘하는 게릴라 조직이 독립전쟁과 더불어 지방 대지주에 대한 항거 등 구체제의 병폐를 척결하는 싸움을 병행한 것도 사실이다(Burdiel, 2000: 20). 이렇게 잠복된 분열은 훗날 카를리스타 전쟁과 같은 형태로 표출되는 등 스페인 사회를 오랫동안 괴롭히는 요인이 된다(Vilar, 1981: 81).

2) 카디스 의회의 수립

독립전쟁 기간 중 스페인 내부에는 세 개의 통치 시스템이 작동하는 매우 특이한 상황이 나타났다. 전쟁 이전부터 존재하던 구체제의 기관들, 나폴레옹이 점령 지역에 세운 국가 기구들, 그리고 외세에 대항하기 위해 새롭게 수립된 권력기관들이 공존했다. 새롭게 수립된 기관에는 지방위원회(juntas provinciales), 중앙위원회(la Junta Central), 섭정위원회(la Regencia), 그리고 의회(las Cortes) 등이 있었다. 그중 지방위원회는 프랑스군에 점령되지 않은 각 지역에서 선거를 통해 수립되었으며, 기성 관료, 고위 성직자, 지방 귀족들을 주축으로 구성되었고 페르난도 7세의 이름으로 지휘권을 행사했다. 이들은 합법적 군주의 강제 퇴위를 받아들일 수 없다는 점을 명확히 하고 자신들의 행위에 정당성을 부여하기 위해 '국민 주권(la soveranía de la nación)'과 '인민 의지(la voluntad del pueblo)'의 개념을 사용했다. 비록 이러한 개념이 혁명적이기는 했지만 이들은 본래 지역의 유지들이었고 상황을 통제하려는 전통적 사고방식을 지니고 있었다.[14] 이후 각 지방의 대표들이 모여 최고 중앙위원회를 구성했다. 이 최고위원회에는 호베야노스(Gaspar Melchor de Jovellanos)와 같은 계몽 주의적 인물들이 포함되어 있었지만, 구체제의 한계를 쉽게 극복하지는 못했다. 위원회의 당면과제는 재정과 군대를 확충하여 전쟁을 수행하는 것이었으나, 그보다는 종교재판소를 부활하여 비판적 글을 탄압하고 교 회자산의 매각을 금지시키려 하는 등 반개혁적 조치에 더 적극적이었다. 결국 언론, 출판의 자유를 통해 넓혀진 것은 종교, 국왕, 조국의 수호라는 외침일 뿐, 실질적인 주권재민의 정신은 개화하지 못했다(Herr, 2001: 241).

이 시기에 매우 흥미로운 사실이 하나 발견된다. 해외에서 스페인 내부의 혁명적 움직임과 그 방향의 굴절에 대해 집중적으로 관찰하고 분석한 사람이 있었다. 바로 카를 마르크스(Karl Marx)였다. 그는 19세기 초, 중반 스페인에 나타난 사회 변화에 커다란 관심을 갖고 ≪뉴욕 데일리 트리뷴(New York Daily Tribune)≫에 9편의 글을 연재했다. 그 속에서 그는 스페인의 전통적인 "종교적·국가주의적 요소에도 불구하고 위원회는 초기 2년 동안 사회적·정치적 개혁을 추구하려는 경향"을 보였다고 평가하고, 그러나 "민중의 열망에 파묻혀 질식할 것 같은 두려움" 때문에 반혁명적

---

14) 전쟁 초기 폭발적으로 일어났던 민중 세력의 한계가 여기서 드러난다. 이들은 지방위원회 선거에서 평민 출신의 게릴라 지도자들보다는 자신들을 오랫동안 지배해온 사제나 귀족계급을 대표로 뽑았기 때문이다. 결국 선거는 지방 기득권층의 권한을 회복시켜주는 합법적 도구로 전락하고, 역사의 무대 전면에 등장했던 사회 기층 세력은 다시 서서히 무대 뒤로 사라지게 된다(Carr, 1982: 99).

길을 걷게 되었다고 비판한다. 게다가 그 정도가 너무 심해 영국의 보수주의 토리(Tory)당 정부마저 강력한 비난의 서한을 보냈을 정도였다고 덧붙였다(≪New York Daily Tribune≫, 1854년 10월 27일 자. Marx and Engels, 2001: 42~50에서 재인용).

중앙위원회의 한계가 나타나자 자유주의자들은 자신들의 전통과 역사에서 희망을 찾고자 했으며, 마침내 '의회(Cortes)'와 성문헌법의 확립이 필요함을 깨닫게 된다. 곧이어 프랑스군에 점령당하지 않은 지역에서 의회의 의원을 선출하는 선거가 실시되었고, 아메리카에서도 본국과 같은 방식으로 의원들을 선출했다.[15] 1810년 9월 24일 전쟁이 한창인 가운데 역사적인 첫 의회가 카디스에서 개최되었다. '카디스 의회'는 스페인 최초의 근대적 자유주의 의회이자, 본국과 아메리카의 의원들이 함께 참여한 최초의 의회이기도 했다.[16] 그러나 처음부터 이 의회 내에는 헌법을 토대로 한 국가를 건설하려는 자유주의의 흐름과 전통적인 왕정을 고수하려는 절대주의의 흐름이 서로 충돌했다.[17] 앞서 언급한 대로

---

15) 프랑스군에 의해 점령된 지역의 대표는, 카디스에 거주하는 그 지역 출신의 인물들 중에서 선출했다.

16) 이 카디스 의회의 정식 명칭은 'las Cortes Generales y Extraordinarias de Cádiz'이다(*Diario de Sesiones de Cortes*, 24 de septiembre de 1810). 카디스 의회의 전체 참석 인원은 303명이고, 그중에서 아메리카 대표는 37명이었다(누에바에스파냐 부왕령 7명, 과테말라 총감령 2명, 산토도밍고 1명, 쿠바 2명, 푸에르토리코 1명, 필리핀 2명, 리마 부왕령 5명, 칠레 총감령 2명, 부에노스아이레스 부왕령 3명, 산타페 3명, 카라카스 총감령 2명).

17) 사실 liberales-serviles(conservadores)라는 이분법적인 분류로는 당시 의원들 성향을 온전히 표현하는 데 한계가 있다. 학자들 중에는 참가들의 성향을 다섯 종류 이상의 정치적 스펙트럼으로 세분화하려는 시도도 있지만, 대체적으로 급진적 자유주의자(liberales radicales), 개혁주의자(reformistas), 절대주의자(absolutistas)로 구분하거나, 자유주의자(liberales), 왕정주의자(realistas 또는 serviles),

'liberal'이라 불리는 개혁주의 성향의 의원들은 숫자상 다수를 점하지는 못했지만, 자신들의 주장을 매우 설득력 있게 전파하여 의회의 흐름을 주도했다.

의회는 첫날 개원식에서 주권이 국민을 대표하는 의회에 있고, 스페인 국왕의 퇴위는 무효이며, 페르난도 7세가 스페인의 국왕임을 천명했다. 그리고 정치적 문제에 대한 언론의 자유를 인정하여, 여러 도시에서 팸플릿과 잡지가 거리낌 없이 등장하는 환경을 만들었다.

3) 자유주의 사상의 결정(結晶), 카디스 헌법의 제정

카디스 의회에서는 헌법을 제정하기 위한 위원회가 구성되었다. 반도인(peninsulares) 9명과 아메리카인 5명으로 조직된 위원회에서 위원장 무뇨스 토레로(Diego Muñoz Torrero)가 위원장을 맡고, 아르구에예스 등이 기초(起草) 작업에 활발히 참여하여 자유주의 사상을 헌법에 적극 반영했다.[18] 그리고 1812년 3월 19일 스페인 자유주의의 결정체라 할 수 있는 카디스 헌법이 선포되었다. 총 10장 384조로 이루어진 방대한 내용은 정치, 행정, 사회, 경제 등 모든 분야에서 자유주의적 이상을 실현하려는 강력한 의지의 산물이었다. 다양한 법령들을 흡수한 듯한 헌법에서 가장 핵심적인 내용을 간추리면 다음 세 가지로 요약할 수 있을 것이다. 먼저 국민 주권으로, "주권은 근본적으로 국민에게 있으며, 따라서 기본법을

아메리카출신자(americanos)로 구분한다(Fernández Sarasola, 2004: 8).

18) 헌법의 제정 과정에서 외부의 사상, 특히 프랑스혁명, 영국의 자유주의 전통, 미국의 헌법 정신 등 외부의 사상도 참조되었다. 권력의 분산과 견제는 프랑스에서, 입헌군주제는 영국에서, 그리고 헌법에 실질적인 반영은 미미했지만 지방자치나 연방 제도는 미국의 헌법 등에서 영향을 받은 것으로 보인다.

제정하는 권한은 절대적으로 국민에게 속한다'(제3조)고 명시했다. 그리고 국민은 대서양 '양 반구에 있는 모든 스페인인들의 집합'(제1조)[19]으로 정의하여 본국과 식민지에 차별을 두지 않았다. 이러한 평등주의가 현실에 그대로 반영되었다고 보기는 어렵지만, 제국주의 국가의 헌법에 구현된 것은 유럽에서 처음 있는 일이었다. 의회의 구성에도 평등주의 원칙이 적용되어 양원제가 아닌 단원제로 확정했다. 귀족 및 성직자 중심의 상원이 자유주의적 흐름을 가로막지 못하도록 하려는 의도였다. 두 번째, 삼권분립을 명확히 하여 그동안 왕에게 집중되어 있던 권력을 분산했다. 비록 국왕의 권한을 완벽하게 제어하지는 못했고, 또한 세습적이고 침범할 수 없는 영역이라는 점에는 변함이 없지만, 입법권은 의회에 (제132~141조), 행정권은 국왕에게(제16조, 170조), 그리고 사법권은 재판부에(제242~285조) 있음을 선언했다. 특히 국왕의 결정권에 다양한 제한을 부가하여, 국왕의 명령은 해당 부처 장관의 서명이 있어야 효력을 발생할 수 있고, 다시 그 장관들을 의회가 견제하도록 했다. 그리고 부당하게 의회를 억압하지 못하도록 국왕의 의회해산권을 허용하지 않았다. 세 번째는 대표권에 관한 조항이다. 그동안 각 지방에서는 위임 통치자들이 임의로 의원들을 임명했으나, 이제는 광범위한 선거권을 지닌 일반 시민들이 복잡한 선거 과정을 통해 의원을 선발하게 되었다.[20] 이렇게 선발된 의원들은 출신지방뿐 아니라 스페인 전체를 대표하는 신분임을 보장받았으며, 그러한 대표권에 대해서 본토 출신과 아메리카 출신 의원

---

19) 원문의 표현은 "La Nación española es la reunión de todos los españoles de ambos hemisferios."

20) 선거권은 25세 이상의 남자들에게 주어졌다. 일반 유권자들이 자신들을 대표할 선거위원을 선출하면, 이 선거위원들이 국회의원을 선출하는 보통간접선거 방식을 채택했다.

들 사이에 차등을 두지 않았다.[21]

그 밖에도, 이 자유주의 헌법은 지방 간의 차이 (특히 스페인 지방과 아메리카 지방 간의 차이), 영주 재판권, 귀족의 특권을 용납하지 않았다. 이것은 곧 특권을 지닌 지방이나 식민지가 존재하지 않는, 법 앞에서 모두가 평등한 사회를 대서양 건너까지 실현하려는 의지의 표현이었다. 그리고 국교는 가톨릭으로 정하여 다른 신앙을 허용하지 않는 한계를 보였지만, 헌법에 보장된 시민권과 도저히 양립할 수 없는 종교재판소를 폐지했다(Herr, 2001: 244).

그러나 이 획기적 내용을 담고 있는 헌법은 오래가지 못했다. 자유주의자들의 모든 작업들은 특권 귀족과 보수적 성직자 계층의 거센 반발을 불러왔고 자유당원들은 나폴레옹의 대리인이라 매도되기도 했다.

4) 자유주의의 한계와 아메리카독립의 시동

전쟁에서 패색이 짙어지자 나폴레옹은 페르난도 7세를 스페인 국왕으로 인정했다. 카디스 의회는 국왕이 행해야 할 첫 번째 의식이 헌법에 대한 서약임을 공포했다. 하지만 페르난도는 자유주의 체제에 반대하는 의원들과 결탁하여 카디스 의회를 불법으로 규정하고 헌법을 무효화시켰다. 뒤이어 수많은 자유주의자들이 체포되거나 추방당하면서 스페인의 첫 자유주의 혁명은 막을 내렸다.

카디스 헌법은 아메리카에도 적지 않은 영향을 미쳤다. '국민'으로서의 권한과 '영토'적 지위에서 아메리카는 스페인과 동등한 위치에 있었

---

21) 1812년 헌법에 나타난 스페인과 아메리카 사이의 문제에 대해서는 Chust(2002: 157~178) 참조.

고, 많은 주민들이 선거 과정을 통해 정치에 참여했다. 오히려 프랑스군 점령 지역이 많았던 스페인이 카디스 헌법을 현실에 적용해가는 데 어려움을 겪고 있었다. 하지만 아메리카인들의 관점에서 볼 때, 카디스 의회와 헌법의 평가는 다를 수밖에 없다. 대표권의 경우, 스페인 의원과 아메리카 의원 사이에 차별은 없었지만, 양측 의원 수에서 절대적인 차이가 존재했다. 또한 정치적·사회적 개혁이 약속되기는 했지만 부르봉개혁 이후 제국의 경제 기조인 중상주의적 정책에는 변화가 없었다(Lynch, 1985: 47).

1808년 페르난도 7세의 강제적 퇴위로 말미암아 권력의 공백이 발생했을 때, 아메리카에도 여러 위원회가 구성되었고, 제국의 미래에 대한 토론도 활발하게 열렸다. 종래의 제도를 유지해야 한다는 식민지적 인식에서부터 부왕제를 폐지하고 각 도시가 자유롭게 연합해야 한다는 주장까지, 혹은 자치권의 획득이라는 공통점에서 출발했지만 페르난도 7세가 복위하면 자치권을 반환해야 한다는 주장에서부터 스페인으로부터 완전히 독립해야 한다는 주장까지 실로 수많은 대응책들이 아메리카 곳곳에서 논의되었다. 그러한 가운데 자유주의 물결을 타고 카디스 의회에서 1812년 헌법을 제정하자, 아메리카에는 일시적으로 자치주의가 득세하는 듯 보였다. 그러나 페르난도 7세의 복위와 함께 찾아온 절대주의로의 회귀는 카디스 헌법에 희망을 걸었던 아메리카인들을 양자택일의 기로로 내몬다. 절대 왕정을 추종할 것인가 아니면 독립을 추구할 것인가. 결과적으로 스페인 자유주의의 좌절은 아메리카가 완전 독립으로 방향을 전환하는 결정적인 동인이 되었다.

4. 맺음말

스페인 독립전쟁 기간 중에 일어난 근대 자유주의의 태동은 '구체제'와의 결별을 알리는 획기적인 사건이었다. 비록 이 결별이 완전한 것은 아니었지만, 주권재민이라는 새로운 정치 토대가 마련되는 전대미문의 일이었다. 게다가 국가와 국민, 국왕과 의회, 국가와 종교 등 그동안 불문율에 붙여진 대상들에 대해 관계를 새롭게 재정립하려는 시도가 일어났다. 그러한 의미에서 카디스 헌법은 스페인 근대 자유주의의 결정판이자, 국가 체제를 완전히 뒤바꾸는 혁명적인 장전이었다. 그리고 그 여파는 국경을 넘어 다른 유럽 국가들에 전달되기도 했다. 1820년대 나폴리, 피아몬테, 포르투갈 등에서 헌법을 제정할 때 카디스 헌법은 하나의 모델이 되었고, 독일과 러시아의 일부에서도 스페인 자유주의자들의 이상에 깊은 관심을 보였다. 라틴아메리카에서 새롭게 탄생한 독립공화국들도 카디스 헌법의 영향에서 벗어날 수 없었다.

그러나 자유주의자들의 한계도 분명했다. 냉정하게 분석하면 그들은 현실과 유리되어 있었다. 무엇보다도, 카디스 의회에는 독립전쟁의 주역인 게릴라 지도자, 일반 시민이나 농민의 대표들이 포함되지 못했다. 자유주의자들은 독립운동 초기에 수립한 기층민과의 연대를 지속시키지 못했고, 그 균열 사이로 절대왕정주의자들의 전통적 관계가 다시 복원되기 시작했다. 여기에는 종교의 역할도 크게 작용했다. 스페인 사회는 가톨릭 교구를 중심 단위로 한 전통 사회였고, 독립전쟁 기간 중 사제들은 자유주의자들을 신앙심이 없고 부정한, 프랑스 사상의 추종자들이라고 공격했다. 그 효과는 확실했다. 일반 국민들 사이에는 프랑스군으로부터의 독립과 전통적 군주제의 회복이 동일한 가치라는 인식이 확산되었다. 따라서 페르난도 7세의 복위는 절대왕정으로의 회귀였지만 국민들로부터 열렬한 환영을 받았다. 자유주의 운동이 실패한 까닭은, 마르크스가 지적한 것처럼, "카디스에는 이상은 있었지만 행동이 없었고, 게릴라에는 행동은 있었지만 이상이 없었기 때문"인지도 모른다.

참고문헌

Abellán, José Luis. 1982. "Liberalismo y descolonización: Un capítulo de las relaciones entre España y América." *Quinto Centenario*, Vol.3, 29~49.

Alcalá Galiano, Antonio. 1955. "Orígenes del liberalismo español." en A. Alcalá Galiano. *Obras escogidas de don Antonio Alcalá Galiano*(pról. y ed. de Jorge Campos), Vol.II. Madrid: Atlas(원작 1864년).

Alvarez Junco, José and Adrian Shubert. 2000. *Spanish History since 1808*. London: Arnold.

Aranguren, José Luis. 1966. *Moral y sociedad: introducción a la moral social española del siglo XIX*. Madrid: Edicusa.

Artola, Miguel. 1978. *Antiguo régimen y revolución liberal*. Barcelona: Ariel.

Blanco Aguinaga, C., Rodríguez Puértolas, J. y Zavala, Iris M. 2000. *Historia social de la literatura española*, 2 vols. Madrid: Akal(1ª ed. 1978).

BPE de Cuenca. 2008. *En abril... 1808*, Serie de Dossieres. Cuenca: Biblioteca Pública "Fermín Caballero." www.bibliotecaspublicas.es/cuenca/publicaciones/publicacion23985.pdf

Burdiel, Isabel. 2000. "The liberal revolution, 1808~1843." en J. Alvarez Junco & Adrian Shubert(eds.). *Spanish History since 1808*. London:Arnold.

Carr, Raymond. 1982. *España: 1808~1975*. Barcelona: Ariel.

Chust, Manuel. 2002. "Constitución de 1812, liberalismo hispano y cuestión americana, 1810~1837." *Bol. Inst. Hist. Argent. Am. Dr. Emilio Ravignani*, No. 25(ene./jul.), pp. 157~178. http://www.scielo.org.ar/scielo.php?script=sci_artte xt&pid=S0524-97672002000100005&lng=es&nrm=iso

Delgado, Sabino. 1979. *Guerra de la Independencia: proclamas, bandos y combatientes*. Madrid: Editora Nacional.

Dufour, Gérard. 1989. *La Guerra de la Independencia*. Madrid: Historia 16.

Fernández Sarasola, Ignacio. 2004. "La Constitución española de 1812 y su proyección europea e iberoamericana." *Edición digital en Biblioteca Virtual*

Miguel de Cervantes.

Garrido Muro, Luis. 2000. "El entierro de Argüelles." *Historia y Política*, No. 3, pp. 121~145.

García Cárcel, Ricardo. 2005. "El significado de Trafalgar(I)~(VII)." *ABC*, 15 de diciembre de 2005. http://cordoba.abc.es/especialidades/index.asp?cid=16332

Hay, Daisy. 2008. "Liberals, Liberales and the Liberal: a reassessment." *European Romantic Review*, Vol. 19, No. 4(October), pp. 307~320.

Herr, Richard. 1971. *An Historical Essay on Modern Spain*. Berkeley: University of California.

_____. 2001. "Flujo y reflujo, 1700~1833." en Carr, Raymond(ed.). *Hisoria de España*. Madrid: Peninsula, pp. 209~252.

Juana López, Jesús de. 1998. "La guerra de la Independencia(1808~1814)." en J. Paredes(coord.). *Historia contemporánea de España(siglo XIX)*. Barcelona: Ariel, pp. 24~44.

Jutglar, Antoni. 1968. *Ideologías y clases en la España contemporánea. Aproximación a la historia social de las ideas. tomo I, 1808-1874*. Madrid: Edicusa.

Lloréns, Vicente. 1967. "Sobre la aparición de liberal." en V. Lloréns. *Literatura, historia, política*. Madrid: Revista de Occidente, pp. 45~56.

Lynch, John. 1985. *Las revoluciones hispanoamericanas 1808~1826*. Barcelona: Ariel(4ª ed.).

Marx, Karl and Frederick Engels. 2001. *Revolution in Spain*. Honolulu: University Press of the Pacific.

Murphy, Martin. 1989. *Blanco White: Self-Banished Spaniard*. New Haven: Yale University Press.

O'Donnell, H. 2005. *La campaña de Trafalgar. Tres naciones en pugna por el dominio del mar(1805)*. Madrid: La esfera de los libros.

Payne, Stanley G. 1984. *Spanish Catholicism: An Historical Overview*. Madison: The University of Wisconsin Press.

Pérez Galdós, Benito. 1991a. *Trafalgar*. Madird: Alianza(12ª ed.).

_____. 1991b. *El 19 de marzo y el 2 de mayo*. Madird: Alianza(6ª ed.).

Rodríguez González, A. R. 2005. *Trafalgar y el conflicto naval Anglo-Español del siglo XVIII*. Madrid: Actas.

Toreno, Conde de. 1835. *Historia del levantamiento, guerra y revolución de España*. 5 Vols. Madrid: Tomás Jordán.

Tuñón de Lara, Manuel. 1973. *La España del siglo XIX*. Barcelona: Laia.

Vilar, Pierre. 1981. *Historia de España*. Barcelona: Crítica.

제9장

라틴아메리카 국민국가와 정체성 형성 과정 연구 시론*

이성훈 서울대학교 라틴아메리카연구소 HK교수

1. 머리말

국내 라틴아메리카 문학 연구에서 독립 이후의 국가 형성기는 크게 주목받지 못했다. 이는 이 시기가 갖는 매우 다면적인 성격에서 비롯한다고 할 수 있다. 다시 말해, 라틴아메리카 독립 이후 국가 형성기는 지역에 따라 독립 시기와 내용에서 상당한 차이를 보이고 있어 그 성격과 특징을 일반화하기 쉽지 않다. 문학 작품의 양이 많지 않다는 문제 또한, 문학 작품을 위주로 하는 전통적 문학비평이 이 시기를 다루는 데 한계로 작용했다. 따라서 유럽 중심의 문예사를 기계적으로 도입시킨 사적 방법론을 제외하고는 이 시기가 갖는 의미에 천착한 연구는 별로 진행되지 못했던 것이 사실이다. 그러나 이러한 통시적 방법론은 독립과 개별 국민국가

---

* 이 글은 ≪이베로아메리카 연구≫ 19권 1호(2008)에 발표된 필자의 기존 논문을 총서의 취지에 맞게 수정·보완한 것이다.

건설이라는 라틴아메리카의 독특한 역사적 배경이 문학에 어떤 영향을 끼치고 있으며, 또 문학이 독립과 국민국가 형성에 어떤 의미 있는 역할을 하고 있는지를 밝히는 데는 한계를 보여준다.

이런 맥락에서 도리스 섬머(Doris Sommer)가 『국민형성문학(Foundational Fictions)』에서 보여준 연구 방법론은 중요한 의미를 가진다고 할 수 있다. 그녀는 낭만주의 시기 작품들을 대상으로, 그 안에서 펼쳐지고 있는 연애담을 국가 형성을 위한 계층이나 인종의 결합이라는 관점에서 이해하고 있다. 이러한 입장은 낭만주의 코드에 내재한 개인적 감성을 국가 형성이나 국가정체성과 관련지어 이해한다는 점에서 진일보한 것이다. 그러나 베네딕트 앤더슨의 내셔널리즘을 이론적 출발점으로 한 도리스 섬머의 분석적 작업은 주지하다시피, 주로 19세기 후반의 작품을 대상으로 하고 있다는 점에서 독립 시기와는 다소 시간적 간극이 존재한다. 이런 한계에도 독립 시기와 이후 시기의 국가정체성 형성 과정에 내셔널리즘이 어떻게 개입하고 어떤 의미를 가지고 있는지를 살펴보는 것이 이 시기 연구와 관련한 주요한 출발점이라고 할 것이다.

이 글에서는 라틴아메리카의 독립과 국가정체성 형성에 관해 '일반적'으로 받아들여지는 베네딕트 앤더슨의 견해를 비판적으로 검토하고, 레베카 얼(Rebecca Earle)의 연구를 중점적으로 참조하면서 국가정체성을 진작하기 위해 사용된 다양한 상징들이 갖는 의미를 시기별로 살펴보고자 한다. 특히 앤더슨의 내셔널리즘이 라틴아메리카 독립 과정에서 실제로 의미 있는 기제인지를 살펴보고, 이후 국민국가 형성에서 어떤 효과를 만들어냈는지에 주목하고자 한다. 이 과정은 자연스럽게 '상상의 공동체'라는 개념을 출발점으로 하여, 독립 이후 국가 형성 과정에 개입해 있는 다양한 권력관계를 포착하고 이러한 권력관계가 현실 상징 속에서 어떻게 구현되고 있는지를 보여줄 것이다. 이처럼 독립과 국가 형성의 중심축이라고 할 수 있는 크리오요 계층이 구획된 영토 내의 구성원들에게 국민으로서 소속감을 부여하기 위해 어떤 문화적 장치들을 설정하는지 살펴보는 것은 독립 이후 국가의 성격을 이해하는 데 매우 의미 있는 작업이 될 것이다. 특히 내셔널리즘이 라틴아메리카 독립의 선행적 요소가 아니라, 독립 이후 국민국가의 형성과 강화를 위해 크리오요 지배계층에 의해 적극적으로 수행된 일련의 정치적·역사적·문화적 과정임을 살펴보고자 한다.

이를 위해 이 글은 크게 두 가지 측면에서 논의를 진행할 것이다. 먼저 라틴아메리카 독립 과정을 당시 외부적 요인과의 연관선상에서 살펴보고, 독립 이후 등장하는 국가들이 정체성을 확립하고 국민을 만들어내는 과정에 주목하여 내셔널리즘의 작동 기제를 분석해보고자 한다. 그러나 앞서 이야기 한 것처럼 개별 국가들이 가지고 있는 역사적 경험의 상이성으로 인해, 라틴아메리카의 경험을 일반화하기에는 상당한 위험 부담이 따른다. 그럼에도 개별 국가들의 사례보다는 라틴아메리카가 경험한 국가정체성 형성 과정을 내셔널리즘과 관련하여 정리하는 것은 이후 진행될 개별 국가단위 논의, 젠더, 인종을 둘러싼 다양한 후속 작업의 출발점이 된다는 측면에서 의미가 있다고 할 것이다.[1]

---

1) 필자는 이 글을 시작으로 하여 국민국가 형성기를 '크리오요 남성 중심적' 사고가 아닌 다른 인종, 계층, 그리고 젠더의 관점을 통해 차례로 살펴보고자 한다. 이 일련의 연구들이 라틴아메리카 국가 형성기 연구의 출발점이 되기를 바란다.

2. 부르봉 왕조의 개혁정책과 라틴아메리카 독립

1) 부르봉 왕조의 개혁정책

1806년부터 시작된 스페인으로부터의 독립 움직임은 이미 18세기에 나타나고 있었다고 할 수 있다. 이러한 독립 움직임은 내부적인 요인과 외부적인 요인으로 나누어서 살펴볼 수 있다. 내부적인 요인으로는 크리오요 계층 인구의 증가에 따른 정치적·경제적 영향력 확대를, 외부적인 요인으로는 부르봉 왕가의 개혁정책을 대표적으로 들 수 있다(Bushnell & Macaulay, 1989: 17).

여기에서는 식민지 독립운동의 실질적인 배경으로 작동했던 부르봉 개혁정책을 간단하게 살펴보고자 한다. 부르봉 왕가의 개혁은 스페인과 식민지에서 생산성을 향상하고 더 많은 세수를 확보하기 위한 경제제도 측면과, 지배를 더 공고히 하고자 하는 행정과 정치 측면의 조치로 나누어서 살펴볼 수 있다.

1713년 왕위계승전쟁에서 승리한 부르봉 왕가는 유럽뿐만 아니라 신대륙에서도 쇠락해가던 스페인의 영향력을 복원하려 한다. 즉, 영국, 네덜란드 등 유럽의 여타 강대국과의 경쟁 속에서 식민지를 보호하고, 식민지로부터 세수를 확충하기 위해 부르봉 왕가는 행정과 정치 분야에서 강력한 개혁 조치를 취하게 된다. 대표적인 것이 기존의 누에바 에스파냐 부왕령과 페루 부왕령 외에 누에바 그라나다 부왕령(1717년 설치 1739년 확정)과 리오 데 라플라타 부왕령(1776년)이라는 두 개의 새로운 부왕령을 만들어 행정구역을 더 체계화한 것이다. 게다가 카를로스 3세(Carlos II)는 합스부르크 왕가의 복잡한 행정 체계를 인텐덴테 시스템(intendencia)으로 교체하여 더 단순하고 강력하고 효율적인 식민지 경영

시스템을 구축하고자 했다. 이 인텐덴테 시스템은 기존의 코레히도르를 비롯한 행정 관료를 국왕이 직접 파견하는 인텐덴테(intendente)로 대체하는 것을 의미하는데, 이들은 식민지에 대한 스페인의 통제력을 획기적으로 강화했다. 인텐덴테는 기존의 코레히도르에 비해 소수였고 집중된 권한을 가지고 있었다(Skidmore and Smith, 1994: 26). 이들의 역할은 식민 개혁을 성실하게 수행하고, 이를 통해 스페인 왕실에 충성을 다하는 것이었다. 이러한 일련의 경향은 예수회 추방에서 보이듯이 식민지 사회에서 왕권을 강화하고자 하는 부르봉 왕가의 개혁 조치가 가지고 있는 절대주의적 특성이었다.

결국, 인텐덴테 시스템 도입은 기존 크리오요가 담당하던 직위 수의 감소와 세금 부담의 증가로 나타났다. 특히, 1750년에는 지역 사법체계를 담당하고 있던 코레히도르 93명 중 51명이 식민지 태생이었던 데 반해, 1807년에는 99명 중 12명만이 크리오요였다는 기록에서도 확인할 수 있듯이 그 수는 급감한다(Skidmore and Smith, 1994: 27).[2] 직위 수의 급감에서 볼 수 있는 것처럼, 부르봉의 개혁정책은 구체제의 행정 시스템 내에서 상대적으로 정치적·경제적 이익을 얻고 있던 부유한 크리오요 계층의 이익과 충돌할 수밖에 없었다.

경제적인 측면에서도 카를로스 3세는 1778년 자유무역칙령(Reglamento para el comercio libre)을 반포하여 식민지의 24개 항구가 스페인 내의 모든 항구와 식민지 내에서 직접 교역할 수 있게 허용한다. 따라서 기존의 교역 중심지인 베라크루스, 카르타헤나, 리마, 파나마 외에도 부에노

---

2) 또 다른 기록에 의하면 1751~1808년 사이 아우디엔시아(Audiencia)의 266개 임명직 가운데, 62개가 크리오요에게 배정되었고, 나머지 200여 개는 본국 태생의 스페인인에게 돌아갔다. 또 1808년 99개의 코레히도르의 경우 오직 6명의 크리오요가 자신의 고향에 임명되었고, 19명은 다른 지역에 배정받았다(Lynch, 1986: 18).

스아이레스가 이러한 조치의 직접적인 이익을 보게 된다. 카디스와 세비야가 가지고 있던 독점 무역권이 해체되고 스페인의 새로운 항구들이 개방되기 시작하면서 비롯된 일련의 개방조치는 경제적 통제가 당시 공공연하게 진행되던 밀무역에 세금을 부과하는 방식으로 전환했음을 의미한다. 이러한 조치로 인해 부르봉 왕가 시기 식민지와의 교역은 더 증가하게 되었고, 이로 인해 세수 증가 등 식민지에 대한 통제 역시 더 세련된 형태를 띠게 된다(Skidmore and Smith, 1994: 27~28).

그 결과로 1782년에서 1796년 사이 스페인의 연평균 수출은 1778년보다 무려 10배나 증가하게 된다. 또한 같은 시기 스페인과 라틴아메리카 간 교역량 역시 400% 증가한 데 반해, 라틴아메리카에는 별다른 실익 없이 세금 부담의 확대로 나타난다. 린치(John Lynch)에 의하면, "1780년 이후 30년 동안 판매세(alcabala)는 155% 증가했지만, 이 증가는 경제적 성장에서 기인한 것이 아니라, 순전한 물리적인 착취에서 기인"했다(Lynch, 1986: 12).

결국 이러한 일련의 변화 속에서 크리오요 계층은 자신들이 가지고 있던 정치적·경제적인 이익과 영향력에 타격을 받게 된다. 독립이라는 크리오요의 정치적 선택은 바로 이러한 정치적·경제적 이해관계에서 시작되었다고 할 수 있다. 그러나 크리오요를 중심으로 한 식민지 지도자들의 불만이 곧 독립선언과 독립전쟁으로 이어지지는 않는다. 독립전쟁은 1807~1808년 나폴레옹의 이베리아 반도 침입과 왕위 찬탈이라는 외적 요인에 의해 촉발되게 된다.

2) 독립의 정치적 내용

린치가 말한 것처럼, 라틴아메리카의 독립은 "갑작스럽고, 폭력적이고, 일반적인" 것이었다. 독립은 프랑스군 침입이라는 외적 요인에 의해 촉발되었지만, 더 구조적으로는 부르봉 왕조의 개혁 조치에 의해 시작되었다고 할 수 있다. 본질적으로는 이해관계에서 출발한 것이지만 부르봉 왕조의 개혁 조치는 크리오요 계층으로 하여금 정치적 자각을 가능하게 했고, 식민 모국인 스페인과는 다른 식민지인으로서 자의식을 갖게 한 것이다.

부르봉 왕가의 일련의 개혁정책은 라틴아메리카를 식민적 상황에 묶어두고 종속을 강화하고자 하는 통제 수단으로 기획되었다. 그러나 의도와는 달리 개혁정책은 식민지배 구조를 내부로부터 붕괴시킬 단초를 제공했다. 즉, 개혁 조치들은 결코 "만족할 수 없는 미각"을 자극했고, 개혁 조치가 가지고 있던 '강화된' 식민주의는 크리오요가 가지고 있던 이해관계를 훼손하고 식민지 사회에 존재하고 있었던 미묘한 힘의 균형 관계를 파괴하게 된다(Lynch, 1986: 1~2). 즉, 크리오요 계층은 토지, 광산, 상업 등에 기반을 둔 경제적 이익과 식민관료와의 정치적 결탁 혹은 혈연적 관계를 통해 일정한 영향력을 행사하고 있었다. 당시 취약한 식민지 통치 시스템과 식민지 징세 편의라고 하는 스페인의 필요는 크리오요 계층과의 공존을 일정 부분 용인할 수밖에 없었다. 크리오요 계층 역시 스페인의 식민지배 속에서 자신들의 이해관계를 보장 받는 나름의 공존을 모색한 것이다. 그러나 부르봉 왕가가 기존과는 다른 절대주의적인 통치를 선택하면서 크리오요의 다양한 이해관계는 결정적으로 타격을 받는다. 즉, 행정 영역에서도 국왕의 통치를 절대화했고, 경제 시스템 역시 철저하게 식민주의적인 방향으로 선회한 것이다(Lynch, 1986: 7).

이처럼 크리오요가 가지고 있던 정치적·경제적 이해관계와 문화적 자의식에 대한 공격은 크리오요로 하여금 스페인 왕실과의 관계를 고민하게 하는 계기가 된다. 그러나 이들의 고민은 이중적이라고 할 수 있다. 다시 말해, 스페인과의 관계를 재정립하고자 했지만 식민통치에 대해

폭력적으로 저항했던 식민지 민중의 다양한 요구는 통제해야 했던 것이다. 자신들의 이해관계를 보장할 권력을 허용하지 않았던 스페인 식민모국과는 단절을 모색했지만, 대중들이 독립 과정을 지배하고 독립의 과실을 가져가는 것을 용납할 수 없었던 것이다. 이러한 상황에서 1808년 스페인 왕정이 붕괴하면서 식민지에 일정한 정치적 진공상태가 만들어지자, 크리오요들은 이 정치적 공간을 비워둘 수 없었다. 그들은 곧 대중적 저항을 자신들의 필요에 따라 동원하고 '적절하게' 지도해야 했다(Lynch, 1986: 23). 이는 곧 독립을 통해 자신들의 권력을 강화할 뿐만 아니라, 무엇보다도 기층의 민중이 이것을 장악하는 것을 막을 수 있게 되었다는 것을 의미한다.[3]

결국, 크리오요의 요구는 "정치적 권력 획득과 사회적 질서유지"로 정리될 수 있다(Lynch, 1986: 24). 스페인으로부터 독립과 아래로부터의 저항을 관리하면서 자신들의 이해관계를 확장하고자 하는 크리오요들의 정치적 목표 및 스페인과 차별되는 라틴아메리카인으로서의 문화적 차이에 대한 자각이 독립의 요구로 나타나게 된 것이다. 즉, 정치적 권력 획득과 사회적 질서 유지라는 크리오요의 요구가 스페인으로부터 독립과 개별 국가로의 분화라는 형태로 이어진 것이다. 그러나 개별 국가로의

---

3) 부르봉 왕조의 개혁 조치가 진행되어 징세가 강화되면서 여기에 대한 저항이 일어나게 되는데, 1780~1781년에 벌어진 페루, 누에바 그라나다, 베네수엘라에서 일어난 소요가 대표적이다. 크리오요는 이러한 저항을 초기에는 지도했지만, 아래로부터의 힘에 눌려 결국 이중적인 입장을 취할 수밖에 없었다. 라틴아메리카에서 일어난 저항은 두 시기로 나누어 볼 수 있다. 첫 번째는 기층 계급이나 일부 크리오요 계층의 저항과 갈등이 일어난 1765~1781년으로, 라틴아메리카 역사에서 원주민들의 대규모 저항의 시기라고 할 수 있다. 두 번째 시기는 주로 크리오요 계층을 중심으로 진행되었는데, 주로 첫 번째 시기가 종결된 이후에 시작되었고, 1810~1826년 독립전쟁을 중심으로 정점에 이르게 된다(Kinsburner, 1994: 15~18).

분화가 크리오요의 정치적 욕구 속에 관념적으로만 존재했던 것은 아니었다. 스페인과의 차별성뿐만 아니라, 식민지 내부 간 차이에 대한 자각도 이미 일정하게 존재했다는 것이다. 정복 이전에 존재하던 지역적·문화적 분류에 기반을 둔 스페인의 식민행정체계는 국민국가의 토대를 예비한다고 할 수 있다. 즉, 제국은 부왕령, 총독령(capitancia general), 아우디엔시아(audiencia) 등의 다양한 행정 단위로 분할되었는데, 이것에 기반을 둔 각 지역이 상호 경쟁과 경계 내의 친밀성을 확보하는 토대로 작용했다(Lynch, 1986: 15). 또한 행정적인 분할뿐만 아니라 자연적인 장애와 소통의 어려움 또한 제국에 의해 강제된 분리를 강화했다. 이런 맥락 속에서 라틴아메리카의 독립은 통합적인 아메리카가 아닌 개별적이고 지역적인 단위로 나뉘게 되고, 거주자들은 자신들이 거주하는 지역에 따라 자신의 정체성을 새롭게 구성하게 된다. 이 새롭게 구성될 정체성의 바탕에 내셔널리즘이 작동하게 되는 것이다.

3. 독립 이후 국가정체성 형성

1) 국가정체성 형성의 시작

앞에서 간략하게 살펴본 것처럼, 라틴아메리카에서 4개의 부왕령이 각각 하나의 독립적이거나 통합적인 국가가 아니라 다양하게 분할된 이유는 광대한 면적과 다양성으로 인해 단일한 정체성을 갖는 것이 쉽지 않았다는 점을 들 수 있다. 또한 라틴아메리카 각 지역이 상호 유기적으로 결합되지 못하고 고립되어, 개별적으로 스페인과 연결되어 있었다는 점도 내부적 결합의 강도를 약하게 한 측면이 있다. 이 점은 독립 과정에서 주요 항구나 무역 중심을 중심으로 자연스럽게 국가들이 형성되었다는 점에서도 잘 알 수 있다.

독립국가로의 진행과정은 두 가지 요소에 의해 좌우된다고 할 수 있는데, 하나는 대중적 저항의 강도이고 다른 하나는 이것을 통제할 수 있는 식민지 정부의 힘이라고 할 것이다. 대중적 저항의 강도가 강한 지역에서부터 독립운동이 촉발되고 독립국가로의 전환이 가속화된다. 반대로 식민지 정부의 힘이 상대적으로 강한 지역에서는 독립의 진전이 더디게 진행된다고 할 수 있다(Lynch, 1986: 348).

이러한 독립국가 건설과 관련해서 가장 주목해야 할 점이 바로 베네딕트 앤더슨의 견해라고 할 것이다. 즉, 식민 시기에 이미 내셔널리즘이 형성되어 있어서 독립과 이후 독립국가 형성에 결정적인 역할을 수행했다는 설명이다(앤더슨, 2002). 이 점에 대해서는 다시 언급하겠지만, 앤더슨의 견해가 일정한 한계를 가지고 있다는 지적이 다수를 이루고 있다. 개별 지역이 갖는 특수성들과 고립성으로 인해 초보적인 수준에서 다른 지역과의 차이를 인지하고 있을 지라도, 여기에서 독립의 동력을 읽어내는 것은 무리라는 것이다. 오히려 내셔널리즘은 독립 이후 크리오요 계층에 의해 가공되고 내면화한 기제라는 설명이 더 일반적으로 받아들여지고 있다.4) 이 글에서도 이런 입장에 따라 독립 이후 국가정체성을 형성하는 과정에 개입해 있는 다양한 상징적 조작과 그 맥락을 살펴보고자 한다.

주지하다시피, 동일한 역사와 문화적 기원에 기반 한 국가적 정체성

---

4) 대표적으로는 Castro-Karén and Chasteen(2003)을 들 수 있다. 또한 1950년대 포퓰리즘이 등장하기 전까지 라틴아메리카에는 내셔널리즘이 존재하지 않는다는 견해도 존재한다(Miller, 2006: 201).

구성은 특정한 정치적 목표에 의해 결정된다고 할 수 있다. 즉, 국가라고 하는 것은 그것을 규정하는 내재적인 본질을 갖고 있지는 않았다. 오히려 이러한 본질이라고 하는 것도 '국가적인 것'을 찾고자 하는 특정한 정치적 움직임을 정당화하기 위해 나중에 구성된다고 하는 것이 맞는 말일 것이다(Bethell, 1987: 455). 크리오요도 역시 자신들의 정치적 이익을 보장하는 방식으로 독립을 선택했고, 이 독립이라는 명분으로 '국가'라는 특정한 정체를 선택한 것이다. 초기 크리오요 지식인들은 국가(nación)라는 표현보다는 '파트리아(patria)'라는 표현을 사용하고 있는데, 이 시기 파트리아는 근대적 의미에서 국가라는 개념보다는 '자신이 태어난 곳'이라는 의미가 강하다(Castro-Karén and Chasteen, 2003: x). 이 파트리아라는 개념을 통해 자신의 지역에 대한 새로운 자각과 배타적 귀속감을 느끼게 되고, 이를 통해 '우리나라'에 더 관심을 갖게 된다. 이 표현에서 알 수 있는 것처럼 정복 시기 가지고 있던 스페인에 대한 일체감에서, 대륙적인 일체감으로, 그리고 자신이 태어난 지역으로 정체성이 분화되고 있는 것이다.

스페인과 분리된 영역으로서 아메리카에 대한 이러한 귀속감 혹은 정체성 형성과 관련하여 의미 있는 출발점이 바로 예수회 추방(1763)과 예수회 신부들이 가지고 있던 아메리카에 대한 태도이다. 스페인의 절대왕권 강화를 위해 라틴아메리카에서 추방된 이들은 이제 스페인이 아닌, '자기 자신의 땅(en patria suelo)'에서 그리고 '그 하늘 아래(bajo aquel cielo)'에서 죽게 해달라고 쓰고 있다. 즉, 스페인에 대한 귀속감이 아니라, 라틴아메리카에 대한 귀속감을 강하게 드러내면서 새로운 정체성이 만들어지고 있음을 상징적으로 보여준다. 예수회 작가들의 글은 개인적인 감정을 넘어서 새로운 정체성의 발현으로 해석될 수 있는 것이다. 린치에 의하면 예수회 작가들이 주로 지역적인 감성을 표현했다면, 독립 여명기에는 자신의 땅을 비롯해서 지역의 자원과 사람들을 찬양하는 작품들이 다수 등장하고 있다. 이러한 변화는 유럽의 편견에 맞서 아메리카가 가지고 있는 다양한 조건들을 긍정적으로 해석하고 정체성 확장으로의 국면에서 중요한 전환으로 이해될 수 있을 것이다(Lynch, 1986: 30~34).

그러나 본격적인 의미에서 국가정체성이 모색된 시기는 독립 이후라고 할 수 있다. 내셔널리즘 형성에서 국가의 과거(national past)가 중요한 역할을 한다고 했을 때, 라틴아메리카의 경우 19세기 중반까지 여전히 국가적 경계가 완전하게 마무리되지 않고 있었다는 점을 고려하면 19세기 후반부터 본격화되었다고 할 수 있다(Kristal, 1994: 587). 그러나 국가의 과거를 어떻게 설정할 것인가의 문제는 시기별로 약간의 차이를 보여준다. 뒤에서 다시 살펴보겠지만, 독립 시기에는 스페인에 대항하기 위한 상징으로서 정복 이전 원주민의 역사와 상징체계가 적극적으로 차용되었다면, 19세기 후반에 들어서면서 상황은 더 복잡하게 변화한다. 물론 이런 변화에 대한 논란의 여지는 있지만, 독립 이후 국민국가 형성 시기에 국가적 과거는 '국민적' 경계를 만들기 위한 지적이고 의식적인 작업을 통해 가공되기 시작한다. 신생 국가들의 가치와 이상을 과거의 전범 속에 투사하고, 이를 통해 국민적 일체감을 자극하고자 한 것이다. 이런 맥락에서 독립 이전의 국민적 기원을 찾는 작업은 문학가뿐만 아니라, 정치가들에게도 시급한 과제가 되었다. 따라서 『아라우카나(La Araucana)』나 『왕조사(Comentario Reales)』 등의 작품들이 칠레나 페루 등의 국가적 에토스를 상징하는 작품으로 의미를 갖게 된다. 독립을 달성한 이후에도 국가의식의 성장은 매우 느리고 부분적이었다. 이러한 국가의식을 추동할 적극적인 계기 역시 존재했는데, 그중 대표적인 형태가 바로 독립전쟁이라고 할 것이다. 즉, 정복 이전의 과거뿐만 아니라, 이제 독립전쟁을 통해 투쟁의 신화와 공통의 과거에 대한 소속감을 확장해갔고,

이를 통해 국가사(national history)를 만들어 나가게 된다(Lynch, 1986: 341). 이 과정이 바로 국민국가 형성의 중요한 첫걸음이라는 것이다.

2) 내셔널리즘과 국가정체성

독립 이후 국민국가 형성과 관련하여 등장한 내셔널리즘은 앤더슨의 입장과는 달리 독립 시기에는 거의 구체적인 내용을 갖지 못했다. 즉, 식민 시기의 엄격한 위계질서와 인종적 차별을 부정하는 평등적이고 자유주의적인 사상에 의해 독립이 추진되었지만, 실제로 대중들은 국가에 대해 그다지 일체감을 갖지 않았다. 따라서 대중들은 독립전쟁에 자발적으로 참여한 것이 아니라, 전쟁 시기에 강압적으로 징집되었고 전쟁 이후에도 평등한 구성원이라기보다는 크리오요 계층에 의해 통제되고 제한된 의미의 국민으로서 지위를 부여받았다(Lynch, 1986: 348). 다시 말해, 원주민과 흑인 계층은 독립의 과실을 거의 얻지 못했고 독립국가에 일체감을 느껴야 할 필요성을 거의 느끼지 못한 것이다.

따라서 라틴아메리카에서 내셔널리즘의 역사는 독립 이후 국민국가의 정통성을 확보해가는 과정에서 나타나 강화된 하나의 이데올로기라고 할 수 있다. 즉, 내셔널리즘의 역사는 곧 국민국가 형성을 위해 대중들로 하여금 국가의 존재에 신뢰를 부여하도록 하는 과정이라 할 수 있다. 이런 맥락에서 보면 특정 지역을 중심으로 한 크리오요 관료의 교환 근무와 지역 신문의 소통을 비롯한 인쇄 자본주의의 등장이 라틴아메리카에서 영토적이고 정치적인 귀속감을 부여했다는 앤더슨의 견해는 한계를 갖게 된다. 다시 말해, 독립 이후 진행된 다양한 정치적·경제적·군사적 과정을 간과한 지나친 단순화된 입장이라는 비판이 가능한 것이다 (Castro-Karén and Chasteen, 2003: xx).

앤더슨이 말한 것처럼 독립전쟁 이전에 이미 라틴아메리카에 내셔널리즘이 존재했고 또 이에 따라 상당한 수준으로 내부적 분화가 진행되었다면, 라틴아메리카 지식인들이 왜 나폴레옹 침입을 정치적 독립의 기회로 적극적으로 이용하지 않고 여전히 스페인 왕에 대한 충성을 명분으로 하고 있는지, 그리고 독립전쟁 시기 왜 여전히 '아메리카'라는 통합적 개념을 사용하는가라는 반론이 가능하다. 또 무엇보다도 독립이 쟁취된 이후에 국민을 어떻게 설정할 것이었는가의 문제가 가장 중요한 문제였다는 점을 보아도 내셔널리즘이 이미 선취되어 있다는 그의 견해는 과장되어 있다는 것이다(Castro-Karén and Chasteen, 2003: 4).

이러한 비판들은 실제로 독립 시기와 그 후의 라틴아메리카 신문에 대한 실증적 자료를 통해 제기된다. 즉, 1808에 베네수엘라에서 신문이 발간되고, 1812년 칠레에서 신문이 발간되는 것을 고려할 때 독립과 관련해 출판 매체의 역할을 강조하는 것은 설득력이 없다는 비판을 받게 된다. 출판 매체가 중남미에서 확충되고 정치적 중요성을 갖게 된 것은 1810년 전이 아니라 오히려 1810년 후라는 것이다. 출판 매체의 의미 있는 증가는 새로운 정치적 입장을 합리화하고 설득하기 위한 프로파간다적인 측면에서 진행되었다. 독립 이후 새롭게 열린 정치적 공간 속에서 각 정파의 입장을 담은 정치적 담론, 문학 작품, 선언문, 뉴스 등 다양한 장르들이 폭발적으로 증가한 것이다. 이러한 인쇄물 증가는 자연스럽게 정치적 상상력과 정체성의 변화를 가져오게 된다. 스페인에 고착된 기존의 정체성을 해체하고 새로운 두 가지 정체성을 만들어내는데, 하나는 아메리카라는 통합적 정체성이고 다른 하나는 '파트리아'라는 지역적인 정체성이라 할 것이다(Castro-Karén and Chasteen, 2003: 30~31). 앞에서 간략하게 이야기 한 것처럼 아메리카인으로서 정체성은 스페인과 대립되는 정치적·문화적 공동체를 상정하는 개념으로 독립전쟁 시기 동안 대항이데올로기로서 의미를 갖게 되었지만, 이 전략적 슬로건은 독립 이후에 유효성을 상실하게 된다. 이제 아메리카라는 통합적인 정체성보다는 파트리아라는 지역적인 정체성 문제가 전면에 등장하기 시작한다. 게라(François-Xavier Guerra)에 의하면 파트리아는 매우 복합적인 정치적 정체성을 지시한다고 지적하고 있다. 독립전쟁 시기 전체로서 아메리카를 지칭하기도 했지만, 지역적 정체성들을 지시하는 개념으로 자주 사용되고 있다는 것이다. 독립 직전의 경우 대부분의 중남미인들이 자신이 태어난 곳을 파트리아라고 부르고 있는데, 독립 전쟁은 이 파트리아에 근대적인 의미를 부여하게 된다. 즉, 이제 크기는 다르지만 개별 국가와 일치하는, 혹은 일치하는 것으로 간주되는 영토적 정체성을 가진 공간으로 간주되는 것이다(Castro-Karén and Chasteen, 2003: x).

이처럼 독립전쟁은 파트리아에 기반을 둔 지역적 정체성을 국가적 정체성으로 전화하게 한다. 라틴아메리카에서 독립전쟁 시기 "아메리카인을 위한 아메리카"라는 슬로건은 의미 있는 전술로 작동했다. 이제 스페인으로부터 독립이 되자, 라틴아메리카 태생을 강조하던 입장은 지역적 차이를 강조하게 된다. 라틴아메리카에서 태어난 사람들 사이에서 '우리'와 '그들'이 구별되기 시작한다. 이 구별에서 중요한 것은 동일한 지역 내에 살고 있는 사람들의 동질감이라 할 것이다. 이 동질감을 강화하기 위해 문화의 문제가 중요하게 언급되기 시작한 것이다. 결국 새로운 국민국가에의 열망은 깊은 문화적 동질성이라고 하는 전제에 기반하고 있었다. 문화적 유사성은 새로운 국가가 유지되고, 국민이 재생산되기 위해서 끊임없이 강화되고 체화시켜야 할 주요한 요소가 된다. 이런 맥락에서 볼 때, 독립 이후 시기는 일종의 정체성 정치에 의해 지배된 시기라고 할 수 있다. 이 정체성 정치는 경제적 이익이나 형식적 이데올로기가 아닌, 구성원들의 귀속감과 유사성을 어떻게 확보할 것인가가 강조되었다는 것을 의미한다(Castro-Karén and Chasteen, 2003: xvi~xvii). 이런 맥락 속에서 점차 독립전쟁 및 독립전쟁의 영웅들이 새로운 국가성의 상징적 구성에서 중요한 참조점으로 등장하기 시작한다.

이 문제는 결국 독립전쟁을 통해 새로운 국가들이 만들어졌다고 할지라도, 그들은 아직 근대 국가가 가지고 있는 '국가적' 상상체계를 갖지 못했다는 것을 보여준다. 크리오요 지식인들과 정치인들이 담당해야 했던 역할이 바로 내셔널리즘의 내용을 이루는 공통의 역사, 공통의 영웅, 공통의 기원, 공통의 미래 등 국가적 상상 체계의 담론적 인프라를 구축하기 위해 과거를 환기해내는 것이다(Castro-Karén and Chasteen, 2003: 32).

이런 맥락 속에서 라틴아메리카에서 내셔널리즘이 강화된 시기는 독립 이전이나 독립 시기가 아니라 오히려 1850년대 이후라는 견해도 나타난다. 라틴아메리카에서 독립 과정이 어느 정도 일단락되고 국민국가가 안정화되어가던 1850년대 이후 특히, 1870년 이후의 수출 확대에 기반한 경제 성장 정책이 지배 엘리트들의 통합에 기여했다는 것이다. 수출 증가는 새롭게 세수를 증대시켰고, 다양한 사회적 인프라 및 학교, 종교, 군대, 경찰과 같은 국가기구를 효율적으로 운영할 수 있는 물적 기반을 마련해주었던 것이다(Castro-Karén and Chasteen, 2003: xviii).

결론적으로 이야기하자면, 내셔널리즘이라고 하는 국민적 의식이 독립전쟁 전에 존재했고, 또 독립 이후 등장하는 국가들의 경계를 결정했다는 앤더슨의 견해는 라틴아메리카 역사가와 비평가들의 일반적인 합의와 배치된다. 앤더슨이 상정한 국민국가는 1810년경 독립을 획득한 이후에도 수십 년 동안 '실재'라기보다는 오히려 여전히 '열망'으로 존재했다고 보는 편이 설득력이 있다. 즉, 유럽과 달리 라틴아메리카에서는 "국가가 국민보다 먼저 존재"했다는 것이다. 그리고 오랜 기간 동안 "국민성을 찾는 국가"의 형태로 남아 있었다는 것이다(Castro-Karén and Chasteen,

2003: xviii). 이 오랜 기간 동안 국민성의 내용을 찾기 위해 내셔널리즘이 작동했다는 것이다.

3) 독립 이후 국가정체성 형성

앞서 언급한 것처럼 독립 이후 국가정체성 형성과 관련하여 가장 중요한 일은 공통의 과거를 통해 공통의 기억을 만들고 이 기억을 통해 소속감을 부여하는 것이다. 이 공통의 기억은 텍스트에만 의존하는 것이 아니라, 다양한 상징으로 외화되어 현실 곳곳에서 과거를 명확하게 환기시킨다. 레베카 얼(Rebecca Earle)은 이것이 일종의 "조용한 윤리 강의"로, 길거리 이름과 길거리에 배치된 조각과 건축물들은 일상적인 산보를 기억과 경의의 행위로 바꾼다고 지적하고 있다(Earle, 2005b: 375). 여기서는 그녀의 연구를 정리하면서 간략하게 국가적 과거의 상징화 사례들을 살펴보고자 한다.

19세기 들어 라틴아메리카 지식인들과 정치인들은 다양한 방식으로 과거를 호명해내는데, 이런 과거에 대한 관심은 결국 국민국가의 정체성 형성과 밀접하게 관련되어 있다. 이런 측면에서 내셔널리즘은 '국가적' 과거에 대한 배제와 포섭을 통해 자연스럽게 국가의 경계를 만들어간다. 물론 이 경계는 영토적인 경계뿐만 아니라, 심리적이고 문화적인 경계를 포함한다. 이제 국가들은 상상의 공동체를 작동시키기 위해 자신들의 과거를 호명하여 적극적으로 소비하게 되는 것이다. 이렇게 호명된 과거가 가장 공식적으로 등장하는 것이 바로 우표, 동전, 동상, 지명 등 국가가 공적으로 작성하고 관리하는 영역이라 할 것이다. 따라서 독립 이후 개별 국가에서 만들어지는 우표, 동전, 동상, 지명 등에 관한 연구는 각 개별 국가가 형성하고자 하는 국가적 정체성과 관련해서 중요한 의미를 가진다고 할 수 있다(Earle, 2005b: 378~379). 즉, 과거의 복원은 취사되고 가공된다는 의미에서 이미 그 자체로 이미 정치적이고 문화적인 행위로 간주된다. 결국 과거의 복원과 기념 행위는 국민국가 형성의 중요한 측면으로 정체성 형성 과정에 개입하는 지배계층의 관점이 관철된 의미화과정으로 이해해야 한다는 것이다.

이러한 과거의 복원은 독립 시기와 독립 이후 19세기 후반부는 질적인 차이를 보여준다. 독립 이후 시기 개별 국가는 콜럼버스 정복 이전의 원주민 문명에 대한 새로운 평가와 복원작업을 진행한다. 이것은 앞서 언급한 것처럼 스페인에 맞선 대항적 이미지 구축과 스페인의 식민 잔재와의 갈등을 염두에 둔 상징 전략이라 할 것이다. 이러한 전략은 특히 행정 구역, 거리, 도시 등의 이름의 개칭에서 잘 나타나고 있다. 즉, 정치인들과 지배 엘리트들은 스페인의 지리를 환기하는 지명들을 변경하는데, 그 대안으로 원주민 지명을 사용하게 된다. 스페인과의 의미적인 연관을 지우고 식민 이전 과거와의 결합을 상징적으로 보여준다고 할 수 있다. 예를 들어, 누에바 에스파냐 지역의 누에보 산탄데르(Nuevo Santander)가 타마울리파스(Tamaulipas)로, 누에바 갈리시아(Nueva Galicia)가 할리스코(Xalisco)로 변경되었고, 누에바 에스파냐라는 행정구역도 아스텍 이름을 따서 아나우악(Anáhuac)이라는 이름으로 불리고, 멕시코 사람을 뜻하는 멕시카노(mexicano)도 원주민 문명의 이름을 딴 아나우아카노(anahuacano)라고 불리기도 했다. 이처럼 멕시코에서 아스텍을 신화화했다면 칠레에서는 『아라우카나』를 통해 과거와의 일체감을 부각시켰다. 즉, 『아라우카나』에 등장하는 다양한 영웅들이 독립 이후 칠레의 애국적 상징으로 차용되어, 지명에도 사용되고 해군 군함의 명칭으로 사용된다(Earle, 2005b: 382~383).

또한 새로운 국가를 상징하기 위해 만들어진 상징물 역시 원주민 이미지를 사용하고 있다. 특히 스페인 왕의 모습이 그려진 식민 시기 동전과 달리 독립전쟁 시기 만들어진 동전들은 특정한 사람들을 그리기보다는 주로 원주민 문명과 관련된 모티브를 사용하고 있다는 점에서 크리오요 계층의 전략을 잘 보여준다고 할 수 있다. 예를 들어, 멕시코에서 전쟁 시기 처음 주조된 동전은 스페인 왕실과 차별되는 원주민 문화 요소인 활과 화살, 그리고 아스텍 건국 설화 등을 상징화하고 있다. 콜롬비아 지역에서 1810년경 만들어진 동전들 역시 왕관을 쓴 인디오 소녀나 원주민 전사들을 부조하고 있으며, 아르헨티나나 페루 지역의 동전 역시 잉카의 상징인 빛나는 태양 얼굴을 담고 있다(Earle, 2005b: 387).

원주민 상징의 채용은 독립 시기 지배 엘리트의 전략적 선택으로 스페인 식민주의의 폭력적인 성격을 부각하기 위한 것이었다. 독립 이후에도 일정한 시기 동안 이러한 경향은 지속된다고 할 수 있다. 앞서 지적했던 것처럼 19세기 중반 이후 이러한 경향에 변화가 나타나게 된다. 이는 크리오요 계층이 가지고 있는 본질적으로 유럽지향적인 속성에서 기인한 것으로, 정복 이전의 원주민 문명과 스페인의 문화적 유산 사이에서의 동요를 드러낸 것이다. 스페인과 대립적인 상징을 통해 독립전쟁을 이끌어 나가기 위한 크리오요의 전략적 선택은 많은 부분 원주민 이미지의 차용을 통해 성공적으로 수행되었다. 그러나 이러한 선택이 그들의 특정한 이데올로기적 요소를 가지고 진행된 것이 아니라, 전술적인 선택이었다는 점에서 이들이 지속적으로 정복 이전의 과거를 국가적 이미지로 승인할 것인가의 문제는 다른 문제인 것이다.

즉, 독립 이후 크리오요 지도자들은 원주민 문명의 파괴자라는 스페인에 대한 공격적인 입장에서 벗어나 '유럽적인' 관점을 내보인다. 이러한 변화를 레베카는 산마르틴(José de San Martín)의 사례를 들어 설명하고 있다. 1822년에 산마르틴은 정복자인 피사로의 깃발을 "잉카 제국을 노예로 삼기 위해 가져온" 것으로 묘사한 데 반해, 1844년에는 동일한 깃발을 "페루 정복 시기동안 용감한 돈 프란시스코 피사로가 휘둘렀던" 것으로 묘사하고 있다. 이렇게 해서 원주민 정복은 300년 질곡의 시작이 아니라, 라틴아메리카 역사에서 의미 있는 순간으로 변모하게 되는 것이다. 이러한 변화를 레베카는 1840년대 이후 정치 지형의 변화와 관련하여 설명하고 있다. 국민국가의 정치 지형이 마련되면서 등장한 정치 엘리트들은 유럽적인 교육을 통해 성장했고, 자신들의 정치적 영향력을 유지하기 위해서는 정복 이전의 과거가 아닌 새로운 과거가 필요한 것이다. 특히 자유주의자들은 자유주의, 진보 등 자신들의 이데올로기적 입장을 더 미래 지향적으로 해석하기 위해 정복 이전이 아닌 독립전쟁에 의미를 부여했고, 보수주의자들 역시 가톨릭이라는 종교성을 보호하기 위해서는 정복 이전을 강화하는 것에서 탈피해야 했던 것이다(Earle, 2005b: 392~393).

이렇듯 독립이 달성된 이후 엘리트 지식인들과 정치인들은 점차 원주민 상징을 중심으로 배치된 국가의 상징체계와 단절하기 시작하는 것이다. 국가가 관리하는 각종 상징들에서 원주민 상징이 아닌 독립전쟁이나 전쟁 시기의 크리오요 영웅, 또 독립 이후의 역사적 사건들이 새롭게 등장하기 시작한다. 이러한 예로 1810년 5월에 일어난 아르헨티나 독립운동을 환기하기 위해 붙여진 부에노스아이레스의 '5월가(Avenida de Mayo)', 1850년에 시작된 자유주의 개혁을 화기하기 위해 1870년 만든 '레포르마 거리(Paseo de la Reforma)' 등을 들 수 있을 것이다(Earle, 2005b: 376).

4. 맺음말

독립 시기와 국가 형성기를 새롭게 이해하고, 이후 후속 작업에서 진행될 구체적인 텍스트 읽기의 토대를 마련하기 위해 라틴아메리카 독립과 정체성 형성 과정에 개입해 있는 내셔널리즘과 크리오요 계층의 역할을 살펴보았다. 이를 위해 라틴아메리카 독립 배경을 간단하게 살펴보고, '상상의 공동체'로서 국민국가 형성 맥락을 더듬어보았다.

상상의 공동체란 주지하고 있듯이 특정 민족 혹은 국민이 타 민족과 구별되는 것은 어떤 본질적인 요소, 즉 인종, 언어나 영토와 같은 외형적 요소가 아니라 감성이나 소속감 같은 심리적이고 문화적인 요소라는 입장에서 도출된 개념이다. 앤더슨의 이러한 입장은 기존의 국가와 민족에 대한 전통적인 이해를 비판적으로 극복한 것으로 평가되지만, 라틴아메리카의 경우 많은 논쟁점을 제시해주는 것이 사실이다. 라틴아메리카의 역사적 경험을 지나치게 단순화하고 있다는 비판, 유럽적인 관점에서 라틴아메리카를 사유하고 있다는 비판, 크리오요 지도층 중심으로 라틴아메리카 독립을 이해하고 있다는 비판 등이 그 대표적인 것들이다. 살펴본 것처럼, 앤더슨이 라틴아메리카 독립 과정에서 내셔널리즘의 역할을 강조한 데 반해, 몇몇 이론가들은 독립 이전에 라틴아메리카의 내셔널리즘의 존재에 의문을 제기하고 오히려 독립 이후 국민국가 형성 과정에서 의미 있는 역할을 수행했다는 입장을 취한다.

일반화해서 말하자면, 1806년을 기점으로 라틴아메리카 곳곳에서 스페인으로부터 독립 움직임이 나타나고, 곧 독립전쟁을 통해 스페인의 식민지배에서 벗어난 독립국가가 형성되기 시작한다. 이렇게 시작된 독립국가 형성은 각 지역의 지정학적 요소에 따라 시기를 달리 하지만 대부분 19세기 중반에 이르러 중남미 대부분 지역에서 완결된다. 그러나 독립된 국가라는 정치적 형태는 확보했지만, 이른바 '국민국가'로서 존재하기 위해 필요한 구성원들의 소속감이라는 가장 중요한 요소를 어떻게 확보할 것인가 문제가 독립운동을 지도한 크리오요 계층이 당면한 시급한 과제였다고 할 수 있다. 다시 말해 국가로서 존재하기 위해 필수불가결한 것이 영토, 국민, 그리고 소속감으로 표현될 수 있는 국가정체성이라고 한다면, 외형적으로 주어진 구성원들에게 자신의 영토와 국가에 대해 소속감을 느끼게 하는 일련의 문화적 과정이 필요한 것이다. 이 과정이 바로 내셔널리즘이 기능하는 공간이라는 것이다.

이처럼 내셔널리즘이 공통의 과거와 기억을 통해 국가에 대한 귀속감과 연대감을 고무하는 일련의 과정이라면 라틴아메리카에서 이 과정은 크게 두 가지로 나누어 볼 수 있었다. 독립전쟁 시기와 독립전쟁 이후 19세기 후반부의 모습이 확연하게 구별되는 것이다. 독립 시기에는 스페인과 대립되는 상징을 위해 식민 이전의 원주민 이미지가 적극적으로 차용되었다면, 국민국가가 안정화되기 시작한 19세기 후반에는 독립전쟁과 전쟁 시기 크리오요 영웅들을 국가적 이미지로 차용하게 된다.

이는 독립전쟁과 이후 국민국가 형성 과정이 크리오요 계층에 의해 주도되었고, 결국 크리오요 계층에 의해 가공된 역사가 라틴아메리카 국민국가의 과거사로 자리 잡게 됨을 의미한다. 이 점은 이후 라틴아메리카 국민국가 형성 과정에서 배제된 기타 인종 집단을 어떻게 국가적 통합성 안에 결합할 것인가가 여전히 의미 있는 문제로 남아 있다는 것을 뜻한다. 또 상상의 공동체를 만들기 위해 필요로 하는 공통의 역사라고 하는 것도 선험적으로 존재하는 것이 아니라, 크리오요 계층의 정치적 필요에 의해 과거 역시 선택되고 가공되었다는 점에서, 여전히 국가형성기는 새로운 해석의 여지를 남겨두고 있는 것이다.

참고문헌

앤더슨, 베네딕트. 2002. 『상상의 공동체: 민족주의의 기원과 전파에 대한 성찰』. 윤형숙 옮김. 나남.

Andrews, George Reid. 1985. "Spanish American Independence: A Structural Analysis." *Latin American Perspectives*, 12(1), pp. 105~132.

Bethell, Leslie(ed.). 1987. *Spanish America after Independence c.1820~c.1870*. Cambridge: Cambridge Univ. Press.

Bushnell, David. y Neill Macaulay. 1989. *El nacimiento de los países latino-americanos*. Madrid: Nerea.

Castro-Klarén, Sara. and John Charles Chasteen(ed.). 2003. *Beyond Imagined Communities: Reading and Writing the Nation in Nineteenth-Century Latin America*. Washington, D.C.: Woodrow Wilson Center Press.

Earle, Rebecca. 2001. "Creole Patriotism and the Myth of the "Royal Indian"." *The Past and Present Society*, 172(1), pp. 125~145.

_____. 2002. "Padres de la Patria' and the Ancestral Past: Commemorations of Independence in Nineteenth-Century Spanish America." *Journal of Latin American Studies*, 34, pp. 775~805.

_____. 2005a. "Letters and Love in Colonial Spanish America." *The Americas*, 62(1), pp. 17~46.

_____. 2005b. "Sobre Héroes y Tumbas: National Symbols in Nineteenth Century Spanish America." *Hispanic American Historical Review*, 85(3), pp. 375~416.

Guerra, François-Xavier. 1993. *Modernidad e independencias: Ensayos sobre las revoluciones hispánicas.* México: Fondo de Cultura Económica/México. 2nd edition(1992).

Kinsbruner, Jay. 1994. *Independence in Spanish America: Civil Wars, Revolutions, and Underdevelopment*. Albuquerque: University of New Mexico Press.

Kristal, Efraín. 1994. "The Degree Zero of Spanish American Cultural History and the Role of Native Populations in the Formation of Pre-Independence National Pasts." *Poetics Today*, 15(4), pp. 587~603.

Lynch, John. 1986. *The Spanish American Revolutions 1808~1826*. New York/London: W. W. Norton & Company. 2nd edition(1973).

McFarlane, Anthony. 1998. "Identity, Enlightenment and Political Dissent in Late Colonial Spanish America." *Transactions of the Royal Historical Society*, 8, pp. 309~335.

Miller, Nicola. 2006. "The Historiography of Nationalism and National Identity in Latin America." *Nations and Nationalism*, 12(2), pp. 201~221.

Skidmore, Thomas E. and Smith, Peter H. 1997. *Modern Latin America*. New York/Oxford: Oxforn Univ. Press. 4th edition(1984).

Sommer, Doris. 1991. *Foundational Fictions: The National Romances of Latin America*. California: Univ. of California Press.

제10장

이스파노–루주(Luso)아메리카 관계사 속에서의
반다오리엔탈 독립 연구*

최해성 서울대학교 라틴아메리카연구소 HK연구교수

> 아메리카 대륙에서 가장 큰 세 개의 항구 히우데자네이루와 부에노스아이레스
> 와 몬테비데오는 내륙 평원의 호세 아르티가스 혁명군을 제압할 수 없었다.
> 그러나 시간과 죽음은 세 도시 편이었고, 아르티가스의 부하들 대부분이 죽어
> 갔다. …… 대지주들은 항구의 상인들과 공동 전선을 폈고, 혁명군 사령관 아르
> 티가스는 연이은 불행과 패배에서 벗어나지 못했다. 운 좋게 살아남아 변함없
> 이 그를 따르는 원주민과·흑인, 그리고 그의 마지막 남은 부하 대장 안드레스
> 라토레 휘하의 얼마 안 되는 가우초가 혁명 군대의 전부이다.
> — 갈레아노, 『불의 기억 2』, 201쪽

1. 우루과이의 독립 기원 논쟁과 역사: 지리적 특수성

　1930년 제1회 월드컵 축구대회를 유치한 나라는 우루과이였다. 오늘
날의 시각에서 보면, 이 역사적인 행사가 남미의 작은 나라에서 개최된
것이 의외의 일이라 할 수 있다. 그러나 당시 우루과이는 축구 세계
최강국이라는 지위를 누리고 있었을 뿐만 아니라,1) 사회경제적 측면에

---

* 이 글은 ≪이베로아메리카 연구≫ 24권 2호(2013)에 발표된 필자의 기존 논문을
　총서의 취지에 맞게 수정·보완한 것이다.
1) 우루과이는 1924년 파리 올림픽, 1928년 암스테르담 올림픽의 축구 종목에서

서 다양한 개혁 프로그램들을 성공시킴으로써 새로운 도약기를 맞고 있었다. 20세기 초 호세 바트예 이 오르도녜스(José Batlle y Ordóñez)의 주도 아래 정치 안정, 경제성장, 노동·인권 관련법의 확충 등 라틴아메리카에서는 보기 드문 혁신을 이루어냈고, 그 자신감이 국제대회의 유치로 표현된 것이다.[2] 게다가 1930년에 독립 100주년을 맞는 우루과이로서는 이보다 더 훌륭한 명분은 없었으며, 새롭게 건설된 월드컵 주경기장에 '백주년 스타디움(Estadio Centenario)'라는 이름을 붙여 그 의의를 분명히 했다.[3] 결승전에서 줄리메컵을 높이 치켜든 우루과이는 초대 개최국이라는 명예와 함께 초대 챔피언이라는 타이틀까지 거머쥐며 독립 100주년을 화려하게 장식했다.

이러한 에피소드에서 드러나듯, 우루과이는 공식적으로 독립의 해를 1830년으로 받아들이고 축하해왔다. 이 연도를 독립의 원년으로 삼는 이유는 분명하다. 그 해에 최초의 헌법이 선포되어(7월 18일), 반다오리엔탈(Banda Oriental)이라는 지방이 하나의 독립국가로 전환되고, 오늘날 우루과이라 불리는 근대국가의 초석이 놓였기 때문이다. 하지만 모두가 이 헌법 선포일을 독립의 날로 받아들인 것은 아니다. 일각에서는 다른 일자를 독립일로 기려야 한다는 주장도 제기되었다. 예를 들면, '33인의

연속 우승하며 뛰어난 실력을 보여주었다(Goldblatt, 2006: 244~247).

2) 남미는 물론 세계적으로도 보기 드문 이러한 발전은 우루과이를 '남미의 스위스'라 불리게 했다(Aínsa Amigues, 2007: 89~90).

3) 당시 유럽 대부분의 국가들은 지리적 거리에서 오는 부담으로 남미 개최를 반대했으나, 우루과이는 참가국 선수단에게 이동 및 체제 경비의 지원을 약속하며 대회를 유치했다. 1929년 대공황의 충격으로 세계 경제가 혼란에 휩싸인 가운데, 국제대회 개최비용을 감당하고 새로운 경기장을 건설할 여력이 있는 나라는 개최 후보국들 중에서 우루과이가 유일했다. http://www.fifa.com/worldcup/archive/edition=1/overview.html (2013년 6월 20일 검색).

오리엔탈 지역 독립투사들(Treinta y Tres Orientales)'이 브라질의 지배에 저항하여 독립을 선언한 1825년 8월 25일, 또는 브라질-아르헨티나 전쟁이 종료되고 형식적인 독립을 획득한 1828년 등이 거론되기도 했다. 그러나 독립의 완성도가 떨어지거나 외부로부터 주어진 독립이라는 인식이 강하여 보편적인 호응을 이끌어내지는 못했다.

그런데 잠시 사그라지는 듯했던 독립기념일에 관한 논쟁이 근래에 또다시 뜨겁게 되살아나고 있다. 2010년대 들어 라틴아메리카의 많은 국가들이 독립 200주년을 기념하는 분위기 속에서, 2011년 당시 대통령 타바레 바스케스(Tabare Vazquez)는 '오리엔탈 해방 과정 200주년(Bicente-nario del Proceso de Emancipación Oriental)' 기념행사를 열고, 1811년을 독립의 기원으로 삼자고 제안했다(Demasi, 2011). 왜 우루과이는 대다수 국민이 공감하는 독립기념일을 정하는 데에 어려움을 겪고 있는 것일까? 과연 우루과이의 독립에는 어떠한 문제들이 잠재해 있는가? 하지만 이러한 질문들에 대한 답을 구하기가 간단치 않다. '어느 시점'을 기릴 것인가 라는 문제는 '무엇을 기릴 것인가'라는 문제로 전환되어, 국민의식(conciencia nacional), 국가정체성(identidad nacional) 형성의 논쟁으로까지 비화되었기 때문이다.

독립 후 200년이 지난 시점에서도 우루과이가 독립 기원 논쟁에서 쉽게 헤어나지 못하는 이유는 라틴아메리카에서 일반적으로 나타나는 독립 과정과 매우 다른 과정을 거쳤기 때문이다. 또한 오늘날의 정치상황과 맞물려 미묘한 파장을 불러일으킨 점도 간과할 수 없다. 독립 이후 현대에 이르기까지 거의 독점적으로 정치를 지배해오던 양당(블랑코당과 콜로라도당) 체제 속에서 2004년 역사상 처음으로 제3의 세력인 확대전선(Frente Amplio)이 선거에 승리하자, 전통적인 역사관과는 다른 새로운 역사 인식과 해석이 필요해졌다는 시각도 있다(Verdesio, 2010: 76). 하지만 현재의 정치 상황은 이 글의 범위에서 벗어나는 주제이므로, 여기에서는 우루과이(또는 반다오리엔탈) 독립 과정의 특수성을 논의의 대상으로 삼도록 한다.

19세기 초반의 반다오리엔탈은 매우 역동적이면서 유동적인 시공간이었다. 인접한 브라질의 남쪽 경계도 불안정했고, 아르헨티나라는 국가도 아직 형체를 드러내기 전이었으며, 반다오리엔탈이 독립국으로 탄생할 수 있을지도 예측하기 어려운 시기였다. 혹은 인접한 여러 지방들이 서로 단합하여 하나의 새로운 국가를 형성해도 전혀 이상하지 않은 그야말로 혼돈과 불확실성의 시공간이었다. 더욱이 반다오리엔탈은 예로부터 이베리아 두 제국, 스페인과 포르투갈의 이해가 충돌한 지역이며, 그 관계는 브라질과 아르헨티나(라플라타 연합주)로 이어져 19세기 내내 갈등과 조정을 되풀이한 곳이기도 하다. 역사 연구에서 반다오리엔탈은 라틴아메리카 독립과 국민국가 형성이라는 중요한 주제에 특수한 일례를 제공함으로써 접근 방식의 다양화에 기여했고, 그동안 간과되었던 이베로아메리카사, 즉 스페인-포르투갈, 브라질(루주아메리카)-이스파노아메리카의 통합적 역사연구의 필요성을 일깨웠다. 이 글은 이베로아메리카 통합적 시각의 정립을 위한 하나의 시론(試論)으로서 이스파노-루주아메리카의 관계 속에서 반다오리엔탈(우루과이)의 독립 과정을 분석해보고자 한다.

2. 반다오리엔탈·우루과이 지명의 유래 및 국호 논쟁

이른바 '반다오리엔탈(Banda Oriental)' 또는 '반다 데 차루아스(Banda de Charrúas)'라고 불린 지역은 우루과이 강 동쪽, 라플라타 강 북쪽 지역을 지칭하며, 오늘날 우루과이, 브라질의 히우그란지두술과 산타카타리나 일부를 포함한 영토에 해당한다. 가장 일반적인 지명이었던 반다오리엔탈(Banda Oriental)의 유래에 대해 먼저 살펴보면, '반다(banda)'란 18세기 당시 '측', '편'이라는 의미의 'lado'와 동의어로 쓰였던 것으로 보인다. 왕립학술원(Real Academia)에서 발행한 사전에는 "de la banda de allá del río, o del monte(강, 산 등의 저쪽 편)" 또는 단순히 "e la Banda de acá(이쪽 편)" 등으로 사용된 예가 나온다.[4] 따라서 반다오리엔탈은 정치적 중심지(주로 부에노스아이레스)의 기준에 따라 '우루과이 강 동쪽 지대'를 의미하며, 때로는 라플라타 강을 기준으로 북쪽 지대(Banda Norte), 또는 간단하게 '반대편(la otra Banda)'이라고도 불리었다. 어떤 시기에는 토착민을 지칭하는 이름과 관련하여 '차루아 족이 거주하는 쪽(Banda de los Charrúas)'이라는 명칭이 사용되기도 했다.

한편, '우루과이 지방(Provincia del Uruguay)'이나 '우루과이 개종 마을(Doctrina del Uruguay)'과 같은 명명들이 옛 지도나 예수회 선교사들의 보고서, 편지 등에 등장한다. 이 기록물들은 17세기에 여러 차례 알토 우루과이(Alto Uruguay) 강 양안(兩岸)에 선교마을을 세운 예수회 수사들이 작성한 것이다. 이 지역은 포르투갈이 지속적으로 관심을 갖고 진출을 시도했기 때문에 긴장이 상존했던 곳이다. 17세기의 한 기록에는 우루과이 지방의 이름이 "그곳을 관통해 흐르는 강의 이름에서 따왔다"는 설명이 나온다(Frega, 2008: 97). 우루과이 강은 1527년 산세비스티안 가보토(San Sebastián Gaboto)의 탐험 이후 'Uruay'라고 불리기 시작했는데, 17세기 말에 현재의 이름으로 일반화되기까지 다양한 이름들이 혼용되었다

---

4) *Diccionario de la lengua castellana compuesto por la Real Academia Española*, 1791, p. 128. Frega(2008: 108)에서 재인용.

(Huruay, Uraguay, Uruaig, Urvaig 등).

우루과이라는 이름의 어원 및 의미에 대해 연구자들 사이에서는 일치된 의견이 나오지 않는다. 단지 원주민 과라니어에서 기원했다는 점만 대체적인 동의가 이루어졌을 뿐이다. 일반적으로 두 단어가 합쳐진 복합어라 여겨지며, "우루(urú)라는 새가 서식하는 나라의 강", "달팽이(caracol)의 강", "여러 색을 띤 새들의 강", "우루새의 꼬리(cola del pajaro urú)" 등의 가설이 있다.

그런데 여기서 주목해야 할 부분은 이러한 지명들의 논쟁이 어원적 차원에서 머문 것이 아니라, 국가 건설과정에서 국호의 결정과 깊이 맞물려 국가적인 이슈로 떠올랐다는 점이다. 오늘날 일반적으로 우루과이라 불리는 국가는 '우루과이 동방 공화국(República Oriental del Uruguay)'이라는 정식 명칭을 지니고 있으며, 이 짧지 않은 국명에는 간단치 않은 우루과이 독립의 역사가 투영되어 있다.[5] 그리고 이러한 국호 결정의 역사는 최근 라틴아메리카 독립 및 국민국가 형성에 관한 논의에서 새로운 방법론의 하나로 주목받고 있다. 즉, 이미 다양한 접근법과 방법론으로 연구된 바 있는 특정 정치 체제의 채택, 국경의 확정, 국가정체성의 수립, 국민 신화의 창조 등의 주제들이 국호의 역사(historia del nombre del país)라는 관점에서 새롭게 조명되고 있다.

이베리아 제국의 왕실에서 분리된 각각의 국민국가의 이름을 결정하는 것은 이들 국가가 선택하게 된 정부 형태, 국경 확정, 정치적 정체성의 형태에 따라 달라졌다. 예를 들면, 정부 형태에 따라 정해진 경우 연방주의자들(federalistas)과 중앙집권주의자들(centralistas) 사이의 논쟁, 공화주

---

5) 일부 언어학자와 역사학자들 사이에서 '국명(國名)'과 '국호(國號)'를 구별해야 한다는 주장이 제기되고 있으나 이 글에서는 두 용어를 동의적 개념으로 사용했다.

의자와 왕정주의자 사이의 논쟁 등이 존재하듯, 국가의 건립이라는 문제는 모두 동일한 방식으로 해결될 수 없었다.

경계의 확정과 관련해서는, 대체로 식민지의 행정 단위 — 부왕령, 총독령(capitanía general), 아우디엔시아(audiencia) 등 — 가 독립공화국들의 기준 영토가 되었지만, 일부의 경우에는 이 공식이 적용되지 않았다. 가장 대표적인 예가 라플라타 연합주(Provincias Unidas de la Plata)의 역사이다. 연합주의 구성은 부왕령 관할 면적의 일부와 합치할 뿐이며, 곧이어 여기에서 아르헨티나, 파라과이, 우루과이가 분리·독립한다. 1823년에 출범한 중앙아메리카 연방공화국의 짧은 역사는 코스타리카, 니카라과, 온두라스, 엘살바도르, 과테말라의 생성으로 이어졌다.

이 글의 주 대상인 우루과이의 경우, 국호에 대한 논쟁은 우루과이 강 동안(東岸)에 대한 영토 — 아직 그 경계가 확정되지 않았던 — 를 하나의 주권 정치 단위로 조직해가는 과정과 맞물려 있다. 국명의 기원에 대한 논쟁에서 한 축을 차지하는 국가주의적 해석은 '지리적 결정주의'와 맥을 같이 하며 식민 시대 초기의 기록까지 거슬러 올라가는 연속성의 흐름을 띤다. 처음 반다오리엔탈에 도착한 유럽인들의 기록물(연대기, 보고서, 지도 등)을 대할 때에도 마치 그들이 이 지역을 현재의 국가를 상정해서 언급한 것처럼 해석한다. 한편, 그와 대척점에 있는 시각은 이러한 과거의 결정주의적 시각에서 탈피하려는 경향을 보인다. 즉, "비록 오랫동안 더디게 형성되었지만, 국가를 하나의 타고난 정치적 운명체"[6]로 보려는 의도와 거리를 둔다. 그리고 국가의 정체성을 역사성

---

6) 민족주의 연구의 고전이라 할 수 있는 어니스트 겔너의 『민족과 민족주의』에서 결정주의적 시각을 비판한 내용이다. Ernest Gellner, *Naciones y nacionalismo* (Buenos Aires: Alianza Editorial, 1991), pp. 70~71. Frega(2008: 95)에서 재인용.

(historicidad) 속에서 연구하며, 기본적으로 복수적(plural)이고 이질적이며 변화하는 것으로 본다.

우루과이 동방 공화국(República Oriental del Uruguay)의 경우, 다음 절에서 살펴보겠지만, '몬테비데오'와 그의 후배지에 거주하는 '오리엔탈인(orientales)' 사이의 반목이 국호 결정에 중대한 영향을 미쳤다. 국가 건설 과정 초기에 '몬테비데오 국(Estado de Montevideo)'이라는 명칭이 대두되자, 지방을 대표하는 한 의원이 제헌의회에서 이의를 제기하며 "이전부터 수도에 대한 지방민들의 견제심"은 잘 알려진 바이며 "지금까지 모든 시민들에게 당연한 듯 받아들여진 '오리엔탈'이라는 이름"이 사용되어야 함을 주장했다(Frega, 2008: 101).

그에 대해, '몬테비데오'라는 명칭에 애착을 지닌 사람들은, 항구도시의 우월성을 강조하며 이 지역이 발견 초기부터 몬테비데오라는 이름으로 더 많이 알려져 있었다는 논지를 폈다. 그러나 이러한 주장의 이면에는 중앙집권주의적, 반아르티가스주의적 성향이 담겨 있고, 지방에 대한 수도의 우위를 확인하려는 심리도 작용했다고 할 수 있다. 특히 몬테비데오라는 새로운 명칭을 통해 그 안에 거주했던 대다수의 주민들이 '독립'에 반대했던 과거를 덮으려는 의도도 엿보인다. 이렇듯 복잡한 계산을 지닌 국호의 논쟁 속에서 서서히 '우루과이 동방 공화국'이라는 이름이 구체화되고 1918년 헌법 개정을 통해 정식 국호로 채택되게 된다.[7]

---

7) 하지만, 국호가 확정된 뒤에도 국가의 정체성을 반영한 명칭 논쟁이 계속 뒤를 이었다. 19세기 말까지 '오리엔탈인'이라는 표현은 독립 과정 때와 마찬가지로 '지역주의', '반중앙집권주의'를 의미했으나, 그 후로는 '크리오요주의(criollismo)', '토착(문화)주의(nativismo)'를 상징하는 용어로 변해갔다. 이들은 도시의 발전, 국가의 중앙집권적 성장, 외국인의 대규모 유입 등에 대해 크게 반발했다. 반면, '우루과이인들(uruguayos)'이라 불린 사람들은 국가의 정체성을 도시 중심적으로 해석했다.

3. 국제관계 속에서 형성된 몬테비데오

두 개의 거대국가, 아르헨티나와 브라질 사이에 놓인 반다오리엔탈은 지형적으로도 아르헨티나의 팜파와 이른바 '높은 땅(tierras altas)', 즉 브라질을 이어 놓은 듯하다(Arnade, 2009: 208). 오늘날 우루과이에 해당하는 면적은 낮은 평원과 준평원지대로 이루어져 있으며, 예로부터 통행과 교역의 경계에 해당되어 횡문화적(transcultural) 분위기가 강한 곳이었다. 1618년 스페인 제국은 반다오리엔탈을 라플라타 직할 행정(la Gobernación del Río de la Plata)에 편입시켰고, 이 지역에 경제적 부(富)를 가져다 줄 목축업도 본격적으로 시작했다.

20세기로 접어들면 '오리엔탈인'이라는 명명의 지지자들은 정체성 형성 과정에서 전통과 역사적 과거의 역할을 중시하는 사람들이 되었고, '우루과이인'이라는 표현의 옹호자들은 특정한 국가 프로젝트의 실현과 관련하여 '보편적' 원칙을 지지하는 사람들을 나타냈다. 역사적으로 볼 때, 콜로라도당(Partido Colorado)을 지지한 사람들은 스스로를 '우루과이요(uruguayo)'라 불렀으며, 그에 비해 블랑코당(Partido Blanco, 또는 국민당 Partido Nacional)을 선호한 사람들은 자신들을 '오리엔탈(oriental)'이라 부르며 차별화를 꾀했다. '오리엔탈'이란 이름은 다음 절에서 살펴보듯 '아르티가스주의(artiguismo)'와 깊은 관련이 있다. 전통적 보수주의를 표방하는 블랑코당은 원래 우루과이의 자유주의 사상에서 출발했으며, 몬테비데오가 중심이 된 중앙집권적 국가주의에 대한 반작용으로 탄생했다고 볼 수 있다. 또한 전통을 중시한 이들은 20세기 초 '바트예(Batlle)'로 대표되는 개혁주의 프로그램에 저항하기도 했다. 블랑코당 지지자들은 중앙집권주의를 거부한 역사에서 지방분권화와 우루과이 농촌의 발전을 옹호하는 역할을 자임했다. 반면, 콜로라도당은 '호세 바트예 이 오르도녜스(José Batlle y Ordóñez)'의 개혁에서 드러나듯 과거와 전통보다는 새로운 미래의 건설에 비중을 두고 있으며, 토착 지역주의보다는 보편적인 원칙에 의거하여 신국가를 창조한다는 의지를 보였다. 최근에는 정치적 함의와 관계없이 'oriental'보다는 'uruguayo'라는 지명 형용사를 강화하는 추세이다.

비교적 유럽인들의 관심을 덜 받던 반다오리엔탈이 분쟁의 대상으로 부각된 직접적인 계기는 포르투갈인들이 1680년 부에노스아이레스의 맞은 편 라플라타 강 유역에 '콜로니아 두 사크라멘토(Colônia do Sacramento)'를 건설하면서부터였다. 이러한 포르투갈의 움직임에는 우루과이 강을 자연적 경계로 삼아 스페인령 아메리카와 접해 있는 경계를 확실하게 지배하려는 의도가 깔려 있었다. 또한 알토 페루(현 볼리비아)의 무역, 특히 라플라타 강을 통해 해외로 운송되는 은(銀) 무역에 가담하려는 경제적인 목적도 내포되어 있었다(파우스투, 2012: 84). 이에 대한 반발로 스페인인들은 몬테비데오를 세워 포르투갈인들을 견제했다. 그러나 몬테비데오의 건설에는 어려움이 뒤따랐다. 주변의 평원지대는 인구가 희박했고, 원주민들로 이루어진 인디오 마을이나 엔코미엔다도 제대로 형성되어 있지 않았다. 스페인은 지역방어의 필요성에서 병력을 증강시켰으며, 결과적으로 스페인계 인구의 유입이 급증했다. 이렇듯 몬테비데오의 건설은 처음부터 군사적 목적이 뚜렷했고, 통치의 최고책임자도 군사지휘관들에게 돌아갔다. 1724~1730년 몬테비데오의 건설이 완료된 이후, 하나의 영토적 단위로서 '우루과이 강 동안(東岸) 지대(la Banda Oriental del Río Oriental)'는 성장을 계속하여 직할 행정 단위(gobernación)의 지위를 얻게 되었다(Ribeiro, 2012: 226). 이후 반다오리엔탈의 역사는 이베리아 반도 두 제국 간의 힘겨루기의 역사가 되었다. 두 국가 모두 반다오리엔탈의 땅은 토르데시야스 조약에 따라 자신들에게 귀속되는 영토라고 주장했으며, 18세기 대부분의 시기 동안 끊임없이 충돌과 협정을 반복했다.[8]

---

8) 특히 콜로니아 델 사크라멘토를 둘러싼 전쟁과 평화협정이 여러 차례 반복되었다. 이 도시의 중심 광장은 주인의 교체와 전쟁 종료를 위한 조약의 무대가 되었다.

한편 1765년 영국인들이 말비나스(포클랜드) 제도의 에그몬트 항구에 정착하자, 대서양에 대한 지속적인 경계가 필요해진 스페인은 1769년 몬테비데오에 해군기지를 건설했다. 1776년 국왕의 칙령에 따라, 스페인에서 화물을 싣고 태평양 영토로 향하는 모든 선박들은 몬테비데오에 등록신고를 해야 했다. 부에노스아이레스에서 실시하던 통관검사 대신 몬테비데오에서 통행허가장을 검사하게 되면서 두 도시 사이에는 보이지 않는 경쟁이 시작되었다. 몬테비데오는 전략적으로 부에노스아이레스에 비해 몇 가지 장점을 지니고 있었다. 바로 앞에 만(灣)이 형성되어 있고, 대서양에 더 가깝게 위치해 있으며, 도시의 후배지에서는 수출용 축산물이 생산되었다(Ramos Escandón, 2007: 46). 몬테비데오에 건설된 해군 기지는 1777년 라플라타 부왕령의 첫 부왕으로 도착한 페드로 데 세바요스(Pedro de Cevallos)의 대원정에 크게 기여했다. 약 9,000명의 병력으로 이루어진 이 원정의 목적은 포르투갈인들의 손에 넘어간 콜로니아를 회복하고, 이 지역에 경제적 변화를 일으켜 부왕령의 지위에 걸맞게 향상시키는 것이었다(Ribeiro, 2012: 227). 스페인과 포르투갈 사이에 벌어진 군사적 충돌은 1777년에 체결된 산일데폰소 조약으로 종결되었으며, 콜로니아 델 사크라멘토에 대한 스페인의 소유권이 인정되어 반다오리엔탈을 둘러싼 양국 간의 해묵은 갈등은 일단락되었다.

그 후 몬테비데오 직할 행정(gobernación montevideana)은 부에노스아이레스 인텐덴시아에 속하게 되지만, 왕실은 몬테비데오에 특별한 권한과 임무를 부여한다. 1791년에는 국왕의 칙허로 남미 대륙에서 유일하게 노예수입이 허용된 항구가 되었다. 이러한 이유로 몬테비데오의 엘리트

주요한 조약만 살펴보아도 1681년 리스본 임시조약, 1715년 위트레흐트 조약, 1750년 마드리드 조약, 1763년 파리 조약, 1777년 산일데폰소 조약 등이 있다.

들은 부왕령의 수도를 놓고 부에노스아이레스와 경쟁을 벌인다. 그러나 1794년 영사재판소의 기능을 부여받고 부왕령 내의 모든 항구에 대한 관할권을 획득한 도시는 부에노스아이레스였다. 몬테비데오는 부왕령의 수도에 속한 '하위도시'가 되었다. 이 무렵의 몬테비데오에는 여전히 군사상의 인구들이 밀집되어 있었고, 그 대부분은 스페인계로 이루어졌다. 하지만 그 후배지에서는 다양한 인종들이 거주하면서 메스티소화된 사회가 등장했다.

우루과이와 아르헨티나의 민족주의적 역사 서술에 오랫동안 등장하는 이러한 항구의 지위에 대한 경쟁은 독립 시기에 양 도시의 진로를 결정짓는 정치적 동기가 되었다. 양 도시의 엘리트들 사이에는 상업적 협력이 이루어지기도 하지만, 몬테비데오-부에노스아이레스의 경쟁관계를 희석시키지는 못하며, 이 경쟁관계가 향후 국가 건설의 과정에서 영토성을 결정짓는 중대한 요인의 하나로 작용한다(Ribeiro, 2012: 229).

4. 우루과이의 독립과 이스파노-루주 관계사

라틴아메리카 독립 과정에 관한 연구는 20세기 후반 어느 정도 소강상태에 들어섰으나, 20세기 말과 21세기 초를 지나며 다시 한 번 활기를 띠기 시작했다. 연구의 영역도 독립의 이데올로기적 기원, 과거와의 단절 또는 연속성 문제, 라틴아메리카 제헌과정과 카디스 헌법의 영향, 카우디요들의 의미와 역할 등 매우 다양한 주제로 그 지평이 넓혀졌다. 연구가들 중에는 치아라몬테(J. C. Chiaramonte), 추스트(Manuel Chust), 아니노(Antonio Annino), 하이메 로드리게스(Jaime Rodríguez) 등이 다양한 지역들을 서로 다른 자신의 관점에서 연구해왔다.[9] 그리고 이러한 연구 성과들을 통해 여러 국가들의 독립 과정에서 나타나는 공통점과 차이점을 유추할 수 있게 되었고, 라틴아메리카의 해방과정 중에서 반다오리엔탈의 독립 과정이 가장 독특한 측면을 지니고 있음도 더욱 명확히 드러났다.

하나의 국민국가로서 '우루과이 동방 공화국(República Oriental del Uruguay)'을 탄생시킨 과정은 매우 길고, 복잡하며, 비전형적이면서, 시기적으로도 매우 늦게 종결되었다. 여기서 비전형적이라 함은 아메리카 해방과정에서 보편적으로 나타나는 유형을 크게 벗어났다는 의미이다. 앞에서 언급한 바와 같이, 독립된 우루과이의 영토는 식민 시기의 행정단위와 전혀 부합하지 않으며, 독립 과정에서는 실로 여섯 세력의 지배를 극복해야 하는 굴곡의 역사를 보여주고 있다. 1814년까지 스페인 제국의 지배하에 있던 반다오리엔탈은 그 후 라플라타 연합주(1816년까지), 포르투갈 제국(1817~22년), 독립된 브라질(1822~28년), 일시적으로 영국, 그리고 다시 아르헨티나(1825~28년)의 지배를 받았다. 그리고 마침내 1828년, 3년간 지속된 브라질-아르헨티나 전쟁에 종지부를 찍는 양국의 평화협정에서 우루과이의 독립이 확보된다.

이렇듯, 우루과이는 다른 이스파노아메리카 국가들과 달리 매우 복잡하고 혼란스런 과정을 거쳐, 스페인이 아닌 브라질로부터 독립을 쟁취한

---

9) 이들의 선구적인 연구물로 다음과 같은 작품들을 들 수 있다. José Carlos Chiaramonte, *Nación y estado en Iberoamérica: el lenguaje político en tiempos de las independencias*(Buenos Aires: Sudamericana, 2004); Manuel Chust y Ivana Frasquet, *Las independencias en América*(Madrid: Catarata, 2009); Antonio Annino y François-Xavier Guerra(coords.), *Inventando la nación: Iberoamérica. Siglo XIX*(México, D.F.: FCE, 2003); Jaime E. Rodríguez O(coord.), *Revolución, independencia y las nuevas naciones de América*(Madrid: Fundacion Mapfre Tavera, 2005).

다.[10] 그런데, 1810년에서 1830년까지 20년간의 과정을 다룬 역사서술을 살펴보면, 대개의 경우 스페인 식민 시기에서 독립국가 수립으로 이어지는 이 변화무쌍한 파노라마를 놀라울 정도로 단순하게 그리고 있다. 이 과정 전체가 매우 모호하게 언급되거나, 축소 또는 압축되어 간략하게 설명된다. 그러나 반다오리엔탈의 독립은 우루과이뿐만 아니라, 브라질과 라플라타 연합주(아르헨티나)의 독립과도 밀접하게 연관되어 있고, 이베리아 제국(스페인, 포르투갈)은 물론 영국, 프랑스의 이해관계와도 깊이 연결되어 있었음을 간과해서는 안 된다.

1) 카를로타 프로젝트와 이스파노아메리카

이베로아메리카적 시각에서 빼놓을 수 없는 인물로 카를로타 호아키나(Carlota Joaquina)를 들 수 있다. 스페인 부르봉 왕가의 공주이자 포르투갈 황태자비였던 호아키나는 스페인령 아메리카의 섭정직을 추구하거나, 라플라타 지역에 자신이 통치하는 독립 입헌군주국 수립을 기도했던 인물이다. 결과적으로 '카를로타 프로젝트'는 현실에서 구체화되지는 못했지만, 이베로아메리카를 둘러싼 복잡한 국제적 이해관계를 잘 보여준다. 카를로타 호아키나는 1808년 아들에게 왕위를 양여해야 했던 스페인 국왕 카를로스 4세의 장녀이자 후에 국왕에 오르는 페르난도 7세의 누이였다. 카를로타는 부르봉 왕가의 정략에 따라 1785년 어린 나이에 당시 포르투갈 왕실로 보내져 두 번째 왕자 주앙(João)과 결혼했다.[11]

---

10) 독립 당시 반다오리엔탈은 '시스플라치나(Cisplatina)'라는 이름으로 브라질에 속해 있었다. 이 시기에 대한 개략적인 서술은 Sánchez Gómez(2004) 참조.

11) 카를로타 호아키나 연구의 고전이라 할 수 있는 *La Infanta Carlota Joaquina y la política de España en América*(1808~1812)에서 저자 루비오(Julián María

그러나 곧 장남인 황태자가 사망하고, 여왕 도나 마리아가 정신이상 증세를 보이자, 1792년 주앙이 섭정황태자가 되었고, 카를로타는 섭정황태자비로서 포르투갈 정치의 중심부로 진입한다. 1807년 말 나폴레옹군이 포르투갈을 침공했을 때 포르투갈 왕실의 브라질 이전이라는 역사적인 결정을 내린 사람이 바로 남편 돈 주앙 6세였다(파우스투, 2012: 109).

브라질에 정착한 카를로타 호아키나는 모국 스페인이 나폴레옹의 지배하에 들면서 카를로스 4세와 페르난도 7세 모두 프랑스 땅에 억류된 상황을 접하자, 이제 자신이 스페인 왕위를 계승할 적임자라고 판단한다 (McFarlane, 2012: 1). 호아키나는 나폴레옹군에 점령당한 스페인 본국에 대해서는 어렵겠지만, 브라질과 가까이에 있는 스페인령 아메리카, 특히 라플라타 지역에 대해서는 자신이 왕위계승자로서 섭정직에 오를 권리가 있음을 표명하기 시작했다(Rubio, 1920: 42~51). 그리고 곧바로 남편인 돈 주앙에게, 나폴레옹의 공격에 맞서 자신의 가족이 스페인 왕위 계승권을 지킬 수 있도록 지원해달라는 요청을 보낸다. 돈 주앙은 포르투갈 정치에 깊이 관여한 자신의 부인과 갈등관계에 있었지만,[12] 이 요청에 대해서는 자신의 영향력을 스페인어권 아메리카로 확대할 수 있는 기회라 여기며 깊은 관심을 보인다.

사실 돈 주앙도 리우에 왕실을 안착시킨 후, 곧바로 스페인령 아메리카

Rubio)는 카를로타 공주의 다양한 평가들을 소개하며, 지나치게 부정적인 요소들이 강조된 면이 있으나 야심찬 성격에 실현 불가능한 일들을 꿈꾸는 성격임에는 틀림없을 것이라고 판단했다(Rubio, 1920: 14~15).

12) 돈 주앙은 어머니 도나 마리아 여왕과 동일한 질병에 시달렸으며, 카를로타 호아키나는 이를 이베리아 두 왕국의 통합 기회로 삼은 듯하다. 그녀가 스페인 왕실로 급히 보낸 서간에는 "자신을 지원해줘야 할 순간이 찾아왔다"라고 쓰여 있다. 서간의 원문은 Rubio(1920: 196~197) 참조.

로 시야를 돌린 상태였다. 그는 퐁텐블로 조약을 통해 나폴레옹의 포르투갈 침공을 위해 길을 열어준 스페인에 앙심을 품고 있었고, 동맹국인 영국과 협력하여 공격적인 계획을 추진하려 했다. 첫 목표물은 포르투갈이 오랫동안 관심을 기울여온 라플라타 부왕령, 그중에서도 브라질 남부에 직접적으로 국경을 맞댄 반다오리엔탈이었다. 카를로타의 지원 요청이 들어온 것이 바로 이 무렵이었다.

리우 정부는 한편으로는 영국과 협력을 모색하면서, 다른 한편으로는 부에노스아이레스로 외무대신 소자 코팅뉴(Souza Coutinho)을 파견하여 포르투갈의 보호 아래로 들어올 것을 제안했다. 이 제안이 거절되자 외무대신은 카를로타에게 라플라타 부왕령의 섭정으로 나설 것을 제안한다. 이러한 제안은 부에노스아이레스의 권력층 내에서도 상당한 지지를 받는다. 만약 카를로타와 협력관계에 들어선다면 자신들을 불안에 떨게 한 영국의 공격을 미연에 방지할 수 있다고 믿었기 때문이다 (McFarlane, 2012: 2). 스페인의 두려움은 근거가 없는 것이 아니었다. 1806년에 영국의 아메리카 침략을 경험한 전례가 있었기 때문이다.

한편, 영국의 입장에서 동맹국 포르투갈이 라플라타 유역을 지배할 경우, 그 지역에서 자신의 무역을 보호하고 스페인령 아메리카로 시장을 확대해 나갈 수 있는 전기가 마련되는 셈이다. 따라서 영국 내에서도 포르투갈-영국 연합군의 스페인령 아메리카 침공에 대한 지지여론이 형성되었다(Street, 1967: 96~110).

실제로 카를로타 호아키나가 부에노스아이레스 정부에 성명서를 보내 자신의 섭정을 제안한 것은 1808년 8월의 일이다. 그러나 라플라타 부왕령의 고위급 지도자들은 정중하게 그녀의 제안을 거절한다(Rubio, 1920: 45~50). 하지만 카를로타의 제안이 모두로부터 거부당한 것은 아니었다. 부에노스아이레스와 브라질의 일부 독립론자들은 카를로타의 섭정이 실현된다면 라플라타와 브라질이 이베리아 제국들로부터 자연스럽게 독립할 수 있는 전환점이 되리라 기대한 것이다. 나아가 이들은 카를로타를 중심으로 입헌군주국을 세워 크리오요들이 유럽인들보다 우위에 서는 사회를 꿈꾸기도 했다. 하지만 이러한 구상은 현실성이 떨어지는 것이었다.

라틴아메리카의 독립을 우려한 포르투갈과 영국 정부는 입장을 바꾸어 카를로타 제안을 가로막고 나섰다. 그러나 카를로타는 이에 굴하지 않고 전략을 수정하여 계획을 재추진한다. 1809년 말 이후 스페인 본국의 혼란이 가중되는 속에서 카를로타는 아메리카의 크리오요들과의 접촉을 중단하고, 자신의 섭정이 스페인 제국의 유지에 가장 유리한 방식이 될 것임을 주장한다. 그러나 1810년 5월 혁명 이후 부에노스아이레스에 들어선 평의회(Junta)는 그녀의 주장에 역시 부정적인 반응을 보이게 된다.

그러나 카를로타 프로젝트는 여기서 끝나지 않는다. 부에노스아이레스 5월 혁명 이후 그에 반대하는 몬테비데오 왕당파들이 카를로타를 중요한 동맹세력으로 인식했기 때문이다. 이들은 스페인 제국의 일부인 라플라타 지역을 방어하기 위해서는 카를로타의 지원이 필요함을 호소했다. 카를로타는 이들에게 자금과 선물을 보내며 지원을 약속했지만, 실제로 그녀에게는 몬테비데오를 위해 사용할 수 있는 수단이 거의 없었다. 그 후 스페인과 아메리카 각지에 수립된 평의회에서 페르난도 7세에 대한 충절과 그의 복위가 표방되면서 카를로타 프로젝트는 더 이상 효력을 발휘하지 못하게 된다.

이상과 같이 살펴본 카를로타 호아키나의 에피소드는 라틴아메리카 독립 시기에 몇 가지 중요한 시사점을 제공한다. 먼저 당시 위기에 놓인 이베리아 제국의 해체 과정을 새로운 각도에서 볼 수 있게 해준다. 특히 영국과 프랑스 등 외부 세력의 영향력에 크게 좌우되었던 현실이 잘 드러난다. 또한 이베리아의 두 제국은 왕실의 혈연으로 연결되어 경쟁자

이면서 조력자인 이중적 관계를 지녔다. 이는 어느 한쪽이 위기에 처해 있을 때, 다른 한쪽이 지속적으로 영향력을 행사할 수 있는 환경이 되며, 카를로타의 프로젝트는 그러한 환경이 야기한 허황되면서도 강렬한 움직임이었다. 끝으로, 아메리카 대륙에서는 카를로타 에피소드를 통해 독립운동 태동기의 브라질과 라플라타 지역의 상호작용을 파악할 수 있다. 이러한 움직임은 프랑수아 슈발리에(François Chevalier)의 지적처럼 '라틴아메리카 연구의 근본적 조건의 하나로서 국가 중심의 역사관에서 경계를 없애는 일'의 중요성을 일깨워준다(Chevalier, 1983: 77).

2) 아르티가스의 등장과 아르티가스주의 역사서술의 명암

1808~1809년 이베리아 반도의 혼란에서 비롯된 몬테비데오와 부에노스아이레스의 불안정은 더욱 증가되었지만, 반다오리엔탈의 독립 징후는 전혀 나타나지 않았다. 그러나 이전 시기부터 형성된 몬테비데오-부에노스아이레스의 경쟁의식은 더욱 치열해졌다. 1808년 몬테비데오의 총독 엘리오(Francisco Javier Elío)는 새롭게 임명된 부에노스아이레스의 부왕을 인정하지 않고, 스페인 각지에서 지방평의회가 구성되는 예에 따라 독자적인 평의회를 수립했다. 이로써 몬테비데오는 일시적으로 부에노스아이레스의 관할권에서 벗어나게 되었다. 그러나 곧 부에노스아이레스에서 5월 혁명이 일어나 부왕을 몰아내고 스스로의 의회를 수립하자, 몬테비데오는 이 새로운 체제를 거부하고 당시 본국 스페인에 형성된 통치체제를 따르기로 결정한다. 비록 긴 시간은 아니지만 몬테비데오는 라틴아메리카에서 흔치 않게 스페인 국왕의 통치권을 수호하려는 주요한 세력 중 하나로 남아 있었다.[13]

하지만 오리엔탈인들은 곧 딜레마에 빠진다. 부에노스아이레스의 통제에서 벗어나기 위해 스페인을 인정하는 것은 또다시 스페인 제국의 지배 속으로 빠져드는 일이기 때문이다. 더욱이 몬테비데오 외의 반다오리엔탈 지역에서는 독립운동이 조직되고 있는 상황이었다. 이때, 반다오리엔탈 전체 영토와 지역 가우초들의 상황을 깊이 인식하고, 몬테비데오 후배지 농촌의 이해관계를 대변할 수 있는 인물이 등장한다. 바로 호세 헤르바시오 아르티가스(José Gervasio Artigas)였다. 한때 부에노스아이레스 부왕령의 군사지휘관이었던 그는 지방의 완전한 자치를 옹호하는 주장을 펼치면서 해방운동을 주도하여 오늘날 국가 영웅으로 추앙받고 있다.[14] 아르티가스는 가우초와 농촌의 메스티소들을 조직하여 스페인의 지배와 부에노스아이레스의 중앙집권주의에 대항해 1811년 2월 26일 이른바 '아센시오의 외침(el grito de Ascencio)'을 발하고, 독립운동을 개시했다.[15] 또한 이 운동은 농촌 후배지에 지나치게 높은 세금을 부과하는

---

13) 앞서 분석한 대로 몬테비데오 건설 과정에서 스페인인들의 이주가 많았던 것도 이러한 몬테비데오의 결정과 관련이 있다고 할 수 있다. 오늘날까지도 일정 부분 이어지는 현상이지만, 당시 몬테비데오 시민 가운데 스페인 혈통을 지닌 인구가 많아 친스페인적 성향이 깊이 뿌리내리고 있었다. 반면, 몬테비데오의 배후지는 인구밀도가 낮고, 토착 원주민들과 혼혈을 이룬 주민들이 대다수였다. 이들은 토지가 없는 가난한 농민들로서 도시 사람들과 어려운 관계에 놓여 있었다 (Sánchez Gómez, 2009). 라틴아메리카 전반의 1808년 움직임에 대해서는 Chust (2007)에 다양한 글들이 수록되어 있다. 그 가운데 우루과이에 대해서는 Frega (2007: 242~268) 참조.

14) 우루과이의 역사에서 아르티가스는 절대적인 영웅으로 칭송받고 있으나, 이른바 '상상의 역사(imagined history)' 속에서 그려진 인물이라는 평가도 존재한다. 이때 아르티가스가 지향한 것이 완전한 독립인지, 지방자치인지에 대해서도 논쟁이 일고 있다. 더 객관적인 시각에서 국가 이데올로기적 역사서술을 비판한 연구로는 Real de Azúa(1991)이 있다.

15) 2011년을 독립 200주년으로 기념하자는 측의 입장에서는 이 날을 독립의 기원으

중심도시 몬테비데오에 대한 저항이기도 했다. 몬테비데오 총독 엘리오는 아르티가스군을 제압할 수 없자 포르투갈에 지원을 요청한다.

그러나 이는 엘리오의 잘못된 계산이었다. 오래전부터 반다오리엔탈에 관심을 보여 온 포르투갈에게 이 요청은 절호의 찬스로 받아들여졌다. 1811년 중반 반다오리엔탈에 정착한 포르투갈군은 라플라타 지역으로 지배 범위를 넓히려는 야심을 드러냈다. 뜻하지 않은 위협에 몬테비데오와 부에노스아이레스는 대립관계를 청산하는 휴전협정을 맺는다. 어느 의미에서 친스페인계와 중앙집권주의의 결탁이라 할 수 있는 이 협정은 아르티가스와는 전혀 협의되지 않은 채 진행되었고, 이를 인정할 수 없었던 아르티가스는 자신을 따르는 주민들을 이끌고 인접한 엔트레리오스(Entre Ríos) 지방으로 대규모 이주를 감행한다. 이 집단 이주는 우루과이 역사에서 중대한 의미를 지닌다. 즉, 스페인에도 부에노스아이레스에도 종속될 수 없다는 반다오리엔탈 내륙 지역(몬테비데오 후배지)의 의지의 표출이라고 할 수 있다(Ramos Escandón, 2007: 47).

이베로아메리카에 독립운동이 확산되는 시기에 반다오리엔탈은 아르티가스의 주도 아래 독자적인 행정기관과 주민대표 의회를 갖춘 '오리엔탈 주(Provincia Oriental)'로 변모했다. 반다오리엔탈 역사상 처음으로 자치권과 자주권을 지닌 정치적 단위가 된 것이다. 나아가 부에노스아이레스의 중앙집권주의를 거부하는 주변 지방들과 연방제 성격의 연방동맹을 구성하고 헌법과 영토성을 갖추려 했다(Reyes Abadie 1974, 3~4장; Frega 1998: 119).

'오리엔탈 주'는 부에노스아이레스와 히우데자네이루 정부의 두려움과 경외(敬畏)의 대상이 되었다. 그러나 1816년 포르투갈군이 또다시

로 간주한다.

이 지역을 공략하여 몬테비데오에 정부를 수립하자(1817), 아르티가스의 위세는 급격히 쇠퇴했다. 그는 게릴라전을 펼치며 포르투갈군에게 끝까지 저항했으나 최종적으로 패배하여 파라과이로 망명을 떠났고, 반다오리엔탈은 브라질에 병합되어 '시스플라치나(Cisplatina)'라는 명칭의 주가 되었다(Paulo Pimenta, 2013: 5).

그러나 오리엔탈 주의 망명자들과 과거 연방 동맹에 속해 있던 라플라타 연합주의 일부 주에서 반다오리엔탈을 탈환해야 한다는 주장이 제기되었고, 점차 부에노스아이레스 정부도 이 소리를 무시할 수 없게 되었다. 이후 브라질 지배하에 있던 반다오리엔탈 내에서도 독립을 원하는 소리가 날로 높아지자, 1825년 과거 아르티가스의 부관을 지낸 안토니오 라바예하(Antonio Lavalleja)의 지휘 아래 '33인의 오리엔탈 독립운동가'들이 브라질에 대항하는 독립선언을 발표하고, 라플라타 지역 연합에 편입한다고 선언했다. 이 사건이 원인이 되어 부에노스아이레스와 브라질 사이에 '500일 전쟁'이 발발했고, 이투사인고 전투(1827년)에서 크게 패한 브라질은 군사적·경제적 파탄에 직면하게 된다(파우스투, 2012: 135). 하지만 아르헨티나도 대통령이 실각하는 등 내부의 지도력 부재로 전쟁을 유리하게 종결짓지 못했다. 그러자 1828년 자신들의 상권 보호를 위해 이 지역의 안정을 원하던 영국이 중재에 나서 마침내 양국 사이에 평화협정이 체결되고 시스플라치나는 '우루과이 동방 공화국'으로 독립했다.

식민 시기 종료에 관한 연구물들을 살펴보면, 과거의 고전적 연구[16]부

---

16) 대표적인 연구서로는 Francisco Bauzá(1897), *Historia de la dominación española en el Uruguay*(Edicion en CD-Rom, Clásicos Tavera, Madrid, 2001); Pablo Blanco Acevedo, *Historia de la República Oriental del Uruguay* (Montevideo: Barreiro y Ramos, 1901) 또는 Pablo Blanco Acevedo, *El gobierno*

터 최근의 연구[17])에 이르기까지, 거의 절대적인 숫자가 아르티가스나 아르티가스주의(artiguismo)에 집중되어 있음을 알 수 있다. 이는 호세 헤르바시오 데 아르티가스가 모든 우루과이인들— 지지 정당이나 이념, 종교의 차이를 불문하고 — 에게 받아들여지는 유일한 역사적 인물이기 때문일 것이다. 그러나 아르티가스와 뜻을 함께하지 않았던 세력들, 특히 몬테비데오 내부의 사람들에 대해서는 거의 다루어지지 않고 있으며, 브라질에 합병되어 지배받던 시기도 연구대상에서 제외된 듯 보인다.[18]) 이러한 현상은 브라질의 역사에서도 나타난다. 그들이 지배했던 시기임에도 불구하고 반다오리엔탈(또는 시스플라치나)을 자신들의 역사의 일부로 받아들여, 심도 있는 연구를 진행하는 데까지 이르지는 못한 것 같다.

우루과이는 다른 이베로아메리카 국가들과는 달리, 대다수 국민들이 독립을 열망하는 상황에서 탄생한 것이 아니었다. 1828년경에는 브라질 제국에 계속 속해 있기를 바라는 세력, 라플라타 연합주에 반환되기를 바라는 세력, 또는 스페인 식민 시기의 권력을 그리워하는 세력, 심지어

---

colonial en el Uruguay y los orígenes de la nacionalidad(Montevideo: Ediciones J. A. Ayala, 1929) 등을 들 수 있다.

17) Reyes Abadie(1998) 또는 Frega y Islas(2001) 등이 해당된다.

18) 우루과이에서 아르티가스의 공헌과 의미는 분명하다. 하지만 한 신문의 칼럼이 말하듯 지나치게 이상화된 면이 있다. "열정과 논쟁의 인물인 아르티가스는 우루과이에서 건드릴 수 없는 위치에 있다. 어느 누구도 그를 넘볼 수 없다"(Linn, 2000). 또 다른 신문에는 "공식적인 아르티가스는 오로지 미덕만 갖추고 있는 완전한 인간이다. 심지어 어린이들까지도 학교에서 노래 부를 정도이다. …… 아르티가스는 이제 신화가 되어 한 세기가 넘도록 국가에 의해 유지되고 있다. 사실상 오리엔탈 사람들은 그를 제대로 알 수 있는 기회는 없다. 우리는 더 이상 그를 모르면서 동시에 그를 이용해갈 수는 없다. 국가의 공식적인 행위들이 그에 대한 논쟁과 진지한 연구를 가로 막고 있다."라는 주장이 실렸다(Díaz, 2000).

극히 일부이기는 하지만 영국의 보호령 시절로 돌아가기를 희망하는 자들까지 다양한 세력들이 존재했으며, 우루과이의 독립을 희구한 세력은 전체 주민의 일부에 지나지 않았다. 어느 면에서는 독립에 반대하는 세력의 수가 더 많았다고 할 수 있다.

결국 우루과이는 1828년 독립의 지지 세력이 확보되지 않은 가운데 갑작스런 독립국이 된 것이다. 게다가 우루과이는 독자적인 정치·행정의 전통도 없었다. 스페인에서 해방된 다른 국가들은 대체로 부왕령의 수도였거나, 아우디엔시아의 중심이었거나, 인텐덴시아의 중심지로서 정치적·행정적 조직의 경험이 있었다. 그러나 대부분의 시간을 부에노스아이레스 체제에 편입되어 있던 반다오리엔탈로서는 자립의 경험을 쌓을 기회도 많지 않았다. 독립지지 세력도, 독자적 행정 전통도 없고, 확정된 경계선도 없으며 — 국경선은 20세기에 들어설 때까지 다양한 조약이나 협정을 통해 계속 변화한다 — 확실한 국호도 정해지지 않은 가운데 새로운 국가가 탄생한 것이다. 국호에 대해서는 앞서 다룬 것처럼, '몬테비데오국(Estado de Montevideo)', '몬테비데오 공화국(República de Montevideo)', '오리엔탈국(Estado Oriental)', 또는 오늘날의 정식 국명으로 쓰이는 '우루과이 동방 공화국' 등의 이름들이 구분 없이 사용되었다. 당연한 일이겠지만, 1830년경에는 국호에 대해 어떤 공감대도 형성되어 있지 않았다.

결국 우루과이라는 독립된 영토가 1830년에 등장했지만, 하나의 국가로 확립되기까지는 느리고 긴 과정을 더 거쳐야 했다. 따라서 그 국가에 '알맞은' 국민을 만들어내는 과정이 필요했고, 19세기 후반부터 자신들의 신화를 만들고, 역사를 만드는 열정적인 과정이 이어졌다.

5. 맺음말

지금까지 반다오리엔탈이라는 특정 지역의 독립과 국가건설 과정을 자세히 살펴보았다. '브라질에서 독립한 스페인어권 국가', '이베로아메리카에서 가장 길고 복잡하며, 비전형적인 독립 과정을 지닌 지역', 이른바 '상상의 공동체에 가장 유사한 국가', '이베리아 양 제국의 이익이 직접적으로 충돌한 흔치 않은 지역' 등 반다오리엔탈을 수식하는 다양한 표현들이 이 지역의 굴곡진 역사를 대변해준다. 1808년에서 1828년까지 최소한 여섯 세력이 순차적으로, 때로는 두 세력이 동시에, 이 지역을 지배했다. 그 여섯 세력이란 스페인 제국, 포르투갈 제국, 일시적으로 영국, 부에노스아이레스의 혁명 정부, 브라질 제국, 아르헨티나 공화국 등이다. 이들 중 대부분은 제대로 토대가 갖춰지지 않은 취약한 정치적 단위였고, 그들 사이의 본질적인 차이에도 불구하고 비슷한 시기에 존재하면서 상호 갈등을 겪기도 했다.

구체제의 위기로 발생한 권력의 공백은 이베로아메리카의 내적인 재구성 과정을 낳았고, 그 속에서 헤게모니를 잡으려는 다양한 정치적 가능성들이 서로 경합을 벌였다. 다양한 주권 세력들 간에 전쟁이 발생했고, 지역적 공간(espacio regional)은 계속적으로 재편되었다. 어떠한 동맹이 이루어지는가에 따라, 그리고 어느 세력이 헤게모니의 중심에 위치하는가에 따라 영토성의 수립과 해체를 반복했다. 이러한 영토성의 생성 변환 과정에서 전쟁은 동맹의 구성원을 결정하고 영토에 정치적 형상을 입히는 절대적 요인이었다. 특히 브라질의 군주주의적 특성과 라플라타 연합주의 자치주의적 특성이 반다오리엔탈 지역에서 충돌하면서, 자연적 경계나 역사성에 따른 합법적 공간을 차지하기 위해 다양한 수단들이 동원되었으나 결국 모든 것을 결정하는 메커니즘은 전쟁이었다.

한편, 우루과이 독립의 역사서술은 어느 의미에서 아르티가스라는 인물을 중심으로 전개됨을 확인했다. 비록 그의 최종 목표가 주변의 지방들과 함께 주권을 지닌 연방체를 수립하는 것이었지만, 포르투갈군과의 전투에서 패하면서 물거품이 된 듯했다. 그러나 그가 의도했던 의도하지 않았던, 그의 패배는 오히려 그의 선명한 주장(스페인에게도, 포르투갈에게도, 부에노스아이레스에게도 종속되지 않는다는)에 감싸여 국가의 윤곽을 형성하는 결과를 가져왔다(Ribeiro, 2011: 16).

1828년, 긴 전투에 고갈된 참전 세력들은 평화협상에 돌입했다. 영국의 참여 속에서, 이들은 하나의 절충안을 마련했다. 이를 통해 '반다오리엔탈'은 마침내 독립된 우루과이 공화국이 되었다. 하지만 이 새로운 '완충' 국가의 건설이 국경을 맞댄 지역의 안정을 의미하지는 않았다. 오히려 이는 이 지역의 어느 한 국가(또는 세력)가 그들 사이에서 분쟁이 되었던 토지를 확실하게 장악하지 못하는 불안정성을 나타낸다. 약 20년에 이르는 분쟁이 끝난 후 남게 된 깊은 정치적 분열은 라플라타 강 지역 전체에 주권이라는 근본적인 문제를 남겼다. 혁명과 독립은 식민지 구체제를 일소했으나 그 자리를 대신할 새로운 국가적 실체들(national entities)의 형성까지 이르지는 못했다.

이러한 불안정성은 곧바로 1830년대와 1840년대에 또 다른 갈등을 가져왔다. 이번의 갈등은 국제적 연합의 갈등으로 비화했다. 아르헨티나의 통합주의자(unitaristas), 우루과이의 콜로라도당, 그리고 히우그란지의 공화주의자들이 연합하여, 그들 지역의 연방주의자, 블랑코당, 그리고 왕정주의자들의 연합과 경쟁을 벌였다. 이 지역에서 이러한 연합이 존재했다는 것은 근본적으로 이 지역이 수면 깊은 곳에서 상호 연결되어 있다는 본질을 잘 반영한다. 결국 우루과이를 둘러싸고 시작된 갈등은 파라과이 전쟁으로 비화되면서 또 한 차례 거센 영토의 조정 국면을 맞는다.

결국 반다오리엔탈 독립의 역사와 라플라타 지역의 국가 건설 과정은 이베로아메리카의 통합적 시각에서 분석해야 온전한 구조가 밝혀진다고 할 수 있다. 이 연구가 차후 이베로아메리카 통합적 역사 연구를 위한 하나의 작은 시사점이 될 수 있기를 기대해본다.

참고문헌

갈레아노, 에두아르도. 2005. 『불의 기억 2(얼굴과 가면)』. 박병규 옮김. 도서출판 따님.

파우스투, 보리스. 2012. 『브라질의 역사』. 최해성 옮김. 그린비.

Aínsa Amigues, Fernando. 2007. "La utopía de la democracia en uruguay. Entre la nostalgía del pasado y el desmentido de la historia." *América Latina Hoy*, No. 47, pp. 87~99.

Arnade, Charles. 2009. "La génesis de Bolivia, Paraguay y Uruguay." *Revista Ciencia y Cultura*, No. 22~23, pp. 205~218.

Chevalier, François. 1983. *América Latina: de la independencia a nuestros días*. Barcelona: Labor.

Chust, Manuel(coord.). 2007(1808). *La eclosión juntera en el mundo hispánico*. México: FCE.

Demasi, Carlos. 2011. "Actos del bicentenario carecen de rigor histórico." *El Observador*, el 10 de octubre.

Díaz, Ramón. 2000. "Quién es Artigas." *El Observador*, 2000년 9월 23일자.

Frega, Ana. 1998. "La virtud y el poder: la soberanía particular de los pueblos en el proyecto artiguista." en Noemí Goldman y R. Salvatore(comps.). *Caudillismos rioplatenses: nuevas miradas a un viejo problema*. Buenos Aires: Eudeba.

_____. 2007. "La Junta de Montevideo de 1808." en Manuel Chust(coord.). 1808. *La eclosión juntera en el mundo hispánico*. México: FCE, pp. 242~ 268.

_____. 2008. "Uruguayos y orientales: itinerario de una síntesis compleja." en J. C. Chiaramonte, C. Marichal y A. Granados(compiladores). *Crear la nación: los nombres de los países de América Latina*. Buenos Aires: Editorial Sudamericana.

Frega, Ana y Ariadna Islas(eds.). 2001. *Nuevas miradas en torno al Artiguismo*.

Montevideo: Universidad de la República.

Goldblatt, David. 2006. *The Ball is Round*. New York: Riverhead Books.

McFarlane, Anthony. 2012. "Princess Carlota Joaquina and the Monarchist Alternative in Spanish American Independence." Paper in the Conference *Liberalism, Monarchy and Empire: Ambiguous Relationships* (10 February 2012, Senate House, London) held by the Institute of Latin American Studies, University of London.

Paulo Pimenta, João. 2013. "¿A quién debería pertenecerle la banda oriental? Elementos para comprender la Independencia de Brasil a partir del Río de la Plata." *Nuevo Mundo*(revista digital). http://nuevomundo.revues.org/pdf/65338

Ramos Escandón, Carmen. 2007. *Latinoamérica en el siglo XIX(1750~1914)*. México D.F.: UNAM.

Real de Azúa, Carlos. 1991. *Los orígenes de la nacionalidad uruguaya*. Montevideo: Arca.

Reyes Abadie, Washington. 1998. *Artigas y el federalismo en el Río de la Plata*. Montevideo: Ediciones de la Banda Oriental.

Ribeiro, Ana. 2011. "De las independencias a los estados republicanos(1810~50). Uruguay." *Revista de la Asociación de Escribanos del Uruguay*, tomo 97, ene.-jun., pp. 15~42.

_____. 2012. "Territorialidad y ficción: ¿Una entente entre el foco españolista montevideano y la aislada Asunción." *Memorias, Revista Digital de Historia y Arqueología desde el Caribe*, No.16(mayo de 2012), pp. 224~248.

Rubio, Julián María. 1920. *La Infanta Carlota Joaquina y la política de España en América*. Madrid: Imprenta de Estanislao Maestre.

Sánchez Gómez, Julio. 2004. "El tortuoso camino hacia la independencia de la República Oriental del Uruguay: Los realistas en la Banda Oriental en los primeros momentos de la insurgencia." en Manuel Chust(ed.). *Actas del Coloquio sobre la Independencia de América*. celebrado en la

Universitat Jaume I de Castellón, noviembre de 2004.

_____. 2007. "Y Uruguay···." en M. Chust y J. A. Serrano(eds.). *Debates sobre las independencias iberoamericanas*. Madrid: Iberoamericana Vervuert, pp. 47~79.

_____. 2009. "Brasil y Uruguay: dos procesos de independencia íntimamente relacionados". en, J. B. Amores Carredano(ed.). *Las independencias iberoamericanas, ¿un proceso resuelto?* Vitoria: Universidad del Pais Vasco. http://gredos.usal.es/jspui/bitstream/10366/21655/1/DHMMC_Brasil %20y%20Uruguay.pdf

Street, John. 1967. *Gran Bretaña y la independencia del Río de la Plata*. Buenos Aires: Paidos.

Linn. Tomás. 2000. 9. 1 "Ante una grandeza de medida humana, no divina." *Búsqueda*.

Verdesio, Gustavo. 2010. "El día de la independencia o doscientos años de incertidumbre: la indecidibilidad de una fecha en el Uruguay post-independencia." *Revista de Crítica Literaria Latinoamericana*, Vol. 36, No. 71, pp. 75~98.

FIFA 홈페이지. http://www.fifa.com/worldcup/archive/edition=1/overview.html.

제**3**부

문화적 혼종성

제11장

브라질의 이중언어 정책*

식민 시대 아마존 공통언어와 그 현대적 부활

양은미 서울대학교 라틴아메리카연구소 HK연구교수

1. 머리말

다양성, 나아가 혼종성이란 것은 실로 브라질 사회의 모든 영역을 정의
하는 특성으로서, 이와 같은 특성의 근간은 바로 다양성을 이루는 요소들
이 단순히 존재함을 넘어 그들 간에 끊임없이 이루어지는 '경계를 넘나
듦' 그 자체라 할 수 있다. 그러나 현재 우리가 보는 브라질 사회의
문화적 풍요로움에 언어적 복수성이 기여했음을 인정하고 강조하는 동
시에 브라질을 강한 언어적 동질성 혹은 단일성을 가진 국가로 상정하는
경향이 있는 것 또한 사실이다. 이는 언뜻 모순적으로 들릴 수도 있으나
브라질의 인구 구성을 떠올린다면 충분히 납득이 가기도 한다. 브라질

---

* 이 글은 Claudia Macias de Yoon y Man-Ki Lee(eds.), *Políticas lingüísticas y
actualización del habla en el ámbito sociocultural de naciones plurilingües.*
Grupo Editorial La Nación, La Paz(Bolivia: 2014)에 수록된 필자의 기존 논문을
우리말로 옮기고 총서의 취지에 맞게 수정·보완한 것이다.

사회는 그 형성의 기반이 되는 3개 인종 — 인디오, 백인, 흑인 — 을 비롯한 다양한 인종들의 공존과 방대한 혼혈로 인해 사회문화적 이질성이 강했다. 이에 브라질을 하나의 견고한 공동체로 상상하는 것을 강화하려는 노력으로, 다시 말해 하나의 견고한 국가정체성을 표현하는 데 통일된 언어를 주요 수단으로 삼았던 것은 매우 자연스러운 일이다.

1988년 헌법 제13조에 "포르투갈어가 브라질 공화국의 공식언어"라고 명시되어 있고 포르투갈어의 사용이 지배적이기는 하나, 현실에서는 오늘날까지도 다양한 언어들이 매우 활발하게 사용되고 있다. 이렇듯 다양한 언어가 공존하는 상황이었지만 강력한 국가정체성 건설을 위한 과정에서 언어를 학문적으로 연구하고 현실에 맞는 언어정책을 입안하려는 국가적 노력은 거의 부재했다. 실제로 이중언어주의를 둘러싼 논의나 간행물이 공공의 영역에서, 이전에 비해 합당한 진지함과 빈도로 논해지는 것은 최근에 와서인 듯하다. 엄밀히 말하면 브라질은 크게 보더라도 그 영토 내에 최소 세 가지의 이중언어 현실을 살고 있으며, 이들 하나하나가 개별적으로 연구될 필요성이 있다. 첫 번째 현실은 바로 파라과이, 우루과이, 아르헨티나를 비롯한 히스패닉 아메리카 국가들과 국경을 맞대고 있는 지역들에서 관찰되는 언어의 복수성에 관한 것이다. 포르투갈어와 스페인어 간의 접촉이 끊임없이 있었던 이러한 경계 지역의 주민들이 두 언어의 합성어인 '포르투뇰(portunhol)'을 사용하는 것을 흔히 볼 수 있다. 포르투뇰은 대체로 스페인어와 포르투갈어를 모국어로 하는 이들이 자신의 모국어를 축으로 주 어휘만을 상대 언어로 대체하여 쓰는 양상으로 나타난다. 학계에서는 이와 같은 두 언어의 비공식적 혼종 상태를 독립된 언어라기보다 방언 또는 중간언어(inter-language), 즉 어떤 언어를 학습하기 시작해 완전 습득에 이를 때까지의 과정에서 모국어도 목표어도 아닌 불완전한 '단계'로 보는 경향이 우세하다. 다만 기억할 것은 브라질은 스페인어권 국가만 포함하더라도 7개 국과 국경을 맞대고 있고, 따라서 각 지역에서 사용되는 양 언어의 스타일과 상호 접촉 정도에 따라 매우 다양한 양태와 단계의 포르투뇰을 관찰할 수 있다. 학계에는 이를 둘러싸고 이견을 보이고 있으나, 아직까지는, 특히 정규 교육 부문에서는 포르투갈어와 스페인어의 무분별한 섞임 현상을 하나의 위협으로 보는 경향이 주된 것으로 보인다(Do Couto, 2013). 이와 같은 인식을 바탕으로 라틴아메리카 여러 나라의 국경지대에서는 진정한 이중언어교육 모델을 도입하기 위한 노력이 이루어지고 있다.1) 이러한 브라질과 스페인어권 국가들의 접경지역에서의 이중언어 교육에 대한 연구는 상대적으로 더 철저하고 진지하게 이루어져 왔다.

둘째, 브라질 사회를 특징짓는 방대한 다양성은 또한 식민 시기부터 지금까지 브라질에 이주해 정착한 상이한 민족적 배경을 가진 이민자들 그 자체라 할 수 있다. 브라질에서는 오늘날에도 아랍, 아시아, 유럽 계통의 언어들이 브라질 전역에 분포한 각 공동체에서 활발하게 사용되고 있으며, 포르투갈어 자체도 이 언어들의 어휘를 흡수함으로 오늘날의

---

1) 남미공동시장(MERCOSUR)의 회원국들과 브라질의 국경지역에 있는 학교에서는 공통 교육 모델을 2005년부터 채택하기 시작했다. 브라질의 언어정책조사개발연구소(Instituto de Investigação e Desenvolvimento em Política Linguística, 이하 IPOL)에 따르면, 2010년에는 '국경지역의 학교(Escolasdefronteiras)'라는 프로그램이 브라질, 아르헨티나, 우루과이, 베네수엘라와 파라과이의 20개 도시에 도입되어 초등학교 1학년부터 5학년까지 111개가 넘는 학급을 담당하는 60명의 교사와 4,000명의 학생을 대상으로 실시된 바 있다. IPOL은 이 프로그램에서 브라질의 프로그램 코디네이터 역할을 담당하고 있다. 공유 관리, 이중언어주의와 문화상호주의(inter-culturalism)에 입각한 공통의 교육 모델을 구축하고 이를 성공적으로 실행하는 것이 프로그램이 당면 과제이다[http://pt.wikipedia.org/wiki/Portunhol (검색일자: 2013년 11월 7일)].

풍성함과 색깔을 갖게 되었다. 이는 브라질에서 사용되는 포르투갈어를 포르투갈의 그것과 구별 짓는 요소이기도 하다. 모렐로(Rosângela Morello)와 올리베이라(Gilvan Müller de Oliveira)는 2003년 연구에서 브라질에서 사용되는 210여 개의 언어 중 약 20개가 외국어, 즉 이민자들의 모국어인 한편, 190개가량의 언어가 인디오 언어라고 밝혔다(Morello and Oliveira, 2007: 1). 브라질에서 가장 최근에 행해진 2010년 브라질지리통계국(이하 IBGE) 인구조사는 브라질의 언어 다양성이 이보다 훨씬 방대하다는 사실을 말해주고 있다. 인디오 언어만 세더라도 그 수가 274개에 이른다는 새로운 사실이 이번 조사를 통해 드러났으며, 이는 2010년 이전의 인구조사에서 언급한 브라질에서 사용되는 언어의 총합을 넘는 숫자이다. 여기에는 이민자 및 기타 성격의 외국인 유입 증가로 인해 국내 사용 외국어 수의 미세한 증가가 작용했을 것이라고도 짐작할 수 있다. 이 글에서 논의의 중심은 아니지만 기억할 것은 이 범주 또한 브라질의 언어 복수성에 기여하는 또 한 가지 요소로서, 이 범주 내에서만도 연구되어야 할 상이한 현실이 다수 존재한다는 것이다.

셋째, 언어의 혼종성과 관련해 브라질이 직면한 또 다른 현실은 이 글의 주된 관심사인 인디오 언어에 관한 것이다. 적어도 국가 차원에서 브라질은 국내의 인디오 인구를 다 아우르는 진정한 의미의 이중언어정책을 실시한 적이 단 한 번도 없었다고 할 수 있다. 이는 무엇보다도 브라질 전체 인구 대비 인디오의 비중이 낮았기 때문일 것이다. 이를 바탕으로 브라질 언어학자이자 인디오 언어 전문가인 루시 세키(Lucy Seki)가 브라질 내 언어학이라는 분과 내에서 인디오 언어학의 파노라마를 제시하는 그녀의 논문에서 말한 바와 같이 브라질의 인디오 언어들에 대한 연구 필요성의 검토는 브라질에 언어학이 도입되고 발전해온 과정과 맥락을 같이하며 기실 이 역사란 것이 그리 길지가 않다(Seki, 1999: 262).

인디오 언어와 인디오를 둘러싼 제반 문제에 대한 연구와 정책에의 관심이 계속 증가하고 있기는 하지만, 아직은 그 과정의 초입에 서 있다고 보는 것이 정확하다. 그런 점에서 '이엥가투(Nheengatu, ie'engatú)'를 아마조나스 주 서웅 가브리엘 다 카쇼에이라 시의 공식언어로서 법적 지위를 부여한 것은 인디오 문제에 관한 건설적인 논의 환경을 구축하는 데 기여하고 있는 것으로 보인다. 이 글은 브라질이 엄연히 그 사회의 일원인 인디오적 요소— 사람은 물론 그들의 문화 전반— 의 엄연한 존재와 브라질 사회에 그 기여를 공식적으로 인정하려는 노력의 과정에서 직면하고 있는 상황과 과제를 이해하는 것을 목표로 한다. 그중에서도 서웅 가브리엘 다 카쇼에이라 지역의 이엥가투어 사례를 중심으로 브라질의 인디오 언어의 공식언어 지정과 이중언어정책의 방향이 어떠한지 살펴볼 것이다. 이를 위해 먼저 브라질의 인디오와 그 언어의 분포에 관한 일반적 관점을 제시할 것이다. 이어 식민 시대 이엥가투어가 출현해 아마존의 지배적 언어로서 정점을 찍고 이후 점차적인 쇠락에 이르기까지의 배경과 과정을 살펴볼 것이다. 마지막으로 최근 서웅 가브리엘 다 카쇼에이라 시에서 기존의 포르투갈어와 함께 공통 공식언어 자리에 오르면서 재활성화의 기반을 다지게 된 상황을 살펴볼 것이다.

2. 브라질 인디오 인구와 언어 분포

최근 브라질 인디오 관련 문제 연구자와 정책 입안가들에게 기념비적인 사건이 있었다. 이제 인디오 인구에 대한 더 정밀한 자료를 사용할 수 있게 되었다는 것인데, 이는 2010년 IBGE가 이전 조사에서는 하지 않았던 몇 가지 구체적이고 본질적인 질문들을 포함시킴으로써 인디오에 대한 더 광범위하고 정확한 자료가 확보되었기 때문이다.2) 그 전에는 여러 다른 기관들이 연구, 수집한 상이한 자료들에 의존하는 것이 불가피했는데, 자료들 간의 불일치와 자료 자체의 불완전성으로 인해 연구 결과 역시 인디오 현실 개선에 기여하는 데는 한계가 있을 수밖에 없었다. 이제 2010년 IBGE 인구조사로 인디오가 처한 상황을 더 세밀하게 파악하는 것이 가능할 것으로 기대된다.

이번 인구조사에 따르면, 브라질에는 스스로를 인디오라고 밝히는 사람의 수가 89만 6,917명으로 이들은 305개의 다른 부족에 속한다. 이들 중 가장 규모가 큰 부족은 치쿠나(Tikúna)로, 4만 6,045명 혹은 브라질 인디오 인구의 6.8%가 이 그룹에 속한다. 현재 브라질에서 사용되는 인디오 언어의 수는 약 274개로, 여기에는 아직 연구되지 않은 고립된 지역에 거주하는 인디오들이 사용하는 언어는 포함되지 않았다(IBGE, 2010).3) 이 숫자들은 그 전까지 인디오 관련 자료에서 볼 수 있었던 수치와는 상당 부분 차이가 있다. 기존의 많은 연구들에서는 브라질에 존재하는 인디오 부족과 언어 수를 각각 220여 개와 180~200개라고 제시하고 있기 때문이다. 인디오 공동체와 그들의 토지에 관한 제반 문제를 취급하는 정부기관인 국립인디오재단(FUNAI) 역시 그들이 발행하는 문서들에 이 수치를 인용해왔다. SIL International4)의 보고서에서

---

2) 예를 들어 IBGE가 실시한 인디오 대상 인구조사에서 그들의 출신 혹은 현재 소속 부족(ethnic origin)에 관한 항목을 포함한 것은 이번이 처음이다.

3) 브라질 발견 당시 인디오들이 사용하던 언어는 1,300여 개에 달했다고 추정된다. 그중 1,000개 정도의 언어가 여러 가지 이유로 인해 사라졌는데, 널리 알려진 바와 같이 전염병이나 말살정책, 노예화, 열악한 생존 여건 및 강요된 동화정책으로 인한 인디오의 사망 등이 큰 비중을 차지한다.

<表 11-1> 주별 인디오 인구 분포

주	자신이 인디오라고 밝힌 응답자	주	자신이 인디오라고 밝힌 응답자
전체	896,917명	파라이바	19,149명
아마조나스	168,680명	산타카타리나	16,041명
마투그로수두술	73,295명	아크리	15,921명
바이아	56,381명	히우데자네이루	15,894명
페르남부쿠	53,284명	알라고아스	14,509명
호라이마	49,637명	토칸틴스	13,131명
마투그로수	42,538명	혼도니아	12,015명
상파울루	41,794명	이스피리투산투	9,160명
파라	39,081명	고이아스	8,533명
마라녀웅	35,272명	아마파	7,408명
히우그란지두술	32,989명	연방특구(DF)	6,128명
미나스제라이스	31,112명	세르지피	5,219명
파라나	25,915명	피아우이	2,944명
세아라	19,338명	히우그란지두노르치	2,597명

자료: IBGE(2010).

는 심지어 이 숫자가 이보다 더 적은 것으로 나타나는데, 이 보고서대로라면 현재까지 브라질 인디오들이 사용하는 언어의 숫자는 150개 정도에 불과하다(SIL International, 2009).

이미 알려진 바와 같이 브라질에서 인디오가 전혀 거주하지 않는 지역은 없다. 앞과 동일한 IBGE의 인구조사는 더 세밀하게 브라질 인디오가 처한 상황을 보여주는데, 인디오 인구의 지리적 분포에서부터 인디오

---

4) 미국에서 1934년에 시작된 SIL International은 기독교 신앙에 입각한 비영리 과학 단체이다. 다양한 인디오 언어를 비롯해 널리 알려지지 않은 언어들에 대한 연구와 문서화를 통해 성경 번역의 토대 작업을 하는 것이 이 단체의 주목표다. 이전 명칭은 하계언어학연구소(Summer Institute of Linguistics)이다.

언어들을 사용하는 개인의 숫자에 이르기까지의 구체적인 사항들을 포함하고 있다. 이에 따르면 인디오 전체 인구의 36.2%가 농촌 지역에 거주하는 반면 63.8%는 도시 지역에 거주하고 있다. 이를 지역별로 살펴보면, 북부에 가장 많은 수의 인디오 그룹이 집중되어 있는 것을 볼 수 있다. <표 11-1>에서 보는 것처럼 아마조나스 주는 특히 인디오 인구가 가장 많은 주로 브라질 전체 인디오의 20.5%에 해당하는 18만 3,514명이 이 지역에 거주한다.

이 인구조사에서 제시된 인디오의 사용 언어 실태는 인디오를 대상으로 한 이중언어 교육 모델 구축을 위한 방안에 있어 현실을 반영한 효율적 해결책을 제시하는 데 중요한 참고자료로 쓰일 것으로 기대된다. 조사에 따르면, 전체 인디오 인구 89만 6,917명(브라질 전체 인구의 0.4%) 중 51만 7,383명(57.7%)이 정부가 공식 인정한 인디오 영토에 거주하고, 37만 9,534명(42.3%)은 그 영토 밖에 거주한다.

연령대별로 살펴보면, 만 5세 이상의 인디오 인구 78만 6,700명 중 29만 3,900명(37.4%)이 인디오 언어를 구사할 줄 알았다. 인디오 영토 내에 사는 5세 이상의 인디오 중에서는 전체의 57.3%가 인디오 언어를 구사했으며, 인디오 영토 밖에 거주하는 5세 이상 인디오의 경우에는 단 12.7%만이 인디오 언어를 구사했다.

전체적으로 봤을 때 인디오 인구의 76.9%에 해당하는 60만 5,200명이 포르투갈어를 구사하며, 인디오 영토 밖에 거주하는 인디오의 경우 거의 모두가(96.5%) 포르투갈어를 사용한다. 모든 연령대(5~14세, 15~49세, 50세 이상)에서 인디오 영토에 거주하며 인디오 언어(1개)를 구사하는 이들 거의 전부가 포르투갈어를 모르는 것으로 조사되었다(IBGE, 2010).[5]

---

5) 이 글에 인용된 데이터 외에도, IBGE 2010의 인구조사는 브라질의 인디오 연구에

위와 같은 결과에 대해 각기 다른 관찰과 분석이 도출될 수 있을 것이다. 그러나 어떤 분석이 나오든 상관없이 이로부터 분명히 알 수 있는 사실 한 가지가 있다. 바로 각 연령대에 따라 사회참여 정도는 다를 수 있으나, 전반적으로 인디오 인구의 상당수가 브라질 사회에서 오랫동안 배제되어왔다는 사실이다. 여기에는 다른 이유도 있을 수 있겠지만 무엇보다 '언어'라는 요소가 크게 작용한다. 즉, 근본적으로 이들이 자신을 표현하고 같은 국적을 지닌, 그러나 포르투갈어를 구사하는 '타자'들과 소통하는 데서의 어려움이야말로 인디오들이 스스로를 국가성원으로 인정하고, 국가에 의해 인정받는 것을 지연시켜왔다는 것을 부정할 수 없다. 이 점은 분명 인디오에 관한 연구를 지속하는 데 우선적으로 전제되어야 할 사실이다.

『브라질의 언어들(Línguas Brasileiras)』이라는 책을 쓴 브라질의 언어학자 아리용 달리그나 호드리게스(Aryon Dall'Igna Rodrigues)는 브라질의 인디오 언어 분류체계를 구축하기도 한 인디오 언어 연구의 대가로, 이는 인디오 관련 문제 연구자들이 가장 흔히 사용하는 분류법이다. 그의 분류에 따르면 브라질의 인디오 언어들은 몇 개의 언어군으로 분류되고, 다시 이 언어군은 크게 투피(Tupi), 마크로-제(Macro-Jê), 아라왁(Arawak)어족[6]에 속한다(FUNAI, 2010). 대부분의 인디오 언어들은 투피

있어 본질적으로 선행되어야 할 질문에 답하기 위한 노력의 출발점으로 실현되었다. 아울러 IBGE는 자신이 인디오라고 답한 이들의 공간적 분포에 대해 1991, 2000, 2010년의 인구조사를 비교분석한 자료를 제작하기도 했다.

6) 그러나 이 같은 분류체계를 적용하기 어려운 언어군들이 있는데, 카립, 빠누, 마쿠, 야노아마, 무라, 투카누, 카투키나, 트샤파쿠라, 남비카와, 과이쿠루가 그것이다. 또한, 이보다 하위 분류군, 즉 개별 언어 단계에서도 특정 언어군으로 분류하는 것이 어렵거나 불가능해, 여전히 미분류나 고립 상태의 별개 언어(분류체계 밖)로

와 마크로-제에 속한다. IBGE의 자료를 따르자면 가장 많이 사용되는 언어로는 치쿠나, 과라니-카이오바, 카잉강, 야노마미, 샤반치가 있다 (IBGE, 2010).

브라질에서 가장 널리 사용되는 인디오 언어 관련 질문에 대해서는, 그 기준이나 환경이 어떠한가를 포함해, 어디에 중점을 두고 이와 같은 질문을 하느냐에 따라 위의 순위와는 사뭇 다른 결과들이 나올 수 있을 것이다. 교육부가 국내 인디오 학교들을 대상으로 실시한 조사는(MEC, 2005) 위와 유사한 결과를 보여주지만, 몇 가지 다른 점 또한 발견된다. 조사된 학교들에서 가장 많이 사용되는 인디오 언어들 가운데 이엥가투 어도 포함되어 있었으며, 이엥가투어는 '인공'언어라는 점에서 타 언어 들과는 구별된다는 점이 인상적이다. 브라질 인디오에 관한 조사와 연구 물들은 아직 인디오 부족과 언어의 수적 다양성에도 불구하고 이 중 상당수가 사라질 위기에 처해 있을 가능성이 크다고 경고한다. 위에 인용된 조사에 따르면 인디오 토지 밖에서 사용되는 언어들의 거의 절반 (47.4%)이 전체 사용자가 10명 정도밖에 안 되는 것이 현실이다(IBGE, 2010). 이러한 맥락에서, 이엥가투어 사례를 알아보는 것은 매우 흥미로 울 수 있다. 이엥가투어가 인디오 언어라는 점에서 우선 그렇고, 나아가 그것이 식민 시대에 '만들어진 인공어'로서 점점 쇠퇴해가는 듯 보이다 현재에도 한 도시를 중심으로 상당수의 구사자가 존재하고, 최근에는 법적으로 공식언어의 지위를 얻게 되었다는 점에서 그렇다. 실제 서로 다른 부족에 속하는 인디오들이 이엥가투어를 공통의 언어로 사용한다 는 사실을 고려할 때, 이를 연구함으로써 브라질의 현실과 상관있는 이중언어정책을 수립하는 데 중요한 영감을 얻을 수 있을 것이다.

존재하는 언어들 또한 있음을 기억할 필요가 있다(Gaspar, 2011).

3. 식민 시대부터 20세기까지의 아마존 공통언어

앞서 언급한 것처럼, '좋은 언어'라는 의미를 가진 이엥가투어는 투피-과라니어족에 속하는 투비남바 계통의 언어에서 유래한 인공어이다. 아마존 공통언어(Amazonian general language)[7]로 기능했던 이 언어는 식민 시기 브라질에서 광범위하게 사용되었다. '공통언어(Língua Geral)'라는 명칭이 말해주는 것처럼 이엥가투어의 가장 본질적 특징들 중 하나는 '링구아 프랑카', 즉 모국어가 각기 다른 다양한 출신 배경을 가진 사람들 사이의 소통에 쓰인, 말 그대로 공통언어로서의 기능에 있다. 공통언어는 다른 언어를 사용하는 인디오 부족들뿐 아니라 인디오들과 포르투갈인들 사이의 소통 수단이었다.

아마존 공통언어의 기원과 특징을 추적함으로써, 이엥가투어의 출현을 위해서는 이 지역에서 포르투갈의 존재, 즉 포르투갈인과 인디오의 조우가 불가피했음을 어렵지 않게 가정할 수 있다. 아마존의 원주민 그룹과 포르투갈의 첫 접촉에 대해서는 네그루 강(Rio Negro) 유역 인디오 단체연합(FOIRN)이 발행한 문서의 다음 구절에서 일부 관찰할 수 있다.

네그루 강(특히 중하류) 유역에 거주하는 인디오 부족들은 이미 17세기부터 백인, 특히 노예사양을 위해 이 지역에 침투했던 포르투갈인들과 최초의 직접적인 접촉을 가져왔다. 이 시기 동안 네그루 강 상류의 부족들은 부족 간 교역을 통해 유럽 문물(칼, 도끼 등)과 접촉을 하게 되었거나, 백인

---

7) 이미 알려진 바와 같이 18세기에는 2개의 공통언어(general languages)가 존재했다. 하나는 파울리스타 공통언어로(língua geral paulista) 영토 개척 및 확장 과정에서 브라질의 남부에서 주로 사용되었고, 또 하나는 아마존 지역에서 사용된 아마존 공통언어이다.

들을 직접 대면하기 전에 이미 그 존재를 알았을 가능성도 있다(FOIRN, 2006 apud FFLCH/USP, Program of Tupi, 필자 옮김)

17세기 중반부터 포르투갈 왕실은 아마존에 본격적으로 군사를 파견했는데, 적들에 의해 잠식당할 운명에 처한 인디오들을 구하기 위함이라는 것이 이 '침략'에 대해 왕실이 내건 명분이었다. 그러나 실제로 일어난 것은, 아니 더 정확하게는, 포르투갈 왕실이 애초에 의도했던 것은 인디오 부족들의 노예화와 파괴였고, 이는 주로 아마존 지역 주요 강들을 따라 들어서 있던 농장주들과 제분소 주인들에게 노동력을 공급하는 것이었다. 예수회가 이 지역에 들어오면서 — 같은 세기 후반에 예수회원들의 이 지역 유입은 더욱 강화되었다 — 많은 인디오 부족들이 교리문답을 통해 교화되고 길들여졌으며, 포르투갈인들에게 종속되어 살게 되었다. 이때부터 브라질 혼종성의 시초인 백인과 인디오 간 혼혈과 문화 혼종화가 시작되었고, 이로써 아마존의 문화와 거주민들은 상당히 동질화되었고 일련의 고유한 특징들을 갖게 되었다. 이와 같은 '공인된 아마존의 문명화(authentic Amazonian civilization)'에서 통일된 하나의 언어, 즉 '공통언어(língua geral)'[8]의 존재는 필수불가결한 것이었다(FFLCH/USP, Program of Tupi). 공통언어는 포르투갈 예수회 수도사들에 의해 만들어진 것으로 알려져 있다. 포르투갈어 문법체계에 투피남바어의 어휘와 발음이 결합된 방식으로 만들어졌으며 처음에는 마라냥과 파라에서 사용되다가 점차 브라질의 방대한 영토의 강력한 통합을 달성하는 데 기여했다(PIB). 1689년 11월 30일 왕실헌장(Carta Régia)은 공통언어를 아마존의 공식언

---

8) Nheengatu는 또한 nhengatu, nyengatú, língua geral or yeral, língua brasílica, Tupi moderno라는 이름으로도 알려져 있다.

어로 지정했고 성직자들은 포르투갈 정착민들의 자녀들에게 공통언어를 가르쳐야 한다는 규정을 명시했다(Grenand and Ferreira 1989 apud FFLCH/USP, Program of Tupi).[9] 후에 공통언어는 투피-과라니계 인디오들이 한 번도 거주한 적이 없는 지역에까지 퍼졌으며, 네그루 강도 여기에 포함된다. 실제 공통언어가 본격적으로 네그루 강 지역에 도입된 것은 18세기에 와서였다고 전해진다(FOIRN).[10]

그러나 아마존 공통언어가 18세기 중후반까지 차지했던 지위는 당시 포르투갈의 재상이었던 폼발 후작(Maques de Pombal, 1750년에서 1777년까지 포르투갈의 재상)이 1758년 8월 17일 법령으로 투피어를 비롯한 모든 인디오 언어들 및 공통언어의 사용과 교육을 금지했을 때 그 정점을 찍었다. 바로 이 법으로 인해 포르투갈어가 브라질의 유일한 언어로 지정되었고, 이 정책은 식민지에 대한 가톨릭교회의 권력과 지배권을 약화시키려는 정부의 노력에 중심축으로 작용했다. 그 같은 금지의 이유에 관하여 서웅 가브리엘 다 호샤 시 출신으로 히우데자네이루 연방대학(UNI-Rio)의 교수로 있는 주제 히바마르 베사 프레이리(José Ribamar Bessa Freire)[11]는 다음과 같이 설명한다.

---

9) 흥미롭게도 흑인 노예들조차 공통언어를 배우도록 지도 혹은 강요되었는데, 실제로 공통언어는 당시 상이한 인종, 민족적 배경을 가진 그룹들 간 소통을 가능하게 했던 유일한 언어였다고 할 수 있다. 더 자세한 기록은 "A língua geral, língua official da Amazônia no final do século XVII"(FFLCH/USP, *Program of Tupi*)을 참조.

10) 그레낭과 페헤이라는 공통언어가 이 지역에 도입된 것은 1740년경이었다고 추정된다(Grenand and Ferreira 1989 *apud* FFLCH/USP, *Program of Tupi*).

11) 그는 또한 인디오 박물관 친선협회(Sociedade dos Amigos do Museu do Índio)의 대표이자 히우데자네이루 주립대학(UERJ) 인디오 부족 연구과정(Programa de Estudos dos Povos Indígenas)의 담당 교수이기도 하다.

공통언어의 성공과 영향력이 너무 컸던 나머지 (포르투갈 왕실이) 허용할
만한 한계치를 넘어서버렸던 것이지요. 공통언어가 포르투갈어의 역할과
지위에 영향을 주기 시작했고 브라질에서의 그 운명을 위협할 지경에 이르
렀다고 판단했던 겁니다(Freire, apud Ortíz, 2005).

그때부터 공통언어의 사용은 약화되기 시작해, 고무를 찾아, 후에는
새로운 땅을 찾아 이 지역에 유입된 북동부 이주민들로 인해 가속화되었
다. 이는 이주자들이 구사할 줄 알았던 유일한 언어가 포르투갈어였기
때문이다(Grenand and Ferreira 1989 apud FFLCH/USP, Program of Tupi). 이
언어의 명백한 쇠퇴에도 불구하고, 다른 출처들에 따르면 공통언어는
19세기까지도 여전히 포르투갈인과 브라질인들에게 교화와 사회정치적
행위를 위한 주된 소통 수단이었다. 파라과이 전쟁(1864~1870)에 대해
히우데자네이루의 군사 역사기록보관소(Arquivo Histórico do Exército-
AHM)가 소장하고 있는 문서에 기록된 바를 바탕으로 한 프레이리의
설명에 따르면, 아마존 공통언어의 쇠락에 결정적인 타격은 전쟁 당시
이엥가투어만을 구사할 줄 알았던 아마존 병사들의 징집이었고 이후
꾸준히 쇠퇴의 길을 걸었다(Freire, 2013).

위에서 살펴본 바와 같이 한 때 포르투갈어보다도 먼저 브라질에서
유일한 공식언어로서의 헤게모니를 장악했던 이엥가투어는 점차 그 위
치를 잃어갔으며, 주로 네그루 강 지역에 그 사용이 국한되게 된다. 상당
수가 오늘날에는 사라진 다른 인디오 언어들과 함께 이엥가투어 역시
계속해서 잊힐 운명인 듯 보였다. 그러나 21세기에 이엥가투어는 '공식
적 부활'로 이엥가투어 역사에서 새로운 단계에 접어들었다. 이로써 이
제는 그 탄생 후 아마존 공식 공통언어로서의 지위를 잃게 될 무렵까지
사용되었던 구 이엥가투어와 이후 점차 그 모습이 바뀌어 지금의 모습에

이르게 된 현대 이엥가투어를 구분하는 것이 더 적절한 것으로 여겨진다.

4. 21세기 이엥가투어의 공식언어 지정

역설적이게도 현재 브라질에서는 과거 식민화의 도구로 기능했던 이엥가투어가 이제 브라질의 인디오를 현재의 상태에서 해방시키는 기능에 초점을 맞추고 재조명되고 있다. 브라질 인디오의 현실은 흔히는 소위 서구식 문명화의 기준에서 반문명 혹은 반미개 상태에 있다고 치부되어왔다. 이를 더 정확히 표현하자면 문화적으로 '보호되고' 있으나 사회적으로는 '배제되어'왔다고 할 수 있을 것이다. 이와 같은 움직임은 외부관찰적(extrospective)이자 동시에 자기성찰적(introspective)인 특징을 갖고 있다. 먼저는 이와 같은 분위기가 무엇보다도 다양한 맥락의 소수자의 인권과 환경보호를 옹호하는 국제적 분위기와 국내 이 분야의 다양한 국제기구와 NGO와 같은 '감시의 눈'으로 인해 의식적으로 형성되었다는 면에서 외부관찰적 혹은 외부로부터의 기대에 부응하고자 하는 의도가 강하다. 동시에 국내적으로도 인디오들이 브라질 시민으로서 기본 권리들을 온전히 누릴 수 있도록 하기 위해 효율적인 이중언어정책 수립 필요성을 중심으로 한 자기 비판 프로세스가 구축되고 있다는 점에서 자기 성찰적이라 할 수 있다.

이러한 맥락에서 2002년은 브라질 북부 아마존 주의 서웅 가브리엘 다 카쇼에이라 시에서 이엥가투어를 포함한 3개 인디오 언어(투카누와 바니와)가 기존의 포르투갈어와 함께 시의 공식언어로 지정되었다는 점에서 역사적인 의미를 가지는 해이다. 서웅 가브리엘 다 카쇼에이라는 네그루 강의 북부 연안에 위치한 도시로 콜롬비아, 베네수엘라와도 국경

<표 11-2> 브라질 인디오 인구 최대 밀집 도시

주	도시	인디오 수 (명)	브라질 전체(인디오) 인구 대비(%)
합계		126,593	15.5
AM	서웅 가브리엘 다 카쇼에이라	29,017	3.5
AM	상파울루 지 올리벤사	14,974	1.8
AM	타바칭가	14,855	1.8
SP	상파울루	12,977	1.6
AM	산타 이자벨 두 히우 네그루	10,749	1.3
AM	벤자민 콘스탄치	9,833	1.2
PE	페스케이라	9,335	1.1
RR	보아 비스타	8,550	1.0
AM	바르셀루스	8,367	1.0
MG	성 주어웅 다스 미송이스	7,936	1.0

자료: IBGE(2010).

을 맞대고 있다. 이 도시가 지닌 방대한 민족 및 언어 다양성으로 인해 북서부 아마존 지역의 네그루 강 중상류는 이 지역을 연구하는 이들에게 최고의 실험실로 여겨져왔다. 네그루 강 유역에 거주하는 인디오는 30개가 넘는 부족 및 언어집단에 속하며 이들은 5개의 서로 다른 언어군에 속하는 다양한 언어들을 사용한다(FOIRN). 그중에서도 서웅 가브리엘 다 카쇼에이라는 이 지역에 거주하는 인디오와 사용 언어의 분포 면에서 특히 상징적인 의미를 가지고 있다. 도시 전체 인구 3만 7,896명[12] 중 2만 9,017명이 인디오로 분류되며 이들은 각기 다른 22개의 부족 출신으로 이들이 사용하는 언어 수도 이와 유사하다(IBGE, 2010). 많은 인디오 부족들에게 같은 부족 간 결혼은 근친상간으로 간주되어왔고, 결과적으

---

12) IBGE가 밝힌 2013년 서웅 가브리엘 다 카쇼에이라 시의 추정 인구는 4만 1,575 명이다.

로 장려된 다른 부족 간 결혼 전통은 그 같은 언어 다양성을 가능하게 한 요소들 중 하나였다(Martin and Moreno, 2009). 이렇게 서웅 가브리엘 시는 브라질에서 가장 인디오 색채와 특징이 강한 지역으로서 이엥가투어의 '마지막 보루' 혹은 '은신처'로서의 지위가 이 지역에 부여되어왔다.

그러나 제툴리우 바르가스(Getúlio Vargas)가 그의 첫 임기 동안 30년 넘게 추진한 단일 언어를 토대로 한 국수주의(1930~1945, 1951~1954)는 점차 확대, 강화되어 국가 전역에서 포르투갈어를 사용하는 것이 우월하게 여겨지는 분위기를 조성해나갔다. 1951~1954년 그의 두 번째 임기 동안 바르가스는 기존 정책에서 전향해 인디오 언어들에 대한 연구와 교육기관 및 과목 설립의 중요성을 설파하고 이를 추진하기 위한 정책들을 도입했고, 그 뒤를 이은 정권 역시 인디오 언어의 가치를 '공식적으로' 혹은 표면적으로 인정하는 정책을 이어나갔다. 이로써 이엥가투어의 입지는, 비록 퐁발의 인디오 언어 사용 금지 이후 꾸준히 쇠퇴의 길을 걸어오기는 했으나, 현대까지 이어오던 명맥이 당분간 심각하게 위협받지 않는 듯 보였다. 그러나 1970년대 서웅 가브리엘 다 카쇼에이라 시에 기타 브라질 지역에서와 마찬가지로 각종 문화상품과 상징재의 유입이 가속화되는 등 소비사회 물결의 영향을 받기 시작하면서 다시 한 번 위기에 처하게 되었다(Navarro, 2012: 250). 인디오 언어를 다룬 각종 문헌에 묘사된 바와 같이, 이 도시에서 이엥가투어를 비롯한 인디오 언어들의 존재나 위상이 타 지역에 비해 월등히 뛰어남은 여전히 사실이다. 그러나 아울러 공공영역에서 엄연히 브라질에 존재하고 사용되는 다른 언어들의 사용을 암묵적으로나 공공연하게 억제하고 포르투갈어의 우월함을 조장해왔다. 그와 동시에 이 글에서 논의의 중심이 되는 서웅 가브리엘 카쇼에이라 시의 주민 스스로도 인디오 언어보다는 포르투갈어 사용을 선호 — 단 그들이 진정한 의미에서 선택권이 주어진 경우에 — 하는 경향이 최근까지도 꾸준히 증가해왔다는 점을 간과할 수 없다.

2002년 이와 같은 언어사용 현실이 시 정책입안자들 및 연방정부에 의해 반영되어 가장 비중이 큰 인디오 언어사용을 공식화하는 법률(제145호, 2002)이 제정되었다. 이 법은 시의원 카미쿠 바니와(Camico Baniwa)가 FOIRN의 요청으로 언어정책조사개발연구소(IPOL)가 준비한 초안에 입각, 발전시켜 제안한 것이다. 법률 제145호에 따르면 발효 후 5년 내에 지역 정부 기관들과 TV, 라디오, 신문 등의 언론 매체를 비롯한 민간 부문은 시의 4개 공식언어로 지역민들을 응대할 수 있어야 한다. 시의 모든 법률은 공식 번역가의 인증을 거친 4개 언어로 문서화되어야 한다. 또한 해당 법률 제6조에 명시된 바와 같이 연방 및 주정부의 법률을 지켜, 시립 학교에서는 이 지역에서 사용되는 다른 인디오 언어들의 교육을 계속해나가야 한다(법률 제145호, 2002.12.11; 법률 제210호, 2006).

위의 3개 인디오 언어를 도시의 공식언어에 포함시킴으로써 이미 브라질의 이중언어정책을 둘러싼 더 구체적이고 책임감 있는 논의를 전개시키기 위한 길을 열었다고 말할 수 있다. 그러나 현실에서는 위 법의 시행에서 기대만큼의 속도와 효율성을 찾아보기가 어렵다. 시의회와 시청, 시의 유일한 병원마저도 3개 인디오 언어 통역사를 통한 서비스를 주민에게 제공하고 있지 않은 실정이다. 언론매체의 경우 2009년 기준 시 라디오방송이 2개 프로그램을 3개 공식 인디오 언어 중 2개 언어로만 방송을 내보내고 있었다(<Boa noite, Rio Negro>라는 프로그램은 투카누어로, <Desperta, São Gabriel>은 이엥가투어로 방송)(Martin and Moreno, 2009). 브라질 투피어 대표 연구자로 현재 상파울루대학교 인문대 고전언어 및 토착어학과 교수로 있는 에두아르두 나바후(Eduardo de Almeida Navarro)는 이엥가투어와 다른 2개 인디오 언어의 공식화는 기대했던 결과를 가지고 오지 않았다고 평가한다. 그저 서웅 가브리엘 다 카쇼에이라 시의 시립 및 주립 학교들에서 이엥가투어를 가르치는 수준에 그쳤을 뿐으로, 이는 기존의 법률이 이미 제시하던 수준에서 조금 더 확대된 정도에 불과한 것으로 보인다(Navarro, 2012: 251). 법률 제145호의 모든 조항들의 온전한 시행을 보장하기 위해 시립언어정책위원회(Conselho Municipal de Política Linguística)를 발족시키기 위한 제안서를 제출하기도 했으나, 아직도 종이 밖으로 나오지 못한 상황이다.

그럼에도 고무적인 것은 비인디오 인구에게도 고등교육단계에서 이엥가투어의 사용과 그것의 더 심오한 학습을 확대하기 위한 학문적인 노력들이 구체적으로 이루어지고 있다는 것이다. 고전 투피어와 공통언어(이엥가투어) 프로그램〔Program of Classical Tupi and General Language(Nheengatu)〕이 나바후 교수의 주도 하에 2009년 상파울루대학교에 개설되었고, 그는 학생들과 함께 『공통언어(링구아 제라우) 과정(Curso de Língua Geral)』이라는 제목의 책을 2011년 출간한 바 있다(Navarro, 2011). 2010년에는 인디오 학교들을 위한 고등교육기관에서 일할 교사와 교수 양성을 목표로 아마존 연방대학(Universidade Federal de Amazonas-UFAM)에 교육정책 및 개발 학위과정(Licenciatura em Política Educacional e Desenvolvimento)이 개설되었다. 이 과정과 학위는 이엥가투어, 투가누어, 바니와어를 모국어로 하는 인디오를 대상으로 하며 서웅 가브리엘 다 카쇼에이라 시에 소재하고 있다(IILP, 2012). 더불어 다양한 성격의 기관과 개인의 참여로 이엥가투어 맞춤법 통일안을 마련하기 위한 과정이 전개 중인데, 이는 더 잘 정립된 이엥가투어 보급 대책을 강구하기 위한 필수적 단계들 중 하나라 할 수 있다.

분명 법률 제145호를 현실의 다양한 영역에 적용하고 실생활에서 이엥가투어가 확고하게 자리 잡기까지는 아직 갈 길이 멀다. 분명한 것은 브라질에서는 자기네의 인디오 유산, 특히, 다양한 언어들을 보존할 필요성에 대해 동의하는 분위기가 형성되고 있고, 현 시점에서 이엥가투어를 둘러싼 정책의 방향은 그 같은 목적 달성을 향한 브라질 사회의 의지를 가늠하는 시금석으로 작용할 것으로 보인다.

5. 맺음말

앞서 브라질의 포르투갈어-인디오언어 이중언어 정책의 현 상황을 이해하기 위한 방법으로 서웅 가브리엘 다 카쇼에이라 시의 이엥가투어 사례를 살펴보았다. 이엥가투어의 기원에서부터 현재 이엥가투어가 다루어지는 맥락에 이르기까지 브라질 사회에서 이 언어가 가진 의미는 결코 무시할 수 없어 보인다. 의사결정의 모든 단계에서 인디오의 사회적 참여 증진에 대한 내적, 외적 요구가 증가하고 있는 현실을 고려할 때 그 같은 숙고의 중요성은 분명해진다.

일부는 인디오 언어들을 부활시키고 인디오들을 대상으로 한 이중언어 정책을 마련하기 위한 과정에서 다른 '순수' 또는 '자연'적으로 형성된 인디오 언어가 아닌 이엥가투어에 집중하는 경향을 비판하거나 회의적인 입장을 표한다. 대표적인 인물은 아리용 달리그나로 그는 실제 그런 이유로 이엥가투어를 공식언어로 지정하는 데 반대한 이들 중 하나였다. 그러나 지금 단계에서는 이미 다른 부족들 간 소통의 도구로 기능하고 있는 (인디오) 언어를 취하는 것이 더 필수적이며 시의적절하다는 의견이 더 큰 목소리를 내고 있는 듯 보인다. 2010년 IBGE 인구조사에서 파악된 274개 인디오 언어 중 상당수가 실제 사용자 수가 매우 적고 해당 부족민에 의해서만 사용되며, 이들 언어 간 공통요소가 매우 적음을 기억할 때 인디오 언어 보존 전반에 있어 이엥가투어 연구와 정책 활성화의 당위성은 더 분명해진다. 이는 그러한 언어들이 연구와 보존의 가치가 없다는 의미가 아니다. 오히려 여기서 중요한 문제는 선발주자로 어떤 언어를 선택하느냐가 아니라 다양한 인디오 언어들에 관한 정책을 어떻게 각각에 적절한 방식으로 수립하고 시행하느냐 하는 것이다. 전체적인 맥락에서 볼 때 이엥가투어의 사례는 브라질의 인디오 정책 모델 수립에 있어 과도기적 기능을 할 것으로 기대된다.

다르시 히베이루(Darcy Ribeiro)는 그의 저서 『브라질 인디오의 문화와 언어들(Culturas e Línguas Indígenas do Brasil)』에서 브라질 인디오가 처한 상황과 브라질 사회의 과제에 대한 그의 견해를 문제로 제기한 바 있다:

그러나 〔인디오에 대한〕 보호적 성격의 정책은 그들의 부족 세계의 해체를 지연시키는 것 이상의 그 어떤 것도 할 수 없다는 것을 인정해야 한다.

이러한 사실들로부터 도출되어야 할 마땅한 결론은 만일 우리의 판단에 브라질의 부족 언어들과 문화들이 마땅히 문서화(기록)되어야 한다면, 우리는 재빨리 행동을 취해야 한다는 것이다. 이를 위해 지금 당장 실행에 옮기지 않는 것이라면, 그것이 무엇이 되었든 간에 미래에도 그 같은 기회가 다시는 돌아오지 않을 것임은 자명한 사실이다. 우리는 분명 주요한 과학적 중요성을 지닌 과제, 즉 문서화를 통해 다양한 인디오 언어와 문화를 보존해야 한다는 과제를 마주하고 있다. 오늘날까지 살아남은 이 언어와 문화들은 유럽의 영토 확장의 미명 아래 사라져간 수천의 언어들의 마지막 흔적인 것이다(Ribeiro, 1967: 116~117, 필자 옮김).

마침내 정치, 종교계에서부터 학계, 시민사회에 이르기까지 다양한 주체들의 발의와 지속적 제안으로 인디오 언어들의 보존과 부활의 필요성에 대한 광범위한 동의가 형성되고 있다. 루시 세키가 언급한 바와 같이, 언어학 분과의 성장, 특히 인디오 언어학의 성장은 인디오와 관련된 전반적 사안에 더 균형적인 접근을 가능하게 했다(Seki, 1999). 주제 히바마르 베싸 프레이리는 도시 지역을 두고 '언어의 공동묘지(cemitério de línguas)'라 칭한 적이 있다. 도시에서는 점점 더 많은 인디오 언어들이 새로운 삶의 방식과 문화로 '일방적으로' 흡수되고 있으며 인디오들은 자신들의 모어를 계속해서 사용하고 고집해야 할 이유를 잃어가고 있다. 어떤 언어의 사용자 감소는 결국 그것의 사멸로 이어질 수밖에 없다는 단순한 사실을 기억한다면, '의도적으로' 그 언어를 사용할 수 있고 사용해야 하는 분위기를 조성하는 것, 즉 그 언어가 인디오들뿐만 아니라 브라질 사회를 이루는 비인디오 구성원들과의 소통에 사용될 수 있는 현실적 이중언어 기반을 구축하는 것이 필수이다.

참고문헌

Do Couto, Regina Célia. 2013. "Ambivalência e pertencimentos culturais e nacionais nos currículos das escolas bilíngues de fonteira." *36ᵃ Reunião Nacional da ANPEd*, September 29 to October 2, Goiânia, GO.

Freire, José Ribamar Bessa. 2013. "A língua que somos." http://www.taquiprati. com.br/cronica.php?ident=1047 (검색일자: 2013년 11월 20일).

Gaspar, Lúcia. 2011. "Línguas Indígenas no Brasil." *Pesquisa Escolar Online*, Joaquim Nabuco Foundation, Recife.

Martin, Flávia & Vitor Moreno. 2009. "Na Babel brasileira, português é segunda língua." *Folha de São Paulo*. http://www1.folha.uol.com.br/folha/treinamento/ novoemfolha47/ult10115u592115.shtml (검색일자: 2013년 11월 30일).

Morello, Rosângela & Gilvan Müller de Oliveira. 2003. "Uma política patrimonial e de registro para as línguas brasileiras." *Revista Patrimônio*. http:// www.revista.iphan.gov.br/materia.php?id=211 (검색일자: 2013년 11월 20 일).

Navarro, Eduardo de Almeida. 2011. *Curso de Língua Geral(Nheengatuou Tupi Moderno): A língua das origens da civilização amazônica*. São Paulo.

_____. 2012. "O último refúgio da língua geral no Brasil." *Estudos Avançados*, 26(76), pp. 245~254.

Ortíz, Alvarez, M. L. 2005. "A presença das línguas ameríndias e das línguas africanas no espanhol e no português falado no continente latino-americano." Revista Eletrônica Intercâmbio dos Congressos Internacionais de Humani-dades. http://repositorio.unb.br/bitstream/10482/2803/1/ARTIGO_APresen% C3%A7aDasL%C3%ADnguasAmer%C3%ADndias.pdf (검색일자: 2013년 11월 10일).

Ribeiro, Darcy. 1967. "Indigenous cultures and language of Brazil(Original title: Línguas e culturas indígenas do Brasil)." in Janice H. Hopper(ed. and trans.). *Indians of Brazil in the twentieth century, ICR Studies 2*, Washington,

D. C.: Institute for Cross-Cultural Research, pp. 77~164.

Rodrigues, Aryon Dall'Igna. 1986. *Línguas brasileiras: para o conhecimento das línguas indígenas*. São Paulo: Loyola.

Seki, Lucy. 1999. "A Linguística Indígena no Brasil." *D.E.L.T.A*, Vol.15, No.Especial, pp. 257~290.

FFLCH/USP. "A língua geral, língua oficial da Amazônia no final do século XVII." Programa de TUPI. http://tupi.fflch.usp.br/sites/tupi.fflch.usp.br/files/A%20L%C3%8DNGUA%20GER AL,20L%C3%8DNGUA%20OFICIAL%20DA%20AMAZ%C3%94NIA.p df (검색일자: 2013년 12월 1일).

_____. "A penetração portuguesa do médio e alto Rio Negro." http://tupi.fflch. usp.br/sites/tupi.fflch.usp.br/files/A%20PENETRA%C3%87%C3%83O%2 0PORTUGUESA%20DO%20M%C3%89DIO%20E%20ALTO%20RIO% 20NEGRO.pdf (검색일자: 2013년 12월 1일).

_____. "A Amazônia no século XVI e na primeira metade do século XVII." http://tupi.fflch.usp.br/sites/tupi.fflch.usp.br/files/A%20AMAZ%C3%94NI A%20NO%20S%C3%89CULO%20XVI%20E%20NA%20PRIMEIRA%2 0METADE%20DO%20S%C3%89CULO%20XVII.pdf (검색일자: 2013년 12월 1일).

FOIRN. "Diversidade linguística no Alto Rio Negro." http://www.foirn.org. br/ povos-indigenas-do-rio-negro/diversidade-linguistica-no-alto-rio-negro/ (검 색일자: 2013년 11월 24일).

FUNAI. "Os Índios." http://www.funai.gov.br/indios/indios.htm

IBGE. 2010. Censo Demográfico, http://censo2010.ibge.gov.br/

IILP(Instituto Internacional da Língua Portuguesa). 2012. "O Bilinguismo Por-tuguês-Nheengatu em pauta em Cucuí," Jan 22, 2012, http://iilp.wordpress. com/2012/01/22/o-bilinguismo-portugues-nheengatu-em-pauta-em-cucui/ (검색일자: 2013년 11월 28일)

MEC(Ministry of Education). 2005. "Censo Escolar 2005." http://www.mec.gov.br/

PIB(Povos Indígenas no Brasil). "Línguas gerais." http://pib.socioambiental.org/
pt/c/no-brasil-atual/linguas/linguas-gerais (검색일자: 2013년 11월 7일).

SIL International. 2009. http://www.sil.org/

Wikipedia. "Portunhol", http://pt.wikipedia.org/wiki/Portunhol (검색일자: 2013년
11월 7일).

제12장

앙헬 라마의 『문자도시』에 나타난 식민 시기 지식인상 연구*

이성훈 서울대학교 라틴아메리카연구소 HK교수

1. 머리말

앙헬 라마(Ángel Rama)의 『문자도시(La ciudad letrada)』는 라틴아메리카 비평사뿐만 아니라 라틴아메리카 문화 연구에 있어 매우 의미 있는 텍스트라고 할 수 있다. 그러나 이 텍스트에 대한 관심은 그의 다른 텍스트들에 비해 상대적으로 작은 편이며, 특히 미국 내 연구자들에 비해 라틴아메리카 비평가들의 관심이 약하다. 그러나 이 텍스트는 앙헬 라마의

---

* 이 글은 ≪이베로아메리카 연구≫ 24권 2호(2013)에 발표된 필자의 기존 논문을 총서의 취지에 맞게 수정·보완한 것이다.

앙헬 라마의 『문자도시』에 대한 전체적인 분석 글은 이성훈(2001)을 참조. 이 글은 이성훈(2001)을 바탕으로 하여, 식민 시대 지식인상에 대한 비판적인 접근을 목표로 하고 있다. 따라서 이 글과 이성훈(2001)은 『문자도시』에 대한 전체적인 이해에 있어 유사한 측면이 있지만, 지식인상에 초점을 맞출 경우 차이가 있다. 즉, 이전 연구에 대한 비판적인 극복으로 이해해도 될 것이다.

비극적인 죽음 이후에 출판되어 완결성이 떨어진다는 비판에도 불구하고, 라틴아메리카 지식인을 '문자도시'라는 상징으로 풀어낸 라틴아메리카 지식인 연구의 정전이라고 해도 과언이 아니다.

앙헬 라마의 문제의식은 크게 모더니티, 그리고 문학과 사회의 관계라는 두 가지 틀로 정리된다(Ortiz, 1993).『루벤 다리오와 모데르니스모(Ruben Darío y el modernismo)』(1970)에서 근대화라는 물적 토대의 변화를 문학이 어떻게 담아내는가라는 점에 주목하고 있다면,『라틴아메리카에서 서사적 통문화화(Transculturación narrativa en América Latina)』(1982)에서는 일정한 변화를 보여준다. 즉, 앞 텍스트가 모데르니스모와 관련하여 주로 문학의 기교와 형식적 측면을 분석하고 있는 반면,『라틴아메리카에서 서사적 통문화화』는 라틴아메리카적인 요소가 어떻게 서구적인 요소들과 결합되고 있는지를 인류학적 방법론을 이용하여 설명하고 있다. 초기의 형식적인 측면에 대한 강조에서 벗어나, 통문화화(transculturación)라는 개념을 통해 라틴아메리카 문학을 좀 더 사회적이고 역사적인 문맥에서 이해하려는 방향으로 지적인 관심을 확장했다고 할 수 있다.

그러나 몇몇 비평가들은 그의 통문화화 개념이 라틴아메리카 문학의 다양성과 이질성을 무시하고, 라틴아메리카 문학을 단선화하고 단일화하려는 엘리트 지식인들의 권력 의지가 발현된 것이라고 비판하고 있다. 이러한 비판은 라틴아메리카의 문화 분석에서 제기되는 혼종성(mestizaje, híbridez) 개념에 대한 비판과 맥락을 같이하는 것으로, 코르네호 폴라르(Antonio Cornejo Polar)의 이종성(heterogeneidad) 개념에서 시작하여 하위주체 연구로 확장되었다.

앙헬 라마의 『문자도시』에 등장하는 지식인들은 통문화화를 주도하는 작가 중심의 지식인 모습과는 사뭇 다른 모습으로 등장한다. 즉,『문자도시』에서 기존의 앙헬 라마가 가지고 있던 지식인상과는 다소 차별되는 모습이 나타나고 있는 것이다. 물론 그의 이런 변화가 비극적인 죽음으로 인해 구체화되지는 못했지만, 이후 라틴아메리카 비평의 흐름에서 나타나는 일련의 변화를 일정 부분 선취하고 있다는 해석도 가능할 것이다. 통문화화라는 개념을 통해 앙헬 라마가 유럽 문화와 라틴아메리카 문화의 결합에 대해 낙관적인 입장을 보여주었다면, 이 텍스트에서는 이러한 낙관적인 입장과는 다소 다른 인식이 나타나고 있다. 다시 말해, 앙헬 라마가 통문화화 개념을 통해 라틴아메리카 작가들을 중심으로 한 지식인들을 긍정적으로 평가했다면, 『문자도시』에 등장하는 라틴아메리카 지식인들은 지배권력의 기능인으로서 비판의 대상이 된다. 이러한 변화의 이유를 설명하기는 쉽지 않지만, 지식인들이 적극적으로 참여했던 일련의 라틴아메리카 사회변화운동이 위기에 봉착한 점, 미국 내 쿠바계 이주자들의 영향을 받아 대학이라는 제도가 그에게 보여주었던 배타적인 태도 등이 그 원인이 아닐까라는 추정이 가능할 것이다. 또한 이러한 지식인에 대한 비판적인 입장은 이후 라틴아메리카 지적 영역에 등장하게 된, 다양한 종류의 '탈'전통주의적인 비평 흐름에 의해서도 일정 부분 이해될 수 있다.

이 글에서는 앙헬 라마의 『문자도시』에 나타나는 지식인상을 식민 시기에 초점을 맞춰 살펴보기로 한다. 라틴아메리카 지식인은 식민 시기부터 권력과의 관계에서 일관성을 갖고 있다는 그의 판단에서 보여주듯이, 이 시기에 대한 분석은 라틴아메리카 지식인들의 특징에 대한 앙헬 라마의 관점을 잘 드러낼 것이다. 또한 그가 갖고 있는 지식인상에 대한 비판적인 논거들을 통해 살펴봄으로써, 식민 시기 지식인과 도시의 모습을 더 복합적으로 이해하고자 한다. 우리가 이미 알고 있는 것처럼, 앙헬 라마가 도시라는 일상 공간을 통해 식민 시기 권력이 어떻게 안착하는지를 담론화하고, 또 '문자도시'라는 상징을 통해 권력과 지식인 사이의 관계를 담론화하여 라틴아메리카의 식민 시기와 지식인상을 이해하는 중요한 단서를 제공했다. 그러나 이 글에서 살펴보게 될 최근의 논의들은 라마의 이러한 이론적인 태도에 일정한 한계가 있다는 점을 지적하고 있다. 따라서 라틴아메리카 지식인에 대한 더 체계적인 이해를 위해, 이러한 비판을 통해 식민 시기의 지식인상을 새롭게 구성하고자 한다.

2. 라틴아메리카 도시의 철학적 기반

앙헬 라마에게 라틴아메리카 도시는 "스페인 절대왕권에서 그 절정에 달했고 총체적인 사회생활에 침투한 바로크 문화라는 일반적인 틀이 구체적으로 적용된"(Rama, 1984: 14. 이하 쪽수만 밝힘) 사례들이었다. 식민 시기부터 현실과 유리되어 건설되기 시작한 라틴아메리카 도시들은 교회, 관청, 경찰이나 군 등 권력 기관들을 수반한 중앙광장의 배치를 통해 매우 분명한 중심을 가지고 있었다. 이 중심을 둘러싼 공간의 체계적인 배치가 왕권을 중심으로 한 당시 사회질서의 공간적 배치라고 할 수 있다. 또한 라틴아메리카 도시들은 "유기적으로"(1) 성장한 유럽의 도시들과 달리, 수월한 식민지배를 위해 도상(圖上)에서 그려진 도시들이라고 할 수 있다. 유럽의 도시들이 봉건적인 생산관계가 해체되면서 축적된 잉여를 바탕으로 성장하는 시민계급을 통해 자연스럽게 형성되어간 데 반해, 라틴아메리카 도시들은 이성적인 기획의 결과이다. 이렇듯 일상 속에서 거주민들의 자연적인 필요에 의해 성장한 도시가 아니라 식민지배의 필요에 의해 라틴아메리카 도시들이 건설된 이면에는 식민지배를 정당화하는 당대의 철학적 기반이 있을 것이다.

이들의〔정복자들의〕대서양 횡단은 구대륙에서 새롭다고 가정되는 대륙으로의 이동만을 의미하지 않았다. 시간의 벽을 가로질러, 아직 중세적 포교 정신이 가득한 곳에서 팽창적이고 전 세계적인 자본주의로 진입한 것이었다. 16세기에 시작된 세계 문화의 이러한 양상은, 비록 르네상스 정신에 의해 설계되었지만, 오직 유럽 국가들의 절대군주제라는 틀 안에서만 완벽해질 수 있었다. 엄격하게 모든 권력을 궁정에 집중시키면서 교회는 절대왕권의 군사력에 굴복했고, 이런 총체적 권력이 사회를 위계적으로 훈육시켰다. 도시는 이러한 문화적 형상을 현실에서 구현할 가장 적절한 지점이었고, 바로크 도시(la ciudad barroca)라는 항구성을 지닌 도시 모델을 제공해주었다.

이러한 기획은 유럽에 있는 도시들을 변화시키는 데는 역부족이었다. 역사적 과거의 구체적인 축적은 물질적인 지속성으로 인해 어떠한 상상력의 자유로운 발현도 막았고, 따라서 당시 관념론적 이상주의는 좌절할 수밖에 없었다. 반대로 광활한 신대륙은 이러한 이상주의를 실현할 유일한 기회의 장소였다(2).

이렇게 스페인 절대왕정이 라틴아메리카에 도시를 건설해가는 과정의 이면에는 신플라톤주의뿐만 아니라 격자형의 이상적인 도시를 창안한 그리스 철학자 히포다모스(Hippodamos)의 개념, 특히 "이성의 작용은 인간의 모든 행동에 척도와 질서를 부과할 수 있다는 믿음"이 존재했다고 라마는 지적한다(3). 이러한 이성 중심의 사유체계는 푸코(Michel Foucault)가 말하는 고전주의 에피스테메(episteme)와 밀접한 상관관계를 맺는다. 앙헬 라마가 지적하듯이, 유사성에 기반을 둔 르네상스적인 에피스테메에서 말과 사물의 분리를 근간으로 하는 새로운 고전주의 에피스테메가 등장했는데, 이 고전주의 에피스테메의 시작이 라틴아메리카에서 바로

크 시대로 나타났다는 것이다.

우리가 바로크 시대(프랑스인들에게는 고전주의 시대)라고 부르는 16~17세기에 아메리카로 유입된 이러한 사상은 미셸 푸코가 통찰력 있게 진단한 바 있는 서양 문화의 결정적 시기와 일치한다. 즉, 말이 사물로부터 분리되고, 매개(coyuntura)를 통한 단어 간의 삼단 결합이 기호 질서의 독립성을 이론화한 『포르-루아얄 논리학』의 이분법에 의해 대체된 시기였다. 도시와 그것을 기반으로 하는 사회 그리고 이를 설명할 지식인들은, 기호가 "세계의 형상이기를 거부하고, 유사성 혹은 인접성이라는 비밀스러우면서도 견고한 결합으로 자신이 표현하고 있는 대상과 묶여 있던 것에서 벗어나, "인식의 내부에서 의미화"하기 시작하고, "이러한 과정에서 기호가 자신의 안정성 혹은 가능성을 발견하게" 되는 바로 그 시기에 만들어지고 발전한다(3~4).

이처럼 라틴아메리카 도시들은 말과 사물의 관계가 역전된 현실, 즉 말이 사물에 자신의 흔적을 남기고 자신의 질서를 관철하려는 시기에 등장한 것이다. 다시 말해, 기호와 사물의 관계가 역전되어 기호 혹은 말이 더 이상 외적 리얼리티에 의존하거나 그것의 모방으로 존재하지 않고, 자신들의 내적인 원리를 통해 존재하고 자신들의 질서를 사물에 투사하는 것이다. 이렇게 기호와 사물이 분리되는 16~17세기, 이성에 기반을 둔 기호들의 체계를 통해 라틴아메리카 지역에 '이상적인' 도시들이 출현하게 된다. 라틴아메리카 도시들은 기호의 질서라는 관념적 혹은 이성적인 도시 기획을 통해 건설되는 것이다. 도시 기획은 "체계적 이성(razón ordenadora)"(4)에 의해 통제되었는데, 체계적 이성은 지리적 배치 체계에 위계적인 사회질서를 투사함으로써 그 안에 당대 지배계급의 논리가 관철되고 있음을 알 수 있다.

라마가 지적하고 있듯이, 이러한 도시를 기획하고 건설하기 위해서는 절대왕정의 정치 체제가 보여주는 최대한의 권력 집중이 필요했다. 왕권과 신권의 결합을 통해 절대왕정이 기능하고 있지만, 정치권력은 현실을 지배하기 위해 종교 권력과 종교적 상징체계를 넘어서는 현실 세계의 새로운 권력 기제를 끊임없이 요구하게 된다. 즉, 권력 자체의 속성상 자신을 정당화하기 위해 "특별한 이데올로기화 과정"을 필요로 했다는 것이다. 이러한 절대왕정의 이데올로기가 바로 "질서/명령(órden)"이라는 것이다.

이 모든 체계의 핵심어는 야누스 신처럼 이중적 의미를 지닌 질서/명령으로, 제도화된 삼대 권력 구조(교회, 군대, 행정)가 적극적으로 발전시킨 용어이며, 당시의 어떤 분류 체계(자연사, 건축사, 기하학사)에서도 다음과 같은 용어의 의미에 따라 사용되어져야 했다. "사물을 제 위치에 배치하기. 사물들 사이의 조화롭고 보기 좋은 배치. 사물을 만들어내는 데 지켜야 할 규칙 혹은 방식."(4)

따라서 라틴아메리카 도시 기획에서 보이는 바로크적 도시 건축은 이러한 절대왕정의 정당화 이데올로기가 현실에 구체적으로 각인된 대표적인 사례라고 할 수 있다. "절대왕권이 도구화한, 바로크적 지식(saber barroco)이 체계적으로 작동한 최초의 장소는 아메리카"였다는 것이다. 또한 바로크적 지식은 "압축, 이성화, 체계화라는 절대왕정의 엄격한 원칙에 입각하여 라틴아메리카의 특이성, 상상력, 지역적 장치"들을 통제했다. 이렇듯 이성적 기호의 절서와 절대왕권의 결합은 라틴아메리카의 객관적 현실을 무시하고, 기호의 자기 정당성과 절대왕권의 특권적 위치를 확보하려는 과정이었던 것이다(13).

결국, 이렇게 기획된 라틴아메리카 도시들은 이중의 삶을 살아갈 운명에 처하게 되는데, 물리적 영역과 기호의 질서 영역에서 도시는 다른 모습을 보여준다. 물리적인 영역에서는 우리가 일상에서 보게 되는 건설, 파괴, 변화 등을 경험하게 되지만, 이와 반대로 기호들의 질서 영역에서는 불변성을 나타낸다. 즉, 라틴아메리카 도시에서 우리는 도시 기획을 관통하고, 이 도시를 통제하는 불변의 권력을 보게 되는 것이다.

이러한 방식으로 라틴아메리카 도시는 원래 태생과는 다른 이중적인 삶을 살게 되었다. 하나는 물리적 질서에 해당하는 것으로 개인과 집단을 만족시킬 만한 환경을 조성하고자 시대와 상황에 따라 건축과 파괴, 복구, 개선이라는 반복 과정을 거쳐야 했다. 다른 하나는 상징적 층위에서 작동하는 기호의 질서에 해당하는 것으로, 기호는 재현의 시점에 관계없이 물리적 세계의 사건과는 무관한 불변성을 이용한다. 역사적 시간 속에서만 존재 가능한 거리, 집, 광장이라는 현실이 존재하기 이전에, 라틴아메리카 도시들은 …… 지성의 산물로서 도시를 이론화하는 규범 및 도시 건설과 관련된 기록, 도시를 이상적으로 디자인하는 도면 속에서 이미 완벽하게 구상되어 있었다(11).

물론 앙헬 라마도 간략하게 지적하고 있듯이, 이러한 라틴아메리카의 도시들이 아무런 토대 없이 "완전한 진공 공간에서 작동하지는 않았을 것"이다(16). 새롭게 건설된 도시들은 적어도 "농경지, 시장, 특히 노동력이라는 이미 존재하는 원주민의 사회망을 이용했을 것"이다. 즉, 갑작스러운 자본주의의 유입이 당시 존재하던 원주민들의 자체적인 시장 경제를 파괴하지 못했다는 것이다. 그에 따르면 원주민들의 이 "시장 경제는 몇 세기 동안 점점 약화되기는 하지만 지속되었을 것"이다(16). 그러나 유보적인 언급에도 불구하고, 앙헬 라마의 담론 속에서 라틴아메리카 도시들은 '식민적 꿈'을 실현하는 '질서라는 이성'에 의해 기획되고 실현된 공간으로 지나치게 일반화되고 있다. 우리가 말과 사물의 거리에서 유추할 수 있는 바처럼, 이상적 도시와 실제 도시는 실제로 늘 끊임없이 긴장 관계를 형성할 수밖에 없다. 말은 실제에 자신의 존재를 각인하려고 하고, 실제 자체 역시 이러한 말의 질서에서 이탈하려고 하는 것이다.

따라서 말의 질서, 다시 말해 체계적 이성에 의해 규범화된 도시가 당면한 문제는, 그 질서의 영속성이라는 이상적 층위가 아니라 어떻게 이 질서를 유지할 것인가라는 구체적인 현실의 문제였다. 여기에서 규범화된 도시 내에 존재하는, 이 도시를 운영하고 유지하는 역할을 맡은 문자도시(la cidudad letrada)라고 하는 지식인 집단의 필요성이 나타나게 된다.

3. 라틴아메리카 '문자도시'와 권력

라틴아메리카 지식인 집단에 대한 라마의 관심은 마리벨 오르티스(Marbel Ortiz)가 지적한 것처럼 지식인들이 헤게모니 집단이라고 하는 전제에서 출발한다(Ortiz, 1993: 224~225). 그러나 앞서 이야기한 것처럼, 이러한 그의 지식인상은 시기적으로 차이를 보인다고 할 수 있다. 즉, 『라틴아메리카에서 서사적 통문화화』에서 작가로 대표되는 지식인들이 하위문화와 지배문화를 '종합'하는 역할을 하는 것을 긍정적으로 바라보았지만, 『문자도시』에서는 지식인들에 대해 권력의 도구적인 측면을 강조하고 있다. 라마에 따르면, 제국적인 대도시가 특징적이었던 식민 시기부터 독립적인 개별 국가가 형성되고 공고화되던 시기인 독립 시기까지 지식인은 헤게모니를 달성하려는 권력 계층의 도구였다. 즉, 식민질서가 이식되고 식민지배가 안착되는 과정에서 지식인들이 도구로 사용되었다고 간주한 것이다. 식민화와 관련하여 지식인 계층의 필요성을 앙헬 라마는 다음과 같이 설명하고 있다.

절대왕권의 규범화된 체계를 발전시키고, 위계화와 권력 집중을 용이하게 하며, 문명화라는 임무를 달성하기 위해, 절대 권력의 대리인들이었던 식민지 도시들은 이러한 책임을 위탁할 전문화된 사회조직을 필요로 하게되었다. 또한 그 전문가 집단이 자신들이 사제 계급과도 견줄 만한 높은행정 관료직을 수행한다는 의식을 갖게 된 것은 불가피했다. 추상적인 절대성이 아닌, 기호의 세계를 질서 있게 정돈할 이차적인 절대성은 스페인 절대왕정을 위해 기능하는 이들 집단의 몫이었다(23).

문자 지식인을 중심으로 한 문자도시의 성격상 식민 초기에는 성직자들과 지식인 집단이 구분되지 않았고, 종교의 영역과 세속의 영역은 오랫동안 병존해왔다. 지식인 집단과 성직자 집단은 18세기 세속화가 진행되면서 민간 지식인들이 종교인들이 담당했던 영역들을 대체하면서 분리되기 시작한다. 역사적으로 보아 두 집단이 병존하기 시작했던 것은 "1572년 누에바 에스파냐에 예수회 신부들이 들어왔을 때"이고, 그 끝은 "1767년 카를로스 3세에 의해 그들이 아메리카에서 쫓겨날 때"이다(23). 식민지에서 교육 사업에 치중한 예수회의 적극적인 활동으로 인해 식민지 지식인들이 육성되는 과정은 "식민지 내에서 행정 및 성직 기구가 형성되는 것과 그 궤"를 같이한다고 할 수 있다. 이 지식인들이 권력 주위에서 "작지만 무시할 수 없는 부분"으로 자리 잡게 되고, 스페인을 위해 "상징적인 언어를 관리"하게 된 것이다(24).

2절에서 살펴본 것처럼, 정복자들이 테노치티틀란(Tenochtitlan)을 재건축하면서 시작된 라틴아메리카 도시 건설은 정복자들의 질서를 구현하는 '체계화된 도시'를 만들려는 이상적인 시도였다고 할 수 있다. 이제 이 중심에서 제국의 이익을 관리하고, 권력을 정당화하기 위한 거대한 이데올로기화 기능을 수행하는 집단이 등장하게 된다. 이들이 스페인 제국을 위해 기호들의 세계를 통제하면서, 제국의 대리인들이 식민지에서 행사하는 권력의 유효성을 기록하고 유지시켜준 것이다. 그에 따르면, 도시와 문자는 늘 식민권력을 적법화했는데, 그 중심에 문자도시가 있다는 것이다.

> 도시 전체의 중심에는, …… 도시의 질서를 유지하고 집행하는 층위를 구성하는 문자도시가 있었다. 종교인, 관리, 교육자, 전문가, 작가, 그리고 다양한 지적 종사자들, 즉 펜을 다루는 이들로 이루어진 일군의 집단은 권력의 작동과 긴밀하게 연결되어 있었다. 이들이 게오르크 프리드리히 (Georg Friederic)가 관리와 관료로 구성된 모델 국가로 간주해왔던 것을 구성했다(25).

일종의 관료 역할을 하는 이 지식인들이 식민통치를 가능하게 하는 실질적인 통치 세력이었다. 이들은 문자의 자족성과 독립성을 옹호하고, 이를 통해 현실이 기호들로부터 이탈하지 못하게 하고 자신들의 영향력 안에서 관리했다. 즉, 기호들의 질서라는 식민권력의 이상적 질서를 현실 속에서 구현하는 것이 지식인, 곧 문자도시의 역할이었다. "기호들을 우선시하는 질서" 속에서 작동하는 문자도시는(24), 식민지배의 규칙이 정착되는 동안 식민지에 부가될 권력을 정당화하는 중요한 역할을 수행했던 것이다. 이런 과정을 통해 지식인들은 원주민들의 구어 전통을 배제하고 문자 문화를 우선시하는 식민적 문화유산을 남겼으며, 권력에 대항하는 어떤 대안 권력에 대해서도 억압적 권력을 행사했다.

단일한 질서에 대한 욕구는 권력을 유지하고 이 권력이 보장하는 사회 경제적, 문화적 구조를 보존하기 위해 작동한다. 그리고 더 나아가 이 권력에 대항하는 어떠한 담론 체계라도 다른 질서에 대한 욕구로 전이시키면서 억압한다(9).

문자도시의 중요성은 펜의 권력을 쥔 사람들이 권력 집단의 명령 집행자가 되어, 도시와 지배질서를 유지하는 기능을 했기 때문이다. 몇몇 예외적인 경우에도 불구하고 라틴아메리카의 역사적 과정 동안 반복되어온 권력 집단과 지식인들의 '우호적인' 관계가, 이때 형성된 것이다. 이렇게 지식인들이 문자도시의 구성원이 되어 왕권의 실현에 복무하면서 스페인 제국 통치 세력과 식민지의 사회 그룹 간의 매개자 역할을 수행했다. 이들은 늘 "왕이 보낸 고위 관리들 주위에 머물며 피라미드의 상층부에 위치해 있었고"(26), 자신들이 "권력의 시녀이기도 했지만 권력의 주인"이기도 했다(31).
라마는 "광범위한 식민 행정의 요구"와 "원주민 인구의 복음화"에 대한 요구로 인해 많은 수의 지식인들이 필요했고(27) 그 결과 문자도시가 강화되었다고 밝히고 있지만, 본질적으로 문자도시의 존재 근거는 권력과의 관계에서 기인한다고 할 수 있다. 따라서 식민 시기에서 볼 수 있듯이, 지식인들이 이러한 권력과 차별되는 대안적 견해들을 생산할 수 있는 공간을 만들어내지 못했다. 이 점은 독립 이후에도 지속되는 라틴아메리카 지식인들의 '존재론적'인 특징인 것이다. 훌리오 라모스

(Julio Ramos)의 지적처럼, 지식인을 규정하는 데 있어 본질적인 요소라고 할 수 있는 이러한 공간의 부재는 결국 지식인들이 대안적인 방법으로 자기 자신의 존재성을 드러낼 수 없게 되는 요인이 된다. 이 점이 바로 앙헬 라마가 15세기부터 20세기 초까지 차별성보다는 연속선상에서 지식인의 성격을 규정하게 하는 근거가 된다. 또한 지식인들은 "권력의 시녀이면서 동시에 권력의 주인"이기도 했다는 라마의 언급은 그가 가지고 있는 식민 시대 지식인에 대한 이미지를 가장 잘 드러낸다고 할 수 있다.

4. '다른 문자도시'의 등장

앙헬 라마의 이러한 지식인상에 대해, 『문자도시』가 라틴아메리카 역사의 다양한 순간들에 존재하는 지식인상에 대해 지나치게 동질화된 개념을 가지고 있는 것은 아닌가라는 비판이 가능하다. 즉, 라틴아메리카에서 지적 실천들은 역사적 시기에 따라 차별적이었고, 식민 시기에도 문자도시로 일반화하기 어려운 지적인 실천들이 있었다(Garramuño, 2006: 195). 즉, 라틴아메리카 지식인들은 앙헬 라마가 파악했던 것처럼 단일하지 않고, 또 다양한 공간 속에서 대항적인 담론을 만들어내고 있다는 것이다. 앙헬 라마가 말하는 '문자도시' 외에 '또 다른 문자도시'가 존재했다.[1] 이런 맥락에서 앙헬 라마의 『문자도시』는 지식인의 변화를 부정

---

1) 문자도시를 동질적으로 바라보는 앙헬 라마의 입장에 대한 또 다른 해석이 존재한다. 즉, 지식인 계층에 대한 비판적인 태도가 아니라, 1980년대 등장한 하위주체 연구나 페미니즘, 백인 남성 중심주의에 대한 비판적인 논의가 본격화되기 전에, 유고작의 형식으로 출판됨으로써, 이런 이론적인 고민을 결여하고 있다는 지적이

하고 지식인의 존재를 탈역사화하고 있으며, 지식인 집단을 동질화하고 있다는 비판을 할 수 있다. 따라서 문자도시라고 하는 권력의 성채 밖에서 활동했던 지식인들의 존재를 확인하고, 이들의 활동에 주목하는 것이야말로 식민 시기 지식인상을 온전하게 파악하는 길일 것이다.

여기에서는 식민지 담론 연구의 가장 대표적인 인물인 롤레나 아도르노(Rolena Adorno)의 견해를 따라, 또 다른 문자도시의 존재를 검토할 것이다. 아도르노는 "문자도시와 문자도시에 의해 배제된 사람들 사이의 관계에 주목하면, 적대적인 관계에 집중하게 되고 대립적인 세력들에 내재한 차이들"이 무시될 수 있다고 지적하고 있다(4). 특정 이데올로기가 문자도시 전체를 지배하고 있다는 앙헬 라마의 입장에 대해 그는 비판적인 입장을 보인다. 즉, 문자도시 내에 다양한 목소리를 지닌 또 다른 입장들이 존재한다는 것이다. 이러한 다양한 목소리의 존재와 이 목소리들 사이의 경쟁을 우리는 라스 카사스 논쟁 같은 사례를 통해 확인할 수 있다. 아도르노가 지적하듯이, 문자도시 내에 제한적이지만 이데올로기적인 경쟁이 존재한다는 것이다. 이런 경쟁의 최대 표현은 책의 출판과 금지를 둘러싼 논쟁에서 잘 드러난다(Adorno, 1987: 4). 이처럼 문자도시 내의 대립과 경쟁은 식민 시대의 라틴아메리카 문자도시를 단일한 이데올로기적인 관점을 가지고 바라보는 것을 불가능하게 한다.

그러나 이들 다른 목소리들은 기본적으로 권력의 토대가 되는 문자의 중요성을 잘 인식한 집단이었다. 따라서 문자도시의 자장 안에 있는 집단이라고 할 수 있다. 이들은 권력의 원천이자 매개인 문어를 얻기 위해 노력하고, 제국의 언어인 스페인어의 중요성을 늘 강조하고 있다. 그러나 이들은 정복자의 언어로 자신들의 이익을 위해 청원문과 항의문

그것이다.

을 쓰면서, 지배자들의 이익에 부합하는 문자도시가 아니라 또 다른 문자도시의 가능성을 보여주고 있다. 아도르노가 말하는 문자도시 내에 다양한 목소리가 존재하고 있다는 의미에서 더 나아가, 공식적인 문자도시와 다른 또 다른 문자도시가 존재할 수 있다는 것이다.

이와 관련하여 1615년 와망 포마(Waman Puma)라는 원주민 성(姓)과 데 아얄라(de Ayala)라는 스페인 성을 지닌 원주민이 펠리페 3세에게 쓴 1,200쪽에 달하는 『새로운 연대기와 좋은 정부(Pimer nueva crónica y buen gobierno)』라는 텍스트가 갖는 의미를 살펴보자. 이 제목에서 구아만/와망 포마가 목표로 하고 있는 글쓰기의 두 가지 목표가 잘 드러나 있다. 그는 지금까지 "스페인 정복자들과 그들의 시각에서 쓰인 정복사와 식민 역사를 넘어서는 새로운 패러다임을 제시하려는 의지와 함께, 식민지 정치 상황에 대한 비판적 인식과 이를 넘어서려는 의지, 그리고 이를 실현하려는 구체적인 개혁 조치"를 제시하고 있다(송상기, 2008: 161~162). 송상기는 이 텍스트가 매우 이질적이고 독자적인 위치를 점하고 있다고 지적하고 있지만, 이 텍스트는 또 다른 문자도시라는 흐름 속에서 등장하고 있다는 점을 지적하는 것도 의미 있다고 할 것이다.

> 상당수의 중남미 식민지 연대기가 스페인 국왕을 비롯한 상부 기관의 명령에 대한 보고나 개인적 출세를 위한 야심, 자신에게 지워진 책임이나 오해에 대한 정당화나 변론을 일삼고 있다는 점에서 정규 교육을 제대로 이수하지 못한 안데스 원주민 노인의 원고는 매우 이질적이고 독자적인 위치를 지니고 있다(송상기, 2008: 162).

그의 성이 구아만 포마(Guamán Poma)인지 와망 포마인지를 둘러싼 대립에서 보이듯이, 그의 정체성을 어떻게 규정할 것인가라는 문제가 존재한다. 그러나 이 글에서는 그가 식민질서를 현실로 받아들이고, 식민질서를 전복하기보다는 식민질서의 개혁을 꿈꾸었다는 점에 주목하고자 한다. 또한 그 역시 문자도시 외부에 존재하는 것이 아니라, 또 다른 문자도시에 거주하고 있다는 점에서 그를 구아만 포마라고 부르는 것이 적절할 것이다. 이 점은 구아만 포마가 안데스 역사를 피식민자의 입장에서 기술하고 있지만, 기독교적 세계관에 입각해 역사를 해석한다는 점에서도 잘 드러난다. 이런 그의 입장이 국왕에게 새로운 정치 체제를 제안하기 위해 원고를 보내는 것을 가능하게 했던 것이다. 부왕 체제가 아닌 연방 체제를 주장하고 식민 관리들의 폭정과 폭력적인 복음화를 고발하고 있다는 점에서 식민질서의 전복이 아니라, 식민질서의 유지를 선택하고 있음을 알 수 있다(Adorno, 1987: 10).

세리들과 부왕청의 관리들, 재무관 그리고 판사들은 세금과 공물을 거둔다는 명목으로 인디오들로부터 가져갈 수 있는 모든 것을 훔쳐가니 잘 헤아려주길 바랍니다. 지방 군수들은 인디오 남성의 치명적인 적이요, 사제들은 원주민 여성들의 불구대천의 원수들이고 대토지를 소유한 지역 유지는 이보다 더합니다. 모든 스페인인들은 왕국의 불쌍한 원주민들에게 적대적이니 잘 헤아려주길 바랍니다. ……

스페인에서 온 지방 군수들과 사제들은 이 왕국의 불쌍한 인디오 남성들과 여성들을 학대합니다. 그들은 인디오들의 땅에 있다는 사실을 망각하고, 주님과 폐하의 정의를 두려워하지 않습니다(원본 텍스트 스캔본 935. 송상기, 2008: 177~178에서 재인용).

식민지배의 작동기제인 문자도시는 문화적 다양성을 식민질서가 부가한 문화적 동질성에 대한 위협으로 간주했다. 이런 관점에서 보면 문자도시의 타자들은 부정적인 속성을 지닌 스테레오 타입으로 등장한다. 아도르노는 이 부정성 중에서 "문자의 결여 혹은 토속적인 신앙을 나타내는 상징적 언어들의 존재"에 주목하고 있다(Adorno, 1987: 21~22). 타자들이 문자를 갖지 못한 데서 문자도시의 우월성이 나타나고, 기호들의 질서 유지라는 역할을 문자도시가 맡게 된다는 것이다. 그러나 앞에서 살펴본 것처럼 기호들의 질서 유지는 실제로 식민지배의 공고화와 관련이 있다. 이런 상황에서 구아만 포마는 안데스 민중들에게 문자를 가르치는 것의 중요성을 지적하면서, 식민주의자들이 이러한 목표를 달성하는 것을 방해하고 있다고 불평한다. 문자를 습득하여 법률에 의존하는 것이 자신들의 권리를 지키는 것임을 주장하고 있는 것이다. 문자를 습득하지 않고는 문자도시 밖의 타자가 될 수밖에 없다는 것이다. 따라서 케추아어를 문어로 만들기 위한 선교사들의 노력을 긍정적으로 평가하는 것이다. 이처럼 자신들의 언어를 공식언어로 만들기 위한 투쟁은 결국 언어를 둘러싼 문제가 식민 사회에서 중요한 문제라는 것을 보여준다(Adorno, 1987: 22~23).

라마에게 문자도시는 불변하고 탈역사적이지만, 구아만 포마에게서 드러나듯이 문자도시는 유동적이고 변화하는 어떤 것이다. 문자도시에서 주변화된 목소리의 등장은 기호들의 유동성을 보여주고, 문자를 특정 그룹이 독점적으로 관리하는 것의 불가능하다는 것을 보여준다. 문자도시는 완고한 성채에 둘러싸인 고정되고 유일한 공간이 아니다. 문자도시는 성곽으로 둘러싸여 있지만 닫혀 있거나 넘을 수 없는 곳이 아니라, 새롭게 생성되고 절합될 수 있는 공간이라는 것이다. 구아만 포마가 또 다른 문자도시를 만들었고, 문자도시들 간의 새로운 관계를 만들었다.

문자도시는 관계들의 미로이다 ― 지배, 종속, 그리고 협력이라고 하는,

외적으로뿐만 아니라 내적으로도(Adorno, 1987: 23).

　권력구조의 문화적 기능을 담당했던 문자도시라는 개념은 식민 시대의 문자와 권력 사이의 관계를 분석하는 데 매우 유용한 개념적 틀을 제공해준다. 그러나 아도르노의 분석에서 살펴보았듯이, 지식인 집단이 식민권력의 강화에 치중했다는 동질적인 관점으로는 식민 시기 지식인과 지식인 문화를 온전하게 이해할 수 없다. 지식인 내부의 다양한 목소리들과 갈등을 인정하는 것, 나아가 또 다른 문자도시들이 존재한다는 것을 인정하는 것이야말로 라틴아메리카 지식인들의 다양한 지적 실천들을 온전하게 이해하는 출발점이 될 것이다.

5. 문자도시 허물기

　이렇게 문자도시를 동질적으로 간주하지 않고 문자도시 내의 이질성과 역사성을 강조한 아도르노로 대표되는 입장 외에도, 문자도시가 "비문자적인 다른 담론들에 대해 문어의 헤게모니"를 유지하기 위한 권력집단이라는 비판이 존재한다. 하위주체 연구 그룹의 대표자 격인 존 베벌리(John Beverly)의 입장이 그것이다. 그는 메스티소나 원주민의 글쓰기, 그리고 도상언어, 시각적이고 구술적인 문화 등이 공식언어에 의해 배제되었는데, 여기에는 문자도시의 지식인들이 공식언어를 통해 식민질서와 자신들의 권력을 보호하려는 전략이 내재되어 있다고 본다.
　아도르노의 입장이 문자도시를 동질화하고 문자도시 내에 존재하는 다양한 목소리와 차이들을 무화시키는 것에 대한 비판적인 견해라면(Fernández Bravo, 2006: 185), 존 베벌리로 대표되는 하위주체 연구적인 시각의 비판은 문자도시 자체의 존재 근거에 의문을 제기하는 것이다. 즉, 하위주체들의 목소리를 배제하고 박제화하는 지식인 집단의 논리를 비판하고 전복하고자 하는 것이다. 이러한 하위주체 중심의 문화를 드러내기 위해 베벌리는 구하(Renajit Guha)를 인용하여, 하위계층이 지배계층에 대한 적대를 문자를 파괴하는 것에서 드러내는 행위에 주목한다.

> 식민지 인도에서 윤전기, 권리증서, 채권 등 모든 종류의 공식적 기록을 포함하는 인쇄물의 광범위한 파괴를 야기하지 않았던 중요한 농민반란은 거의 없었다. …… 〔농민들에게〕 글은 자신의 적임을 드러내는 상징이었다(Renajit Guha, 1983: 52. Beverly, 1993: 52에서 재인용).

이런 맥락에서 보면 라틴아메리카 지식인 집단을 문자도시로 간주하고, 이 안에 거주하는 지식인 집단이 식민권력을 유지·확대하는 기능을 담당했다고 보는 앙헬 라마의 입장이나, 식민권력에 비판적인 입장을 취했던 또 다른 지식인 집단, 다시 말해 또 다른 문자도시가 존재했다고 주장하는 입장과는 다른 견해가 가능한 것이다.

베벌리는 자신의 입장을 설명하기 위해 라마의 통문화화 개념을 비판적으로 해석하고 있다. 그는 이 개념에는 지식인들이 라틴아메리카 "하위주체 그룹들을 재현하는" 운명을 담당하고 있는 것 같은 지적 과잉의식이 내재되어 있다고 본다. 라마는 "원주민과 유럽 문화 사이, 케추아와 스페인어의 경계에 위치한 위대한 페루 소설가 호세 마리아 아르게다스의 작품을 이런 의미에서 서사적 통문화화의 대표적인 예로 간주한다(Beverly, 1993: 76). 그러나 이렇게 지식인 중심의 통문화화는 문화를 이분법적으로 사유하고 있으며, 결과적으로 배제되고 주변화된 문화를 희생함으로써 얻어진다고 주장한다.

문학은 지역의 구술성이나 하위주체의 문화를 통합시킬 수 있는 힘을 가지고 있는데, 이는 오직 구술문화 자체의 권위를 상대적으로 희생시킴으로써 가능하다. 통문화화에서 구술문화와 문자문화가 명목상으로 동등하게 공존하고 있지만, …… 실제로는 문학이 지배적인 위치를 점하고 있다(Beverly, 1993: 77).

또한 통문화화는 유럽적 근대성을 인정하고 있으며, 역사를 목적론적으로 인식하고 있는 대표적인 태도라는 비판이 가능하다. 즉, 국민국가라는 틀 내에서 다양한 요소들의 통합이라는 명목으로 진행되는 통문화화가 결국에는 다양한 "동시대적인 실체들"을 간과하는 결과로 결과를 가져왔다는 것이다.

지역적인 것, 오래된 것, 하위주체적인 것을 국민국가의 통합에 대한 문제로 위치시키는 것은, …… 라마로 하여금 이러한 하위주체적인 요소들을 자신들의 고유한 역사적 권리와, 권리와 주장에 대한 그들 자신만의 의미를 지닌, 동시대적인 실체들로 간주하지 못하게 한다(Beverly, 1993: 80).

이러한 통문화화에 대한 비판적인 인식은 "통문화화는 각각 계급들, 인종들, 성들 간의 조화가 가능하다는 하나의 환상을 나타낸다"는 베벌리의 진술로 이어진다. 따라서 베벌리는 『문자도시』를 1980년대 라틴아메리카 좌파 기획이 봉착한 위기 속에서 행해지는 일종의 자기비판으로 읽어낸다(Beverly, 1993: 81~82). 즉, 1970년대 성취했던 민주주의의 성과들이 내외적 요인으로 붕괴되고, 자본주의가 강화되면서 사회적 갈등이 심화되는 현상에 대해 좌파 기획이 의미 있는 대안을 제시하지 못했다는 것이다. 이러한 대안의 부재, 그리고 미래에 대한 기획 부재를 베벌리는 지식인 중심주의가 갖는 한계에서 찾아낸다. 하위주체의 복원과 하위주체적인 관점을 통해서만 당면한 근대성의 위기를 극복할 수 있다는 것이다. 따라서 베벌리의 진단은 미시적인 층위의 전술적인 진단이 아니라, 사회운동 전반의 변화를 요구하는 거시적인 층위의 제안이라고 할 수 있다.

이런 맥락에서 베벌리는 투팍 아마루 봉기와 관련된 4개의 텍스트 중에서, 『오얀타이』에 주목하면서 자신의 입장을 구체화하고 있다.[2) 우선 베벌리는 투팍 아마루 봉기를 주도한 인물들이 쓴 『계보학』과 『회고록』이 봉기의 진정한 성격을 표현하지 못했다고 비판하고 있다. 즉, 이 작품들은 식민권력에 저항했던 대표적인 인물들이 유럽적 문학 모델을 전유하여 쓴 작품으로, 일정한 한계를 갖고 있다는 것이다. 이들이 보여주고 있는 자서전적인 인물들은 오히려 하나의 '재현의 오류'를 범하고 있으며, 원주민뿐만 아니라 메스티소와 크리오요 세력을 포함한 광범위한 이종적인 대중들의 집단적인 행위를 담아내지 못한다는 것이다 (Beverly, 1993: 86).

우리가 오직 스페인어로 된 문학 기록만을 본다면, 봉기의 초점은 도시와 크리오요 주민들로 제한될 것이고, 반란 계획은 물질적 사건에만 집중되어

---

2) 봉기의 지도자였던 호세 가브리엘 콘도르칸키 투팍 아마루(José Gabriel Condorcanqui Tupac Amaru)가 스페인어로 쓴 『계보학(Geneaalogía)』, 그의 형제인 후안 바우티스타 투팍 아마루(Juan Bautista Tupac Amaru)가 스페인어로 쓴 『40년간의 포로기』로 알려진 『회고록(Memorias)』, 스페인 황금세기 극 전통을 따르고 있지만 케추아어로 쓴 『오얀타이(Ollantay)』, 후안 데 에스피노사 메드라노 (Juan de Espinosa Medrano)의 『루이스 데 공고라를 위한 변호(Apologético en favor de don Luis de Góngora)』가 그것들이다.

드러난다. 이것은 점점 더 많이 부과되는 세금과 상업적 제한으로 인해 페루인들을 더욱 곤궁하게 만든 부르봉 왕가의 경제 개혁을 완화시키려는 것에 초점이 맞춰진다(Beverly, 1993: 87).

또한 후안 데 에스피노사 메드라노의『변호』는 포르투갈의 인문학자인 마누엘 드 파리아 드 소우사(Manuel de Faria y Sousa)가 공고라(Luis de Góngora)를 비판한 것을 반박하기 위해 쓰인 책으로, 미학에서 중심부와 자신들을 구별하고자 했던 당시 등장하는 크리오요 이데올로기와 관련된다고 적고 있다(Beverly, 1993: 93). 이런 맥락에서 베벌리는『오얀타이』를 긍정적으로 해석한다(Beverly, 1993: 88~89).[3] 베벌리는 '민족적 알레고리'라는 제임슨의 용어를 빌려, 오얀타이의 좌절된 사랑과 잉카에 대항한 봉기를 구체제의 지배적인 권력 구조에 대한 신흥 크리오요-메스티소 계층의 불만을 상징화한다고 볼 수도 있다고 말한다. 그러나 이 연극은 케추아어로 쓰였기 때문에 크리오요-메스티소 계층이 볼 수 없었

---

3)『오얀타이』는 잉카 왕 파차쿠티의 딸 쿠시 코이요르(Cusi Coillor)와 사랑에 빠진, 나중에 잉카 군의 주요 장군 중 하나가 된 작품 제목과 동일한 이름을 가진 평민의 이야기를 다루고 있다. 두 사람이 사랑하는 과정에서 쿠시는 임신을 하게 되고, 오얀타이는 잉카왕에게 결혼을 허락해달라고 간청한다. 잉카 왕의 자식들은 평민과 결혼하는 것이 금지되어 있었기 때문에 파차쿠티는 딸과 아이를 감금하고 오얀타이를 출신 지역으로 도망가도록 한다. 여기에서 오얀타이는 잉카와 쿠스코의 권위에 대항하는 반란군을 조직하여 쿠시와 아이를 되찾고자 싸움을 일으킨다. 이 전쟁은 십년이나 지속되었고, 이 와중에 파차쿠티가 죽고 쿠시의 형제인 아들 투팍 유팡키가 왕위에 오른다. 오얀타이는 결국 패배해 체포되어 쿠스코로 이송되고, 사형선고를 받을지도 모를 운명에 처하게 된다. 그럼에도 불구하고, 그가 한 번도 본적 없는 딸 이마 수막(Yma Súmac)의 중재로 투팍 유팡키는 그를 사면하게 된다. 오얀타이는 쿠시와 재회하고 투팍 유팡키가 쿠스코의 자리를 비울 때 그를 대신하는 일종의 잉카의 부왕으로 임명된다.

고, 따라서 이들의 이해를 대변한다고 볼 수 없다. 오히려 다른 원주민 집단을 폭력적으로 병합했던 구 잉카 제국보다 더 민주적이고 평등한 형태의 신 잉카 제국을 꿈꾸는 것으로 이해될 수 있다고 할 수 있다.

결국 스페인의 황금세기 연극 형식을 가져와 케추아어로 연희된 『오얀타이』는 크리오요-메스티소 계층의 이해가 아니라 새로운 질서를 꿈꾸던 하위 계층의 열망이 투사된 형식이라고 할 수 있다. 베벌리는 이 작품을 '아래로부터의 통문화화'로 간주하고 있다. 다시 말해, 라마의 통문화화가 지식인을 중심으로 기존의 질서를 강화하는 지적인 전략이었다고 한다면, 『오얀타이』에서 나타나는 통문화화는 하위주체의 새로운 열망을 드러내는 방식이라는 것이다.

이 작품을 문자도시가 만드는 방식들이 아니라, …… 원주민들이 자신들의 이익에 도움이 되는 유럽과 크리오요의 문화, 그리고 문학적·철학적 측면들을 이용하기 위해 사용하는 방식들에 기반을 둔, 아래로부터의 통문화화로 보는 것이 중요하다(Beverly, 1993: 90).

『오얀타이』의 경우, 비유럽 문화들이 서구 문학의 기교들을 전유하는 방식이라는 것이다. 이러한 베벌리의 입장은 "투팍 아마루 혁명이 성공했다면, 그때 만들어진 나라는 원주민어에 대한 스페인어의 권위에 의존하지 않았을 것이다. 최소한 이 국가는 이중언어적이거나, 더 나아가 다언어적일 수 있었다"라는 진술로 확장된다. 스페인어에 기반을 둔 기존 질서를 혁파하고, 케추아어를 비롯한 원주민어의 복원은 하위주체의 등장과 새로운 사회 질서의 복원을 의미한다고 할 수 있다. 결국, 베벌리는 스페인어라는 제국의 언어에 기반을 둔 문자도시를 허물고, '쓰인' 말들이 아닌 살아 있는 말들이 자유롭게 소통하는 열린 공간을 지향한 것이다.

식민 시기 지식인의 역할은 정복자들이 시행한 언어 정책에서 잘 드러난다. 정복자들은 피식민지 사람들에게 제국의 언어를 강제하여 정복자들의 언어를 공적 언어로 삼았고, 원주민어를 말하는 것은 저항의 신호로 간주하여 처벌했다. 또한 실제 사용되고 있는 언어는 끊임없이 식민 당국에 의해 부과된 이상적 단일성에서 이탈하려는 경향을 가지고 있기 때문에, 지식인들은 규범으로서 공식언어를 보호하는 기능, 즉 식민권력의 지배 의지를 강화하는 역할을 수행했다. 더 나아가 라틴아메리카에서 기호와 사물의 관계가 역전되는 것처럼, 식민 당국의 문화적 전략에 의해 '쓰기'가 '말하기'에 선행하는 현상도 나타난다. 식민 시기 라틴아메리카는 원주민의 일상 구어를 배제하고 정복자들의 문어에 권위를 부여하는 전형적인 문자 중심의 문화였다. 따라서 지식인들의 사명은 이 문자를 보존하고 글쓰기를 고양하는 일에 복무했고, 제국에 의해 부과되는 칙령이나 법률의 전파 통로로서 기능했다. 또한 문법책 등을 통해 공식언어를 더 순수한 형태로 가능한 변화하지 않게 유지하고자 했다.

이러한 글쓰기의 고양은 식민 시기에 형성된 라틴아메리카 사회의 특징적인 디글로시아(diglosia)를 강화했는데, 이 현상은 독립 시기 이후에도 지속되고 있다. 라틴아메리카인들의 언어 수행에서 두 개의 언어는 명확하게 분리되어 있다. 그중 하나는 이베리아 반도의 궁정적 원칙에 의해 강하게 영향 받은 공적이고 도구적인 언어이고 …… 다른 하나는 사적이고 사회적인 관계 틀 내에서 라틴아메리카인들이 구사한 대중적이고 일상적인 언어이다. …… 일상어가 항상적이고 지속적으로 변화했음에 반해, 공식언어는 엄격함, 변화의 어려움, 기능에 있어 단일성 등의 특징을 가진다(44).

그러나 『오얀타이』에서는 문자도시의 파수꾼들을 넘어서, 배제되었던 디글로시아의 하위주체적인 요소들이 전면화한다. 즉, 문자도시 밖의 언어들이 문자도시의 도구들을 전유하여 자신들의 열망을 '문학적'으로 드러내는 행위가 가능해진 것이다. 비록 새로운 잉카의 건설로 이어지지는 못했지만, 하위주체적인 언어를 통해 새로운 사회질서 건설을 꿈꾸었다는 것은 식민질서를 유지해주던 문자도시의 균열이 '아래로부터' 가능하다는 것을 보여준다.

6. 맺음말

지금까지 살펴본 것처럼, 앙헬 라마가 상징화한 문자도시는 식민 시기 권력과 지식인 집단의 관계를 잘 드러내는 개념이라고 할 수 있다. 라틴 아메리카 도시들이 당대 절대왕정의 이데올로기가 실현된 가장 이상적인 공간이라고 한다면, 이 질서화된 도시 내에서 기능하는 지식인 집단 또한 이 도시를 적정한 선에서 건설하고 관리해왔다는 점에서 매우 중요한 권력을 행사했다. 즉, 지식인들은 정치 엘리트들이 그들에게 요구하는 기능들을 정확하게 수행했던 것이다. 또한 정치적 변화 속에서도 자신들이 얻은 이익과 권력을 놓지 않았으며, 자신들의 권력을 문자를 중심으로한 제도 속에서 정당화하면서 유지했다. 앙헬 라마는 문자도시라는 개념을 통해 지식인들이 식민질서를 유지·강화하는 데 상당한 기여를 했고 권력의 시녀이면서 동시에 권력의 주인이었음으로 보여주고 있다. 식민 사회를 이끌면서 권력 그룹을 적법화했던 사회적 기능은 독립 이후에도 여전히 작동하고 있다고 적고 있다. 기본적으로 그는 지식인들의 존재 근거 자체를 권력과의 공존이라는 측면에서 사유하고 있는 것이다.

그러나 롤레나 아도르노가『새로운 연대기와 좋은 정부』분석에서 보여주고 있듯이, 식민지 권력에 저항하는 다른 목소리가 있다는 사실은 문자도시라는 식민지 지식인 사회가 반드시 동질적인 집단이 아니라는 현실을 우리에게 보여준다. 즉, 라마의『문자도시』가 당대 문자도시를 지나치게 동질적으로 사유하고 있다는 비판이 가능하고, 라마의 문자도시와 다른 또 다른 문자도시가 존재했음을 확인할 수 있는 것이다.

나아가 존 베벌리의『오얀타이』분석은 식민 시기 문자도시와는 다른 언어를 사용하고 다른 질서를 꿈꾸는 집단이 존재했음을 보여준다. 비록 좌절된 열망이었지만, 스페인어라는 공식언어나 식민지배가 주는 공식적인 역사 외에 다른 세상을 꿈꾸는 이들의 이야기가 존재했다는 것이다. 하위주체 그룹으로 이론화되는 이들이 존재는 문자도시 밖에서 문자도시를 해체하는 것이 가능하고, 새로운 질서의 가능성이 존재한다는 것을 보여준다.

요컨대, 앙헬 라마의 식민 도시와 지식인에 대한 이론화는 비평사적 의의에도 불구하고 일정한 한계를 가진다고 할 수 있다. 라틴아메리카 도시 건설과 관련해서 라마의 유보적인 언급은 이와 관련해 중요한 출발점이 될 것이다. 또한 식민 시기 지식인상을 동질화하지 않고 더 복합적으로 이해하는 태도는 이후 라틴아메리카 지성사와 사회 운동에서 지식인들이 보여주는 실천적인 역할을 이해하는 데 많은 도움이 될 것이다.

참고문헌

송상기. 2008. 「펠리페 구아만 포마 데 아얄라가 『새로운 연대기와 좋은 정부』를 통해 제안하는 스페인 연방제 속에 담긴 안데스 세계관의 투사」. ≪라틴아메리카연구≫, 21(1), 161~187쪽.

이성훈. 2001. 「중남미의 도시와 지식인: 앙헬 라마의 *La ciudad letrada* 분석」. ≪서어서문연구≫, 20, 393~404쪽.

Adorno, Rolena. 1987. "La ciudad letrada y los discursos coloniales." *Hispamérica*, Año. 16, N. 48, pp. 3~24.

Beverly, John. 1993. *Against Literature*. Minneapolis/London: Univ. of Minnesota Press.

_____. 1999. *Subalternity and representation: argument an cultural theory*. Durham/London: Duke Univ. Press.

Burns, Kathryn. 2005. "Dentro de la ciudad letrada: la producción de la escritura pública en el Perú colonial." *Historica*, 29(1), 1, pp. 43~68.

Castro-Gómez, Santiago & Eduardo Mendieta(coor.). 1998. *Teorias sin displina, latinoamericanismo, poscolonialidad y globalización en debate*. México: Univ. of San Francisco.

Duenas, Alcira. 2010. *Indians and Mestizos in the "Lettered City": Reshaping Justice, Social Hierarchy, and Political Culture in Colonial Peru*. Boulder: Univ. Press of Colorado.

Colombi, Beatriz. 2006. "La gesta del letrado(sobre Ángel Rama y La ciudad letrada)." *Orbis Tertius: revista de teoría y crítica literaria*, N.12. http://www.memoria.fahce.unlp.edu.ar/art_revistas/pr.203/pr.203.pdf

Cora, Gorman Malone. 2010. "Epistemology and The Lettered City: Ángel Rama, Michel Foucault and Ibn Khaldun." *Mester*, 39, pp. 131~148.

De la Campa, Román. 1999. *Latinamericanism*. Minneapolis/London: Univ. of Minnesota Press.

Fernández Bravo, Álvaro. 2006. "La provocación de La ciudad letrada." *Prismas: Revista de historia intelectual*, N.10, pp. 185~189.

Garramuño, Florencia. 2006. "El árbol y el bosque: La ciudad letrada y su concepto de poder." *Prismas: Revista de historia intelectual*, No.10, pp. 195~197.

Genovese, María Cristina. 2011. "Especializar la relación entre la letra y el poder: Ángel Rama y La ciudad letrada." en Intersticios de la política y la cultura latinoamericana: los movimientos sociales, Universidad Nacional de Córdoba, pp. 188~195.

Larsen, Neil. 1995. *Reading north by south: on latin american literature, culture, and politics*. Minneapolis/London: Univ. of Minnesota a Press.

Lecuña, Vicente. 1996. *Ciudad letrada y ciudad electrónica: el intelectual latinamericano en los tiempos del neoliberalismo*. Tesis doctoral: Univ. of Pittsburgh.

Leinhard, Martín. 1992. *La voz y su huella: escritura y conflicto etnico-cultural en América Latina 1492~1988*. Lima: Editorial Horizonte.

Machín, Horacio & Ángel Rama. 1997. "La lección intelectual de Marcha." en Moraña, Madel(ed.). *Angel Rama y los estudios latinoamericanos*. Pitsburgh: Instituto Internacional de Literatura Iberoamericana, Univ. of Pittsburgh.

Mazzoti, José & U. Juan Zevallos Aguilar(coor.). 1996. *A sedios a la heterogeneidad cultural: libro de homenaje a Antonio Cornejo Polar*. Philadelphia: Asociación Internacional de peruanistas.

Moraña, Mabel(ed.). 1997. *Ángel Rama y los estudios latinoamericanos*. Pitsburgh: Instituto Internacional de Literatura Iberoamericana, Univ. of Pittsburgh.

Ortiz, Marbel. 1993. *La modernidad conflictiva: Ángel Rama y el estudio de la literatura latinoamericana*. Tesis doctoral: Univ. of New York at Stony Brook.

Rama, Ángel. 1982. *Transculturación narrativa en América Latina*. México: Siglo xxi editores.

_____. 1984. *La ciudad letrada*. Hanover: Ediciones del Norte.

한울아카데미 1689

라틴아메리카의 형성: 교환과 혼종(하)

ⓒ 서울대학교 라틴아메리카연구소, 2014

엮은이 | 서울대학교 라틴아메리카연구소
지은이 | 박병규·우석균·김윤경·조영현·김희순·김달관·최해성
        이성훈·양은미
펴낸이 | 김종수
펴낸곳 | 도서출판 한울

편집책임 | 김현대
편집 | 조수임

초판 1쇄 인쇄 | 2014년 5월 15일
초판 1쇄 발행 | 2014년 5월 30일

주소 | 413-756 경기도 파주시 광인사길 153 한울시소빌딩 3층
전화 | 031-955-0655
팩스 | 031-955-0656
홈페이지 | www.hanulbooks.co.kr
등록번호 | 제406-2003-000051호

Printed in Korea.
ISBN 978-89-460-5689-3 94950(양장)
ISBN 978-89-460-4874-4 94950(반양장)

* 가격은 겉표지에 있습니다.
* 이 책은 강의를 위한 학생판 교재를 따로 준비했습니다.
  강의 교재로 사용하실 때에는 본사로 연락해주십시오.